汽车维护与保养

柴 彬 主 编

陶崇瑾 副主编

天津大学出版社
TIANJIN UNIVERSITY PRESS

图书在版编目(CIP)数据

汽车维护与保养 / 柴彬主编;陶崇瑾副主编. —
天津:天津大学出版社, 2024.3
ISBN 978-7-5618-7668-8

Ⅰ. ①汽… Ⅱ. ①柴… ②陶… Ⅲ. ①汽车 - 车辆修理 ②汽车 - 车辆保养 Ⅳ. ①U472

中国国家版本馆 CIP 数据核字(2024)第 046151 号

出版发行	天津大学出版社
地　　址	天津市卫津路 92 号天津大学内(邮编:300072)
电　　话	发行部:022-27403647
网　　址	www.tjupress.com.cn
印　　刷	河北鑫彩博图印刷有限公司
经　　销	全国各地新华书店
开　　本	787mm × 1092mm 1/16
印　　张	27
字　　数	691 千字
版　　次	2024 年 3 月 1 日第 1 版
印　　次	2024 年 3 月 1 日第 1 次
定　　价	79.00 元

前 言

本教材采用项目引领、任务驱动的形式，力求做到理论与实践一体化。在内容设置上，注重以岗位为导向，以能力为目标，以实用为原则，以训练学生的职业技能为基本要求，注重理论教学与实践教学的有机结合，在重视学生专业技能的同时，注意培养和提高学生的学习能力，激发学生的学习兴趣。在内容选择上，根据专业岗位需求，参考酒泉大众骏发汽车服务有限公司和酒泉金岛汽车销售服务有限公司的典型、主要岗位项目，共开发了32个典型工作任务。此外，本教材还根据学习任务开发了配套的任务单，对于教学重点及核心任务通过课后练习来巩固学生的学习效果，便于职业院校和专业教师组织教学和巩固学习要点。在任务单中，侧重考查学生对重点知识、实训操作步骤、实用工具及设备使用的掌握情况，通过实物图片引导学生梳理操作步骤，形成操作技能。

在教材的呈现形式上，以汽车维护与保养的作业周期划分学习项目，以岗位实际确定学习任务，按照教学规律和学生的认知规律，细化了各实训任务，并在操作各环节大量采用实物图片、操作示范图，真实地展现每一操作环节和操作要点，力求降低任务的学习难度，激发学生的学习兴趣，便于学生掌握每一个任务的操作方法和操作要点，使操作过程直观易懂，切实落实了“管用、够用、适用”的教学指导思想。

本教材积极响应党的教育方针，在每个项目中融入思政内涵，通过弘扬敬业、乐业、勤业、精业、爱国的工匠精神，塑造有理想、有情怀的新时代专业技术能手。

本教材由酒泉职业技术学院、酒泉大众骏发汽车服务有限公司和酒泉金岛汽车销售服务有限公司合作完成，其中酒泉大众骏发汽车服务有限公司和酒泉金岛汽车销售服务有限公司根据企业岗位实际提供了车辆维护与保养的常见工作任务，参与编制任务操作流程，酒泉职业技术学院柴彬和陶崇瑾负责教材的编写。

本教材由柴彬担任主编，陶崇瑾担任副主编。项目一、项目二、项目三由柴彬编写，项目四和项目五由陶崇瑾编写。本书由柴彬负责统稿、定稿。

本教材在编写过程中得到酒泉大众骏发汽车服务有限公司、酒泉金岛汽车销售服务有限公司的大力支持，参考和借鉴了国内其他高职院校编写的相关教材和一些汽车厂家的技术资料，在此向相关单位和人员致以诚挚的谢意。

由于编者水平有限，书中难免存在不足之处，恳请读者批评指正。

编者

2023年4月

目　录

项目一　汽车维护与保养基础知识

知识目标

（1）学生能理解影响汽车技术状况的因素。
（2）学生能理解汽车技术状况变化的机理，正确认知汽车零件常见的损坏形式。
（3）学生能根据汽车技术状况变化，对车辆产生的各种故障的机理进行分析和判断。
（4）学生能知道零件的润滑方式及润滑剂的类型。
（5）学生能熟悉汽车维护与保养的方式及内容。
（6）学生能认识各种机动车号牌，学会申请办理机动车牌照。
（7）学生能知道设备、场地、人员安全作业的要求。

技能目标

（1）学生能根据车辆的技术状况合理地使用车辆，正确地维护车辆。
（2）学生能根据车辆各总成的工作特性选用合适的润滑剂。
（3）学生能根据车辆的使用情况制定基本的维护与保养方案。
（4）学生能正确识别车辆识别代号（VIN）以及车辆号牌。
（5）学生能知道车辆维护与保养的安全作业要求，能保护自己安全开展作业。
（6）学生能用灭火器扑灭一般火源。

学习准备

（1）专业课本。
（2）笔记本。
（3）工作服。

专业理论知识

任务 1　汽车技术状况的评价与变化机理

一、汽车的技术状况

汽车的技术状况是汽车在某一阶段内外观和性能参数值的综合反映。汽车是一个集机械机构、液压系统、电子控制于一体的复杂系统，基本的组成单元是零件。汽车结构复杂，零件各异。因此，零件的技术状况是决定汽车技术状况的关键性因素。

汽车在工作过程中由于内部零件的相互作用，零部件不断发生摩擦、磨损、腐蚀、变形等变化，导致零件尺寸、装配位置、配合间隙等逐渐改变。例如，发动机气缸、活塞组件的形状与尺寸，曲轴、轴承的形状与尺寸，制动系统中制动蹄与摩擦片的厚度、制动蹄与制动鼓的间隙等，在汽车行驶过程中都会发生变化。随着行驶里程增加，汽车的技术状况逐渐变差，表现为汽车动力性下降，经济性变坏，安全性和可靠性变差，直至达到使用极限。

汽车的技术状况一般用汽车的使用性能指标、汽车装备的完善程度及车辆外部的完好状况来进行综合评价，是可以定量检测的。

（一）汽车的使用性能

汽车的使用性能从动力性、经济性、安全性、可靠性等方面进行评价。

汽车的技术状况随着行驶里程（或使用时间）的增加而逐渐变差，导致动力性、经济性、安全性、可靠性下降，同时有害排放物逐渐增加。

1. 动力性

汽车动力性又称汽车牵引性，是指汽车克服行驶阻力的能力。在道路测试时，常用最高车速、加速时间、最大爬坡度等数据作为主要评价指标。动力性是汽车各种性能中最基本、最重要的性能。根据试验资料，在汽车行驶里程接近大修里程时，发动机功率下降20%以上，最大行驶速度比新车额定车速下降10%～15%，而加速时间增加25%～30%。

2. 经济性

汽车经济性是指汽车在使用中为完成运输工作而消耗的经济成本。评价汽车经济性的具体指标为燃料消耗量、润料消耗量、维修费用、运输成本等。通常用汽车等速行驶百公里的燃料消耗量来说明汽车的燃料经济性。当汽车行驶一定里程后，耗油量超过额定量的15%，润滑剂消耗明显，排烟增多或有异味，说明该车的经济性显著下降。

3. 安全性

汽车安全性分为被动安全性和主动安全性。

（1）被动安全性是指汽车行驶中发生不安全预警以后，驾驶员依靠车辆结构性能及系统功能来最大限度地避免事故发生或减轻人员伤亡、减少货物受损的性能。

（2）主动安全性是指汽车自主预防或减少道路交通事故发生的性能。主动安全性主要取决于汽车在制动、行驶、控制、转向、照明等方面的智能化程度。

安全性主要通过制动距离、制动时间、制动减速度、制动效能（热衰退性）、安全气囊、安全带、车体缓冲吸能等数据进行评价。

随着行驶里程增加，车辆的制动距离增加，跑偏量增大，制动反应迟缓，甚至出现制动失灵，转向操纵沉重，摆振不断增加，行驶过程中噪声、异响不断增多等现象，这说明车辆的安全性能已经下降，需要检查和维修。

4. 可靠性

汽车可靠性是指汽车在特定条件下和规定时间内完成规定功能的能力，也就是汽车在长期使用过程中性能稳定、无故障工作的能力。汽车可靠性下降主要表现为：在汽车运行过程中，随着使用时间或行驶里程的增加，因技术故障停歇的时间增加，故障率明显上升。可靠性（R）与使用时间（t）的关系如图1-1所示。

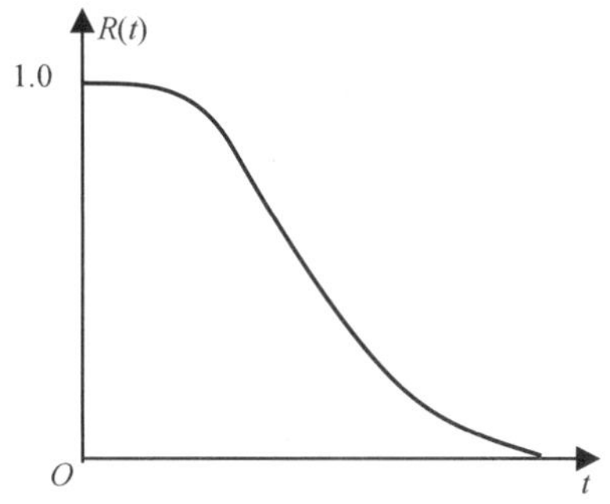

图 1-1　汽车的可靠性曲线

（二）汽车技术状况变化的一般规律

汽车在使用过程中要经过三个阶段，即磨合期、正常工作期、加速磨损期。

磨合也叫走合。汽车的磨合期是指新车或大修后汽车的初驶阶段，一般为 1 000～1 500 km。在这个阶段，由于车辆各零部件在机械加工中产生的误差以及装配偏差等因素，配合件在运动中配合表面产生摩擦、咬合的现象。在磨合阶段，机器内部摩擦发热严重，噪声较大，工作效率低，油耗较大。随着现代机械加工技术的改进以及加工精度的提高，车辆的磨合期在不断缩短。

汽车技术状况变化的一般规律是：出厂或大修后的汽车首先进入磨合期，技术状况稍差；磨合期结束后，各零部件的配合性能得到改善，工作状态稳定，进入长时间的正常工作期，此期间除少量的随机故障发生外，汽车的技术状况良好或基本良好；最后进入加速磨损期，这个期间车辆技术状况逐渐下降，故障增多，直至车辆报废。汽车技术状况变化的一般规律如图 1-2 所示。

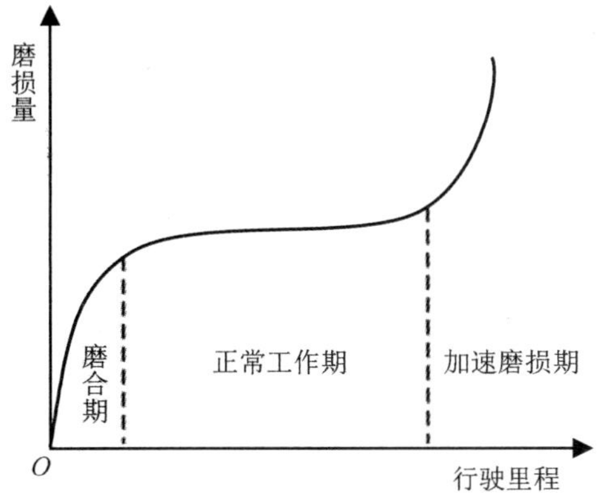

图 1-2　汽车技术状况变化的一般规律

（三）影响汽车技术状况的因素

在汽车运行过程中，影响汽车技术状况的因素有很多，其中既有汽车本身的因素，也有偶然因素。偶然因素是指个别零件在制造时有隐蔽缺陷，或者汽车运行中有超载、超速、道路冲击、车辆碰撞、倾翻、制动失效等意外情况。

在车辆使用过程中，由于老化、磨损、变形、断裂、疲劳、腐蚀等原因，零件原有尺寸、形状、表面品质发生变化，破坏了零件间的配合关系、相互位置关系以及结构的工作协调性，从而导致汽车技术状况逐渐变差。

汽车技术状况变化的速度与汽车的制造质量、使用条件（气候、道路、载荷、车速）、维护情况及驾驶员的驾驶技术有关。

影响汽车技术状况的因素大致可以分为以下五类。

1. 汽车结构和制造工艺的因素

汽车零件结构设计的先进性和合理性、制造与装配的质量、材料的品质等都直接影响着汽车的使用寿命。新技术、新工艺、新装置、新材料的采用，使得汽车的质量和使用可靠性不断提高，延长了汽车的使用寿命。

2. 燃料和润滑剂品质的因素

1）燃料的品质

燃料的品质直接影响发动机的工作性能。若选用不当，则易引起发动机爆震，导致零部件损坏、发动机功率下降、使用寿命缩短。只有使用品质良好的燃油，才能获得良好的动力性和经济性。

2）润滑剂的品质

润滑剂（通常指润滑油）对汽车发动机、变速器、驱动桥等零件的工作效率、工作能力、可靠性、经济性产生重要影响。合理使用润滑剂可以降低运动件的功率消耗、减轻零件摩擦磨损、延长零件使用寿命，从而延长汽车使用寿命。

3. 车辆运行条件的因素

1）环境温度

（1）汽车在高温环境下工作。

汽车在高温环境下工作时，发动机温度过高，使进气管内空气发生膨胀而密度减小，充气量下降，导致发动机功率下降，加速润滑油的氧化变质以及发动机磨损。

高温环境下，汽油容易汽化而在油管内产生气阻现象，使发动机因供油不足难以启动或自动熄火。高温还会导致橡胶件老化速度加快，行驶散热不良，轮胎内温度升高，气压增大，容易爆胎。

（2）汽车在低温环境下工作。

环境温度过低，使润滑油黏度增大，流动性下降，不能及时进入零件配合表面，使各配合件磨损加剧。发动机气缸内燃油雾化不良、混合不均匀、燃烧不完全，导致发动机启动困难、功率下降，燃料消耗量增加。汽车使用的非金属材料（如塑料、橡胶制品等）在严寒气候条件下会因硬化、冻裂而损坏或失效，从而使零件的结构强度降低。

2）道路条件

汽车在不良路面上行驶时，行驶阻力增加，各总成及零部件承受冲击载荷大且频率高，容易快速疲劳而变形、断裂。同时车辆行驶速度经常变化，换挡次数增加，使传动机构磨损增大。松软路面尘土较多，飘浮的尘埃通过进气道、燃油管道、润滑油等进入发动机气缸内部，加速了活塞环、气缸、曲轴、轴承等部位的磨损，使汽车技术状况迅速变差。

4. 汽车的载荷、速度及驾驶操作的因素

驾驶操作是影响汽车使用寿命的一个重要因素。驾驶员的素质体现在三个方面：一是爱惜车辆，做到勤检查、勤维护，使车辆处于良好的技术状况；二是驾驶操作技术精益求精，驾驶操作过程中，对油门及刹车踏板轻踏缓抬，均匀中速、行驶平稳，正确换挡、爬坡自如，保持发动机的最佳温度和良好的润滑条件；三是在行驶中做到车辆货物装载均匀、不超载等。这样，不仅能够充分发挥车辆的使用性能，而且大大延长了汽车的使用寿命。

5. 维修质量的因素

维修质量是恢复汽车技术状况的主要因素。除在使用过程中，能按照要求进行及时润滑、检查、紧固和调整作业外，在维修中还需注意以下几点：

（1）贯彻汽车维护规范，按维护制度要求，对车辆各部位、总成按技术要求进行作业，不漏项、不减项；

（2）按国家技术标准对需要维修的车辆进行及时修理，保持汽车的完好状况；

（3）加强对已维护和修理车辆的及时检测，确保维修质量达到规定指标，返工率小于5%，一次合格率大于85%。

课程思政

汽车的技术状况是评价汽车质量及性能的主要依据，也是世界各国汽车制造企业的“生命线”。1956年7月13日，中华人民共和国第一辆汽车——“解放牌”载重汽车在长春下线，结束了我国不能生产汽车的历史，在我国汽车工业史上写下了辉煌的一页，具有里程碑的意义。

我国汽车行业起步较晚，但是发展速度非常快。现在，我国汽车行业自主研发的水平在迅速提升。2009年，我国当年汽车销量超过1 369万辆，从此迈入“汽车社会”行列。随着我国汽车零部件市场的进一步开放，我国汽车消费快速增长，促使我国汽车零部件行业进一步发展，产业规模迅速扩大。此外，在国家产业政策和汽车行业高速增长的推动下，我国汽车零部件企业的技术水平和生产管理水平也有很大提高。

二、汽车技术状况变化的机理

（一）零件的摩擦

两个相互接触的物体发生相对运动（或具有相对运动趋势）时，就会在接触面上产生阻碍相对运动或相对运动趋势的力，这种力叫作摩擦力，这种现象称为摩擦。

摩擦是两个相互接触的物体表面在相对运动中必然产生的一种物理现象。对于车辆来讲，摩擦会使运动系统的效率降低，配合部位温度升高，表面磨损加快，变形加剧。过大的磨损会使机器丧失应有的精度，进而产生振动和噪声，使机器的使用寿命缩短。

世界上使用的能源有1/3～1/2消耗于摩擦，如果能够减少无用的摩擦消耗，可大量节省能源。机械产品的易损零件大部分是由于摩擦过度报废的。

根据物体表面相对运动的摩擦方式不同，摩擦可分为滑动摩擦和滚动摩擦（图1-3），其中滑动摩擦根据物体表面的润滑特性不同可分为干摩擦、液体摩擦、边界摩擦和混合摩擦。

（a）

（b）

图 1–3　摩擦的类型

（a）滑动摩擦　（b）滚动摩擦

1）干摩擦

干摩擦指两个物体在无润滑剂或保护膜的情况下直接接触产生的摩擦（图 1-4）。

干摩擦的运动阻力最大，摩擦效率最高，对运动机构的磨损最剧烈，对配合表面的破坏性最强。

2）边界摩擦

边界摩擦指两个物体表面在有一层极薄的润滑油膜的情况下产生的摩擦（图 1-5），这层润滑油膜称为边界膜。

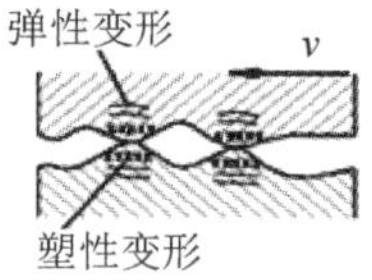

图 1–4　干摩擦

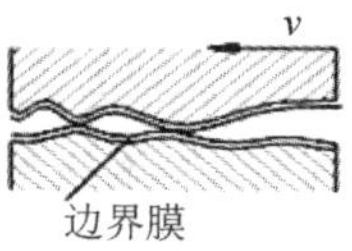

图 1–5　边界摩擦

边界膜是由润滑油吸附在摩擦表面上形成的，一般厚度为 0.1 μm 左右。在边界摩擦条件下，界面的润滑性能取决于边界膜的性质，而与润滑油的黏度无关。

3）液体摩擦

液体摩擦（图 1-6）指两个摩擦表面之间被连续的润滑油膜完全隔开，不发生直接接触的摩擦。

液体摩擦的性质取决于液体的黏性、配合表面的配合状况及相对运动速度。

例如，一定转速的曲轴与轴承之间当配合间隙适当、润滑油充足时，就处于液体摩擦状态。

液体摩擦的摩擦系数最小，工作表面不会产生磨损，这是理想的摩擦状态。受润滑油性能和机构配合表面的技术条件限制，液体摩擦在一般机构的运动中很难实现。

4）混合摩擦

混合摩擦指上述三种摩擦形式同时存在的摩擦（图 1-7）。例如发动机曲轴在轴承孔内的运动：当停机不动时，曲轴由于重力作用而下沉，将曲轴与轴承之间的润滑油挤出，此时在下方位置处配合表面直接接触；在开机启动时，配合表面之间因缺少润滑油而发生干摩擦；随着曲轴的转动，上部润滑油开始运动，但由于机体温度较低，润滑油流动性较差，只有极少量润滑油进入配合表面下部，此时为边界摩擦；随着机体摩擦温度不断升高，润滑油不断被稀释，流动性变好，大量润滑油进入配合表面下部，曲轴与轴承逐渐处于液体摩擦状态；在曲轴的运转中，因路面不平颠簸振动、汽车突然加减速，曲轴不时与轴承内表面发生冲击碰撞与摩擦，此时曲轴与轴承处于混合摩擦状态。

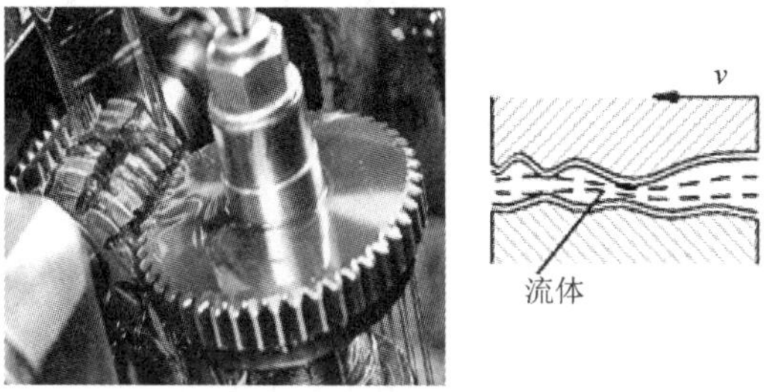

图 1–6　液体摩擦

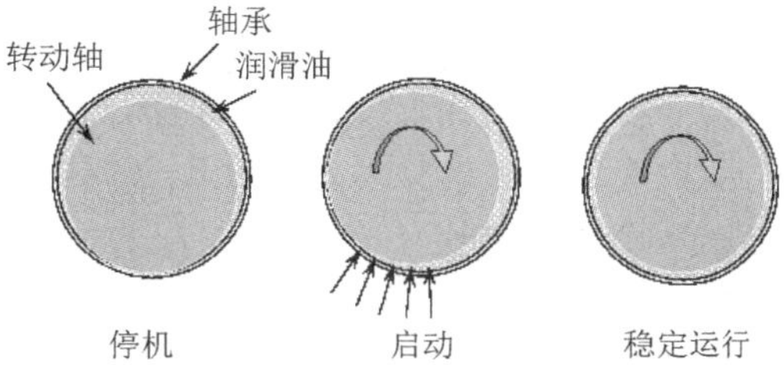

图 1–7　混合摩擦

在汽车行驶过程中，汽车上大多数运动件的摩擦形式为混合摩擦。在混合摩擦的状态下，摩擦系数取决于各种摩擦所占的比例。混合摩擦能有效降低摩擦阻力，其摩擦系数比边界摩擦要小得多。

润滑是减小摩擦、减小磨损、提高机械效率最常用、最有效的方法。在车辆结构中常使用不同的润滑剂来充当介质，减少配合件相互接触，达到减小摩擦的目的。

（二）零件的磨损

磨损是指两个相互接触并做运动的零件，由于相互冲击、碰撞、挤压、摩擦，接触表面材料不断丧失的现象。据统计，75%以上的汽车零件是由于磨损而报废的。

汽车发动机零件的磨损过程可分为以下三个阶段。

第一阶段是零件的磨合期（一般为 500～1 500 km）。

其特征是在较短的行驶里程（或使用时间）内零件的磨损速度较快，当配合零件磨合良好后，磨损速度明显降低。

第二阶段是零件的正常工作时期。

其特征是零件的磨损速度缓慢，汽车的技术状况稳定，很少发生故障。

第三阶段是零件的加速磨损期。

其特征是相配合的零件表面间隙已达到最大允许使用极限。由于间隙增大，润滑油膜难以维持，冲击负荷增大，磨损量也增大，频繁出现故障，如异响、漏气、漏油、振抖、温度异常等。此时，若继续使用就会有异常磨损，导致零件迅速损坏，只有经过大修才能恢复汽车的使用性能。

按零件破坏的机理，可把磨损分为黏着磨损、磨料磨损、表面疲劳磨损、腐蚀磨损、微动磨损等。

1. 黏着磨损

黏着磨损是指摩擦表面相互接触，在接触点间由于局部高温熔合，使摩擦表面的金属发生转移而引起的磨损。

1）黏着磨损的机理

黏着磨损往往遵循接触—塑性变形—原子吸附—黏着—撕脱—再黏着—再撕脱的过程反复进行。

2）影响黏着磨损的因素

（1）材料特性：塑性材料较软，容易蠕动变形，抗黏着性能较差，易发生黏着磨损；脆性材料硬度较大，不易发生黏着磨损，抗黏着性能好于塑性材料。

（2）零件表面粗糙度：一般情况下，磨损量随着零件表面光滑程度的提高而减小，汽车发动机中的黏着磨损多数是在配合间隙过小、负荷过大的情况下发生的，充分可靠的润滑可以减少黏着磨损。

2. 磨料磨损

摩擦表面间因为存在硬质颗粒（包括硬质凸出物）使相对运动的零件表面发生的磨损称为磨料磨损。

1）磨料磨损的机理

关于磨料磨损的机理，有四种假说：微量切削假说、表面疲劳剥落假说、压痕假说和断裂假说。

（1）微量切削假说。

该假说是苏联学者赫鲁晓夫提出的。该假说认为磨损是从材料表面切下微量切屑而造成的，其根据是实验室里通过磨料磨损试验所获得的磨屑与切削加工的切屑一样，呈螺旋形、弯曲形等。

（2）表面疲劳剥落假说。

该假说是以苏联克拉盖里斯基教授为代表的学者创立的。克拉盖里斯基教授认为，材料与磨料摩擦时，材料的同一显微体积经多次塑性变形发生疲劳破坏，小颗粒从表层脱落。但他并未排除同时存在磨料直接切下材料的过程。滚动接触疲劳破坏产生的微粒多呈球形。

（3）压痕假说。

该假说认为，当材料塑性较大时，磨料会在压力作用下压入材料表面，在摩擦过程中压入的磨料犁耕材料表面，形成沟槽，使材料表面发生严重的塑性变形，压痕两侧的材料已经遭到破坏，外部磨料很容易使其脱落。

（4）断裂假说。

该假说主要针对脆性材料，该类材料以脆性断裂为主。当磨料压入和划擦材料表面时，压痕处的材料产生变形；当磨料压入深度达到临界深度时，随压力而产生的拉伸应力足以使裂纹产生。裂纹主要有两种形式，一种是垂直于表面的中间裂纹，另一种是从压痕底部向表面扩展的横向裂纹。在这种压入条件下，横向裂纹相交或扩展到表面时，材料微粒便发生脱落，形成磨屑。由于裂纹能跨过擦痕的边界，所以断裂引起的材料迁移率可能比塑性变形引起的材料迁移率大得多。试验证明，对于脆性材料，如果磨料棱角尖锐、尺寸大，且施加载荷大，断裂过程产生的磨损占主要地位，故磨损率很高。

2）减轻磨料磨损的主要措施

合理地设计零件结构，并选择合适的耐磨材料，提高零件工作表面的硬度，改善工作表面的适油性，以求尽量保持完整的润滑油膜和减少磨料的产生。此外，应在使用中尽可能减少磨料的进入，即加强壳体密封和油料的清洁过滤。

3. 表面疲劳磨损

在纯滚动或同时带有滑动的滚动条件下，由于交变接触应力的作用，表面材料疲劳断裂而形成点蚀或发生剥落，这种现象称为表面疲劳磨损（或接触疲劳磨损）。

在相互啮合的齿轮的轮齿表面、滚动轴承的滚珠和滚道以及凸轮副等表面易发生表面疲劳磨损。

关于表面疲劳磨损的机理，有以下两种假说。

1）最大剪应力理论假说

裂纹从表面产生。在滚动接触过程中，由于外界载荷的作用，表面层的压应力引起表层塑性变形，导致表层硬化，开始出现表面裂纹。当润滑油进入裂纹中，滚动体在运动时又将裂纹的口封住，裂纹中的润滑油被堵在缝中，形成巨大的压力，迫使裂纹向内扩展。经过多次交变后，裂纹将扩展到一定的深度，形成悬臂状态，在最弱的根部发生断裂，出现豆斑状的凹坑，称为点蚀。这种现象在润滑油黏度低时容易发生。

2）油楔理论假说

裂纹在接触表层下产生。由于接触应力的作用，离表面一定深度的最大剪切应力处，塑性变形最剧烈。在载荷作用下反复变形，使材料局部弱化，在最大剪应力处首先出现裂纹，并沿着最大剪应力的方向扩展到表面，从而形成疲劳磨损。如在表层下最大剪应力区附近，材料有夹杂物或缺陷，造成应力集中，极易产生疲劳裂纹。

表面疲劳磨损与零件材料、热处理的金相组织、表面粗糙度、接触精度以及润滑状态有关。

4. 腐蚀磨损

在摩擦过程中，零件表面金属材料与周围介质发生化学或电化学反应，使表面材料裂解、分离而引起物质丧失的现象称为腐蚀磨损。常见的腐蚀磨损有氧化磨损、特殊介质腐蚀磨损和穴蚀。

1）氧化磨损

物体表面会形成氧化膜，由于零部件相互接触，氧化膜不断脱落的磨损为氧化磨损。

除金、铂等少数金属外，大多数金属表面都被氧化膜覆盖着。铁碳合金瞬间即能与空气中的氧气起反应而生成单分子层的氧化膜，且膜的厚度会不断增长，增长的速度随时间以指数规律降低。当形成的氧化膜被磨掉以后，会很快形成新的氧化膜，可见氧化磨损是由氧化和机械磨损两个作用相继进行的过程。一般情况下，氧化膜能使金属表面免于黏着，因此氧化磨损的速度一般比黏着磨损缓慢，可以说，氧化磨损能起到保护摩擦表面的作用。

影响氧化磨损的因素有摩擦副的滑动速度、接触载荷、氧化膜的硬度、介质中的含氧量、润滑条件以及材料性能等。

2）特殊介质腐蚀磨损

摩擦表面遇酸、碱和盐等特殊介质，发生化学反应生成各种化合物，并在摩擦过程中不断被磨去，或与周围介质产生电化学作用，造成摩擦表面材料不断损失的现象称为特殊介质腐蚀磨损。

3）穴蚀

零件表面不断承受液体冲击而出现的一种损伤现象，称为穴蚀，又称为气蚀。

穴蚀发生在零件与液体接触并不断受到液体冲击的条件下。由于高频机械振动，与零件表面接触的部分液体的压力也发生高频变化，伴随着压力的变化，会有气泡的产生和溃灭，在气泡溃灭时会有强烈的水击作用在零件表面。在气泡的产生和溃灭的反复作用下，零件的表面材料产生疲劳而逐渐脱落，呈麻点状和针状小孔，随后扩展成泡沫海绵状针孔。穴蚀是近年来零件损伤的突出问题。

随着发动机有效压力、转速、比功率的不断提高，比质量的逐年降低，发动机结构日益紧凑，零件壁厚不断减小，越来越多地出现穴蚀破坏。个别发动机维修时之所以更换气缸套，不是由于内壁磨损过度，而是由于外壁穴蚀导致冷却液泄露。比如，柴油机湿式气缸套外壁与冷却水接触的表面产生一些针孔状洞穴，这些洞穴多数情况下都很干净，没有腐蚀生成物，孔洞是逐渐扩大和深化的，最后形成深孔，甚至穿透缸套（图 1-8）。

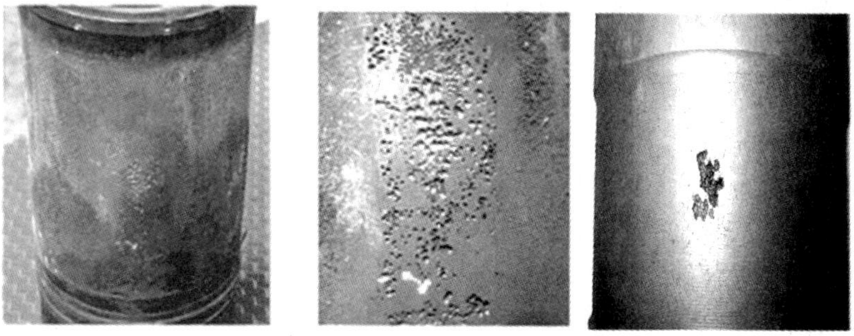

图 1-8　气缸套的穴蚀

气缸套穴蚀一般出现在承受侧压力的位置，尤其是活塞承受侧压力大的一侧所对应的气缸套外壁穴蚀最为严重。

5. 微动磨损

微动磨损是指在相互压紧的金属表面间由于小振幅振动产生的一种复合型磨损。一般发生在固定连接的零件表面，原因是连接处松动。在有振动的机械中，螺纹连接、花键连接和过盈配合连接部位等都容易发生微动磨损。

一般认为，微动磨损的机理是：摩擦表面间的法向压力使表面上的微凸体黏着，由于连接松动，黏合点被小振幅振动剪断成为磨屑，磨屑接着被氧化，被氧化的磨屑在连接表面起着磨粒的作用，使摩擦表面形成麻点或虫纹形伤疤。这些麻点或伤疤是应力集中的根源，也是零件受动载失效的根源。根据氧化的磨屑颜色，可以断定是否发生微动磨损，如被氧化的铁屑呈红色，被氧化的铝屑呈黑色。

有氧化腐蚀现象的微动磨损称为微动磨蚀，在交变应力作用下的微动磨损称为微动疲劳磨损。

（三）零件的疲劳

汽车零件在较长时间内由于交变载荷的作用，性能下降，表面产生裂纹，甚至产生断裂的现象称为零件的疲劳。

汽车零件的疲劳损坏是汽车常见的故障。据不完全统计，疲劳损坏的零件占损坏零件的 15%～18%。疲劳损坏的形成是逐渐积累和发展的，但其表现形式同时又具有突然性，如曲轴、转向节轴的疲劳开裂等（图 1-9）。

疲劳损坏的特点是断裂时的应力远远低于材料的强度极限，甚至低于屈服点。在交变应力作用下的疲劳断裂，在断裂前不会发生明显的塑性变形，断裂是“突发性”的，因此疲劳断裂具有极大的危险性，常常产生致命故障，甚至导致重大的机械事故或交通事故。

图 1–9　轴的疲劳开裂

1. 疲劳损坏的机理

金属零件疲劳损坏实质上是一个损伤累积的过程。一般要经历弹性（或塑性）变形、滑移、产生微观裂纹、微观裂纹扩展、宏观裂纹扩展、最终断裂等几个过程。

2. 减轻汽车零件疲劳损坏的措施

（1）应尽可能减少零部件的应力集中。疲劳损坏经常发生在零件最薄弱的部位，以及零件内部与外部设计或制造缺陷所造成的应力集中部位。

（2）延缓疲劳裂纹萌生时间。采取表面滚压、表面热处理、喷丸等一切有效措施，强化金属合金表面，控制表面的不均匀滑移。

（3）合理使用车辆。防止超速和超载，尽可能不要急刹车，防止对车架、悬架部件产生附加载荷，形成冲击破坏。

（4）对易产生疲劳损坏的零件进行定期检查。

（四）零件的变形

汽车零件在使用过程中，受载荷的作用，零件的尺寸、形状发生变化的现象称为零件的变形。

任何物体受载荷作用后，内部微观原子结构都会产生位移，从而导致物体的宏观形状和尺寸发生变化。汽车在运行过程中受到各种载荷的作用，它的主要零件（特别是底盘的金属类基础件）的变形是不可避免的，变形后将明显地影响各总成的工作能力和车辆的使用寿命。

1. 变形的类型

1）弹性变形

零件受到载荷作用而发生变形，当载荷消除后，变形随之消失，零件能恢复原状，这种变形称为弹性变形。如汽车悬架的受力变形。

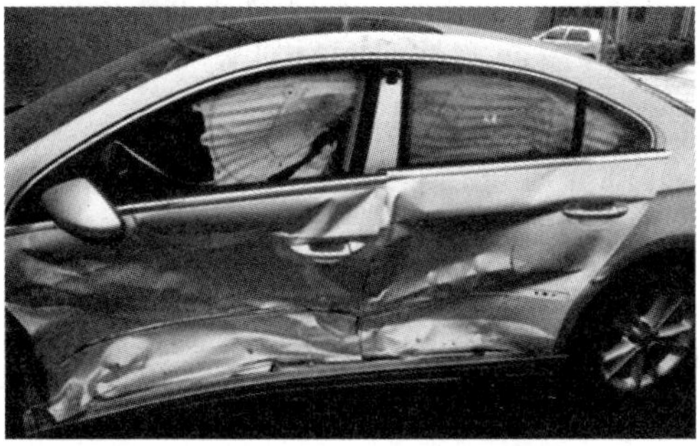

图 1–10　汽车金属外壳的碰撞变形

2）塑性变形

零件受到载荷作用而发生变形，当载荷消除后，变形不能完全消除，零件不能恢复原状，这种变形称为塑性变形。如汽车金属外壳的碰撞变形（图 1–10）。

2. 影响汽车零件变形的因素

（1）零件加工时形成的残余内应力。

（2）过载或受力不均匀。

（3）高温。

（4）路面不平的冲击震动。

（5）维修质量。

3. 防止零部件变形的措施

1）设计环节

在设计零部件结构形状与尺寸时不仅要考虑零件的强度，还要重视零件的刚度以及制造、装配、使用、拆卸、修理等问题。

2）加工环节

在加工中应采取一系列工艺措施来防止和减少零部件变形。对毛坯要进行时效处理，对加工完毕的零件要进行回火处理等，以消除残余内应力。

3）修理环节

在修理中既要满足恢复零件的尺寸、配合精度、表面质量等技术要求，又要检查和修复主要零件的形状、位置误差。为了尽量减少零件在修理过程中产生的应力和变形，应当制定出与变形有关的标准和修理规范，使用专用夹具、工具和设备来作业，以减小对零部件的损伤。

4）使用环节

在使用中要加强设备管理，制定并严格执行操作规程，加强机械设备的检查和维护，不超负荷运行，避免局部超载或过热等。

（五）零件的腐蚀

零件的腐蚀是指表面材料与外部介质发生化学或电化学反应而形成的表面破坏现象。

影响零件腐蚀的因素主要是大气环境，空气中的水分、二氧化碳、二氧化硫、氯离子和灰尘等为产生腐蚀的主要因素。

在我国沿海地区（如青岛），大气中的二氧化硫和氯离子含量较高，汽车腐蚀最严重；其次是温度高、湿度大、潮湿时间长的长江以南地区；而干燥、低温的北方地区汽车腐蚀最轻；在酸雨严重的地区（如重庆），公共汽车、自行车等容易产生锈斑，严重时会出现腐蚀穿孔现象。

1. 类型

按腐蚀的机理零件的腐蚀可分为化学腐蚀、电化学腐蚀和高温氧化腐蚀。

1）化学腐蚀

图 1–11 车体化学腐蚀

金属与外部介质（非电解质）直接发生化学反应，引起零件表面材料破坏的现象称为化学腐蚀（图 1–11）。

外部介质包括空气、汽油、润滑剂、制动液等。介质与金属表面接触发生化学反应，形成一层腐蚀薄膜，膜的性质决定了化学腐蚀的速度。如果腐蚀薄膜是致密完整的，强度、塑性较好，膨胀系数与金属相近，与金属的结合力强，则有保护金属、减缓金属腐蚀的作用。比如，金属铝表面的氧化铝和镀铬活塞环表面的铬氧化物等，这些氧化物都能起到耐腐蚀的作用。如果腐蚀薄膜不断脱落又不断生成，就会使零件出现强烈的腐蚀，比如润滑油老化以后产生的有机酸，会腐蚀铜铅合金轴承中的铅，加速轴承磨损和合金脱落。

发动机在工作过程中，气缸内形成的有机酸和矿物酸对气缸壁产生化学腐蚀，腐蚀强度与温度有关，温度越低，腐蚀越大。发动机在冷启动或在环境温度较低的情况下运行时，前后两缸的气缸壁边缘腐蚀最严重。

2）电化学腐蚀

金属表面与电解质发生原电池反应而引起的腐蚀称为电化学腐蚀（图 1-12）。

图 1-12　电化学腐蚀

金属与电解质溶液（如酸、碱、盐溶液）或潮湿的空气接触，形成原电池，其中电位较低的部分发生腐蚀。这种原电池的电流无法利用，却使阳极金属受到腐蚀，又称之为腐蚀电池。由于金属零件的表面存在着不同的合金成分、金属组织及杂质，使零件表面各部位电极电位不同，同时由于零件表面不断吸收空气或燃烧废气中的水分，且溶解二氧化碳、二氧化硫等气体，形成电解质溶液，因此产生无数个原电池，造成电化学腐蚀。

以上两种腐蚀中，化学腐蚀不会产生电流，金属主要是发生氧化反应。电化学腐蚀在腐蚀部位会产生微弱电流，主要对较活泼的金属产生氧化反应。在汽车的裸露金属部位，化学腐蚀和电化腐蚀往往同时发生。电化学腐蚀比化学腐蚀强烈得多，金属的腐蚀绝大多数是电化学腐蚀造成的。

3）高温氧化腐蚀

多数金属会与空气中的氧气或氧化剂反应，在金属表面形成氧化膜，这层氧化膜形成后，常温下对金属表面起到保护作用，能阻碍金属继续氧化。然而在高温情况下，膜层将出现裂缝和孔隙，覆盖作用变差，这时氧化作用将继续下去。

长期在高温条件下工作的铸铁零件，其金属组织结构中的碳化铁将碳不断以片状石墨的形式析出（即石墨化），呈连续分布，使铸铁件结构松散，并出现裂缝，为炽热气体进入提供通道，使氧化深入到内部。此时，零件表面看似完整，但由于高温状态下不断石墨化和氧化作用，零件内部失去了原有的力学性能。比如，发动机排气门座附近组织的烧蚀就是高温氧化的典型例证。

2. 减轻金属表面腐蚀的措施

（1）优化结构避免腐蚀。

（2）选用抗腐蚀性能优良的材料。

（3）采用科学完善的防腐工艺。

3. 提高汽车防腐能力的工艺

1）电化学处理

电化学处理主要包括电镀和阳极氧化两种工艺。

电镀就是利用电解原理在金属表面镀上一薄层其他金属或合金的过程，利用电解作用使金属或其他材料制件的表面附着一层金属膜，可以起到防止金属氧化（如锈蚀），提高制件耐磨性、导电性、反光性、抗腐蚀性及增进美观等作用。

阳极氧化指金属或合金的电化学氧化。如果没有特别指明，通常指硫酸阳极氧化。

为了克服铝合金表面硬度、耐磨损性等方面的缺陷，扩大其应用范围，延长其使用寿命，表面处理技术成为铝合金制品使用中不可缺少的一环，而阳极氧化技术是目前应用最为广泛的一种工艺。

2）涂装

涂装主要有喷涂和电泳两种工艺（图 1-13）。

（a） （b）

图 1-13 喷涂和电泳

（a）喷涂 （b）电泳

喷涂是指通过喷枪或碟式雾化器，借助于压力或离心力，将涂料分散成均匀而微细的雾滴，施涂于被涂物表面的涂装方法。喷涂可分为空气喷涂、无空气喷涂、静电喷涂以及上述基本喷涂形式的各种派生的方式，如大流量低压力雾化喷涂、热喷涂、自动喷涂、多组喷涂等。

电泳是利用外加电场使悬浮于电泳液中的颜料和树脂等微粒定向迁移并沉积于电极之上的基底表面的涂装方法。

电泳是近 30 年来发展起来的一种特殊涂膜形成方法，是对水性涂料最具有实际意义的施工工艺。水性涂料具有水溶性好、无毒、易于自动化控制等特点，在汽车、建材、五金、家电等行业得到广泛的应用。

3）化学处理

化学处理主要有磷化、钝化、发黑等三种工艺。

磷化是一种通过化学与电化学反应形成磷酸盐化学转化膜的过程，形成的磷酸盐化学转化膜又称为磷化膜。磷化的目的主要是为基体金属提供保护，在一定程度上防止金属被腐蚀，用于涂漆前打底，提高漆膜层的附着力与防腐蚀能力，在金属冷加工工艺中起减摩润滑作用。磷化是常用的前处理技术，从原理上应属于化学转换膜处理，主要应用于钢铁表面，有色金属（如铝、锌）件也可采用磷化的方式进行前处理。

钝化是金属与钝化剂自然作用而产生的现象。如铬、铝、钛等金属在空气中和在很多种含氧的溶液中，都容易发生钝化，这些金属称为自钝化金属。钝化可以使某些金属达到减缓腐蚀的目的，如一般钢铁常采用硝酸、重铬酸钾、亚硝酸钠等溶液进行钝化处理，或在铁中加入易钝化金属组分（可冶炼成耐蚀不锈钢）等。

发黑是金属预处理的一种常用手段，原理是通过发黑液使金属表面产生一层氧化膜，以隔绝空气，达到防锈目的。对材料外观要求不高时可以采用发黑处理，发黑处理常用的方法有传统的碱性加温发黑和出现较晚的常温发黑两种，但常温发黑工艺对于低碳钢的预处理效果不太好。碱性加温发黑又有一次发黑和两次发黑的区别。发黑液的主要成分是氢氧化钠和亚硝酸钠。发黑时所需温度的宽容度较大，在 135～155 ℃都可以得到不错的表面。

4）热处理

热处理主要有热浸镀、热喷涂、热烫印和化学热处理等工艺。

5）真空法处理

真空法处理主要有蒸发镀、溅射镀及离子镀等工艺。

（六）零件的老化

在高分子材料的使用过程中，由于受到热、氧、水、光、微生物、化学介质等环境因素的综合作用，高分子材料的化学组成和结构会发生一系列变化，物理性能会相应下降，如发硬、发黏、变脆、变色、失去强度等，这些变化和现象称为老化。高分子材料老化的本质是其物理结构或化学结构的改变（图 1-14）。

图 1-14　车灯老化

随着使用时间的延长，汽车的非金属零件材料的物理、化学性能改变而导致其使用性能缓慢衰退。橡胶制品（如轮胎、油封、膜片等）、塑料件（如导线、灯壳、饰板）和电器元件（如电阻、电容器、晶体管、导线、绝缘套等），长期受环境和温度的影响，会逐渐老化，失去原有性能。温度的冷热交替变化、油类及液体的化学作用、太阳光的辐射作用等，都会使橡胶制品失去弹性并出现表面龟裂，塑料制品逐渐变脆、变色甚至断裂。

高分子材料的老化已成为一个非常重要的问题，实际造成的危害要比人们想象的严重得多，尤其是在苛刻的环境条件下，常导致设备过早失效、材料大量流失，不但造成很大的经济损失，而且导致资源的浪费，甚至因材料的失效分解造成对环境的污染。

三、零件的润滑

润滑是改善配合表面的摩擦状态以减小摩擦阻力、减缓表面磨损的有效措施。一般在两个摩擦表面间加入润滑剂，以减小摩擦和磨损。另外，润滑剂还有防锈、密封、散热降温、防尘、缓冲吸振、传递动力等作用。充分利用现代的润滑技术，能显著提高机器的使用性能，延长机器的使用寿命，并减少能源消耗。

（一）润滑剂的分类

1. 液体润滑剂

液体润滑剂（图 1-15）是用于减小摩擦副的摩擦阻力、减缓其磨损的润滑介质，又称为润滑油。液体润滑剂对摩擦副还能起冷却、清洗和防止污染等作用。为了改善润滑性能，在某些液体润滑剂中可加入合适的添加剂。目前用途最广、品种最多的一类液体润滑剂，包括矿物油、动植物油、合成油、水基液体等。这些液体润滑剂有较宽的黏度范围，为不同负荷、速度和温度条件下工作的运动部件提供了较大的选择余地，主要用于高速、轻载的工作场合。

根据用途液体润滑剂可分为车用润滑剂和工业润滑剂两种。

2. 润滑脂

润滑脂（图 1-16）俗称黄油，主要由稠化剂、基础油、添加剂、填料四部分组成。一般润滑脂中稠化剂含量为 10%～20%，基础油含量为 75%～90%，添加剂及填料的含量在 5%以下。润滑脂主要用于低速、重载部位的轴承润滑。

图 1-15 液体润滑剂

图 1-16 润滑脂

根据所用稠化剂不同，润滑脂可分为皂基脂和非皂基脂两类。皂基脂的稠化剂常用锂、钠、钙、铝、锌等金属皂（也用钾、钡、铅、锰等金属皂）作为主要成分。非皂基脂的稠化剂用石墨、炭黑、石棉以及合成材料（如膨润土）作为主要成分。根据用途不同，润滑脂可分为抗磨润滑脂、防护润滑脂和密封润滑剂。抗磨润滑脂主要用于改善摩擦副的摩擦状态以减缓磨损，防护润滑脂主要用于防止金属零部件的锈蚀和腐蚀，密封润滑剂主要用于密封真空系统、管道配件和螺纹件等。

评价润滑脂的主要性能指标是针入度、滴点、灰分及水分等。此处主要介绍针入度和滴点。

针入度用来反映润滑脂的稠度大小。用标准圆锥体（一般质量为 150 g，也有规定 100 g 的）沉入保温在 25 ℃时的润滑脂试样中，锥体在 5 s 内的下沉深度即为针入度值，单位是 1/10 mm。针入度愈大表示润滑脂愈软，即稠度愈小；反之，则表示润滑脂愈硬，即稠度愈大。

滴点指润滑脂从固态变成液态的温度。在规定的条件下加热，润滑脂随温度的升高而变软，其从仪器的脂杯中滴下第一滴或成柱状触及试管底部时的温度，即为滴点，用摄氏度表示。润滑脂的滴点是评价高温状态下润滑脂成脂能力的主要指标。

3. 固体润滑剂

在摩擦表面上使用的粉末状或薄膜状固体减摩材料称为固体润滑剂（图 1-17）。常用的固体润滑剂有石墨、二硫化钼、聚四氟乙烯、尼龙、氮化硼和氟化石墨等。

图 1–17　固体润滑剂

固体润滑剂主要应用于要求苛刻的工况下，如重载（重型机械和金属冷挤压模具等）、高温（炼钢机械、核反应堆支架等）、低速（机床导轨等）、超高真空（航天器中的机械等）、超低温（液氢和液氧输送泵等）、强辐照（核反应堆等）、强腐蚀（化工设备等）、污染（航天器的推力系统、纺织机械和造纸机械等）、安装后工作人员不便接近（核能机械和飞机的密封部件等）和要求环境非常清洁（食品、医疗和制药机械等）等场合。

固体润滑剂的使用温度范围宽，承载能力强、防黏滑性好、抗高真空、耐辐射、导电率范围宽、防腐、防尘，是一类特殊的润滑剂。其缺点是摩擦系数大于润滑油或润滑脂，能量损失较大，不能起冷却作用，制膜工艺复杂等。

4. 气体润滑剂

常用气体润滑剂有空气、氦气、氮气、氢气等，要求清净度很高，使用前必须进行严格的精制处理。常用的润滑气体是空气，可用于空气轴承等。

气体润滑剂黏度很小，对温度变化不敏感，可以用在比润滑油和润滑脂适用温度更高或更低的场合，可在-200～2 000 ℃下润滑滑动轴承，其摩擦系数低到测不出，轴承稳定性很高，但承载能力小，仅用于超高速、轻载的场合。

（二）润滑油的主要性能

1. 黏度

液体在外力作用下流动时，分子间的内聚力阻碍分子间相对运动而产生一种内摩擦力，液体的这种性质叫作液体的黏性，其特点是只有在流动时液体才表现出黏性，静止液体是不呈现黏性的。表示液体黏性大小的物理量是黏度。

黏度是润滑油最重要的单项性能指标，它是形成润滑膜的主要因素，决定了润滑油的承载能力。黏度大，液层间的内摩擦力就大，油液就稠；反之，油液就稀。黏度是选择润滑油的主要依据。

黏度可以分为运动黏度、动力黏度、恩氏黏度、雷氏黏度和赛氏黏度。其中，运动黏度是润滑油最常用的黏度表示方式。

2. 闪点

闪点是表征油品蒸发性的一项指标。油品的馏分越轻，蒸发性越大，其闪点越低。反之，油品的馏分越重，蒸发性越小，其闪点越高。同时，闪点又是表征油品着火危险性的指标。油品的危险等级是根据闪点划分的，闪点在 45 ℃以下为易燃品，45 ℃以上为可燃品，在油品的储运过程中严禁将油品加热到它的闪点温度。在黏度相同的情况下，闪点越高越好。因此，用户在选用润滑油时应根据使用温度和润滑油的工作条件进行选择。一般认为，闪点比使用温度高 20～30 ℃，即可安全使用。

3. 凝点

凝点是指在规定的冷却条件下油品停止流动的最高温度。油品的凝固和纯化合物的凝固有很大的不同。油品并没有明确的凝固温度，所谓凝固只是从整体来看失去了流动性，并不是所有的组分都变成了固体。

凝点是表示润滑油低温流动性的一个重要质量指标，对于润滑油的生产、运输和使用都有重要意义。凝点高的润滑油不能在低温下使用。相反，在气温较高的地区则没有必要使用凝点低的润滑油。这是由于润滑油的凝点越低，其生产成本越高，会造成不必要的浪费。一般说来，润滑油的凝点应比使用环境的最低温度低 5～7 ℃。但是在选用低温的润滑油时，应结合油品的凝点、低温黏度及黏温性能全面考虑。因为低凝点的油品，其低温黏度和黏温性能亦有可能不符合要求。

4. 黏温性能

一般润滑油的黏度会随温度的升高而减小，随温度的降低而增大。

润滑油的黏度随温度发生变化的特性叫作黏温性能，黏温性能的量化指标为润滑油的黏度指数。

根据黏度指数不同可将润滑油分为三级：35～80 为低黏度指数润滑油；80～110 为高黏度指数润滑油；黏度指数超过 110 即为特高黏度指数润滑油。现在轿车上使用的发动机油都要求是特高黏度指数润滑油。

黏度指数越高代表机油黏度随温度变化越小，对气温的适应范围越宽，即低温下（零度以下）流动性好，容易启动，冷启动保护好；发动机温度高，或环境温度高（例如沙漠表面温度达到 70 ℃）时，机油黏度不会大幅下降，仍能有效地保护发动机。

（三）润滑油的主要成分

润滑油主要由基础油和添加剂两部分组成：基础油是润滑油的主要成分，决定着润滑油的基本性质；添加剂用来弥补和改善基础油性能方面的不足，是润滑油的重要组成部分。

1. 基础油

基础油主要分矿物基础油、植物基础油和合成基础油三大类。

1）矿物基础油

矿物基础油由原油提炼而成，在普通润滑油里所占比重较大（90%以上），矿物基础油的化学成分为高沸点、高分子量烃类和非烃类混合物，一般为烷烃（直链、支链、多支链）、环烷烃（单环、双环、多环）、芳烃（单环芳烃、多环芳烃）、环烷基芳烃等烃类化合物，含氧、含氮、含硫有机化合物，以及胶质、沥青质等非烃类化合物。

2）植物基础油

植物基础油是从植物的种子、花朵、根茎或果实中萃取的非挥发性油脂，可润滑肌肤，能直接用于肌肤按摩，也是稀释精油的最佳基底油。常见的有荷荷巴油、甜杏仁油、葡萄籽油、玫瑰果油、橄榄油等。

植物基础油的优点是对环境的污染小，润滑性能和极压性能比合成基础油好。但植物基础油因产量少，比矿物基础油价格昂贵。

3）合成基础油

合成基础油是指通过化学方法合成的基础油。合成基础油有很多种类，常见的有合成烃、合成酯、磷酸酯、硅油、含氟油、聚醚等。

（1）聚 α-烯烃油：由 α-烯烃聚合而成。与矿物基础油相比，具有优异的破乳化性、优异的抗高温结焦积炭性、优异的黏温性、良好的热氧化安定性、良好的润滑性、低挥发性，但制造成本较高。

（2）酯类油：由醇与酸酯化而成。与矿物基础油相比，具有优异的热氧化安定性、优异的抗高温结焦积炭性、优异的热传导性、优良的润滑性、优良的破乳化性、优良的黏温性、低挥发性，但制造成本较高。

（3）硅油：由硅氧烷聚合而成。与矿物基础油相比，具有优异的黏温性、优异的化学稳定性、优异的电绝缘性、优良的抗水防潮性、低挥发性，但制造成本较高，润滑性较差。

（4）氟油和氟氯油：通过氟化剂氟化或氟化乙烯聚合而成。与矿物基础油相比，具有特殊的化学惰性、优异的热稳定性、优异的润滑性，但制造成本高，黏温性较差。

（5）聚醚：由环氧烷聚合而成。与矿物基础油相比，具有优异的热传导性、出色的润滑性、优良的黏温性、良好的抗轻烃稀释性、良好的抗氧化性，但制造成本较高。

2. 添加剂

为了改善润滑油某些方面的性能，在润滑油中加入的化学合成物称为添加剂。

常用的添加剂有黏度指数改进剂、倾点下降剂、抗氧化剂、清净分散剂、摩擦缓和剂、油性剂、极压添加剂、抗泡沫剂、金属钝化剂、乳化剂、防腐蚀剂、防锈剂、破乳化剂、抗氧抗腐剂等。

课程思政

汽车零部件是汽车的组成部分，零部件的生产技术是汽车行业发展和进步的重要基础，零部件的质量影响着汽车的质量。改革开放以来，我国汽车工业突飞猛进，取得长足的发展。我们不但能生产各种型号的汽车，还能将车辆发送到火星上去。

火星的环境极其恶劣，要想完成使命，火星车必须具有出众的性能，能抵御火星的严苛气候。

2020 年 7 月 23 日 12 时 41 分，在我国文昌航天发射场由长征五号遥四运载火箭将我国制造的首辆火星车发射升空，命名为“祝融号”。2021 年 5 月 17 日，“祝融号”火星车首次通过环绕器传回遥测数据。5 月 22 日 10 时 40 分，“祝融号”火星车已安全驶离着陆平台，到达火星表面，开始巡视探测。

“祝融号”火星车高度有 1.85 m，质量达到 240 kg 左右。设计寿命为 3 个火星月，相当于约 92 个地球日。

四、机动车的报废管理规定

（一）机动车的报废制度

为确保汽车在使用过程中的可靠性，国家除了对汽车生产企业制定相关的产品质量标准进行规范、约束之外，也制定了相关制度对车辆的使用进行监控、管理。我国对机动车使用可靠性的管控制度主要是车辆年检制度和报废制度。

我国机动车相关报废标准的建立始于 1997 年 7 月 15 日发布的《汽车报废标准》，其中对于私家车的强制报废标准为期限 10 年，行驶 100 000 km。之后，随着我国汽车工业的迅速发展，车辆制造技术水平的不断提升，这一规则已经明显不合理。2000 年修订的《汽车报废标准规定》中，将私家车的强制报废年限延长至 15 年。

随着我国汽车制造技术的不断提升，以及新材料、新工艺在汽车制造中的应用，2000 年修订的《汽车报废标准规定》已经无法满足社会发展要求。现代汽车的安全、可靠性能已经发生巨大变化，车辆的使用寿命得到大幅延长。大量汽车总成或零部件在使用过程中主要以维护、保养为主，只有不足 15%的易损零部件需要定期检测和更换维修。个别车辆由于驾驶人员使用不当（如交通事故、维护不良）导致零部件损坏时才进行拆解大修。

由商务部、国家发展和改革委员会、公安部、环境保护部令 2012 年第 12 号公布的《机动车强制报废标准规定》规定各种车辆的报废期限（节选）如下。

第五条　各类机动车使用年限分别如下：

（一）小、微型出租客运汽车使用 8 年，中型出租客运汽车使用 10 年，大型出租客运汽车使用 12 年；

（二）租赁载客汽车使用 15 年；

（三）小型教练载客汽车使用 10 年，中型教练载客汽车使用 12 年，大型教练载客汽车使用 15 年；

（四）公交客运汽车使用 13 年；

（五）其他小、微型营运载客汽车使用 10 年，大、中型营运载客汽车使用 15 年；

（六）专用校车使用 15 年；

（七）大、中型非营运载客汽车（大型轿车除外）使用 20 年；

…………

小、微型非营运载客汽车，大型非营运轿车，轮式专用机械车无使用年限限制。

…………

第七条　国家对达到一定行驶里程的机动车引导报废。

达到下列行驶里程的机动车，其所有人可以将机动车交售给报废机动车回收拆解企业，由报废机动车回收拆解企业按规定进行登记、拆解、销毁等处理，并将报废的机动车登记证书、号牌、行驶证交公安机关交通管理部门注销：

（一）小、微型出租客运汽车行驶 60 万千米，中型出租客运汽车行驶 50 万千米，大型出租客运汽车行驶 60 万千米；

（二）租赁载客汽车行驶 60 万千米；

（三）小型和中型教练载客汽车行驶 50 万千米，大型教练载客汽车行驶 60 万千米；

（四）公交客运汽车行驶 40 万千米；

（五）其他小、微型营运载客汽车行驶 60 万千米，中型营运载客汽车行驶 50 万千米，大型营运载客汽车行驶 80 万千米；

（六）专用校车行驶 40 万千米；

（七）小、微型非营运载客汽车和大型非营运轿车行驶 60 万千米，中型非营运载客汽车行驶 50 万千米，大型非营运载客汽车行驶 60 万千米；

（八）微型载货汽车行驶 50 万千米，中、轻型载货汽车行驶 60 万千米，重型载货汽车（包括半挂牵引车和全挂牵引车）行驶 70 万千米，危险品运输载货汽车行驶 40 万千米，装用多缸发动机的低速货车行驶 30 万千米；

（九）专项作业车、轮式专用机械车行驶 50 万千米；

（十）正三轮摩托车行驶 10 万千米，其他摩托车行驶 12 万千米。

（二）机动车的回收利用规定

商务部令 2020 年第 2 号《报废机动车回收管理办法实施细则》（简称《细则》）于 2020 年 9 月 1 日起施行。《细则》对回收拆解行为规范、回收利用行为规范等方面进行了明确规定，提出发动机、转向器、变速器、前后桥、车架等五大总成可以回收利用的观点。

任务 2　汽车的维护与保养方式

为保持车辆技术状况良好，保证行车安全，充分发挥汽车的使用效能和降低运行消耗，以取得良好的经济效益和环境效益，必须及时维护车辆的各运动总成及装置，确保性能良好，工作正常。

我国汽车的维护与保养方式已由原来的以行驶里程为基础改为以车辆的实际技术状况为基础。根据交通运输部令 2023 年第 3 号《道路运输车辆技术管理规定》，我国车辆应贯彻“预防为主、定期检测、强制维护、视情修理”的维护与保养原则。

“预防为主”指的是汽车维护与保养的内容是依照汽车技术状况变化的规律来安排的，并需在汽车技术状况变差之前进行。

“定期检测”指根据国家机动车安全检测规定，定期用专业检测仪器或设备对汽车各总成主要性能和技术状况进行检测，以了解和掌握汽车的技术状况和安全可靠性能，并做出技术评定，根据检测结果确定该车的附加作业或维修项目。

“强制维护”指必须遵照交通运输管理部门或车辆使用手册规定的行驶里程或时间间隔，按期进行汽车维护工作，不得任意拖延。

“视情修理”指车辆的维修作业范围是通过检测诊断后确定的，因此检测诊断技术是实现视情修理的重要保证。

车辆维护与保养的方式主要有日常维护与保养、首次维护与保养和定期维护与保养。

车辆维护与保养的作业形式主要有清洗、检查、补给、润滑、紧固、调整、更换等。

一、日常维护与保养

车辆日常维护与保养一般由驾驶员独立完成。根据车辆运行情况，驾驶员不定期随时检查，以保障车辆安全运行，发现问题及时维护维修。

日常维护与保养项目如下：

（1）检查冷却液液面位置；

（2）检查发动机润滑油液面位置；

（3）检查自动变速器润滑油液面位置；
（4）检查助力转向油罐液面位置；
（5）检查制动液液面位置；
（6）检查蓄电池电压及电量储存情况；
（7）检查风挡洗涤器储水罐液面位置；
（8）检查燃油量；
（9）检查车灯与喇叭是否正常工作；
（10）检查轮胎（包括备胎）充气情况及有无损坏和磨损；
（11）检查燃油、发动机润滑油、制动液和冷却水有无渗漏；
（12）检查后视镜；
（13）检查离合器踏板位置及自由行程；
（14）检查制动踏板的自由间隙和工作情况；
（15）检查驻车制动器工作是否正常；
（16）检查方向盘工作是否正常；
（17）检查各开关工作是否正常；
（18）检查所有仪表工作是否正常。

二、首次维护与保养

车辆首次维护与保养（简称首保）的里程或时间一般为 5 000 km 或 3 个月（以先到者为准，下同），个别车型首保里程为 7 500 km 或 10 000 km，欧美国家的部分车辆首保里程能达到 15 000 km。

首保一般由汽车制造企业指定的 4S 店（即集整车销售（Sale）、零配件（Spare Part）、售后服务（Service）、信息反馈（Survey）于一体的销售店）免费提供，由专业维修人员进行操作。具体保养项目参照各生产企业的规定。以广州本田为例，首保项目如下。

（1）更换发动机润滑油及滤清器。
（2）检查并加满变速器油、制动液、助力转向油、冷却液、玻璃清洗液。
（3）检查：
①电瓶的充电情况；
②液体系统的工作状况及渗漏情况；
③管路和壳体部件是否渗漏；
④大灯及指示灯的工作情况；
⑤转向、悬挂部件的工作情况；
⑥轮胎（包括备胎）充气情况及有无损坏和磨损；
⑦点火正时；
⑧传动皮带工作情况；
⑨驾驶情况（噪声、稳定性、仪表盘工作情况）；
⑩清洁空气滤清器滤芯。

三、定期维护与保养

（一）一般驾驶条件下的维护与保养

它是指汽车在良好条件下使用的维护与保养。经专业人员检查后，添加、清洁、清洗、调整、润滑、修理或更换相关零部件，由汽车维修企业或4S店专业维修人员完成。

以本田系列轿车为例，定期维护与保养项目如下（详细要求见表1-1）：

（1）更换发动机润滑油；

（2）更换发动机润滑油滤清器；

（3）清洁、更换空气滤清器滤芯；

（4）更换汽油滤清器；

（5）更换火花塞；

（6）检查和调节传动皮带；

（7）检查发动机怠速转速；

（8）更换发动机冷却液；

（9）更换变速器油；

（10）检查前后制动器；

（11）更换制动液；

（12）检查手刹拉杆位置；

（13）更换空调滤清器滤芯（简称空调滤芯）；

（14）轮胎换位。

表1-1　汽车定期维护与保养项目一览

保养项目	保养对象	保养周期	注意事项
油液	发动机润滑油	6个月或者5 000 km	涡轮增压发动机或者大众品牌汽车的发动机每1 500 km检查油位，其他车型每2 500 km检查油位
	冷却液	5年	个别车型10～15年更换一次
	刹车油	2年或40 000 km	更换时注意原厂型号，不可换错
	助力转向油	40 000 km	更换时注意原厂型号，不可换错
	手动变速器油	40 000 km	更换时注意原厂型号，不可换错
	自动变速器油	60 000 km（路况好的情况下，可100 000 km更换）	
	空调制冷剂	制冷效果下降时，检查管路压力，必要时添加或更换	
“四滤”	润滑油滤清器	6个月或5 000 km，个别车型7 500 km或10 000 km	与润滑油同期更换
	空气滤清器	12个月或20 000 km	带增压车型相应缩短周期

续表

保养项目	保养对象	保养周期	注意事项
“四滤”	汽油滤清器	普通滤清器 12 个月或 20 000 km；长效滤清器使用寿命更长	长效滤清器更换周期取决于油品，根据工作状态检查更换
	空调滤清器	12 个月或 20 000 km	更换周期取决于空气质量，根据实际工作状态检查更换
易损品	火花塞	30 000～50 000 km	可在 30 000 km 后做保养时进行检查
	高压导线	150 000～200 000 km	根据工作情况检查更换
	制动块（即刹车片）	50 000～80 000 km	大多数车型有报警刮片，磨损达到极限时会发出金属刮擦的噪声
	制动盘	200 000 km	
	离合器片	120 000 km	同时更换压盘和分离轴承
	球笼防尘罩	每次更换润滑油时检查	
	雨刮片	根据工作情况更换	可只更换胶条
	正时链条	100 000 km	一般可终身免换
	正时皮带	60 000～80 000 km	
	传动皮带（包括发动机皮带）	保养时检查松紧度及表面是否有龟裂现象	
维护与保养	轮胎换位	用相同型号轮胎，每行驶 10 000～15 000 km	型号不同的轮胎不能从前轮换到后轮
	轮胎动平衡	更换轮胎或补胎后或行驶时方向盘抖动时进行轮胎动平衡检测	车辆发生碰撞、侧翻后必须进行轮胎动平衡检测
	四轮定位	50 000 km	车辆发生碰撞、翻倾、车体大修后必须进行定位；更换悬架相关部件、车辆跑偏、轮胎非正常磨损时都要进行定位检查
	节气门（清洗）	10 000 km	
	燃油系统（清洗）	3 年或 90 000 km	
	润滑系统（清洗）	3 年或 90 000 km	
	轮胎充气气压	在原厂规定气压上下浮动 0.1 bar（10 kPa）时检查处理；最好自己备一个气压表放在后备厢，跑长途前检查一下	
	水箱（清洗）	5 年	更换冷却液时进行清洗

表 1-1 所列维护与保养项目的保养周期（涵盖时间和里程，下同）仅为参考，各车型维护与保养的规定不同，以生产企业提供的车辆使用手册规定的保养周期为准。

（二）恶劣驾驶条件下的维护与保养

如果车辆在下列一种或一种以上条件下驾驶，必须缩短发动机润滑油、润滑油滤清器、变速器油的更换时间，其他保养按一般驾驶条件的保养项目进行：

（1）每次行驶不超过 8 km 以下，或者在 0 ℃以下的气温中每次行驶不超过 16 km；
（2）在炎热（35 ℃以上）条件下驾驶；
（3）持续怠速运转或长期间歇性（开开停停）驾驶；
（4）经常牵引拖车或行驶时在车顶上安装行李架装载行李或行驶在山区道路上；
（5）频繁在颠簸、多尘、泥泞、砂石路面或有腐蚀性物质的区域或严寒地区行驶；
（6）频繁上坡、下坡或在山区道路上行驶。

（三）车辆在磨合期使用的注意事项

（1）严禁高速行驶，汽车在各挡位的行驶速度不得超过发动机最高转速的 70%，不允许长时间高速行驶。

（2）严禁超负荷运行，不允许超载，一旦发动机工作不平稳，立即换入低挡。

（3）发动机刚启动后，不允许猛踩加速踏板，待发动机各仪表显示正常，转速稳定后，再挂挡起步，水温达到正常工作温度后，再加速行驶。

（4）要经常检查发动机冷却液温度、润滑油液面高度，发现故障要及时排除。

（5）磨合期结束后，对汽车进行首次维护与保养。

课程思政

我国汽车工业的发展历程大致可以分成以下三个阶段。

第一个阶段：1953 年到 1978 年改革开放前。经过 20 多年的自力更生，我国初步奠定了汽车工业发展的基础，汽车产品从无到有。

第二个阶段：1978 年到 20 世纪末。在改革开放的推动下，我国汽车工业乘风破浪，取得了长足的发展，形成了完整的汽车工业体系；从载重汽车到轿车，得到了全面发展。这一阶段我国汽车工业由计划经济体制向市场经济体制转变。这一时期的特点是商用汽车发展迅速，商用汽车产品系列逐步完整，我国汽车工业企业的生产能力逐步提高，具有了一定的自主开发能力。重型汽车、轻型汽车种类不足的现象得到改变。轿车生产奠定了基本格局和基础。我国汽车工业生产体系得到进一步完善。随着市场经济体制的建立以及政府经济管理体制的改革，企业自主发展、自主经营，大企业集团对汽车工业发展的影响越来越大。汽车工业企业逐步摆脱了计划经济体制下存在的行政管理的束缚。政府通过产业政策对汽车工业进行宏观管理。通过引进技术、合资经营，摸索了对外合作、合资的经验，我国汽车工业产品水平有了较大提高。

第三个阶段：21 世纪至今。在 2001 年底我国加入世界贸易组织（WTO）后，中国汽车工业进入了市场规模、生产规模迅速扩大的阶段，全面融入世界汽车工业体系，并向汽车产销大国迈进。

从 1998 年之后，乘用车销量开始超过商用车销量。汽车工业也从载重汽车发展到轿车，以中外合作和技术引进为基础的我国轿车工业又迈上了一个新台阶。广州本田、上海通用和大众分别引进了高档车型雅阁、别克和奥迪 A6。这几个车型的投产标志着我国轿车产品和生产技术赶上了世界的发展步伐。

1998 年前后，我国自主品牌奇瑞、吉利等成立，这些品牌开始探索自主造车之路，并迅速发展壮大。

2009 年，我国汽车全年产销量首次超过美国，跃居世界第一。

任务 3　机动车使用管理规定

一、机动车号牌的管理规定

根据国家对机动车的管理规定，机动车由国家公安部门交通管理机构所属地方车辆管理所（简称车管所）负责管理。车管所主要负责承办机动车注册、变更、转移、抵押、注销登记，以及机动车驾驶证的申请、补领、换领、审验，受理机动车和驾驶员相关的其他业务。

机动车上路行驶必须有地方车管所核发的号牌（又称车牌、牌照）、行驶证以及驾驶人的驾驶证。获取牌照时，车主必须提供汽车制造企业提供的相关证明资料及个人相关信息，审查合格方可发给牌照。

公安部 2021 年 12 月 4 日颁发的《机动车登记规定》规定（节选）：

第十条　初次申领机动车号牌、行驶证的，机动车所有人应当向住所地的汽车管理所申请注册登记。

第十一条　机动车所有人应当到机动车安全技术检验机构对机动车进行安全技术检验，取得机动车安全技术检验合格证明后申请注册登记。但经海关进口的机动车和国务院机动车产品主管部门认定免予安全技术检验的机动车除外。

《中华人民共和国道路交通安全法实施条例》第十三条规定：

机动车号牌应当悬挂在车前、车后指定位置，保持清晰、完整。重型、中型载货汽车及其挂车、拖拉机及其挂车的车身或者车厢后部应当喷涂放大的牌号，字样应当端正并保持清晰。

二、机动车号牌的使用

我国机动车号牌用不同的颜色和字符编号来区别不同功能的汽车。

（一）机动车号牌的颜色

号牌底色用不同颜色来表示不同类型的车辆：

（1）黄色号牌用于大车；

（2）蓝色号牌用于小车；

（3）黑色号牌用于使领馆或者外资企业的车辆；

（4）白色号牌用于军车与警车；

（5）以绿色为主的混合色号牌用于新能源汽车。

（二）机动车号牌的编号

我国的机动车号牌共由四部分组成（图1-18），各部分分别反映不同的信息。

（1）第一部分是汉字，代表该车户口所在的省级行政区，为各省、自治区、直辖市的简称，如四川是“川”，北京是“京”，详见表1-2。

图1-18　机动车号牌组成

表1-2　国家行政区域简称

序号	地区名称	简称	序号	地区名称	简称	序号	地区名称	简称
1	北京市	京	12	安徽省	皖	23	四川省	川
2	天津市	津	13	福建省	闽	24	贵州省	贵
3	河北省	冀	14	江西省	赣	25	云南省	云
4	山西省	晋	15	山东省	鲁	26	西藏自治区	藏
5	内蒙古自治区	蒙	16	河南省	豫	27	陕西省	陕
6	辽宁省	辽	17	湖北省	鄂	28	甘肃省	甘
7	吉林省	吉	18	湖南省	湘	29	青海省	青
8	黑龙江省	黑	19	广东省	粤	30	宁夏回族自治区	宁
9	上海市	沪	20	广西壮族自治区	桂	31	新疆维吾尔自治区	新
10	江苏省	苏	21	海南省	琼	32	香港	港
11	浙江省	浙	22	重庆市	渝	33	澳门	澳

（2）第二部分是英文字母，代表该车户口所在的地级行政区，为各地级市、地区、自治州、盟的字母代码，通常由省级车辆管理部门对各地级行政区分划排名，字母“A”为省会、首府或直辖市中心城区的代码，其后字母B、C、D、E……，排名不分先后。

（3）第三部分是圆点符号“•”。它用氧化钛、稀土金属和稀土金属有机化合物等掺杂压制而成，能形成一个红外线放射体，主要是为道路车辆监控的摄像头对焦而设计的，用来使道路上的电子摄像头拍照时，可清晰地聚焦到号牌上的数字和字母。

（4）第四部分理论上是5位数字，5位数字按自然数顺序从00000（某些地区为00001）至99999生成不同号牌，当这10万个编号用完后，以英文字母A为字首，从A0000开始编号直到A9999，再以字母B为字首，从B0000开始编号直到B9999，依此类推，一直到Z9999（字母I和O不能使用）。如果这24万个编号用完，还有两种方式可以接着编号。其一是把英文字母放在第2位，从0A000开始编号直到0A999，接着从1A000开始编号直到1A999，依此类推，一直到9Z999；当以上编号用完后，再将英文字母放在第3位、第4位，其他位置仍然使用自然数从0至9依次递进编号，如11A01、111A1、9999Z等。第二种是前2位都使用英文字母，从AA000开始编号直到AA999，再从AB000开始编号直到AB999，依此类推，一直到AZ999；当以上编号用完后，开始使用编号BA0000到BA999、BB000到BB999，最后到ZZ999。部分省市已经开放自主编排车牌号码，在未使用的车牌号码范围内可自由编排选用。

对于特殊用途的车辆，一般在号牌尾部用特殊字符来注明。

机动车号牌特殊字符的含义如下：

- 领馆汽车号牌和摩托车号牌的机动车登记编号使用汉字简称“领”字；
- 使馆汽车号牌和摩托车号牌的机动车登记编号使用汉字简称“使”字；
- 警用汽车号牌和摩托车号牌的机动车登记编号使用汉字简称“警”字；
- 教练汽车号牌和摩托车号牌的机动车登记编号使用汉字简称“学”字；
- 挂车号牌的机动车登记编号使用汉字简称“挂”字；
- 香港特别行政区入出内陆车辆号牌的机动车登记编号使用汉字简称“港”字；
- 澳门特别行政区入出内陆车辆号牌的机动车登记编号使用汉字简称“澳”字；
- 试验车的临时行驶车号牌的机动车登记编号使用汉字简称“试”字；
- 特型车的临时行驶车号牌的机动车登记编号使用汉字简称“超”字。

（三）机动车号牌的类型

机动车号牌按机动车的功能、用途不同分为一般车辆号牌（包括摩托车号牌）、专用车辆号牌（包括警用车辆号牌、军用车辆号牌、应急救援车辆号牌）、特殊车辆号牌、临时车辆号牌；按车辆能源使用形式不同分为新能源车辆号牌以及非新能源车辆号牌。

公安部道路交通管理部门对不同类型的机动车所使用号牌的规格、样式颜色及各部分尺寸形状有严格的规定，比如一般汽车号牌规格为 440 mm×140 mm，摩托车号牌规格为 220 mm×140 mm，详见表 1-3。

表 1-3 机动车号牌的分类、规格

序号	分类	外廓尺寸（mm×mm）	颜色	数量	适用范围
1	大型汽车号牌	前：440×140 后：440×220	黄底黑字黑框线	2	中型（含）以上载客、载货汽车和专项作业车；半挂牵引车；电车
2	挂车号牌	440×220	黄底黑字黑框线	1	全挂车和不与牵引车固定使用的半挂车
3	小型汽车号牌	440×140	蓝底白字白框线	2	中型以下的载客、载货汽车和专项作业车
4	使馆汽车号牌		黑底白字，红“使”“领”字，白框线		驻华使馆的汽车
5	领馆汽车号牌				驻华领事馆的汽车
6	港澳入出境车号牌		黑底白字，白“港”“澳”字，白框线		港澳地区入出内陆的汽车
7	教练汽车号牌		黄底黑字，黑“学”字，黑框线		教练用汽车
8	警用汽车号牌		白底黑字，红“警”字，黑框线		汽车类警车
9	普通摩托车号牌	前：220×95 后：220×140	黄底黑字黑框线		普通二轮摩托车和普通三轮摩托车
10	轻便摩托车号牌		蓝底白字白框线		轻便摩托车
11	使馆摩托车号牌		黑底白字，红“使”“领”字，白框线		驻华使馆的摩托车
12	领馆摩托车号牌				驻华领事馆的摩托车

续表

序号	分类	外廓尺寸（mm×mm）	颜色	数量	适用范围
13	教练摩托车号牌		黄底黑字，黑“学”字，黑框线		教练用摩托车
14	警用摩托车号牌	220×140	白底黑字，红“警”字，黑框线	1	摩托车类警车
15	低速车号牌	300×165	黄底黑字黑框线	2	低速载货汽车、三轮汽车和轮式自行机械车
16	临时行驶车号牌	220×140	天（酞）蓝底纹黑字黑框线	1	行政辖区内临时行驶的机动车
			棕黄底纹黑字黑框线		跨行政辖区临时移动的机动车
			棕黄底纹黑字黑框线，黑“试”字		试验用机动车
			棕黄底纹黑字黑框线，黑“超”字		特型机动车，指轴荷和总质量超限的工程专项作业车和超长、超宽、超高的运输大型不可解物品的机动车
17	临时入境汽车号牌	220×140	白底棕蓝色专用底纹，黑字黑边框	1	临时入境汽车
18	临时入境摩托车号牌	88×60			临时入境摩托车
19	拖拉机号牌	按 NY 345.1－2005 执行			上道路行驶的拖拉机

1. 一般车辆号牌

1）小型汽车号牌

小型汽车号牌（图 1-19）为蓝底白字白框线，前后号牌样式相同。

图 1-19　小型汽车号牌

2）大型汽车前后号牌和挂车号牌

大型汽车号牌（图 1-20）为黄底黑字黑框线，前后号牌尺寸不同（详见表 3）。

大型汽车前号牌　　大型汽车后号牌

图 1-20　大型汽车号牌

图 1-21 摩托车号牌

3）摩托车号牌（图 1-21）

普通二轮摩托车和普通三轮摩托车号牌为黄底黑字黑框线。

轻便摩托车号牌为蓝底白字白框线。

4）教练车号牌（图 1-22）

小型教练车前后号牌均为黄底黑字黑框线，黑“学”字，尺寸相同。

大型教练车号牌为黄底黑字黑框线，前后号牌尺寸不同。

小型教练车号牌　　大型教练车号牌

图 1-22 教练车号牌

2. 专用车辆号牌

1）警用汽车号牌

普通警用汽车号牌为白底黑字黑框线，“警”字为红字，汉字与字母之间前号牌用“ • ”，后号牌用“-”。

警用摩托车号牌与汽车号牌样式、尺寸不同，详见表 1-3。

2）军车号牌

军车号牌的型号和规格自中华人民共和国成立以来变化较大，先后使用过六代军车号牌。从 2013 年 5 月 1 日正式启用的“2012 式”军车号牌为第七代号牌。

3）应急救援车辆号牌

应急救援车辆号牌（图 1-23）字符共 8 位，依次为省（自治区、直辖市）汉字简称、所属救援队伍代号、4 位序号和汉字“应急”组成，白底黑字黑框线，前号牌的“S”“X”和前后号牌的“应急”为红字。

所属救援队伍代号用“X”代表消防救援、“S”代表森林消防。应急部的专用号牌不用英文字母，以与地方的专用号牌区别，如“京 • 12345 应急”表示车辆归属应急部，“京 • X2345 应急”表示车辆归属北京市应急管理部门。

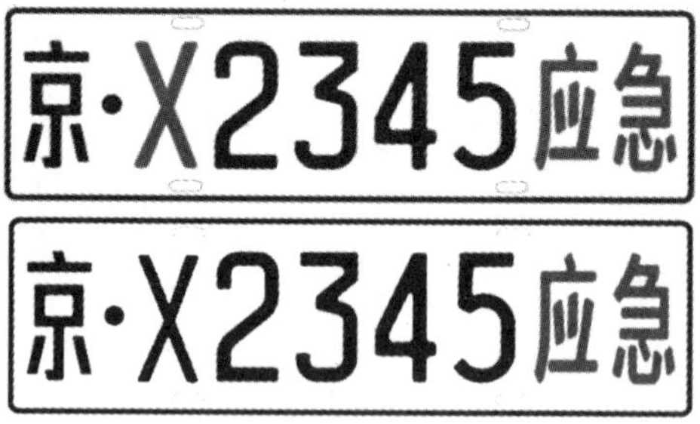

图 1-23 消防救援车辆前后号牌

3. 特殊车辆号牌

1）驻华使领馆车辆号牌

驻华使领馆小型汽车号牌为黑底白字，“使”“领”字为红色，白框线，大型汽车前号牌与小型汽车相同，后号牌“使”“领”字为白色（图 1-24）。

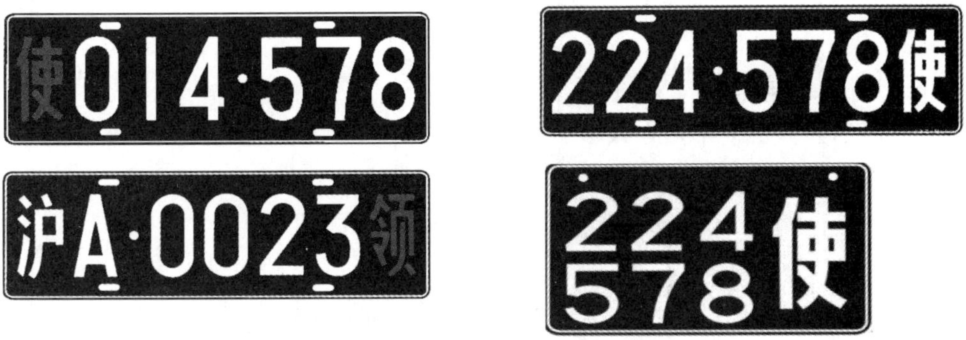

小型汽车号牌　　大型汽车后号牌、摩托车号牌

图 1-24　驻华使领馆车辆号牌

2）港澳地区入出内陆的车辆号牌

港澳地区入出内陆的车辆号牌（图 1-25）为黑底白字白框线，白色“港”“澳”字。

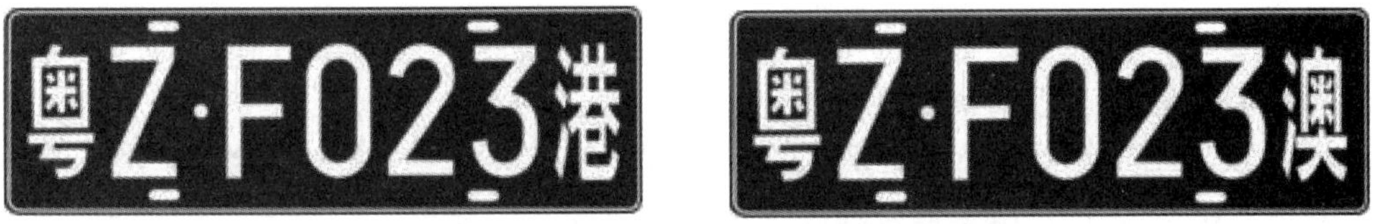

图 1-25　港澳地区入出内陆的车辆号牌

4. 临时车辆号牌

1）国内临时行驶车辆号牌

未领取号牌的机动车，需要跨地区临时行驶时，到车辆管理机关领取的一种准许临时跨地区行驶的证件，即临时行驶车辆号牌（图 1-26）。车辆凭临时号牌可在限定的时间、道路内临时行驶。临时车辆号牌为纸质号牌。

本地临时牌照：天蓝底纹黑字黑框线的，仅限于本市范围内行驶。

异地临时牌照：棕黄底纹黑字黑框线的，可以跨市行驶。

除了普通车辆的临时牌照以外，还有试验用机动车以及特型机动车临时牌照，其外观与普通车辆的临时牌照相似，但通常会有“试”或者“特”字标识。

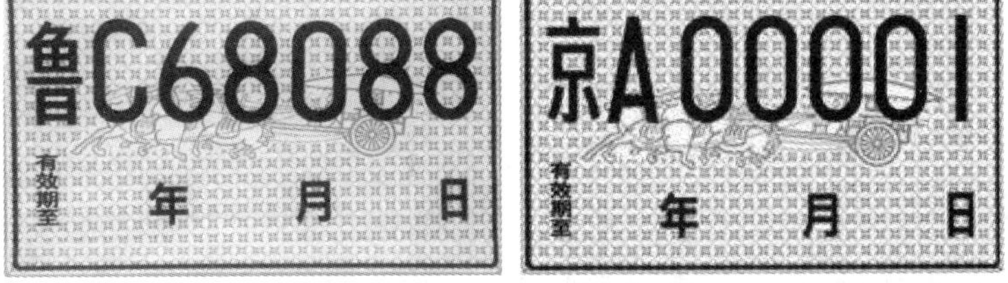

图 1-26　临时行驶车辆号牌

临时机动车号牌背面为临时机动车行驶证，签注车辆类型、号牌号码、厂牌型号、行驶区域或者线路、有效期等信息。临时牌照必须在有效期内使用，超过有效期后还没取得正式牌照的，必须重新申请临时车辆号牌，但是申请次数不可以超过三次。

临时汽车号牌应当放置在前挡风玻璃内右侧。临时摩托车号牌应当随车携带，以备检查。

2）临时入境车辆号牌

临时入境的外国机动车，在入境后 2 日内凭入境证明行驶至临时入境地所在车管所，申请临时入境车辆号牌（图 1-27）和行驶证。

图 1–27 临时入境车辆号牌

跨区域行驶的临时入境车辆号牌为白底棕蓝色专用底纹，“临时入境”为红字，其余为黑字黑边框。临时入境车辆号牌为纸质号牌。

临时入境车辆号牌背面为临时入境车辆行驶证，签注车辆类型、号牌号码、厂牌型号、行驶区域或者线路、有效期等信息。

临时入境机动车号牌和行驶证有效期应当与入境批准文件上签注的期限一致，但最长不得超过 3 个月。临时入境车辆号牌和行驶证有效期不得延长。

临时入境汽车号牌应当放置在前挡风玻璃内右侧。临时入境摩托车号牌应当随车携带，以备检查。

5. 新能源汽车号牌

新能源汽车的号牌式样以绿色为主色调，并增加了专用标识（图 1-28）。

图 1–28 新能源汽车专用标识

新能源汽车号牌的基本样式为绿底黑字黑框线，小型新能源汽车号牌为渐变绿色，大型新能源汽车号牌底色采用黄绿双拼色。

与普通汽车号牌相比，新能源汽车号牌号码由 5 位升为 6 位（图 1-29），如“京 A・00000”升位至“京 A・000000”。

图 1–29 新能源汽车号牌

新能源汽车号牌按照不同车辆类型实行分段管理，字母A、B、C、D、E代表纯电动汽车，字母F、G、H、J、K代表非纯电动汽车（包括插电式混合动力和燃料电池汽车等）。小型汽车号牌中代表车辆类型的字母（如D或F）位于号牌序号的第一位，大型汽车号牌中代表车辆类型的字母（如D或F）位于号牌序号的最后一位。

三、机动车号牌的领取

公安部2021年12月17日颁发的《机动车登记规定》规定（节选）：

第十二条　申请注册登记的，机动车所有人应当交验机动车，确认申请信息，并提交以下证明、凭证：

（一）机动车所有人的身份证明；

（二）购车发票等机动车来历证明；

（三）机动车整车出厂合格证明或者进口机动车进口凭证；

（四）机动车交通事故责任强制保险凭证；

（五）车辆购置税、车船税完税证明或者免税凭证，但法律规定不属于征收范围的除外；

（六）法律、行政法规规定应当在机动车注册登记时提交的其他证明、凭证。

不属于经海关进口的机动车和国务院机动车产品主管部门规定免予安全技术检验的车型的，还应当提供机动车安全技术检验合格证明。

第十五条　有下列情形之一的，不予办理注册登记：

（一）机动车所有人提交的证明、凭证无效的；

（二）机动车来历证明被涂改或者机动车来历证明记载的机动车所有人与身份证明不符的；

（三）机动车所有人提交的证明、凭证与机动车不符的；

（四）机动车未经国务院机动车产品主管部门许可生产或者未经国家进口机动车主管部门许可进口的；

（五）机动车的型号或者有关技术数据与国务院机动车产品主管部门公告不符的；

（六）机动车的车辆识别代号或者有关技术数据不符合国家安全技术标准的；

（七）机动车达到国家规定的强制报废标准的；

（八）机动车被监察机关、人民法院、人民检察院、行政执法部门依法查封、扣押的；

（九）机动车属于被盗抢骗的；

（十）其他不符合法律、行政法规规定的情形。

第五十二条　机动车登记证书、行驶证灭失、丢失或者损毁的，机动车所有人应当向登记地车辆管理所申请补领、换领。申请时，机动车所有人应当确认申请信息并提交身份证明。

车辆管理所应当审查提交的证明、凭证，收回损毁的登记证书、行驶证，自受理之日起一日内补发、换发登记证书、行驶证。

补领、换领机动车登记证书、行驶证的，原机动车登记证书、行驶证作废，不得继续使用。

四、车辆识别代号（VIN）

图 1-30 机动车 VIN

车辆识别代号（VIN）是汽车生产厂商为识别和管理车辆而设立的标识号码（图 1-30）。车辆识别代号具有唯一性、不可篡改性、快捷性和实用性等特点，是车辆管理的重要依据。

（一）车辆识别代号管理规则

为加强车辆生产企业及产品管理，规范车辆识别代号的管理和使用，2004 年国家发展和改革委员会颁布第 66 号公告《车辆识别代号管理办法（试行）》，自 2004 年 12 月 1 日起施行。节选如下。

第三条 中华人民共和国境内的车辆生产企业及进口车辆生产企业均应按照本办法的规定在生产、销售的车辆产品上标示 VIN。

第四条 国家发展和改革委员会（以下简称国家发展改革委）负责 VIN 的监督、管理，中国汽车技术研究中心（以下简称工作机构）承办有关具体工作。

第五条 VIN 是指车辆生产企业为了识别某一辆车而为该车辆指定的一组字码，由 17 位字码构成，分为三部分：世界制造厂识别代号（英文：World Manufacturer Identifier，以下简称：WMI）、车辆说明部分（英文：Vehicle Descriptor Section，以下简称：VDS）、车辆指示部分（英文：Vehicle Indicator Section，以下简称：VIS）。

第二章 WMI 的申请、批准和备案

第六条 在中华人民共和国境内从事道路机动车辆生产的企业，均应按照本办法的规定申请 WMI。

其它类型车辆产品需要标示 VIN 时，其生产企业也应按照本办法的规定申请 WMI。

（二）VIN 的组成

VIN 是由 17 位字母、数字组成的编码，又称 17 位识别代码、车架号。车辆识别代号经过排列组合，可以使同一车型的车在 30 年之内不能发生重号现象，具有对车辆的唯一识别性，因此可称为“汽车身份证”，如图 1-31 所示。

图 1-31 发动机铭牌

VIN 由以下四部分组成（表 1-4）。

（1）第 1～3 位：世界制造厂识别代号（WMI）。

（2）第 4～8 位：车辆说明部分（VDS）。

（3）第 9 位：校验位（X）。

（4）第 10～17 位：车辆指示部分（VIS）。

表 1–4　VIN 的组成

示例	W	V	W	P	R	1	3	C	6	A	E	1	7	0	9	2	0
序号	1	2	3	4	5	6	7	8	9	10	11	12	13	14	15	16	17
组成	WMI			VDS					X	VIS							

（三）VIN 的标识位置

（1）除挂车和摩托车外，一般车辆的 VIN 位于发动机舱内发动机或托架上，如图 1–32 所示。

（2）我国轿车的 VIN 大多在主驾驶侧前方、风挡玻璃下面。

（3）机动车行驶证在“车架号”一栏一般都打印 VIN。

（4）其他地方，如保险单上、发动机室内的各种铭牌上、驾驶员侧车门柱上等。

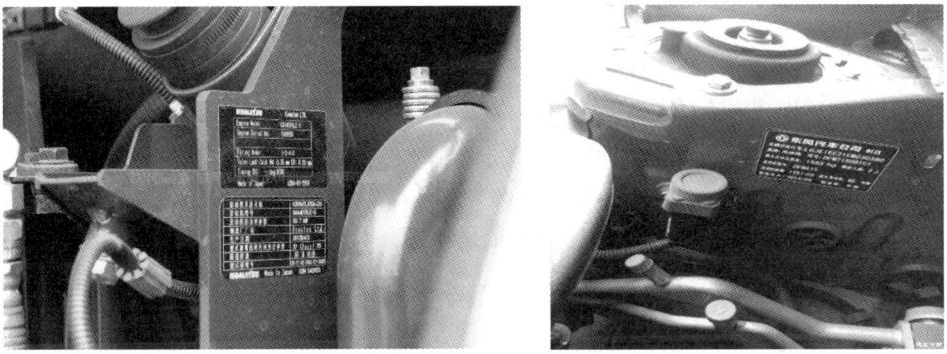

图 1–32　VIN 的位置

部分车型的 VIN 位置如下。

1）大众系列轿车（帕萨特、宝来、波罗（Polo）、捷达等）

车架号：打开发动机盖，在电瓶与制动总泵间，面向前方的挡板上。

发动机号：在发动机左侧中部，第三缸火花塞下方。

2）尼桑轿车系列

车架号：打开发动机盖，在前挡风玻璃中间下方，面向前。

发动机号：在发动机缸体与变速器外壳结合处附近平面上。

3）东风雪铁龙轿车

车架号：打开发动机盖，在前挡风玻璃中间下方，面朝上。

发动机号：在发动机缸体与变速器外壳结合处附近平面上。

4）奇瑞系列轿车

车架号：打开发动机盖，在前挡风玻璃中间下方，面向前。

发动机号：在发动机前端，排气管上方。

5）现代系列轿车

车架号：打开发动机盖，在前挡风玻璃中间下方，面向前。

发动机号：在发动机前端左侧下方，缸体与变速器外壳结合处附近平面上。

6）别克系列轿车

车架号：打开发动机盖，在前挡风玻璃中间下方，面向前平面上。

发动机号：在发动机前端左侧下方，缸体与变速器外壳结合处附近平面上。

7）丰田系列轿车

车架号：打开发动机盖，在前挡风玻璃中间下方平面挡板上。

发动机号：在发动机前端左侧下方，缸体与变速器外壳结合处附近平面上。

8）本田轿车

车架号：打开发动机盖，在前挡风玻璃中间下方平面挡板上。

发动机号：在发动机前端左侧下方，缸体与变速器外壳结合处附近平面上。

9）奥迪轿车

车架号：打开发动机盖，在前挡风玻璃中间下方，面向前的挡板上。

发动机号：打开发动机盖，把发动机塑料盖取下来就能看到。

10）长安系列

车架号：在门铰链柱、门锁柱或与门锁柱接合的门边之一的柱子上，接近驾驶员座位。

发动机号：在发动机左侧后端，启动机上方。

11）江铃全顺

车架号：在右前门第一步踏板上方侧面处。

发动机号：在发动机左侧后部，启动机上方。

12）瑞风旅行车

车架号：在右前轮胎内侧车架上。

发动机号：在发动机右侧偏后偏下处。

13）五菱旅行车

车架号：在前排右侧副驾驶椅下。

发动机号：在发动机右侧中部。

14）得利卡系列旅行车

车架号：在前排右侧副驾驶椅下方。

发动机号：在发动机右侧中部进排气管下方平面上。

15）金杯系列客车

车架号：在前排右侧副驾驶椅右下方，一块厚 2.5 mm、长约 20 cm 的塑料板处。

发动机号：在发动机右侧中部，润滑油滤芯上方平面上。

16）金龙大客车

车架号：在右前轮胎内侧车架上。

发动机号：在发动机润滑油滤清器旁边。

17）宇通大客车

车架号：在车身右侧右后轮后端车架上。

发动机号：在发动机润滑油滤清器旁边。

18）福田时代轻卡

车架号：在右侧车架右后轮前部或后端。

发动机号：在发动机右后端中部平面上。

19）解放、东风系列柴油货车

车架号：在车身右后侧后轮内侧前部或后端。

发动机号：

①在发动机右后侧中部凸出的平面上；

②在发动机右后侧下方，缸体与油底壳结合部凸出的平面上；

③在发动机左侧下方启动机处，缸体与油底壳结合部凸出的平面上。

20）江淮系列货车

车架号：在车架右后侧中部或后端。

发动机号：在发动机右侧后端中部平面处。

五、车辆备案

（1）编制和标示车辆识别代号的制造厂必须在首次使用车辆识别代号前至少 1 个月，向中国汽车技术研究中心标准化研究所备案，备案后方可使用。

（2）若已申报过的车辆识别代号的内容、型式、位置等有任何改变，都应在出售第一批有此识别代号的此种车辆前至少 1 个月，向中国汽车技术研究中心标准化研究所重新备案。

（3）管理机构。中华人民共和国工业和信息化部汽车工业司依据国际代理机构的授权，对中华人民共和国境内的车辆识别代号实行统一管理，负责受理有关世界制造厂识别代号（WMI）的申请和对申请的批准。中国汽车技术研究中心标准化研究所经授权负责车辆识别代号的备案。

六、机动车的年检

随着我国机动车制造技术的整体提升，机动车安全性能和可靠性不断加强，国家对机动车管理的制度也在不断修订。

2017 年 10 月修改颁布的《中华人民共和国道路交通安全法实施条例》规定（节选）：

第十五条　机动车安全技术检验由机动车安全技术检验机构实施。机动车安全技术检验机构应当按照国家机动车安全技术检验标准对机动车进行检验，对检验结果承担法律责任。

质量技术监督部门负责对机动车安全技术检验机构实行计量认证管理，对机动车安全技术检验设备进行检定，对执行国家机动车安全技术检验标准的情况进行监督。

机动车安全技术检验项目由国务院公安部门会同国务院质量技术监督部门规定。

第十六条　机动车应当从注册登记之日起，按照下列期限进行安全技术检验。

（一）营运载客汽车 5 年以内每年检验 1 次；超过 5 年的，每 6 个月检验 1 次。

（二）载货汽车和大型、中型非营运载客汽车 10 年以内每年检验 1 次；超过 10 年的，每 6 个月检验 1 次。

（三）小型、微型非营运载客汽车 6 年以内每 2 年检验 1 次；超过 6 年的，每年检验 1 次；超过 15 年的，每 6 个月检验 1 次。

（四）摩托车 4 年以内每 2 年检验 1 次；超过 4 年的，每年检验 1 次。

（五）拖拉机和其他机动车每年检验 1 次。

营运机动车在规定检验期限内经安全技术检验合格的，不再重复进行安全技术检验。

第十七条　已注册登记的机动车进行安全技术检验时，机动车行驶证记载的登记内容与该机动车的有关情况不符，或者未按照规定提供机动车第三者责任强制保险凭证的，不予通过检验。

2020 年 11 月，公安部除了对机动车的年检项目做出调整以外，对汽车的年检周期和免检范围也做出了调整。具体如下：

（1）免检范围：2020 年 11 月 20 日以后，未满 6 年的 9 座以下非营运小微型载客汽车全部享受免检政策。

（2）年检周期：非营运小型汽车 6 年内免检，6～10 年的机动车每 2 年年检 1 次，第 10 年以后执行原政策。

2022 年 9 月 9 日，公安部、市场监管总局、生态环境部、交通运输部联合下发公交管〔2022〕295 号《关于深化机动车检验制度改革优化车检服务工作的意见》的通知。通知要求“自 2022 年 10 月 1 日起，非营运小微型载客汽车（面包车除外）、摩托车自注册登记之日起第 6 年、第 10 年进行安全技术检验，在 10 年内每两年向公安机关申领检验标志；超过 10 年的，每年检验 1 次。车辆发生造成人员伤亡的交通事故或者非法改装被依法处罚的，仍按原规定周期检验。机动车环检周期与安检周期一致，免于安检的车辆不进行环检”。

课程思政

1956 年，中国造出第一辆汽车——“解放”牌卡车，同年毛主席说：“什么时候能坐上我们自己生产的小轿车就好了。”1957 年，第一机械工业部部长黄敬向一汽提出制造小汽车的要求，1958 年中国第一辆名为“东风”的轿车“诞生”。“诞生”两字之所以加引号，是因为它是对国外汽车进行换壳而来，称不上自主研发。

1959 年，一汽通过逆向研发打造出第一辆名为 CA72 的国产红旗轿车，该车共有 4 657 种零件，其中自研零件达到 3 488 种，该车才可称为中国第一辆自主研发轿车。1960 年，CA72 参加日内瓦展览会，随后被编入“世界汽车年鉴”，让中国汽车工业一举成名，红旗轿车正式登场！

任务 4　汽车维护与保养的安全作业

在汽车维护与保养过程中存在着许多不安全因素，稍有不慎，就会发生严重事故，甚至导致作业人员人身伤亡。为了确保在作业中的人身安全、车辆安全、设备安全、工具使用安全，需要规范从业人员的操作行为，通过标准化作业，确保人身安全和维修质量。

一、实训人员安全要求

（1）进入场地要穿着工作服，工作服要扎紧袖口，扣好扣子。

（2）要穿着具有承压能力的工作鞋，以防工件砸伤脚趾。

（3）要熟知车辆及设备性能、操作工艺要求，正确使用，安全操作。

（4）要严格遵守安全操作规程，学生启动车辆、举升机等设备要征得实训老师同意方可操作。启动前要巡视周围场地，要有安全警示人员，确保操作安全。不得违章作业，杜绝人身及机械事故发生。

（5）设备、工具使用完毕要擦拭干净，摆放整齐，及时交回保管处，保持工作场地卫生整洁。

（6）车辆排放的废水、废油人体不可直接接触，操作人员处理时要戴手套、面罩，做好个人防护。

（7）禁止驾驶实训车辆，以防发生人身安全事故。

（8）车间内严禁嬉戏、打闹、奔跑，以防碰伤自己或损坏设备。

（9）实训车间严禁抽烟、点火，以防引燃易燃油气或物品。

（10）汽油、清洗剂等易燃品要随用随取，残油废液要立即送回废油收集处，不得随意露天放置，以防发生火灾。

（11）要会正确使用灭火器。场地发生火灾时，要及时使用灭火器喷射火焰根部灭火。车辆、油料着火不可用水灭火，应使用干粉灭火器或水基灭火器。

（12）有人员触电时，立即切断电源或用干燥的木棒等绝缘的器物将电源挑开，使伤者脱离电场，然后将伤员迅速搬到附近安全、通风的地方，观察其呼吸、心跳情况。

如心跳停止，则立即松开其领口、腰带、衣服，清除口中假牙、淤痰等杂物，拉展舌头，畅通呼吸道。对呼吸停止者应施行人工呼吸，对心跳停止者应施行胸外心脏按压，呼吸、心跳同时停止的，人工呼吸和挤压同时进行。

二、实训场地及环境安全要求

（1）汽车拆卸维修时，应做到油、水不落地，拆下的零件应放置在专门的陈列架上，拆下的螺母、螺栓、垫片、销、键等细小零部件应及时装回原位置，不得随意堆放，以防损坏或遗失。

（2）实训车辆排放的废水、废油应分类收集，定点储存，及时处理，不得随意排泄或倒入下水道中。

（3）汽车尾气排放严重危害人体健康，车辆启动前，应启动尾气抽排装置并打开实训场地通风换气系统。

（4）车辆喷漆应在烤漆房或喷漆间内进行，防止漆尘飞扬，污染环境。

（5）检修车辆空调系统时，不得随意将制冷剂排放到大气中，应使用冷媒回收装置回收利用。

（6）在实训车间、材料间等处应配备充足的灭火器材，并加强维护，使之保持良好性能状态，所有实训老师都要会正确使用灭火器材，实训车辆 10 m 范围内要放置有灭火装置。

（7）手湿时不得拉动电力开关或插电源插座，电源线路保险丝应按规定安装，不得用铜丝、铝线代替。

（8）下班前必须切断所有电器设备的前一级电源开关，严禁电器、电动机（简称电机）在雨天淋雨受潮。

（9）作业结束后，及时清除场地油污杂物，并将设备、机具整齐安放在指定位置，保持施工场地整齐清洁。

三、实训车辆及设备操作安全要求

（1）维修车辆前，应将车辆停放牢固后方可作业，举升设备应由专人操作，非工作人员不准进入车下，举车时不准检修举升设备。

（2）车辆路试必须由具有驾驶证及技术熟练的实训老师在规定的路段上进行，严禁学生驾驶或乘坐实训车辆。

（3）车辆移动时，指挥人员不得站在车辆正前方与后方，要注意周围障碍物。

（4）实训车辆停车后要拉紧手刹，并挂入一个低速挡位以防止车辆滑溜。

（5）工作前应检查所使用工具是否完好，实训时工具应摆放整齐，不得随地乱放，工作后应将工具清点检查并擦拭干净，按要求放入工具车或工具箱内。

（6）拆装零部件时，必须使用合适工具或专用工具，不得大力蛮干，不得用硬物或手锤直接敲击零件。所有零件拆卸后要按顺序依次摆放整齐，不得随地堆放。

（7）发动机运行时，不得打开散热器盖，以防沸水烫伤。

（8）车辆修理作业时，要使用“三件套”（座椅套、方向盘套、脚垫）、翼子布等护具保护车辆漆面、装饰、座位以及地垫，并保持修理车辆的整洁。

（9）用千斤顶进行底盘作业时，必须选择平坦、坚实的地面，并用楔木将着地车轮固定，然后用千斤顶在车辆支撑点将车辆顶升，严禁使用千斤顶顶起车辆后在车底作业。

（10）修竣发动机启动前，应先检查各部件装配是否正确，是否按规定加足润滑油、冷却水，置变速器于空挡，轻点启动机试运转。严禁车底有人时发动车辆。

（11）进行空调系统作业时，应在通风良好处。排出制冷剂时应缓慢，防止冷冻润滑油一起冲出，同时不能与明火及炙热金属接触。

（12）添加、处理制冷剂操作时要戴护目镜，制冷剂溅入眼内或溅到皮肤上将对操作人员造成伤害。

四、实训场地的安全防火

（一）火灾常识

汽车维修场地及实训教室是发生火灾的高危区域。汽车维修场地有大量的易燃品，如油料、轮胎、实训台架、电气导线、塑料件、实训车辆内的针织座椅、内饰制品等。在维修场地大量使用电气线路、插头及大功率用电器，很容易由于疏忽大意或负荷超载等意外因素引发火灾，一旦发生火灾，后果不堪设想。学校一定要高度重视，严格管理，制度明确，专人负责，对危险用品要专门存放，车间要张贴消防标识（图 1-33）。

为了防患于未然，一方面要对进入实训场地的老师、学生进行消防安全培训，使他们掌握必备的防火知识和救火技能；另一方面，要在车间配备齐全的消防设备，而且要规范管理，定期检查，以备使用。

根据国家标准《火灾分类》的规定，将火灾分为A、B、C、D、E、F六类。

1）A类火灾

A类火灾指固体物质火灾。这种物质通常具有有机物性质，一般在燃烧时能产生灼热的余烬。如木材、干草、煤炭、棉、毛、麻、纸张等燃烧产生的火灾。

2）B类火灾

B类火灾指液体或可熔化的固体物质火灾。如煤油、柴油、原油、甲醇、乙醇、沥青、石蜡、塑料等燃烧产生的火灾。

图1-33　消防标识

3）C类火灾

C类火灾指气体火灾。如煤气、天然气、甲烷、乙烷、丙烷、氢气等燃烧产生的火灾。

4）D类火灾

D类火灾指金属火灾。如钾、钠、镁、钛、锆、锂、铝镁合金等燃烧产生的火灾。

5）E类火灾

E类火灾指带电火灾。物体带电燃烧产生的火灾。

6）F类火灾

F类火灾指烹饪器具内的烹饪物（如动植物油脂）燃烧产生的火灾。

（二）火灾的灭防要求

（1）学校要对一年级新生进行防火知识培训，实训车间要设置多个安全出口，以便在发生意外时及时疏散人员。

（2）灭火器的位置要醒目，且便于拿取，以便在发生意外时能快速灭火。

（3）一旦听到火灾警报或意识到自己被火围困，要立即想办法撤离着火场地，切勿强行救火。

（4）逃生时可用毛巾或餐巾布、口罩、衣服等将口鼻捂严，保护呼吸系统，否则会有中毒和被热空气灼伤呼吸系统软组织导致窒息死亡的危险。

（5）如果火灾很大，在无路逃生的情况下，可利用卫生间等暂时避难。避难时要用水喷淋迎火门窗，把房间内一切可燃物淋湿，以延长时间。在暂时避难期间，要主动与外界联系，以便尽早获救。

（6）要提倡利人利己。遇到不顾他人死活的行为和前拥后挤现象，要坚决制止。只有有序地迅速疏散逃生，才能最大限度地减少伤亡。

（7）及时拨打救援电话“119”。

（三）灭火器的使用

1. 灭火器的类型

根据灭火材料不同灭火器（图 1-34）有五种类型：泡沫灭火器、干粉灭火器、二氧化碳灭火器、水基灭火器、卤代烷灭火器等。

图 1-34　灭火器

1）泡沫灭火器

泡沫灭火器内有两个容器，分别盛放两种液体（硫酸铝和碳酸氢钠溶液），两种溶液互不接触，不发生任何化学反应（平时千万不能碰倒泡沫灭火器）。当需要使用泡沫灭火器时，把灭火器倒立，两种溶液混合在一起，就会产生大量的二氧化碳气体。除了上述两种反应物外，灭火器中还加入了一些发泡剂。打开开关，泡沫从灭火器中喷出，覆盖在燃烧物品上，使燃着的物质与空气隔离，并降低温度，达到灭火的目的。

2）干粉灭火器

干粉灭火器内充装的是干燥且易于流动的微细粉末，由具有灭火效能的无机盐（碳酸氢钠）和少量的添加剂，经干燥、粉碎、混合而成。当阀门开启后，利用压缩的二氧化碳或氮气气体作为动力，将瓶内的干粉吹出来灭火。

3）二氧化碳灭火器

二氧化碳灭火器主要依靠窒息作用和部分冷却作用灭火。二氧化碳具有较高的密度，约为空气的 1.5 倍。在常压下，液态的二氧化碳会立即汽化，一般 1 kg 的液态二氧化碳可产生约 0.5 m^3 的气体。灭火时，二氧化碳气体可以排除空气而包围在燃烧物体的表面或分布于较密闭的空间中，降低可燃物周围或防护空间内的氧浓度，产生窒息作用而灭火。另外，二氧化碳从储存容器中喷出时，会由液体迅速汽化成气体，这一过程会从周围吸收部分热量，起到冷却的作用。

二氧化碳灭火器不可对人体尤其是人的头部进行喷射灭火，否则会导致烧伤人员由于口鼻无法呼吸而窒息死亡。

4）水基灭火器

水基型灭火器是近年来研发使用的新型灭火器，由碳氢表面活性剂、氟碳表面活性剂、阻燃剂和助剂组成。

水基灭火器不受室内、室外、大风等环境的影响，灭火剂可以最大限度地作用于燃烧物表面。水基灭火器具备其他灭火器无法媲美的阻燃性。

水基灭火剂对 A 类火灾具有良好的渗透作用，灭火剂可以渗透可燃物（如木材、布匹等）内部，即便火势较大未能全部扑灭，其药剂喷射的部位也可以有效地阻断火源，控制火灾的蔓延速度。

水基灭火剂对 B 类火灾具有隔离作用，灭火剂可在汽油及挥发性化学液体等表面形成长时间的水膜。即使水膜受外界因素遭到破坏，其独特的流动性也可以使水膜迅速愈合，使火焰窒息。

由于水基灭火器具有良好的环保性能，可扑灭一般生活中常遇到的各种火灾，尤其适用于家庭及室内灭火。

2. 灭火器的选用

碳酸氢钠干粉灭火器适用于易燃、可燃液体、气体及带电设备的初起火灾。

磷酸铵盐干粉灭火器除可用于上述几类火灾外，还可扑救固体类物质的初起火灾，但不能扑救金属燃烧火灾。

泡沫灭火器适用于扑救一般 B 类火灾，如油制品、油脂等燃烧产生的火灾，也适用于 A 类火灾，但不能扑救 B 类火灾中的水溶性可燃、易燃液体的火灾，如醇、酯、醚、酮等物质燃烧产生的火灾，也不能扑救带电设备及 C 类和 D 类火灾。

二氧化碳灭火器主要用于扑救易燃液体、气体、贵重设备、档案资料、仪器仪表、600 V 以下电气设备及油类的初起火灾，常应用于实验室、计算机房、变配电所，以及对精密电子仪器、贵重设备或物品维护要求较高的场所。

水基灭火器适用于扑救易燃固体或液体的初起火灾，广泛应用于油田、油库、轮船、工厂、商店等场所，也适用于家庭防火；能扑救液化石油气灶及钢瓶上角阀或煤气灶等处的初起火灾，也能扑救火锅起火和废纸篓等固体可燃物燃烧的火灾。

3. 灭火器的构造

一般的灭火器由压把、保险销、压力表、喷管、灭火剂以及瓶体等组成（图 1-35）。

压力表的指针在绿色区域或黄色区域，表示灭火器可以正常使用。

指针在红色区域，说明灭火器漏气，压力过低不可使用，需要充装压力（图 1-36）。

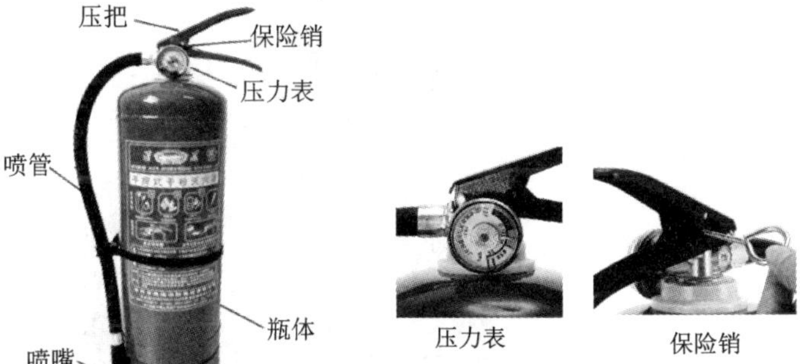

图 1-35　灭火器的构造

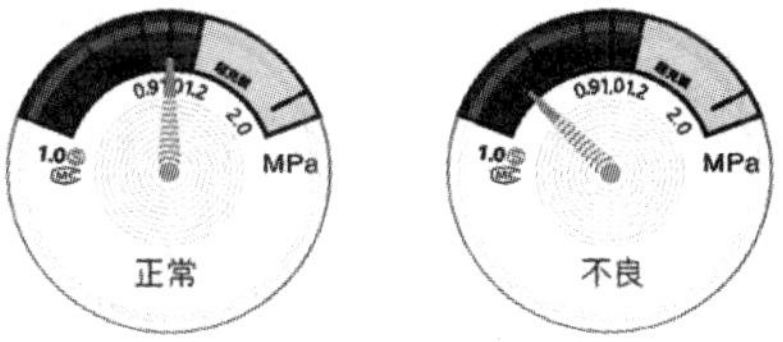

图 1-36　压力表的示值

4. 干粉灭火器的使用方法

干粉灭火器的使用方法如表 1-5 所示。

表 1-5　干粉灭火器的使用方法

操作方法	图示
（1）抓住灭火器把手，取下铅封	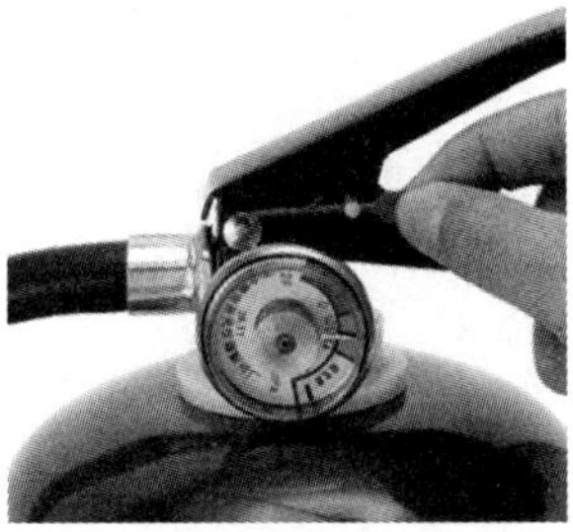

续表

操作方法	图示
（2）拉出保险销	
（3）保持安全距离（距火源 2~3 m），左手抓住喷管，将喷嘴对准火源根部	
（4）右手压下手柄，打开阀门，喷出灭火剂	
（5）抓住喷管朝火源根部移动扫射，直至火焰熄灭	

注意：干粉灭火器使用时瓶体不可倒置。

专业知识拓展

扫描下方二维码可观看各种灭火器的使用方法。

《汽车维护与保养》任务单

姓名：______________学号：______________班级：________________

学习项目	**项目一　汽车维护与保养基础知识**
学习任务	**任务 1　汽车技术状况的评价与变化机理**
学习目的	（1）能说出影响汽车技术状况的因素。 （2）理解汽车技术状况变化的机理，正确认知汽车零件常见的损坏形式。 （3）能根据汽车技术状况变化，对车辆产生的各种故障的机理进行分析和判断。 （4）知道零件的润滑方式及润滑剂的类型。 （5）知道机动车的报废管理规定，为以后正确管理和安全使用车辆储备知识
1. 汽车的技术状况	
1）汽车使用性能指标	（1）动力性： （2）经济性： （3）安全性： （4）可靠性：
2）影响汽车技术状况的因素	（1）汽车结构和制造工艺的因素： （2）燃料和润滑剂品质的因素： （3）车辆运行条件的因素：

续表

2）影响汽车技术状况的因素	（4）汽车的载荷、速度及驾驶操作的因素： （5）维修质量的因素：
2. 汽车技术状况变化的机理	
1）零件的摩擦	（1）摩擦的现象： （2）摩擦的类型： （3）解决措施：
2）零件的磨损	（1）磨损的现象： （2）磨损的类型： （3）解决措施：
3）零件的疲劳	（1）疲劳的现象： （2）疲劳的类型：

续表

3）零件的疲劳	（3）解决措施：…………
4）零件的变形	（1）变形的现象：………… （2）变形的类型：………… （3）解决措施：…………
5）零件的腐蚀	（1）腐蚀的现象：………… （2）腐蚀的类型：………… （3）解决措施：…………
3. 零件的润滑	
1）润滑剂	（1）类型：………… （2）特点：…………

续表

2）润滑油	（1）主要性能： （2）作用：
3）润滑油的主要成分	（1）植物基础油的特点： （2）矿物基础油的特点：
	（3）合成基础油的特点： （4）添加剂的特点：

4. 机动车的报废管理制度

根据《机动车强制报废标准规定》，各种机动车使用年限分别如下：

（1）小、微型出租客运汽车使用_______年，中型出租客运汽车使用______年，大型出租客运汽车使用_______年；

续表

（2）租赁载客汽车使用______年； （3）公交客运汽车使用______年； （4）其他小、微型营运载客汽车使用______年，大、中型营运载客汽车使用______年； （5）专用校车使用______年； （6）大、中型非营运载客汽车（大型轿车除外）使用______年

______年______月______日　　　　得分：__________

《汽车维护与保养》任务单

姓名：______________学号：______________班级：________________

学习项目	**项目一　汽车维护与保养基础知识**
学习任务	**任务 2　汽车的维护与保养方式**
学习目的	（1）熟悉汽车维护与保养的方式及内容。 （2）知道汽车进行首次维护与保养的内容
1）车辆维护与保养管理制度	（1）“预防为主”：............ .... （2）“定期检测”：............ .... （3）“强制维护”：............ .... （4）“视情修理”：............ ....
2）车辆维护与保养的方式	（1）车辆维护与保养的方式主要有日常维护、____________和____________三种形式； （2）车辆维护与保养的作业形式主要有清洗、检查、补给、__________、__________、__________、__________等内容； （3）日常维护与保养一般由__________独立完成，__________和__________由专业维修人员完成
3）车辆首次维护与保养的要求	（1）车辆首次维护与保养的里程或时间一般为________km 或 3 个月（以先到者为准）进行，个别车型首保里程为________或 10 000 km。 （2）首保一般由汽车制造企业指定的________免费提供，由专业维修人员进行。 （3）首保项目如下。 ①更换____________________。 ②检查并加满____________________。

续表

3）车辆首次维护与保养的要求	③检查： a. 电瓶的________________； b. 液体系统的________________； c. 管路和壳体部件________________； d. 大灯及指示灯的________________； e. 转向、悬挂部件的________________； f. 轮胎（包括备胎）________________； g. 点火正时； h. 传动皮带________________； i. 驾驶情况（噪声、稳定性、仪表盘工作情况）； j. 清洁空气滤清器滤芯
4）车辆在磨合期使用的注意事项	（1）严禁高速行驶，汽车在各挡位的行驶速度不得超过发动机最高转速的________，不允许________________。 （2）严禁超负荷运行，不允许________，一旦发动机工作不平稳，立即________。 （3）发动机刚启动后，不允许__________，待发动机各仪表显示正常，转速稳定后，再__________，水温达到正常工作温度后，再________。 （4）要经常检查发动机__________、__________高度，发现故障要__________。 （5）磨合期结束后，对汽车进行__________

______年_____月_____日　　　　得分：________

《汽车维护与保养》任务单

姓名：______________学号：______________班级：________________

学习项目	**项目一　汽车维护与保养基础知识**
学习任务	**任务 3　机动车使用管理规定**
学习目的	（1）知道国家对机动车号牌的管理规定，能遵纪守法，正确使用和管理车辆号牌。 （2）能根据号牌识别常见的各种车辆。 （3）知道申领机动车号牌的程序。 （4）知道车辆识别代号（VIN）的意义，并且能根据 VIN 识别车辆信息

1. 机动车号牌的管理规定

（1）根据国家对机动车管理规定，机动车由国家公安部门交通管理机构所属地方____________负责管理。该部门主要负责承办机动车_______、变更、_________、抵押、___________以及机动车驾驶证的________、补领、换领、_______，受理机动车和驾驶员相关的其他业务。

（2）机动车上路行驶必须有地方车管所核发的_________、_____________以及驾驶人的驾驶证。

（3）机动车号牌应当悬挂在车前、车后_________，保持_________、_________。重型、中型载货汽车及其挂车、拖拉机及其挂车的_________或者车厢后部应当喷涂_________，字样应当端正并保持清晰

2. 机动车号牌的使用规定

1）机动车号牌的颜色

（1）黄色号牌用于______________________________；

（2）蓝色号牌用于______________________________；

（3）黑色号牌用于________________________的车辆；

（4）白色号牌用于___________与_________________；

（5）以绿色为主的混合色号牌用于_______________。

2）机动车号牌的编号

第 1 位表示____________________________________

____

第 2 位表示____________________________________

____

续表

第 3 位表示______________________________ 第 4 位表示______________________________ 3）新能源汽车的号牌 新能源汽车号牌的基本样式为绿底______________，小型新能源汽车号牌为____________，大型新能源汽车号牌底色采用____________________
3. 机动车号牌的领取 新车购买后，需要到公安机关车辆管理部门申领车辆号牌，申领号牌时需要提供如下证明、凭证： （1）机动车所有人的____________________； （2）购车发票等____________________； （3）机动车整车出厂__________或者进口机动车______________； （4）车辆购置税、____________或者________________； （5）机动车交通事故责任____________________； （6）法律、行政法规规定应当在机动车注册登记时提交的其他证明、凭证
4. 车辆识别代号（VIN） 1）车辆识别代号管理规则 （1）车辆识别代号是汽车制造厂用于汽车上的一组独一无二的号码，用来识别汽车的__________、________、底盘序号及其他性能等信息。车辆识别代号具有______性、_______性、快捷性和实用性等特点，是车辆管理的重要依据。 （2）________________负责 VIN 的监督、管理，________________________承办有关具体工作。 2）VIN 的组成 第 1～3 位：________________________。 第 4～8 位：________________________。 第 9 位：__________________________。 第 10～17 位：______________________。 3）VIN 的标识位置 （1）除挂车和摩托车外，一般车辆的 VIN 位于发动机舱内__________或托架上。 （2）我国轿车的 VIN 大多在主驾驶侧前方、____________________。 （3）机动车行驶证上，行驶证在“__________”一栏一般都打印 VIN。 （4）其他地方，如保险单上、发动机室内的各种铭牌上、驾驶员__________等

续表

5. 机动车的年检 1）机动车年检机构 机动车安全技术检验由____________________实施。机动车安全技术检验机构应当按照国家机动车安全技术检验标准对机动车进行检验，对检验结果________________。 2）机动车年检规定 （1）营运载客汽车______年以内每年检验 1 次；超过 5 年的，每______个月检验 1 次。 （2）载货汽车和大型、中型非营运载客汽车______年以内每年检验 1 次；超过 10 年的，每______个月检验 1 次。 （3）摩托车______年以内每 2 年检验 1 次；超过 4 年的，______年检验 1 次。 （4）拖拉机和其他机动车______年检验 1 次。 （5）2020 年 11 月，公安部除了对机动车的年检项目做出调整以外，对汽车的年检周期和免检范围也做出了调整：非营运小型汽车______年内免检，______年的机动车每______年年检 1 次，第______年以后执行原政策

________年______月______日　　　　　　　　　　　　得分：____________

《汽车维护与保养》任务单

姓名：____________学号：____________班级：____________

学习项目	**项目一　汽车维护与保养基础知识**
学习任务	**任务 4　汽车维护与保养的安全作业**
学习目的	（1）知道确保实训操作安全要注意哪些事项，要做到哪些要求。 （2）具备一定的防火知识，尽可能减少火灾的发生。 （3）学会灭火器的使用方法，具有扑救一般火灾的能力

1. 实训人员安全要求

（1）严格遵守安全操作规程，学生启动车辆、举升机等设备要征得________同意方可操作，启动前要__________场地，要有_________人员，确保操作安全。不得违章作业，杜绝人身及机械事故发生。

（2）禁止驾驶__________，以防发生人身安全事故。

（3）车间内严禁_______、_______、_______，以防碰伤自己或损坏设备。

（4）实训车间严禁_______、_______，以防引燃易燃油气或物品。

（5）汽油、清洗剂等易燃品要_________，残油废液要立即送回________，不得随意_________，以防发生火灾。

（6）要会正确使用灭火器。场地发生火灾，要及时使用灭火器喷射火焰______灭火。车辆、油料着火不可用________，应使用________灭火器或_______灭火器

2. 实训场地及环境安全要求

（1）汽车拆卸维修时，应做到油、水_______，拆下的零件应放置在专门的______上，拆下螺母、螺栓、垫片、销、键等细小零部件应及时__________，不得随意堆放，以防_____________。

（2）实训车辆排放的废水、废油应分类收集，定点储存，及时__________，不得随意__________或倒入____________。

（3）汽车尾气排放严重危害人体健康，车辆启动前，应启动_______________并打开实训场地____________________。

（4）检修车辆空调系统时，不得随意将__________排放到大气中，应使用冷媒回收装置____________

3. 实训车辆及设备操作安全要求

（1）维修车辆前，应将车辆停放牢固后方可作业，举升设备应由_______操作，非工作人员不准_______，举车时不准________举升设备。

续表

（2）车辆路试必须由具有____________及____________的实训老师在规定的路段上进行，严禁学生__________或__________实训车辆。 （3）实训车辆停车后要____________，并挂入一个_________以防止车辆滑溜。 （4）工作前应检查所使用__________是否完好，实训时工具应摆放整齐，不得随地乱放，工作后应将工具清点_________并_________，按要求放入工具车或工具箱内
4. 国家标准《火灾分类》的规定 （1）A 类火灾：____。 （2）B 类火灾：____。 （3）C 类火灾：____。 （4）D 类火灾：____。 （5）E 类火灾：____。 （6）F 类火灾：____
5. 实训场地的防火安全 （1）由于在维修场地大量使用电气线路、________及大功率__________，很容易由于疏忽大意或负荷超载等意外因素引发火灾。 （2）一旦听到火灾警报或意识到自己被火围困，要立即想办法___________，切勿强行救火。 （3）逃生时可用________或餐巾布、_________、_________等将口鼻捂严，保护________，否则会有_________和被热空气灼伤呼吸系统软组织导致窒息死亡的危险。 （4）如果火灾很大，在无路逃生的情况下，可利用_________等暂时避难。避难时要用水喷淋__________，把房间内一切可燃物淋湿，以延长时间。在暂时避难期间，要主动与外界联系，以便尽早获救。 （5）火警救援电话：____________。 （6）二氧化碳灭火器不可对________尤其是人的_________进行喷射灭火，否则会导致烧伤人员由于口鼻____________而窒息死亡。 （7）水基灭火器适用于扑救易燃固体或液体的_____________，广泛应用于油田、油库、轮船、工厂、商店等场所，也适用于____________；能扑救液化石油气灶及钢瓶上角阀或煤气灶等处的初起火灾，也能扑救________起火和废纸篓等固体可燃物燃烧的火灾。 （8）灭火器的压力表的指针在_______区域或________区域，表示灭火器可以正常使用；指针在________区域，说明灭火器内漏气，压力过低不可使用，需要充装压力

续表

6. 灭火器的使用方法	
操作方法	图示

	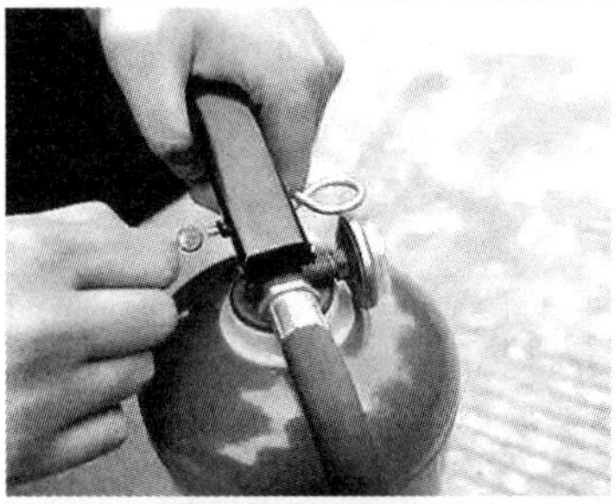

______年_____月_____日　　　　得分：________

项目二　汽车首次维护与保养

知识目标

（1）学生能认识车辆维护与保养的各种常用工具及设备名称，知道它们的用途。

（2）学生能准确描述汽车的主要结构名称及功能。

（3）学生能认识汽车仪表盘上的各种仪表，能说出它们的用途。

（4）学生能认识汽车发动机主要指示灯的形状、符号，并准确描述相关指示灯的功能及用途。

（5）学生能准确描述汽车首次维护与保养的检查部位及各检查项目内容。

（6）学生能知道发动机润滑油的牌号分类及应用。

（7）学生能识读、查阅车辆使用手册和车辆维修保养手册，能获取车辆维护与保养的相关技术参数及要求。

技能目标

（1）学生能学会正确使用车辆维护与保养的工具与设备。

（2）学生能熟悉汽车维护接待流程，学会与客户进行有效沟通，能正确填写车辆维修委托书。

（3）学生能正确查找汽车首次维护与保养的各检查项目对应的部位，能学会相关项目的检查、分析和判断。

（4）学生能正确完成发动机清理的操作项目。

（5）学生能正确完成发动机润滑油更换的操作过程。

（6）学生能学会常见车型的手动保养归零的方法。

（7）学生能正确制定车辆首次维护与保养的方案并完成首保。

学习准备

（1）实训车辆。

（2）车辆维修保养手册、车辆使用手册、车辆维修委托书、工作页。

（3）车身安全防护用品、维护与保养项目用品。

（4）举升机、空气压缩机、千斤顶、气压表、吹尘枪。

（5）机滤扳手、组合套筒、扭力扳手、平口螺丝刀、十字形螺丝刀。

（6）清洗剂、棉布等。

新车初运行，各运动件处于磨合状态，机械部件的磨合对润滑油的性能要求比较高。车辆首保的里程或时间一般为行驶 5 000 km 或者购买后 3 个月，个别车型首保里程为 7 500 km 或 10 000 km。

新车首保一般都是免费的，由生产企业提供维护用品。车辆行驶到期，用户携带维修卡、车辆使用手册等，到当地本车系 4S 店或指定维修点进行保养。

根据车辆运行特点，首保主要检查车辆各系统及负荷部位的工作情况是否正常，有无松动、渗漏、功能失调等情况，并更换发动机润滑油，具体项目及部位详见表 2-1。

表 2-1　发动机首保的维护与保养项目

序号	检查项目	维护项目	更换项目
1	制动液　★	空气滤清器　★	机油滤清器　★
2	冷却液　★	空调滤芯　★	发动机润滑油　★
3	玻璃水　★		
4	油底壳有无渗漏　★		
5	管路有无渗漏　★		
6	变速器有无渗漏　★		
7	轮胎气压及外观　★		
8	蓄电池电压　★		
9	灯光　★		
10	手刹　★		
11	底盘受力及支撑部位　★		

注：★ 为本项目需学习和掌握的内容。

工具及设备的使用

任务 1　汽车维护与保养常用工具与设备的认识

一、认识汽车维护与保养常用工具

在汽车维护与保养中要使用各种不同的工具，汽车维修与保养常用工具如表 2-2 所示，可以分为以下几类。

（1）螺丝刀类：十字形螺丝刀、平口螺丝刀、特种螺丝刀等。

（2）钳子类：大力钳、鲤鱼钳、斜口钳、卡簧钳等。

（3）扳手类：梅花扳手、开口扳手、活动扳手、套筒扳手、内六角扳手等。

（4）量具类：塞尺、刀口尺、游标卡尺、千分尺、百分表等。
（5）锤子类：钢锤、橡胶锤、木锤等。
（6）拉拔工具：拉拔器、轴承拉拔器等。
（7）润滑工具：黄油枪、机油壶、接油机等。

表 2–2　汽车维护与保养常用工具

类型	名 称	实物图片
螺丝刀类	平口螺丝刀	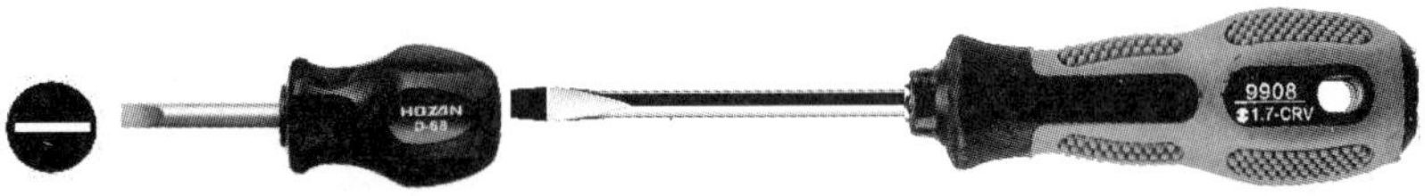
	十字形螺丝刀	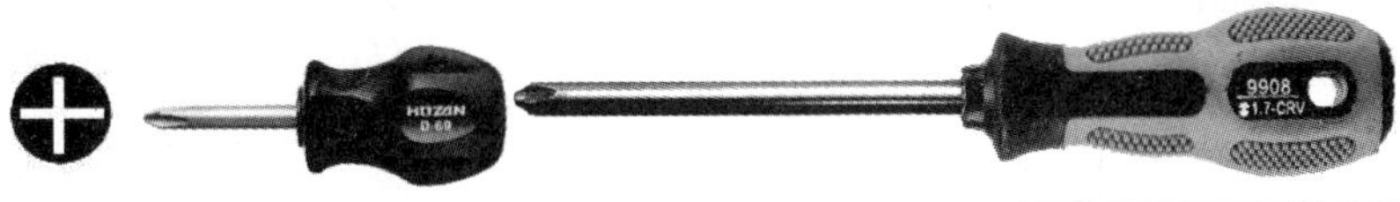
	三角形螺丝刀	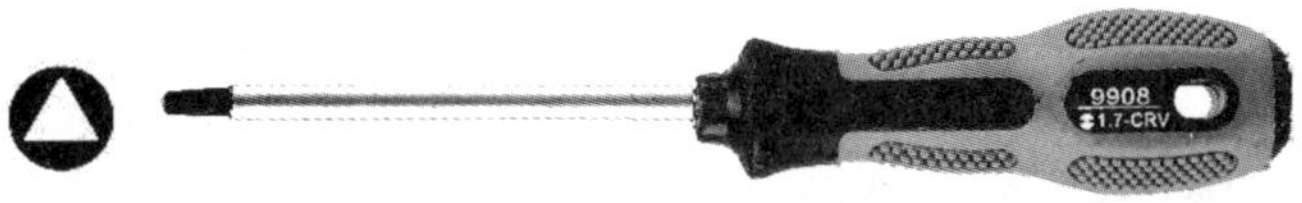
	U形螺丝刀	
	星形螺丝刀	
	特种螺丝刀	特殊形螺丝刀批头 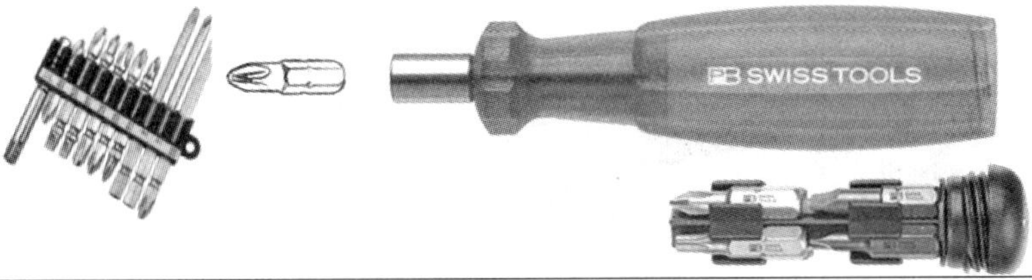
		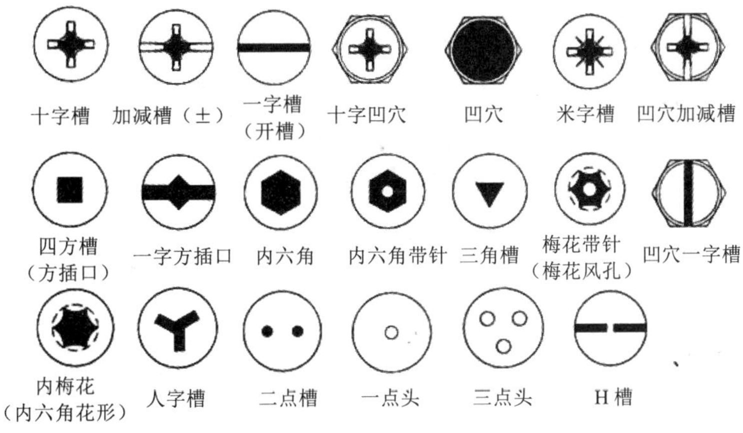

续表

类型	名称	实物图片
钳子类	大力钳	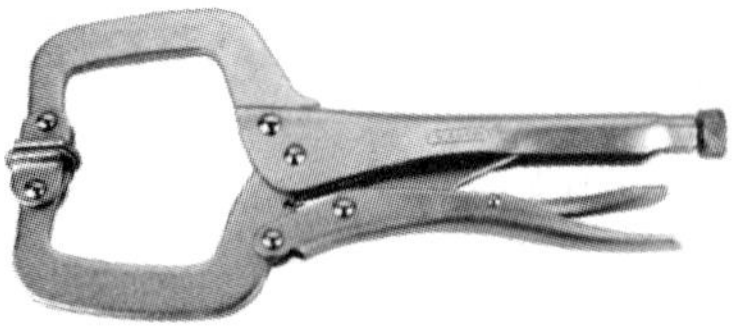 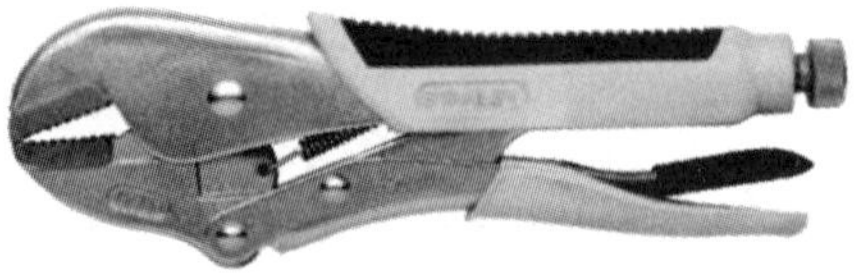
	鲤鱼钳	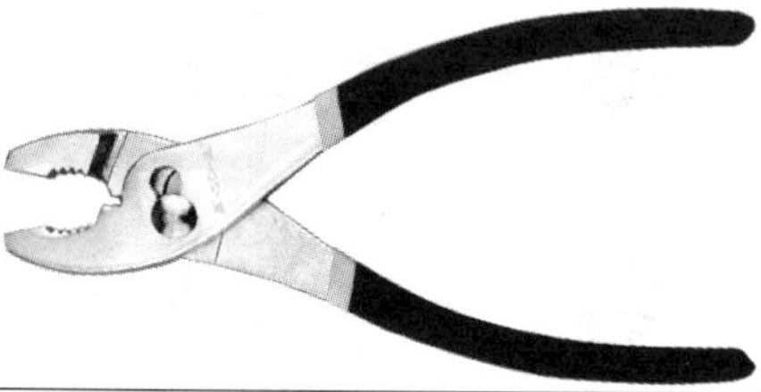
	斜口钳	
	卡簧钳	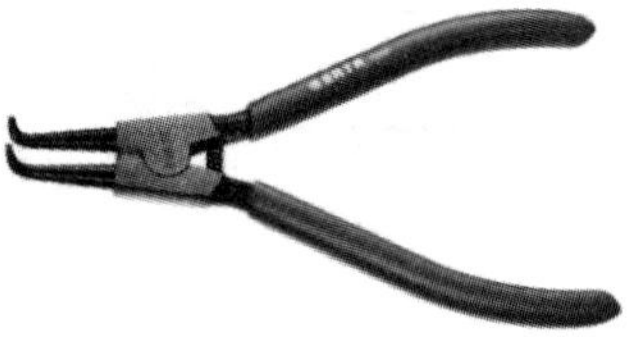 
	剥线钳	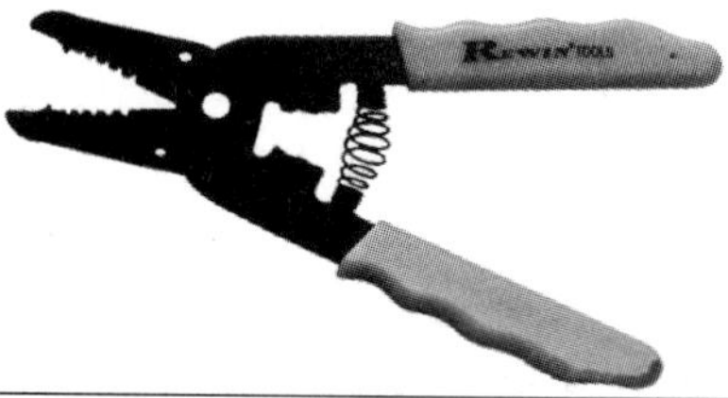 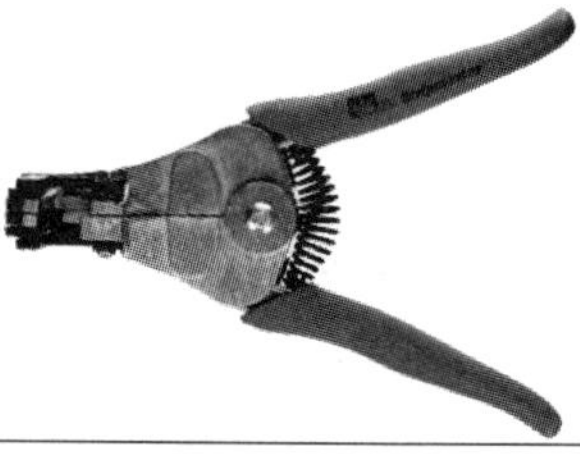
	管钳	
扳手类	梅花扳手	
	开口扳手	

续表

类型	名 称	实物图片
扳手类	两用扳手	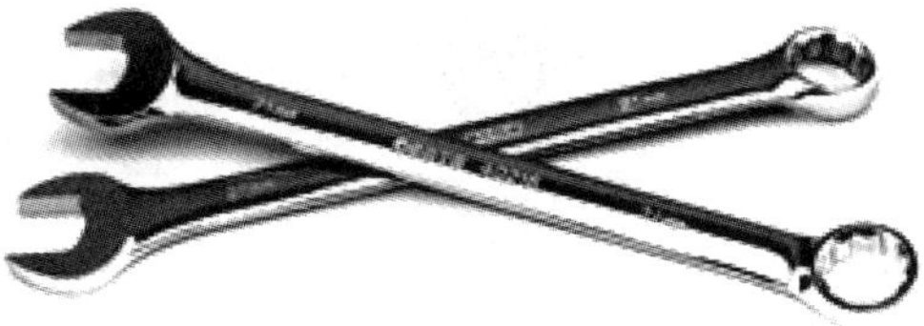
	活动扳手	
	内六角扳手	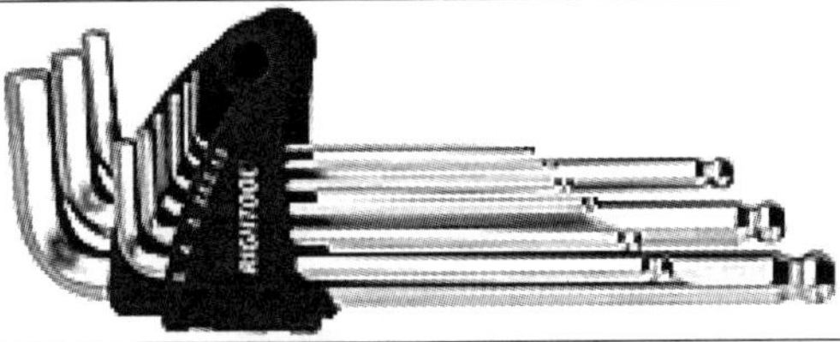
	套筒扳手	
	套筒	 
	快速摇柄	
	棘轮扳手	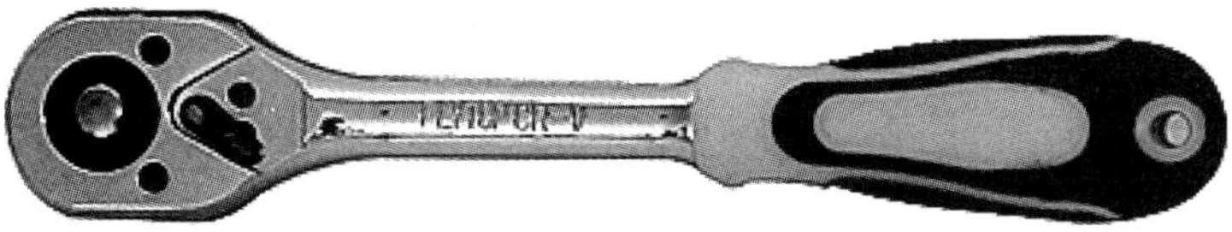

续表

类型	名 称	实物图片
扳手类	轮胎扳手	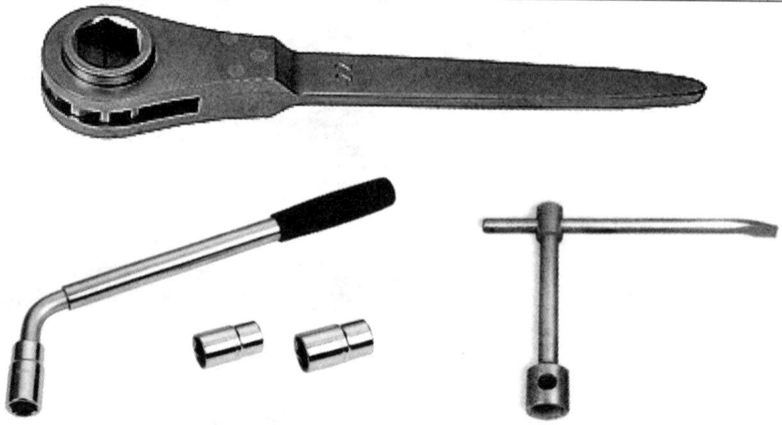
	十字扳手	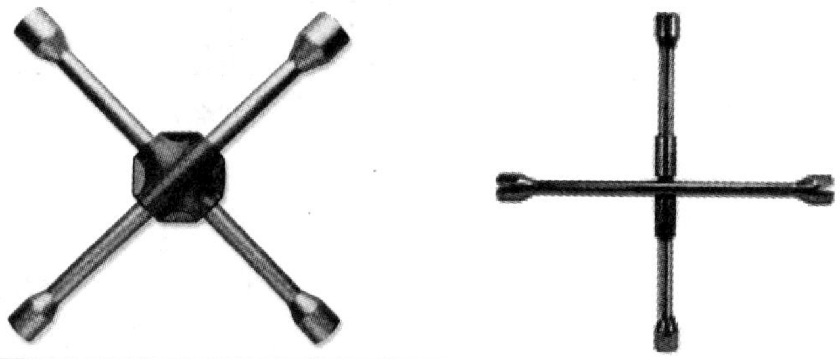
	机滤扳手	
	扭力扳手	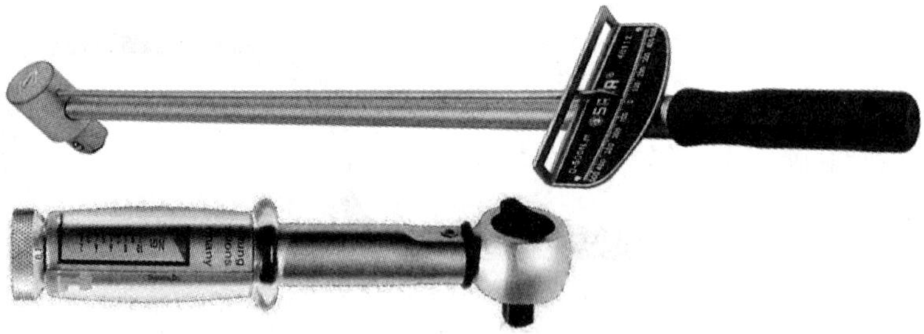

续表

类型	名 称	实物图片
量具类	钢板尺	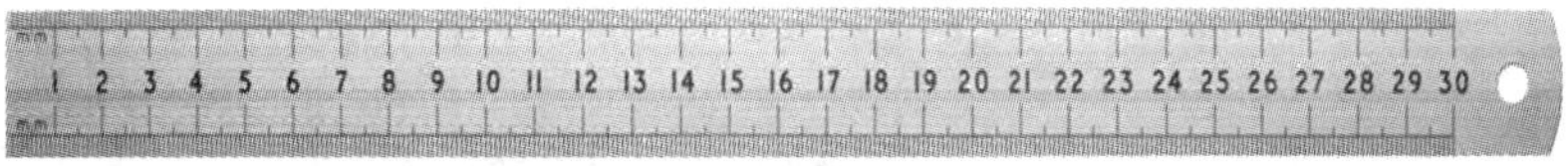
	塞尺（间隙规）	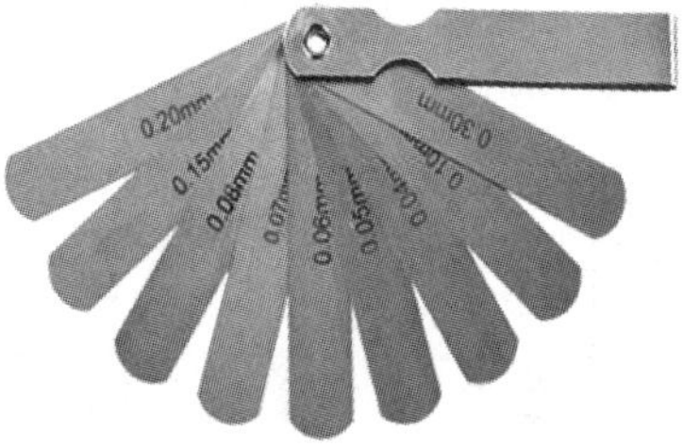 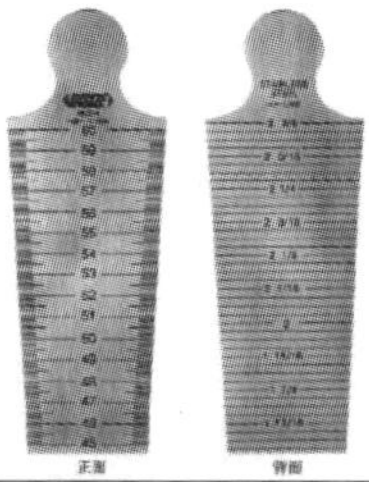
	刀口尺	
	游标卡尺	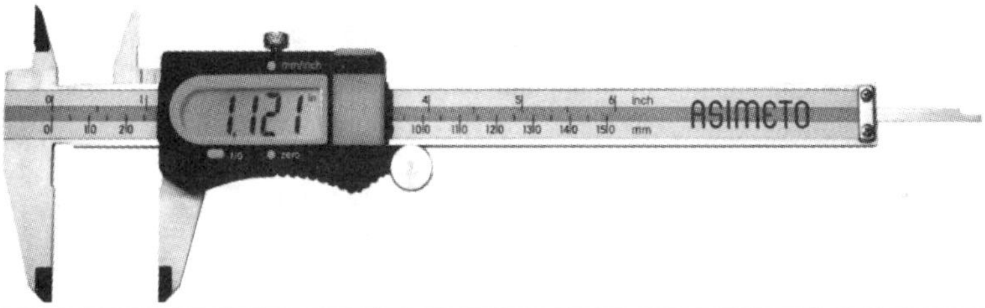
	千分尺	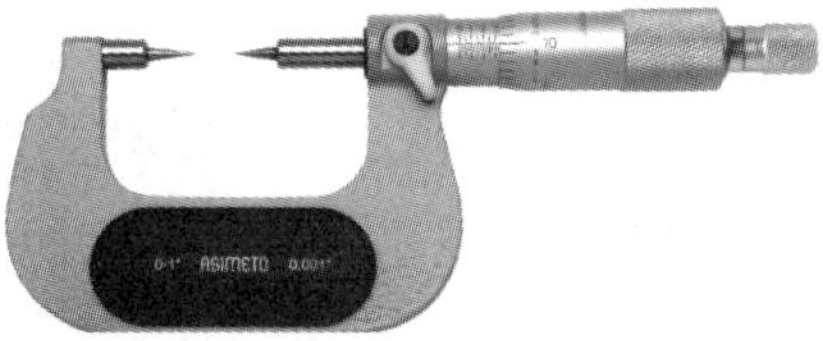 
	百分表	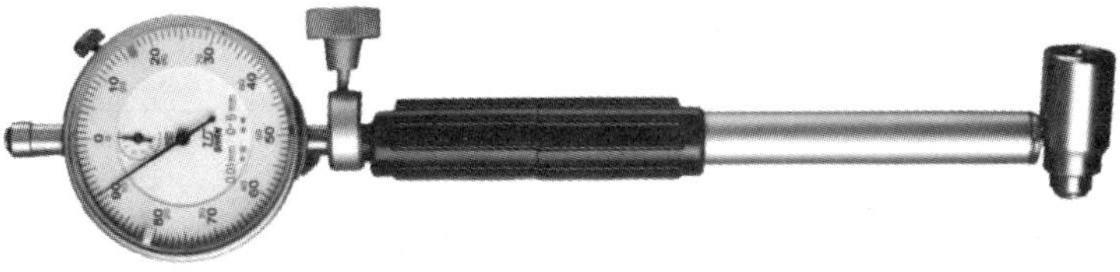

续表

类型	名 称	实物图片
锤子类	钢锤	
	橡胶锤	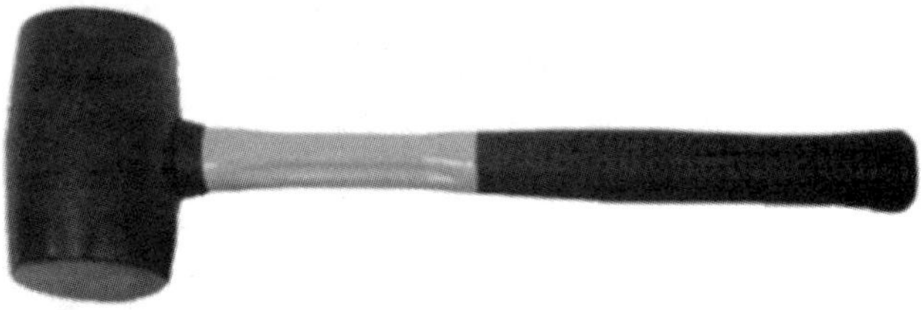
	木锤	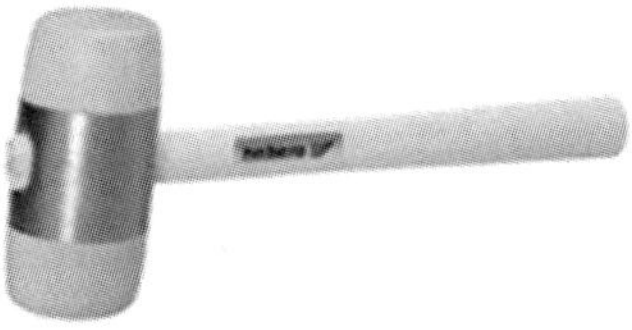
拉拔工具	拉拔器	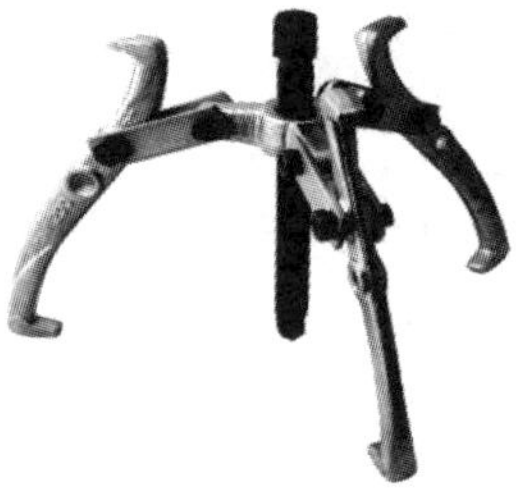 
	轴承拉拔器	 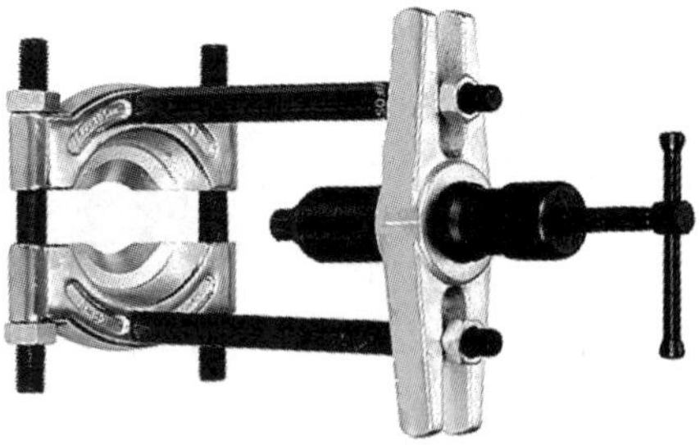
润滑工具	黄油枪	

续表

类型	名 称	实物图片
润滑工具	机油壶	 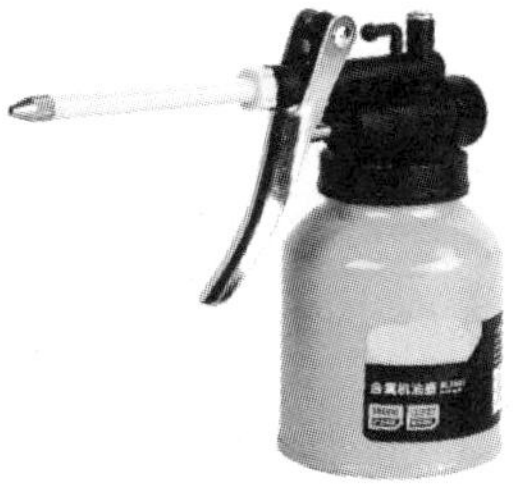
	接油机	 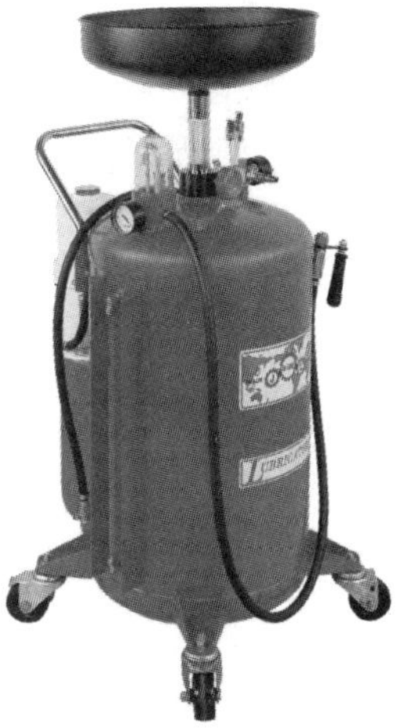

二、认识汽车维护与保养常用设备

汽车维护与保养常用设备有气动设备、检测设备、拆装设备、举升设备，如表 2-3 所示。

表 2-3　汽车维护与保养常用设备

类型	名称	实物图片
气动设备	空气压缩机	  

续表

类型	名称	实物图片
气动设备	小扭矩式气动冲击扳手	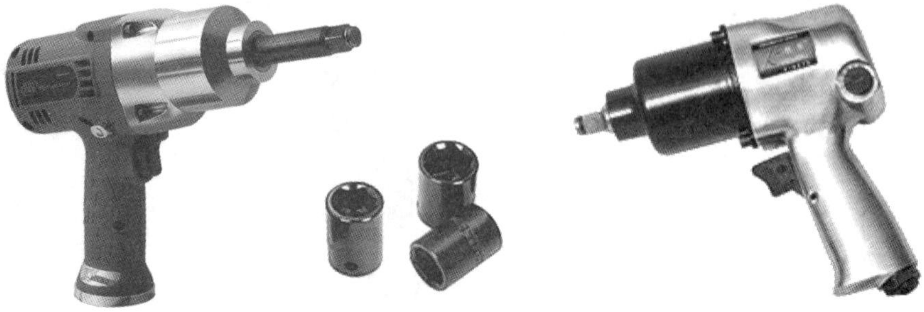
	大扭矩式气动冲击扳手（风炮）	
	吹尘枪	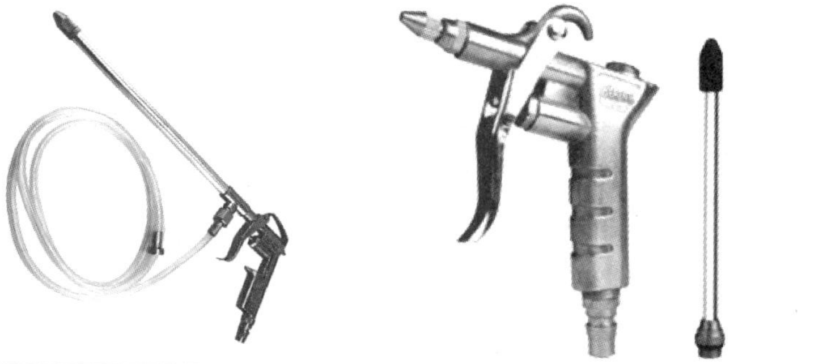
检测设备	发动机专用万用表	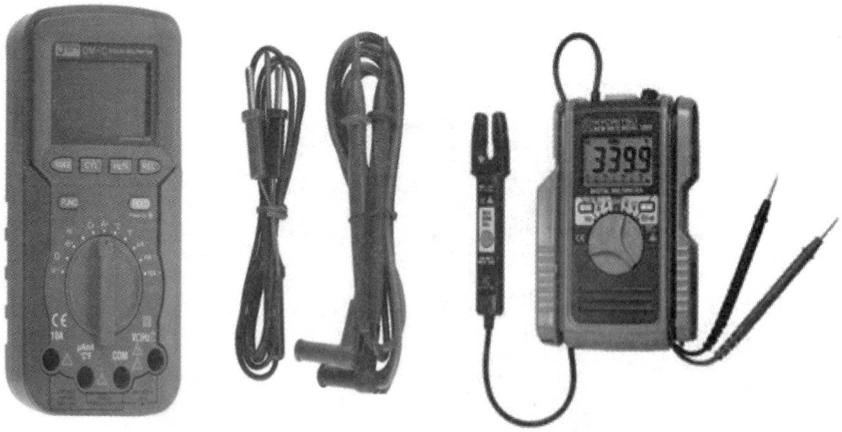

续表

类型	名称	实物图片
检测设备	汽车故障诊断仪	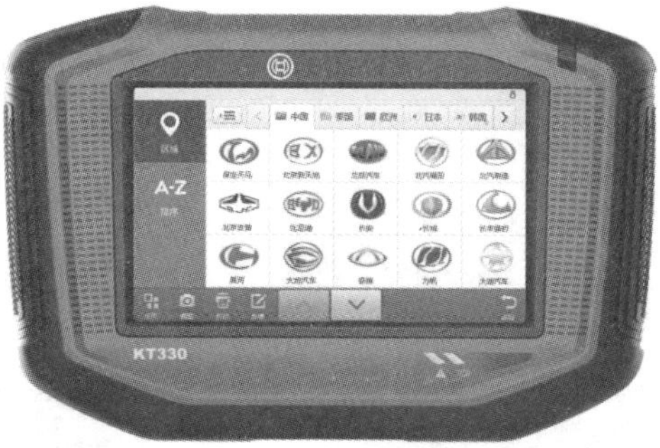
	示波仪	 
	轮胎气压表	 
	轮胎动平衡机	 

续表

类型	名称	实物图片
拆装设备	轮胎拆装机	 
举升设备	立式千斤顶	 
	卧式千斤顶	 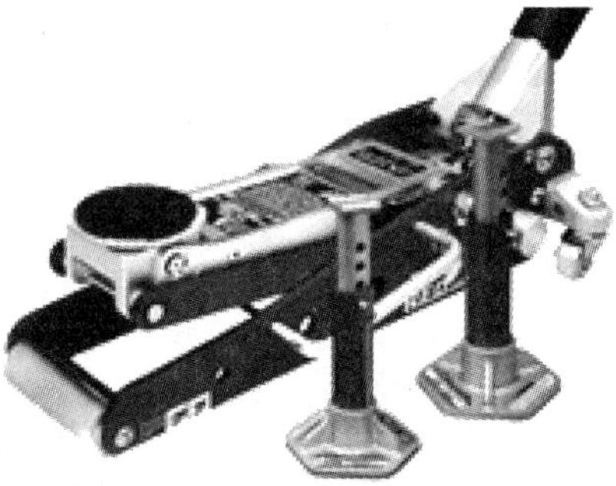
	压力机	 

续表

类型	名称	实物图片
举升设备	四柱举升机	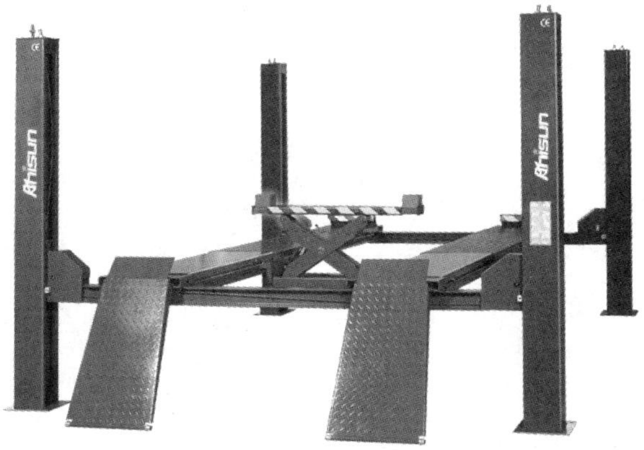
	二柱举升机	 
	单柱式举升机	 
	小剪举升机	

续表

类型	名称	实物图片
举升设备	子母大剪举升机	

课程思政

中国汽车工业的发展已经有 70 年的历史。1953 年开始建设第一汽车制造厂（简称一汽）为起点至今，从整体上可以分为两个阶段：第一个阶段是以引进苏联、东欧国家的技术为主，在计划体制下发展的 30 年；第二个阶段是在改革开放后发展的 40 年。

中国汽车工业诞生于开始大规模工业建设的第一个五年计划时期。1953 年 7 月，一汽在长春动工兴建。1956 年 7 月，一汽建成投产，第一个产品是解放牌 CA10 型 4 吨载重卡车，在后来的 30 年间几乎成为中国汽车工业的象征。

一汽的建设是在苏联的技术援助下进行的，解放卡车的原型是苏联的吉斯 150。从 1953 年开始，一汽先后派出 500 多人到苏联斯大林汽车厂学习。由于当时中国的工业基础极其薄弱，因此一汽从一开始就是高度纵向一体化的，主要零部件以及凡是跟金属有关的零部件全部由一汽生产。

自 20 世纪 80 年实行改革开放以来，中国汽车工业进入全面发展阶段，主要体现为：老产品（如解放、跃进和黄河车型）升级换代，结束了 30 年一贯制的历史；调整商用车产品结构，改变“缺重少轻”的生产格局；建设轿车工业，引进资金和技术，使国产轿车形成生产规模；对行业管理体制和企业经营机制进行改革，汽车品种显著增加，质量和生产能力大幅提高。1992 年，中国汽车年生产能力首次突破 100 万辆。到 2000 年，中国的汽车产量已超过 200 万辆。2001 年中国加入世界贸易组织后，汽车市场的发展进一步加快。2002—2007 年，中国汽车市场年平均增长 21%，同比增长 100 万辆。2009 年，中国生产汽车 1 379 万辆，其中乘用车 800 万辆，商用车 341 万辆，超过美国成为世界上最大的汽车生产国。2010 年，中国汽车销量和产量均超过 1 800 万辆，交付 1 376 万辆乘用车。自此，中国汽车工业发展走上“快车道”。

进入 21 世纪以来，中国的汽车工业（尤其是轿车工业）技术高速发展，新车型层出不穷；科技创新步伐加快，整车技术特别是环保指标大幅度提高，电动汽车开发初见进展；与国外汽车巨头的生产与营销合作步伐明显加快，引进国外企业的资金、技术和管理的力度不断加强；企业组织结构调整稳步前进。经过十几年的发展演变，如今初步形成了“3+X”的格局，“3”是指以一汽、东风、上汽3家企业为骨干，“X”是指广汽（广州汽车集团股份有限公司的简称）、北汽（北京汽车集团有限公司的简称）、长安、南汽（南京汽车集团有限公司的简称）、哈飞、奇瑞、吉利、昌河、华晨等一批企业。

任务2　汽车维护与保养常用工具与设备的使用

一、常用工具的使用

（一）螺丝刀的使用

螺丝刀也称为螺钉旋具、改锥、起子，用来紧固或拆卸螺钉（图2-1）。

（1）根据螺钉头部大小选择合适的螺丝刀型号。

（2）不能使用与螺钉头部槽宽和槽型不同的螺丝刀。

（3）在装卸螺钉时，螺丝刀杆部应与拆装螺钉的轴线保持重合，以防损坏螺钉槽口或螺丝刀刀口，旋入螺钉时施加压力与旋转扭力比为3∶7。

（4）螺丝刀刀口如有破损，应先修磨平整以后再使用，以防损坏螺钉槽口。

（5）螺丝刀不可当撬棍、杠杆使用，更不可代替錾子使用。

（6）在拆装同一部位多个螺钉时，不可一次将一个螺钉完全拧紧或拧松，应将全部螺钉按对称方向分多次拧紧或拧松，以防被压紧的部件变形。

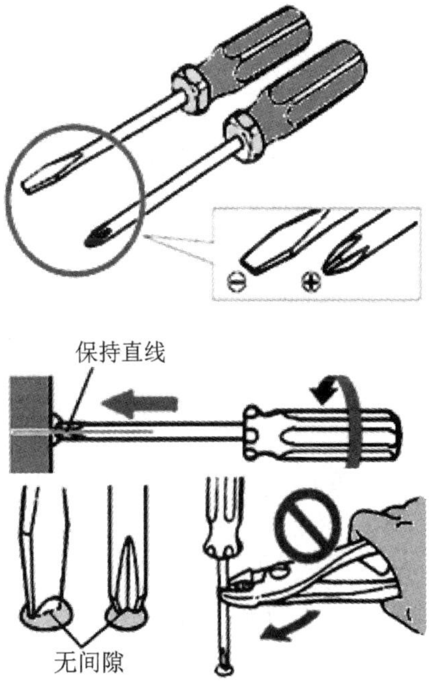

图2-1　螺丝刀的使用

（二）普通扳手的使用

扳手主要用来拆卸各种螺母、螺栓，在拆螺栓时，应按照**“优先使用套筒扳手，其次使用梅花扳手，最后使用开口扳手”**的选用原则进行选取，**禁止使用活动扳手拆卸直径小于20 mm的螺母、螺栓**。

（1）选用扳手的尺寸规格应与被旋转的螺母或螺栓尺寸一致，过大会损坏螺帽六方边角。

（2）使用开口扳手时，扳手的两个工作面与螺栓或螺母的两个接触面要完全、紧密贴合，螺母、螺栓与扳手开口的尺寸规格要一致，以防扳手打滑脱出，损伤螺帽或螺母（图2-2）。

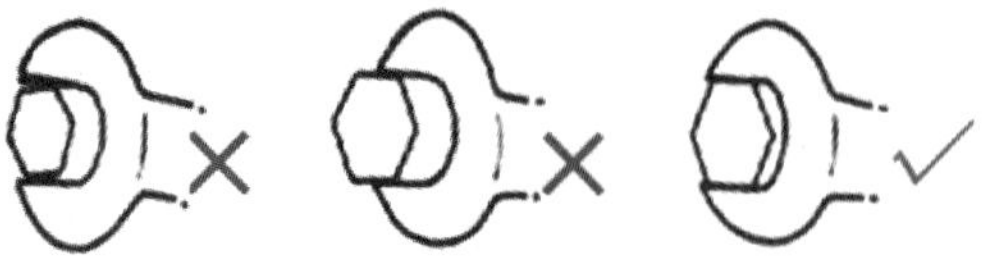

图 2-2 开口扳手的使用

（3）活动扳手一般用来拆装汽车底盘上的四方螺母、螺栓，或直径大于 16 mm 的大型螺母、螺栓。不可用活动扳手拆卸直径较小的螺母、螺栓。

活动扳手的活动钳口靠蜗杆机构驱动滑移来改变位置（图 2-3），由于蜗杆的自锁性能较差，活动钳口容易滑移，导致调节好的钳口尺寸受力会自动变大，容易损坏螺母或螺栓边角。在发动机维修中，不允许使用活动扳手拆装任何螺母、螺栓。

（4）使用扭力扳手时，左手应扶住扭力扳手头部，以防套筒松脱或摇摆，右手握住扭力扳手柄部，通过拉或用手掌推的方式转动扭力扳手手柄（图 2-4）。

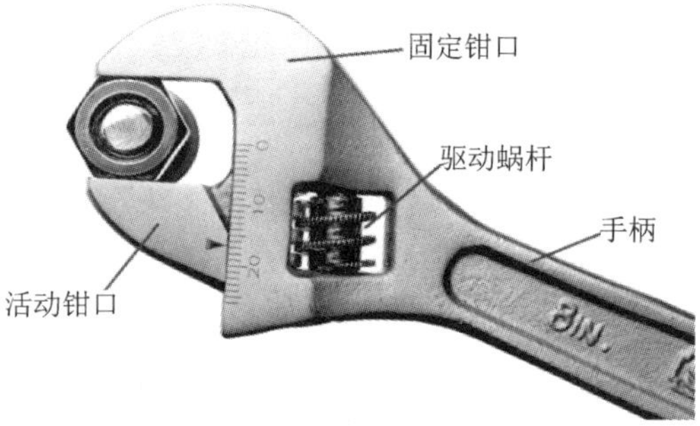

图 2-3 活动扳手的使用

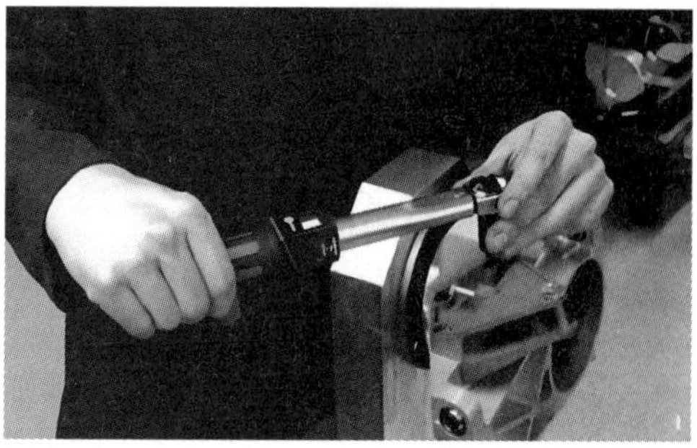

图 2-4 扭力扳手的使用

使用指针式扭力扳手时，应注意左手在握住扳手与套筒连接处时，不要碰到指针杆，否则会造成读数不准。汽车维修中常用扭矩扳手的规格为 300 N • m。

（三）棘轮扳手的使用

棘轮扳手需要和套筒配合使用，常用来快速拆装扭力不大、负荷较小或者已经卸去负荷的螺母、螺栓。棘轮扳手可顺时针、逆时针单向旋转，用来拧紧、拆卸不同旋向的螺母、螺栓。

一般棘轮扳手头部设计有防脱装置和变向装置。防脱装置用来在棘轮扳手旋转中，防止套筒脱落；变向装置用来改变扳手的旋转方向。

（1）使用时，先按下锁定按钮（图 2-5），将选定尺寸的套筒装入棘轮扳手的方榫中，松开锁定按钮，套筒即被锁止，如再次按下锁定按钮，即可解除套筒锁定，取下套筒。

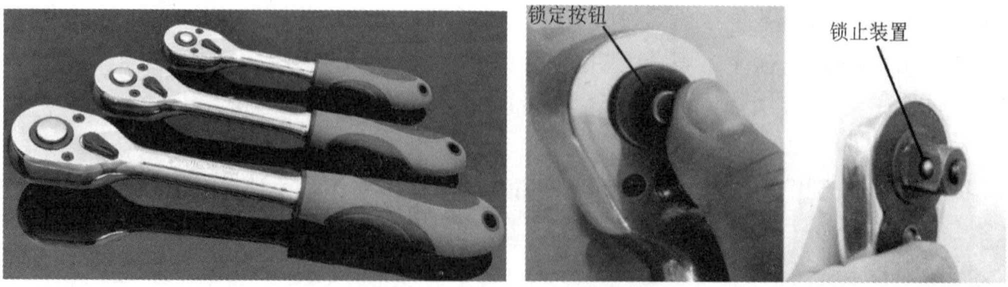

图 2-5 棘轮扳手的使用

（2）通过改变变向扳手位置即可改变加力方向：将变向扳手调到左边，可以顺时针加力拆装螺栓或螺母；将变向扳手调到右边，可以逆时针加力拆装螺栓或螺母。

（四）套筒的使用

套筒用来拆卸各种螺母、螺栓。因为它是套在各类扳手之上才能工作的，形如筒状，所以被称为套筒，是汽车维修常用的工具。

常规的套筒由规格、大小不同的多个套筒并配有扳手、加长杆等多种附件组成（图 2-6）。

在拆装螺旋零件时，由于套筒的内表面与被拆卸螺母或螺栓头部外表面紧密贴合，接触可靠，施力均匀，对螺母、螺栓破坏性小，因此应用广泛，特别适用于拆装位置狭小处和凹陷很深处的螺栓或螺母。

在拆卸螺栓、螺母时应优先使用套筒进行作业，在套筒无法使用的场合才考虑使用梅花扳手拆装螺母。

图 2-6　套筒

1. 套筒的类型

常用套筒按其结构不同分为多种类型：

按边角分为四角、六角、十二角套筒；

按外观形状分为单沟、双沟、滚花、直筒、镀镍、镀铬等；

按用途分为手动套筒、气动套筒；

按拆装螺栓形状分为外六角套筒、外梅花套筒、内六角套筒、内六花套筒、内十二花套筒、E 型套筒、五角压配套筒、五角中空压配套筒、四角套筒等。

2. 套筒的使用方法

套筒的使用方法如图 2-7 所示。

图 2-7　套筒的使用方法

①操作时先将套筒套在扳手手柄的方榫上（视需要与长接杆、短接杆或万向接头配合使用），再用套筒套住螺栓或螺母，左手握住扳手手柄与套筒连接处，保持套筒与拆卸或紧固的螺栓同轴，右手握住旋转扳手手柄水平方向加力。

②在使用套筒的过程中，左手握紧扳手手柄与套筒连接处，切勿摇晃，以免套筒滑出或损坏螺栓、螺母的棱角，右手朝向自己的方向用力，可防止滑脱造成手部受伤。

③在使用套筒时，应尽可能用套筒完全套住螺母或螺栓头部，并且不可倾斜，以防脱

落，损伤螺纹结构。

注意：不要使用出现裂纹或已损坏的套筒，这种套筒会打滑，损坏螺栓、螺母的棱角；禁止用锤子将套筒击入变形的螺栓、螺母六角进行拆装，以免损坏套筒。

（五）拉拔器的使用

拉拔器也称拉卸器或扒马，主要用于汽车维修中齿轮、皮带轮和轴承等部件的拆装，常见的拉拔器有两爪和三爪两种类型。

1. 普通拉拔器的构造

普通拉拔器由中心螺杆、横臂和拉臂等组成。中心螺杆上端加工成四方或六方结构供扳手加力；中部加工有螺纹，供横臂上下调节高度；下端加工为锥形，用来抵住受力表面。三爪拉拔器的三根拉臂互为 120° 错开；两爪拉拔器的两根拉臂与螺杆在同一平面内；新型的液压拉拔器用液压缸代替中心螺杆，可产生较大拉力，拆卸省力（图 2-8）。

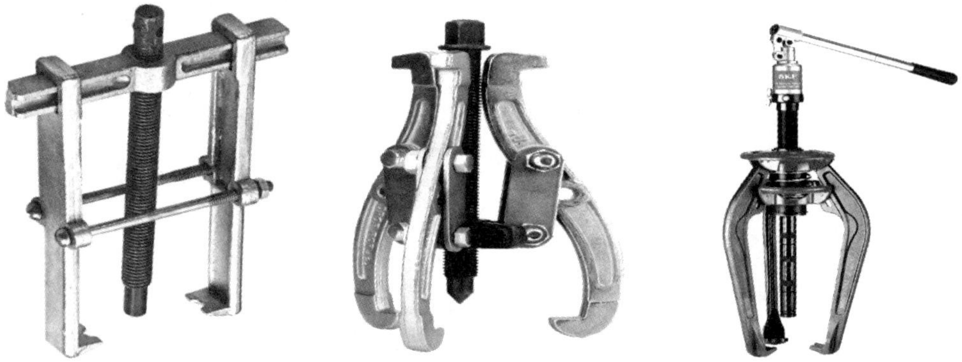

两爪拉拔器　　三爪拉拔器　　液压拉拔器

图 2-8　拉拔器

2. 拉拔器的使用方法

使用时，用拉臂勾住所要拆卸的部件，使中心螺杆下端锥形部位抵住支撑表面或抵在轴端中心孔内，使用扳手旋动中心螺杆。随着中心螺杆的旋入，拉臂就会产生很大的拉力，直到把部件拆下。操作时，手柄转动要均匀，拉爪装夹要平衡，不能歪斜，以防滑脱。

图 2-9　拉拔器的使用方法

拆卸轴承时，两侧的拉臂尖应勾在内圈平面上，不能拉拔轴承外圈，否则会损坏轴承（图 2-9）。

3. 使用拉拔器的注意事项

（1）使用前要测量被拆轴承外径、厚度和所需要拉拔的长度，以选择合适的拉拔器。

（2）在空间允许时尽量选择三爪拉拔器，以获得更可靠的夹持力以及更均匀的拉力。

（3）拉拔时逐渐施加拉力，不要在拉拔器扳手上延长加力杆来强力拉拔。

（4）尽可能使用标准爪，较长的拉爪会使拉拔器末端拉力减小。

4. 轴承专用拉拔器

轴承专用拉拔器是将轴承从轴上取下的专用工具。轴承专用拉拔器有拉杆式和液压式两种（图 2-10），可方便地插入轴承和轴肩之间。可在传统爪式拉拔器的使用受到空间限制或者需要很长的拉拔深度时使用，用于轴承拆卸，也可用来拆卸皮带轮、齿轮、轴上卡箍、轴套等其他轴上部件。如果配有液压柱塞，可产生最高 100 kN 的拉拔力。

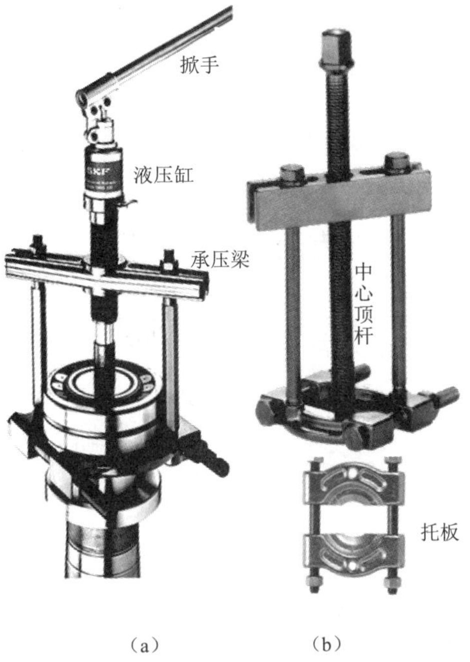

图 2-10　轴承专用拉拔器

（a）液压式　（b）拉杆式

1）轴承专用拉拔器的构造

轴承专用拉拔器主要由撅手、液压柱塞、中心顶杆、托板、承压梁、拉力螺杆、连接螺栓等组成。

2）拉杆式轴承专用拉拔器的使用方法

（1）将一对托板置于被拉拔的轴承下部，用连接螺栓连接，靠近轴表面并与轴承内圈可靠接触，但螺栓不可将托板拉紧，与轴表面有 2～5 mm 间隙，便于滑移（图 2-11）。

（2）将两个拉力螺杆穿过承压梁，下端与托板螺纹孔旋合，两个拉力螺杆旋入托板的长度应一致，使承压梁保持水平。

（3）将中心顶杆旋入承压梁，头部与轴端面压紧（图 2-12）。

（4）用扳手缓慢旋转中心顶杆尾部四方体，使中心顶杆不断挤压轴端面，将轴承缓慢拉出。

如果轴承内圈与轴表面连接过紧，无法拉拔拆卸，应先将轴承内圈用乙炔火焰加热，

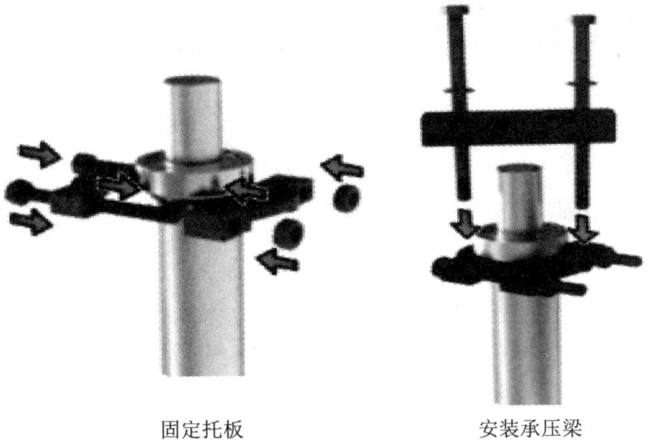

图 2-11　轴承专用拉拔器的组装

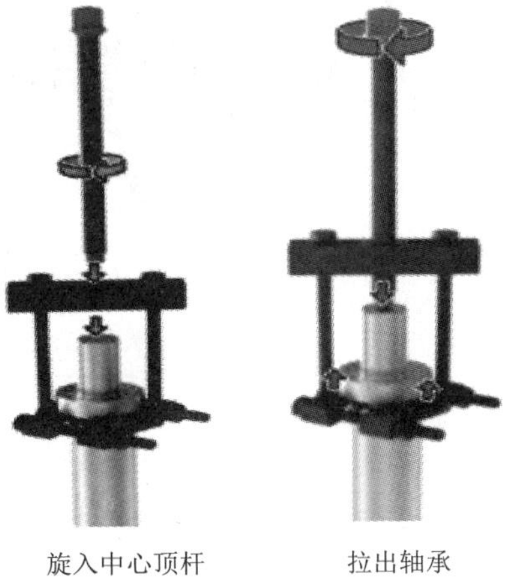

图 2-12　轴承专用拉拔器的使用方法

待其受热膨胀以后再进行拉拔。

3）液压式轴承专用拉拔器的使用方法

液压式轴承专用拉拔器的使用方法与拉杆式轴承专用拉拔器大致相同，只是在拉拔时通过液压活塞加力，来实现轴承拉拔，具体使用方法与液压千斤顶操作方法相同，不再赘述。

二、专用设备的使用

（一）空气压缩机的使用

1. 空气压缩机的组成

汽车维修中常用的空气压缩机（简称空压机）为活塞式空气压缩机，它是一种简单的压力设备，产生的气体压力不大，使用安全可靠，体积较小，便于移动，不需要特殊的审批报备。

活塞式空气压缩机主要由电动机、储气罐、压力表等组成（图 2-13）。

活塞式空气压缩机的动力来自电动机，工作时靠电动机驱动曲轴运转，通过连杆带动

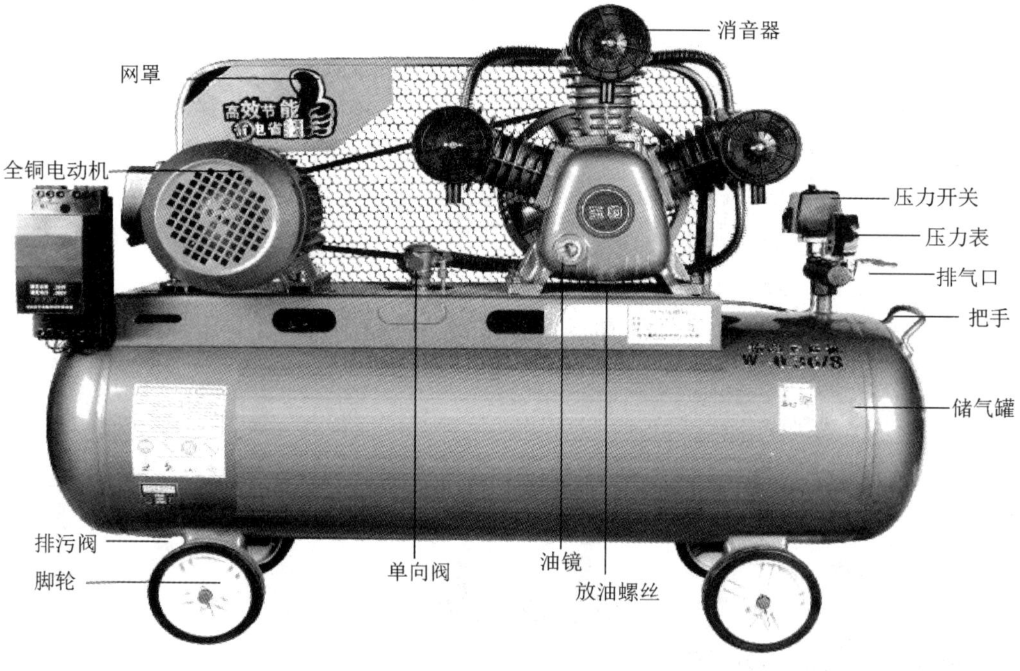

图 2-13　活塞式空气压缩机

活塞在气缸内做往复运动；气缸内活塞下行，吸气阀开启，外界空气吸入缸内；电动机驱动曲轴推动活塞上行，吸气阀关闭，气缸空气被压缩。当缸内压力高于输出空气管道内压力后，排气阀打开，压缩空气经输气管送入储气罐内储存并蓄压，产生压力能。

2. 空气压缩机的使用方法

（1）接入规定电源，启动电动机，压缩机开始运转。

（2）检查电动机的运转方向是否和壳体上指示的旋转箭头指向相同，若不相同，将三

相电动机三根电源中任意两根导线对换位置，即可改变空气压缩机的旋转方向。

（3）待空气压缩机压力表指示压力达到额定值或管网需要压力后，再打开出气阀。

（4）当空气压缩机储气罐内气体压力达到设定值时，压缩机将自动停止运转。

（5）若空气压缩机气缸内气压高于设定值，安全阀自动开启，将储气罐内空气排出进行泄压；当气压降到储气罐内设定压力时，安全阀自动关闭。

（6）停止工作时，先关闭电动机电源开关，待压缩机完全停转后，排空储气罐内压缩空气后再关闭排气阀。

（7）打开储气罐底部排污阀，将罐内底部凝聚的水分及油污等排放干净。

3. 空气压缩机的维护

（1）润滑油油面应保持在油镜红色线范围内。油面太高，易使气缸及气阀结炭；油面太低，则因润滑不充分导致气缸和曲轴轴瓦磨损加剧或烧毁。

（2）空气压缩机每工作 500 h 左右应更换润滑油，以免因用油污染造成各运动零部件快速磨损。

（3）换油时应在热态下进行。空气压缩机经长时间工作，罐体温度达到 50 ℃以上才可更换润滑油。

（4）旋开曲轴箱底部放油螺栓，待废油排净后，再将放油螺栓拧紧（最好在放油螺栓螺纹牙上涂抹密封胶，以防漏油），再打开加油盖重新加入新润滑油到油镜红色线中间。

（二）气动冲击扳手的使用

1. 气动冲击扳手的特点

气动冲击扳手是一种手持式气动扭矩扳手（俗称风炮）（图 2-14），被广泛应用在汽车修理、重型设备维修、产品装配等场合。

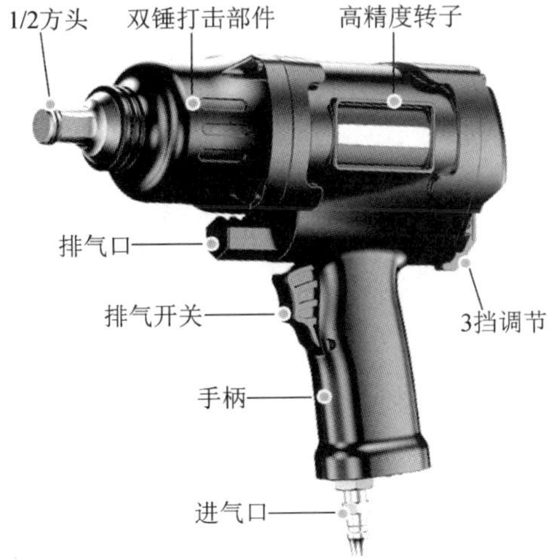

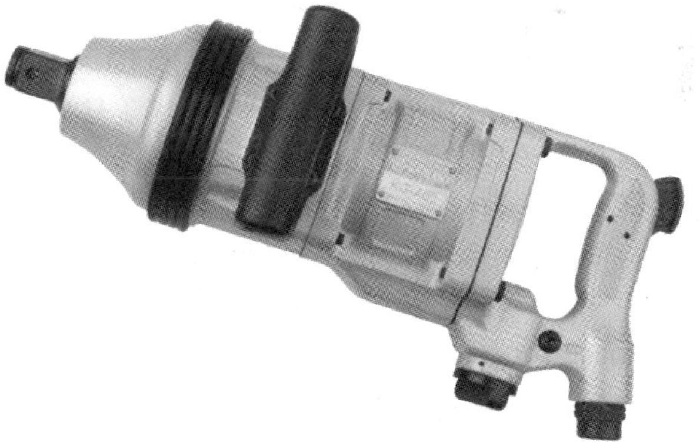

图 2-14　气动冲击扳手

气动冲击扳手工作时通过空气压缩机输入高压气体，高压气体驱动气动扳手内气动马达旋转，将气压能转换为机械能，马达驱动扭矩倍增器增加扭矩后，驱动扳手传动轴旋转，用于快速拆装螺栓或螺母。

气动冲击扳手可以精确设定扭矩，通过调压器和功率管理系统实现控制，机械部分采用行星齿轮减速结构。

2. 气动冲击扳手的使用方法

气动冲击扳手的使用方法如图 2-15 所示。

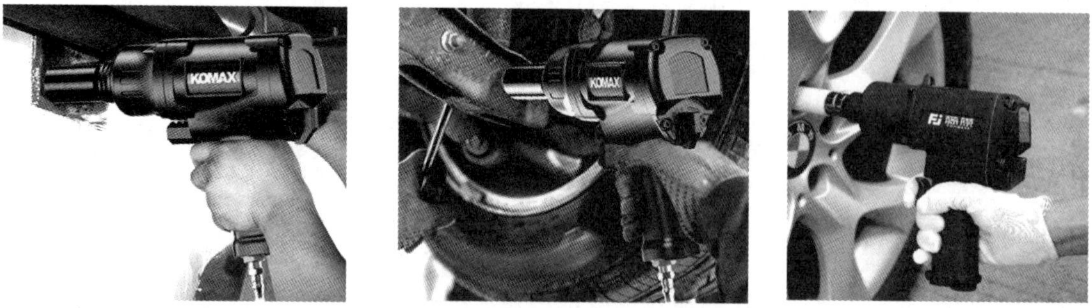

图 2-15　气动冲击扳手的使用方法

（1）将气动扳手、高压输气管与空气压缩机正确连接，并检查气管连接接头是否可靠卡紧。

（2）启动空气压缩机，将空气压缩机输出气压调节到规定压力（参照气动扳手使用说明书）。

（3）戴上护目镜，在气动扳手传动轴上连接规格合适的套筒。

（4）按维修车辆螺母拧紧力矩技术要求，确定螺纹的拧紧力矩。

参考气动扳手使用说明书中的扭矩调节对照表，将气动冲击扳手功率调节旋钮旋到合适的位置，1 为最小功率，5 为最大功率。

（5）轻点启动开关，确认扳手传动轴旋转方向是否正确。注意：气动冲击扳手不允许长时间高速空转。

（6）拆卸螺母、螺栓时，应先将套筒套入待拆卸螺母或螺栓头部，待气动冲击扳手通过套筒与螺母或螺栓紧密接触以后再压下启动开关，点动冲击拆卸，不可长时间持续拆卸，以防损坏螺纹结构。

（7）安装螺母、螺栓时，应先用手旋转螺母或螺栓进入配合部位，旋合长度达 1/3 以上，确保螺纹旋合正确以后，再用气动冲击扳手间歇点动拧紧，切不可直接用气动冲击扳手旋入螺母或螺栓，以防损坏螺孔结构。

（8）拆卸的螺母或螺栓即将脱离前，应降低气动冲击扳手传动轴转速，以防损坏螺纹结构。

（9）工作完毕，应及时关闭供气管路阀门，清洁机具，将气管盘旋放回原位。

（10）每天作业前必须往接管内孔注入润滑油 3～4 次，夏天可用 20 号机油，冬天可用 10 号机油。

3. 气动冲击扳手使用的技术要求

（1）气动冲击扳手工作时，空气压缩机提供的动态气压不小于 6 kPa。

（2）输气管的长度不宜大于 4 m，否则会导致气压下降，动力不足。

（3）气动冲击扳手在作业时，单次冲击时间应控制在 10 s 以内，以防止工具磨损。

（4）对气动冲击扳手的马达轴承以及冲击机构，应定期加注润滑脂进行保养。

（5）使用气动工具紧固螺栓时，要先用手旋合部分螺纹，再使用最小功率挡紧固。

（6）使用气动冲击扳手紧固完螺栓后，要使用专用扭力扳手进行复查，以确保达到正常扭矩。使用过程中一定要注意扭矩的大小，如果扭矩过大，可能会拧断螺栓。

（三）万用表的使用

1. 万用表的功能

万用表主要用来测量电路及电子元器件的交流电压、直流电压、电流、电阻、电容、频率、转速、温度等特性参数以及电路通断、性能变化等，是一种常用的电子仪表。

在汽车各电控系统故障的检测与诊断中，除需要检测交直流电压、电流、电阻、电容等参数外，还需要检测转速、闭合角、频宽比（占空比）、频率、温度、导体通断等。部分电子器件特性参数值很小，精确度很高，用普通数字式万用表无法准确检测，而且由于内阻较小，可能会击穿个别电子器件，需用汽车专用万用表检测。

汽车专用万用表（图 2-16）内部有电脑主板，能自动识别检测量程，能捕捉、记录、计算快速变化的检测值，并能自动修正误差，测量精确度很高，具有较强的抗外界干扰性能。

2. 流电压挡位选择开关

汽车专用万用表在面板上有不同的插孔，用来完成不同电器元件及电路特性的检测。

1）挡位功能（图 2-17）

图 2-16　汽车专用万用表

图 2-17 万用表的挡位功能

符号“Ω”表示电阻功能检测挡。

符号“V”表示电压功能检测挡。

符号“A”表示电流功能检测挡。

符号“F”表示电容检测挡。

符号“～”表示交流功能。

符号“—”表示直流功能。

每个测量项目又划分为几个不同的量程以供选择。

2）表笔和表笔插孔

表笔分为红、黑两只。使用时应将红色表笔插入标有“VΩ”或“+”符号的插孔，黑色表笔插入标有“COM”或“-”符号的插孔。

3. 万用表的使用方法

1）电压的测量（图 2-18）

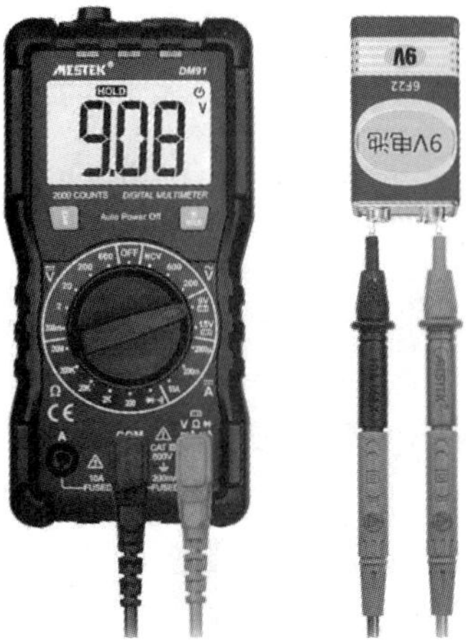

图 2-18　万用表测量电压

电压的测量包括直流电压的测量和交流电压的测量。

（1）直流电压的测量。汽车蓄电池、控制器电源、各控制电路等一般为直流电。首先将黑色表笔插进“COM”孔，红色表笔插进“VΩ”孔，然后将表笔探针接在电源或电池两端，保持接触稳定，显示屏显示测量数值。如果在数值左边出现“-”，则表示表笔连接与实际电源极性相反，此时红色表笔接的是负极，黑色表笔接的是正极。

（2）交流电压的测量。汽车发电机产生的是交流电。交流电压测量不分正负极，表笔连接方法与直流电压测量时一样，不过应该将旋钮旋到交流挡“V～”处，测量方法也与直流电压测量时相同。

无论检测交流还是直流电压，都要注意人身安全，不要随便用手触摸表笔的金属部分。

2）电流的测量

电流的测量包括直流电流的测量和交流电流的测量。

（1）直流电流的测量。先将黑色表笔插入“COM”孔。若测量大于 200 mA 的电流，则要将红色表笔插入“10 A”插孔并将旋钮旋到直流“10 A”挡；若测量小于 200 mA 的电流，则将红色表笔插入“200 mA”插孔并将旋钮旋到直流 200 mA 以内的合适量程。调整好后，就可以测量了。将万用表红色、黑色表笔串联在电路中，保持稳定，即可读数。如果在数值左边出现“-”，则表示红色表笔接的是负极，黑色表笔接的是正极。

（2）交流电流的测量。测量方法与直流电流测量时相同，但是挡位应该旋到交流电流挡位。

电流测量完毕，切记将红色表笔插回“VΩ”孔，若忘记这一步而直接测电压，万用表或电源将瞬间烧毁。

3）电阻的测量

电阻测量不分正负极，将红、黑色表笔分别插入“COM”和“VΩ”孔，把旋钮旋到“Ω”挡，将表笔探针接在电阻两端金属部位，即可测得电阻值。

测量中不要用两只手同时接触电阻两端，否则会导致测量结果不准确。读数时，要保持表笔和电阻有良好的接触，同时注意以下事项。

（1）电脑会自动识别测量量程，并在测得电阻值左上端显示相应阻值单位“Ω”“KΩ”“MΩ”等，读取数值时要注意电阻单位变化。

（2）不可带电测量电阻。

（3）测量电阻前应将被测电阻从电路中分离方可测出准确电阻值。

4）二极管的测量

数字式万用表可以测量发光二极管、整流二极管等。

测量时，表笔位置与电压测量时一样，将旋钮旋到“→|—”挡，用红色表笔接二极管的正极，黑色表笔接负极，这时会显示二极管的正向压降（肖特基二极管的压降是 0.2 V 左

右，普通硅整流管约为 0.7 V，发光二极管为 1.8～2.3 V）。调换表笔，显示屏显示“1.”则为正常，这是由于二极管反向截止，不导通。如果调换表笔，测得电压为零，则二极管被击穿。

4. 操作规程

（1）使用前应熟悉万用表各项功能，根据被测量的对象，正确选用挡位、量程及表笔插孔。

（2）测量电阻时，在选择了电阻挡后，应先将万用表两表笔探针相接触，观察屏幕是否显示为“0”，以保证测量结果准确。

（3）在测量某电路电阻时，必须切断被测电路的电源，不得带电测量。

（4）使用万用表进行测量时，要注意人身和仪表设备的安全，测试中不得用手触摸表笔的金属部分，不允许带电切换挡位开关，以防烧毁仪表。

（5）如万用表屏幕显示电压过低，应及时更换电池，一般万用表使用的电池电压为 9 V。

（四）轮胎气压表的使用

1. 汽车轮胎的气压特性

汽车轮胎的压力（简称胎压）直接影响行车安全及油耗。轮胎压力过低，轮胎变形严重，胎侧容易开裂和快速磨损，车辆油耗增加。轮胎压力过高，轮胎滚动阻力减小，滚动轻快，但轮胎与路面的附着力下降，容易刹车打滑，在高温下运行，轮胎容易爆裂，导致行车方向突然失控而引发车祸。因此需定期检查轮胎压力，确保行车安全。

2. 轮胎气压表的组成

轮胎气压表由表头、排气阀、软管、气门嘴等组成（图 2-19（a））。

3. 轮胎气压表的使用方法

轮胎气压表的使用方法如图 2-19（b）所示。

（a）　　　　（b）

图 2-19　轮胎气压表的组成及使用方法

（a）轮胎气压表的组成　（b）轮胎气压表的使用方法

（1）将轮胎气门嘴防尘帽拧开。

（2）将轮胎气压表气门嘴旋入或压入轮胎气门嘴，使其可靠密封。

（3）轮胎气压表表盘指针将指示当前轮胎气压值。

（4）如胎压不足，进行充气；如胎压过高，按下气压表放气阀排气卸压。

（5）测量完毕，取下接头，按下放气阀，将气压表指针调零，拧回轮胎气门嘴防尘帽。

4. 轮胎压力检测注意事项

（1）车辆轮胎压力值一般以铭牌形式标记在汽车的车门边侧或门框上。

（2）胎压标识一般会标注两种值，一种是车辆轻载时的胎压值，另一种是车辆满载时的胎压值。

（3）晚上和白天的胎压值因温度原因会有差异，属于正常情况。

（4）长时间停驶的车辆的胎压值会下降，长时间高速行车胎压会升高，过高会爆胎。应通过轮胎压力监测系统及时掌握轮胎的压力，使胎压处于安全限值内。

（5）判断轮胎压力应以开车前的冷胎压力值为准。

（6）轮胎气压表在频繁使用后会出现示值不准确、回零机构失效、读数装置卡死等现象，需要经常进行校正。

（7）电子轮胎气压表检测轮胎压力较机械式压力表精确。

（五）千斤顶的使用

1. 千斤顶的用途及类型

千斤顶是一种简易起重设备，它结构紧凑，工作平稳，有自锁功能，广泛用于各种需要提升重物的场合，主要用于汽车维修、工业生产、建筑施工、舞台搭建等领域。其缺点是起重高度有限，起升速度慢。

根据其工作原理和结构组成，车辆维修常用的千斤顶有螺旋千斤顶和液压千斤顶两种。

2. 螺旋千斤顶

螺旋千斤顶结构简单，使用方便，便于携带，但承重能力有限，不宜长期支持重物，一般用于小型车辆或轻载物体的临时举升，如车辆轮胎更换等操作，是轿车随车携带的必备工具。

1）螺旋千斤顶的构造

螺旋千斤顶主要由丝杆、力臂、承重座、底座、摇臂组成（图 2-20）。

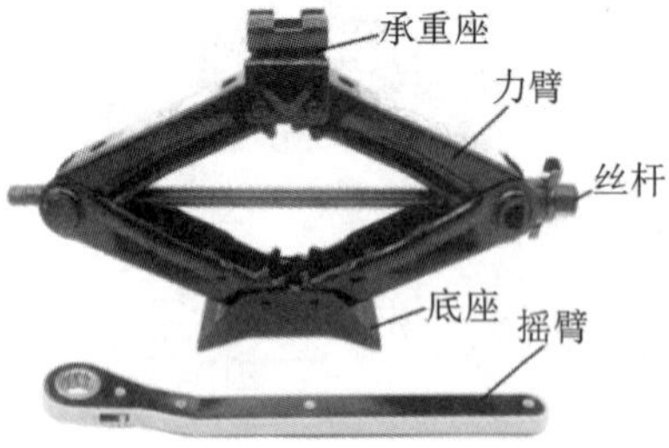

图 2-20 螺旋千斤顶

2）螺旋千斤顶的使用方法

（1）在使用千斤顶举升汽车前，应将车辆停放在平整、坚实的水平地面上，防止车辆滑动或千斤顶倾倒。如果受道路条件限制，必须在不平路面或松软沙土路面作业时，应将非作业的其他车轮用楔木楔紧。在千斤顶底部，用面积大于千斤顶底座 3～4 倍的木板等支撑板料将千斤顶底部垫稳、垫平后方可顶起车辆。

（2）车辆停稳后要拉起手刹，手动挡车型应将变速杆挂入 1 挡或者倒挡，自动挡车型应将变速杆挂入 P 挡，在坡道上不允许使用千斤顶举升车辆。

（3）将千斤顶放入车下的承重部位进行举升操作，当千斤顶承重座与底盘接触时，需检查千斤顶承重座是否支撑到车辆承重点并接触可靠（图 2-21）。如果要拆卸车轮，为防止在作业中车辆或千斤顶滑移、倾倒，导致车辆侧翻、压伤人员，在千斤顶顶起车辆前，应将备胎放入千斤顶支撑部位附近，做防护支撑（图 2-22）。

图 2-21　车架承重部位

（4）摇动手柄，缓慢顶起车辆，并观察千斤顶顶起部位是否稳定、可靠（图 2-23）。

（5）作业结束后，反向摇转手柄，放下车辆，收回千斤顶。

3）螺旋千斤顶使用注意事项

（1）顶升重物前，注意放正千斤顶的位置，使其与支撑面保持垂直状态，防止支撑面歪斜而导致千斤顶滑移引发事故。

（2）用千斤顶支撑车辆时，严禁人员进入车底作业。

图 2-22　防护支撑

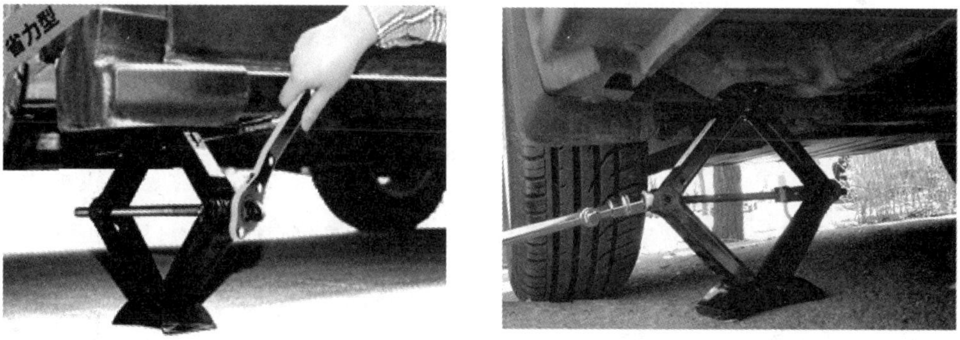

图 2-23　顶起车辆

（3）在顶升车体过程中，一旦发现承重座或底座出现歪斜现象，应立即停止举升，降下千斤顶，调整好位置后再次顶升。

（4）举升车辆时，千斤顶严禁过载，以防超负荷导致千斤顶塌裂翻倾或自动收缩，发生事故。

（5）千斤顶使车辆降落时，应缓慢放落，以保证安全。

（6）在千斤顶使用和保管期间，应用黄油经常润滑丝杆，以防过度磨损，缩短使用寿命。

3. 立式液压千斤顶

液压千斤顶的起重量最大可达 1 000 t，传动效率较高，故应用较广，但易漏油，不宜长期支持重物，如长期支撑需选用自锁顶。为进一步降低外形高度或增大顶举距离，可选用多级伸缩式液压千斤顶。

1）立式液压千斤顶的构造

立式液压千斤顶主要由调节螺杆、活塞杆、泵体、掀手、回油阀、底座、手柄等组成（图 2-24）。

图 2-24 立式液压千斤顶

2）立式液压千斤顶的使用方法

立式液压千斤顶的使用方法与螺旋千斤顶的使用方法相同。如果要举升车辆，应将车辆可靠固定，不能移动。如果受道路条件限制，必须在不平路面或松软沙土路面作业时，应将非作业的其他车轮用楔木楔紧，在千斤顶底部用面积大于千斤顶底座 3～4 倍的木板等支撑板料将千斤顶底部垫稳、垫平后方可顶起车辆。

（1）将千斤顶放在汽车底盘下方靠近作业车轮处的底板承重点处，确保千斤顶底部与地面可靠接触并与车体底面垂直。如果要拆卸车轮，为防止在作业中车辆或千斤顶滑移导致车辆倾倒、压伤人员，在千斤顶顶起车辆前，应将备胎放入千斤顶支撑部位附近，做防护支撑。

（2）将压力杆有凹槽的一端插入回油阀孔内，顺时针旋转压力杆，关闭回油阀，确保回油阀转不动为止（图 2-25）。

（3）根据车体高度，调节可调螺旋顶的旋出高度（图 2-26）。

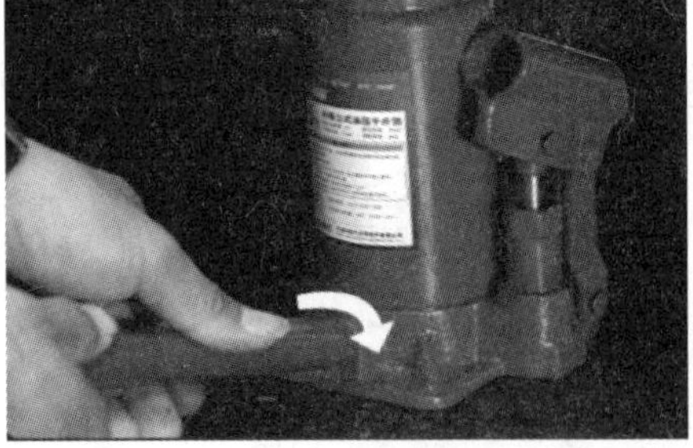

图 2-25 关闭回油阀

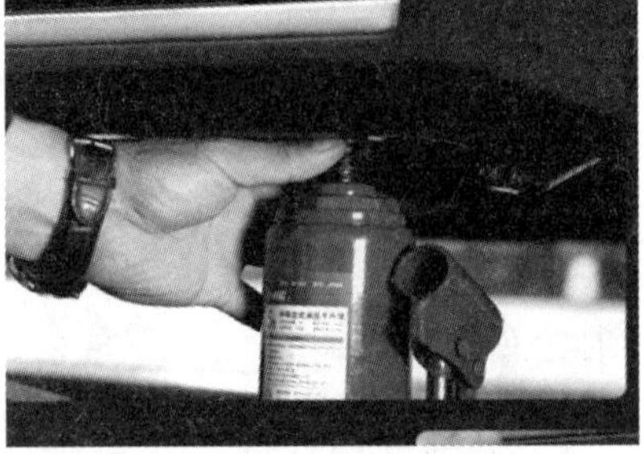

图 2-26 调节螺旋顶高度

（4）将压力杆无凹槽的另一端插入小油缸上方掀手内，并可靠接触（图 2-27）。

（5）反复压动掀手，慢慢顶起车辆至合适高度（图 2-28）。

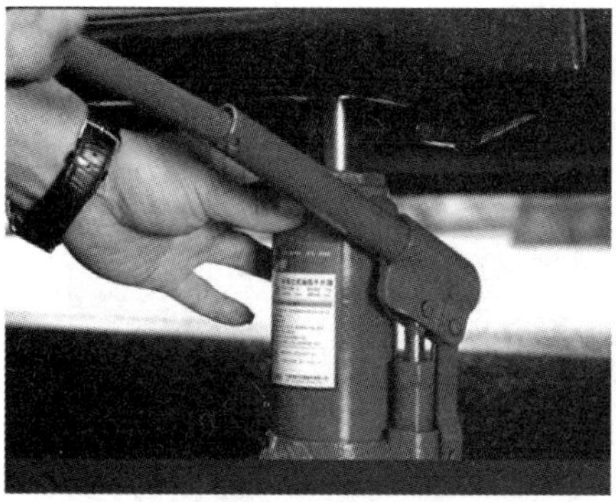

图 2-27　压力杆插入掀手内

图 2-28　顶起车辆

（6）操作结束后，将压力杆有凹槽的一端重新插入回油阀孔内，逆时针缓慢旋转压力杆 1/4～1/2 圈，放出大油缸内液压油，活塞杆及可调螺旋杆被车体挤压，自动缓慢下落至最低位置（图 2-29）。

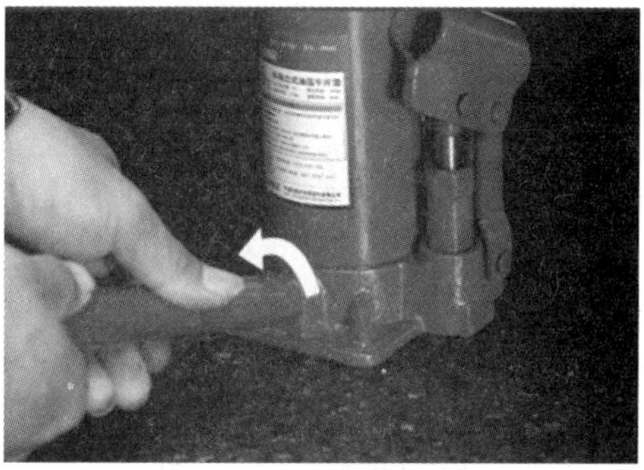

图 2-29　打开回油阀

（7）取出千斤顶，润滑、保管。

4. 卧式液压千斤顶

卧式液压千斤顶结构紧凑，工作平稳，有自锁作用，其安全稳定性优于立式液压千斤顶，故广泛用于汽车维修中。缺点是起重高度有限，起升速度慢。

1）卧式液压千斤顶的构造

卧式液压千斤顶主要由托顶、起重臂、掀手、回油阀、支撑轮等组成（图 2-30）。

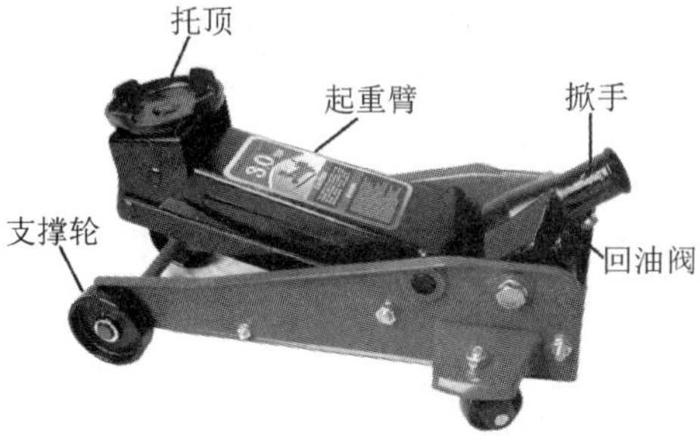

图 2-30　卧式液压千斤顶

2）卧式液压千斤顶的使用方法

（1）将压力杆有凹槽的一端插入千斤顶回油阀，顺时针拧转压力杆至极限位置，关闭回油阀（图 2-31）。

（2）将千斤顶推入车底维修作业点附近底盘承重点处（图 2-32）。一定确保千斤顶与车体纵向方向保持垂直。切不可将千斤顶斜向推入车体，否则，在举升中很容易使车体向前移动，引发不安全事故。

图 2-31 关闭回油阀

图 2-32 推入千斤顶

（3）确保千斤顶与地面可靠接触，不能滑移，将压力杆插入掀手内，上下按压掀手，将液压油压入液压缸，起重臂顶起，托顶上升（图 2-33）。如果要拆卸车轮，为防止在作业中车辆或千斤顶滑移导致车辆倾倒、压伤人员，在千斤顶顶起车辆前，应将备胎放入千斤顶支撑部位附近，做防护支撑（图 2-34）。

图 2-33 按压压力杆

图 2-34 顶起车辆

（4）托顶举起车辆离地高度以 10～15 cm 为宜，不易太高，以防滑脱造成损伤。

图 2-35 打开回油阀

（5）作业结束后，将压力杆插入千斤顶回油阀，逆时针缓慢旋转压力杆 1/4～1/2 圈，在车辆重力挤压下，起重臂回落，托顶收回，车辆缓慢下降至最低点（图 2-35）。

5. 液压千斤顶使用注意事项

（1）使用前应检查千斤顶各部分是否完好，主缸是否漏油，活塞顶部的调整螺杆和回油阀是否灵活、可靠。

（2）千斤顶不允许在超过规定负荷和行程的情况下使用，不得加长压力杆使用。

（3）千斤顶应在平整、坚实的地面处放置作业，且必须与支撑面垂直。如果场地比较松软，应在顶部与重物的接触面间加防滑垫层，并用垫木垫平底部支撑平面。

（4）顶升作业时，应观察千斤顶有无漏油和顶升位置是否偏斜，必要时应回降调整。

（5）千斤顶在顶升与回降时应缓慢平稳，防止千斤顶受力不均而滑移。

（6）用两台及两台以上千斤顶同时顶升同一车辆时，千斤顶的总起重能力应不小于负重的两倍。顶升时应由专人观察和指挥，确保各千斤顶的顶升速度及受力基本一致。

（7）为确保作业安全，顶起车辆前，应选择平坦地面并用三角木将着地车轮前后楔死，防止顶升车辆时发生位移。

（8）千斤顶承重能力有限，且底部面积较小无法固定，容易滑移，因此严禁使用千斤顶支撑车辆后维修人员在车底作业。

（9）使用时，顶升高度不要超过套筒或活塞上的标志线，对无标志线的千斤顶，顶升高度不得超过螺杆螺纹或油缸总高度的 3/4，以免将套筒或活塞顶脱，使千斤顶损坏并造成事故。

（10）实训作业完毕，将千斤顶清洁干净，按要求放回指定位置。

（六）压力机的使用

压力机主要用于拆卸或装配发动机气缸、变速器轴承、齿轮等零部件，使用较多的是液压式压力机。

1. 压力机的构造

压力机主要由液压千斤顶、压力表、泄压弹簧、立柱、横梁、工作台面、底座等部件组成（图 2-36）。

2. 压力机的操作要求

压力机的使用方法与立式液压千斤顶的使用方法相同。

（1）作业时必须使油缸活塞杆身的轴线对准工件的承压中心。

（2）作业时工件的挤压面应保持水平状态，以避免压偏发生意外。

（3）作业时千斤顶应和压力机支撑面紧密、可靠贴紧，防止滑移。

（4）挤压时使用的工作压力吨位不得超过机架所能承受的压力吨位。

3. 压力机使用注意事项

（1）为了防止压力机失稳，压力机必须固定在硬化地面上。

（2）为了防止中心线定位不准，压头的长度应尽可能短些，防止出现不同轴的情况。

（3）压力机工作时的挤压力很大，操作时要小心被压零部件滑脱，飞出伤人。

（4）不要挤压铸铁材料，因为铸铁

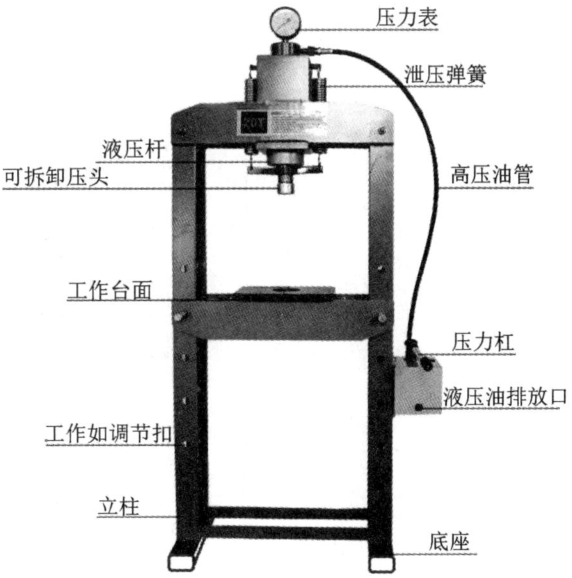

图 2-36　压力机的主要组成部件

为脆性材料，容易压裂。

（5）拆卸滚动轴承时，压力应加在轴承内圈上，不要加在轴承外圈或滚动体上，否则轴承易损坏。

（七）举升机的使用

1. 举升机的类型

举升机是汽车维修与保养过程中举升汽车的专业设备，在汽车维修与保养中发挥着非常重要的作用，主要用于车辆的车身、底盘作业，如更换发动机、变速器、离合器、车架、车桥、车轮、制动系统等部位。

根据结构举升机分为单柱、二柱、四柱、龙门、子母大剪、地藏剪式等多种类型（表2-3），一般二柱和四柱举升机应用较多。

表 2–3 常见举升机的类型

设备名称	图示
单柱举升机	
二柱举升机	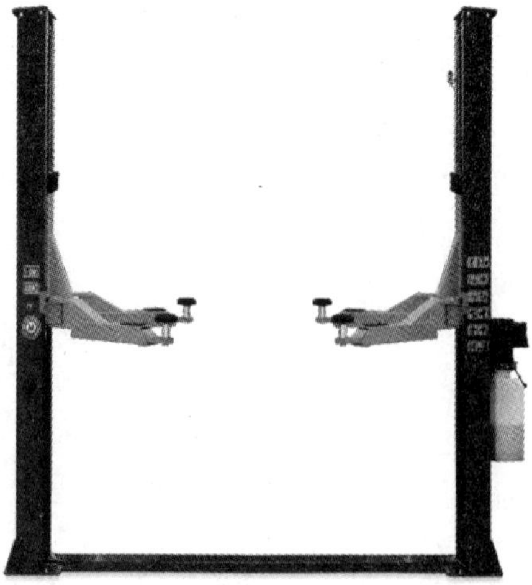

续表

设备名称	图示
四柱举升机	
龙门举升机	
子母大剪举升机	
地藏剪式举升机	

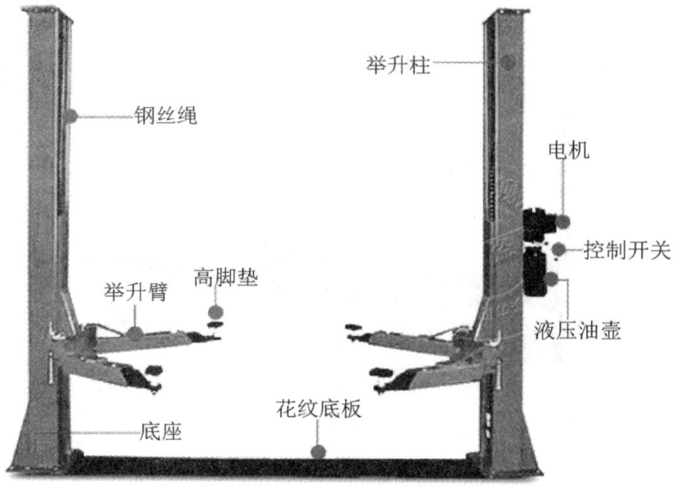

图 2-37 二柱举升机

1）二柱举升机

二柱举升机有两个立柱，一个为驱动立柱，一个为支撑立柱，一般用电机驱动液压泵通过液压传动机构推动升降托架进行举升作业，多用于轿车和微型汽车维修作业（图 2-37）。

二柱举升机有对称式和非对称式两种。

对称式二柱举升机四根拖臂的臂长大致相等，使得汽车中心（或质心）处于立柱的中间位置。对于皮卡和厢式货车的维修，这种对称式举升机较为方便，但是对于轿车维修，车辆举升后不能打开车门是一个很大的缺点。

非对称式二柱举升机的立柱向后旋转了一个角度（大约 30°），并且前臂比后臂稍微短一些。当把汽车停放到这种非对称式举升机的适当位置时，车辆可向后移动一些，方便维修人员从车门进出，而且这种非对称式举升机转动的立柱，可以确保车辆的重心安全地定位在立柱之间。

2）四柱举升机

四柱举升机一般用于车辆四轮定位和底盘维修作业，由四个立柱共同支撑承重板架，支撑安全可靠，承载能力强，是大吨位车辆修理和保养常用的举升设备（图 2-38）。

使用四柱举升机时，注意举升机脚与车辆的支撑位置的选择要可靠；还要注意举起后，安全锁止要可靠；要经常检查钢丝绳，以保证安全。

图 2-38 四柱举升机

2. 二柱举升机的使用方法

1）举升车辆

（1）提起举升机举升臂锁止销，张开四个举升臂，驶入车辆，使车辆停在举升机前后左右的正中位置（轿车车身 B 柱与举升机立柱对齐）（图 2-39）。

（2）将四个举升臂移至车底，分别将各举升臂的支撑座对准车底承重位置（图 2-40）。

（3）按下举升机举升按钮，举升机的举升臂与车辆的支撑点接触后停止举升，检查并确认四个举升臂与车辆支撑部位是否对准并可靠接触，确认无误后继续举升车辆，使车轮离开地面。

图 2-39　车辆驶入

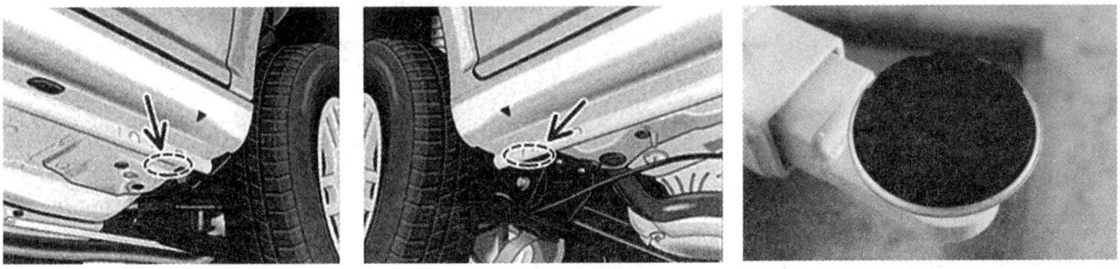

图 2-40　车辆承重部位

（4）在车辆四个轮子离开地面后应停止举升，用手摇晃车身，检查汽车是否被稳当地托举，并检查车辆是否保持水平状态，然后将车辆举升至合适高度（图 2-41）。

如果被举起的车辆支撑位置不可靠或车身不是水平状态，应尽快下降车辆，调整举升机相应举升臂位置及支撑座高度至合适位置，再次举起车辆。

图 2-41　举升车辆

在车辆举升过程中，举升机安全锁止爪始终处在待锁止状态。将汽车举升到合适高度后，松开举升按钮，电动机、液压泵停止运转，油缸会自锁，防止液压油倒流和车辆自动下降。

（5）按下下降操纵杆，使举升臂下降 3～5 cm，锁止爪嵌入齿条进行机械锁止，确保举升臂不会自动下落。

（6）绕举升车辆环视一周，检查举升机各举升臂与车辆的接触情况，确认安全可靠后方可进入车底作业。

2）降下车辆

（1）确认车下无人。

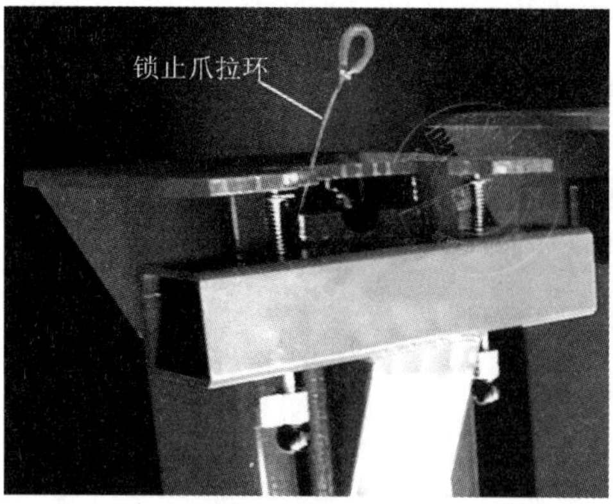

图 2-42　拉出锁止爪

（2）分别拉起两个举升臂上锁止爪拉环，解除卡爪自锁。如拉不动，则向上举升车辆少许，使锁止爪解压，然后再拉出锁止爪（图 2-42）。

（3）按下下降操纵杆，使车辆下降到需要位置。

（4）下降过程中如遇突发状况需要停止，可随时松开操纵杆。

（5）待举升臂落地后，提起举升机举升臂锁止销，张开四个举升臂，驶出车辆，作业结束。

3. 举升机使用注意事项

（1）操作本设备的人员必须经过使用本设备的专门培训；学生操作必须有实训老师现场指导。

（2）使用前必须做常规检查，如发现油缸漏油、钢丝绳单股断裂、举升臂举升卡滞、起降速度不一致、锁止机构不能正常工作，应停止操作，及时报修。

（3）车辆驶入或驶出举升机工作位，必须由有驾驶证的人员驾驶，并确认举升臂处在不阻挡车辆进出的待机位置，缓慢地驶入或驶出。

（4）举升的车辆不得超过本设备的额定举升重量。

（5）车辆举升过程中车下和车内严禁有人。

（6）举升车辆前，先调节举升臂长度，使其伸到被托车辆底盘的合适位置，再调整橡胶托盘，使四只托盘与车身距离相等。

（7）举升车辆至车轮离开地面后，应检查托盘位置，并晃动车辆，检查托举是否可靠，确保安全后，方可继续举升。

（8）当举升到达所需的作业高度时，应确认锁止机构进入自锁位置，方可进入车底作业。如果自锁机构失效，则不能在车下作业，应尽快放下车辆，检查并排除举升机故障。

（9）车辆降落时，先要确认作业人员、工作台等完全撤离车底位置，再释放锁止机构，操纵下降控制杆，缓慢下降。

（10）车辆在升降的过程中，一定要有人负责观察车辆的升降状态，防止车辆升降失衡倾斜或者举升失控冲顶。

（11）举升机不可长时间处于举升状态，否则将出现不可靠状况。举升作业暂停或下课后，必须把车辆降落至地面，恢复到低位的安全待机状态，严禁在非作业状态下举升车辆于高位待机。

（12）当举升机停止使用时，必须把举升臂降落至地面，恢复到安全的待机状态，然后切断控制电源，并清洁举升机及周围环境。

4. 举升机操作规范

（1）使用前应清除举升机附近妨碍作业的器具及杂物，并检查操作手柄是否正常。

（2）操作机构应灵敏有效，液压系统不允许有爬行现象。

（3）举升车辆时，四个脚垫应在同一平面上，调整脚垫的胶垫高度，使其接触车辆底盘支撑部位。

（4）举升车辆时，车辆不可举升过高，举升结束后四个举升臂要锁紧。

（5）待举升车辆驶入后，应将举升机支撑块调整移动对正该车型规定的举升点。

（6）举升时人员应离开车辆，举升到需要高度时，必须插入保险锁销，并确保安全可靠后才可开始车底作业。

（7）除小修项目外，其他烦琐笨重作业，不得在举升机上进行。

（8）举升机不能频繁起落。

（9）举升车辆时要缓慢，不可过快。

（10）发现操作机构不灵，电机不同步，四个举升臂不平或液压部分漏油，应及时报修，不得带故障操作。

（11）作业完毕，应清除杂物，打扫举升机周围以保持场地整洁。

（12）定期（半年）排除举升机油缸积水，并检查油量，油量不足时应及时加注相同牌号的压力油。同时，应检查传动链条、链轮机构及其润滑情况。

5. 保养制度

1）日常保养

（1）要留意举升机性能是否正常，如有故障或漏油要及时维修。

（2）清洁液压缸的活塞，除去沙粒等脏物。

（3）作业完成后，要保持设备清洁。

2）季度保养

（1）清洁并润滑所有滑动件。

（2）检查棘爪并润滑滑动表面。

（3）检查拉索，如发现有损坏，要更换新件。

（4）从液压油视孔观察液压油是否足够。

3）年度保养

每年更换一次液压油，所用液压油为动力黏度为 32 mm²/s 的高质量液压油。

4）其他保养

钢筋绳使用 3 年或使用 15 000 次要更换一次。

课程思政

中国第一汽车集团有限公司，位于中国吉林省长春市，前身为第一汽车制造厂，由毛泽东主席亲笔题写厂名，饶斌创建，于 1953 年 7 月 15 日奠基。经过 70 年的发展，截至 2023 年，一汽共产销 5 577 万辆汽车，位居国内汽车行业细分领域第一，现已成长为位居世界百强之列的国有特大型汽车企业集团。

专业理论知识

任务 3　汽车首次维护与保养的要求

一、认识汽车维护与保养的主要部位

（一）认识发动机舱主要部件

图 2-43 所示为发动机舱主要部件，编号对应部件分别为：

图 2-43　发动机舱主要部件

①发动机护盖；
②空气滤清器盒；
③蓄电池；
④保险盒；
⑤发动机润滑油标尺（即机油标尺，简称油尺）；
⑥润滑油加注盖；
⑦冷却液存储罐；
⑧制动液存储罐；
⑨车窗玻璃清洗液存储罐；
⑩散热器盖。

（二）认识驾驶舱主要部件

图 2-44 所示为驾驶舱主要部件，编号对应部件分别为：

图 2-44　驾驶舱主要部件

①方向盘；
②主驾驶安全气囊组件及汽车喇叭开关；
③多功能控制键；
④仪表盘；
⑤一键启动按键；
⑥暖风出口；
⑦双闪灯开关；
⑧多媒体显示屏；
⑨功能调节旋钮；
⑩发动机动力模式调节开关；
⑪电子驻车开关；
⑫变速器操纵杆；
⑬车窗玻璃中央控制开关；
⑭主驾驶座椅；
⑮副驾驶座椅；
⑯后视镜；
⑰车门开启把手；
⑱风挡玻璃；
⑲雨刮器控制杆；
⑳灯光控制杆。

（三）认识仪表盘主要功能结构

1. 仪表

仪表板的主要构成如图 2-45 所示，编号对应部件分别为：

图 2-45 仪表盘

①发动机转速表；

②车速表；

③水温表；

④油量表；

⑤多功能显示屏；

⑥指示灯。

2. 指示灯的类型

因不同车型的配置不同，指示灯的数量及类型也不相同。车辆仪表盘主要指示灯如图 2-46 所示。车辆常见仪表指示灯的名称、图标及功能见表 2-4。

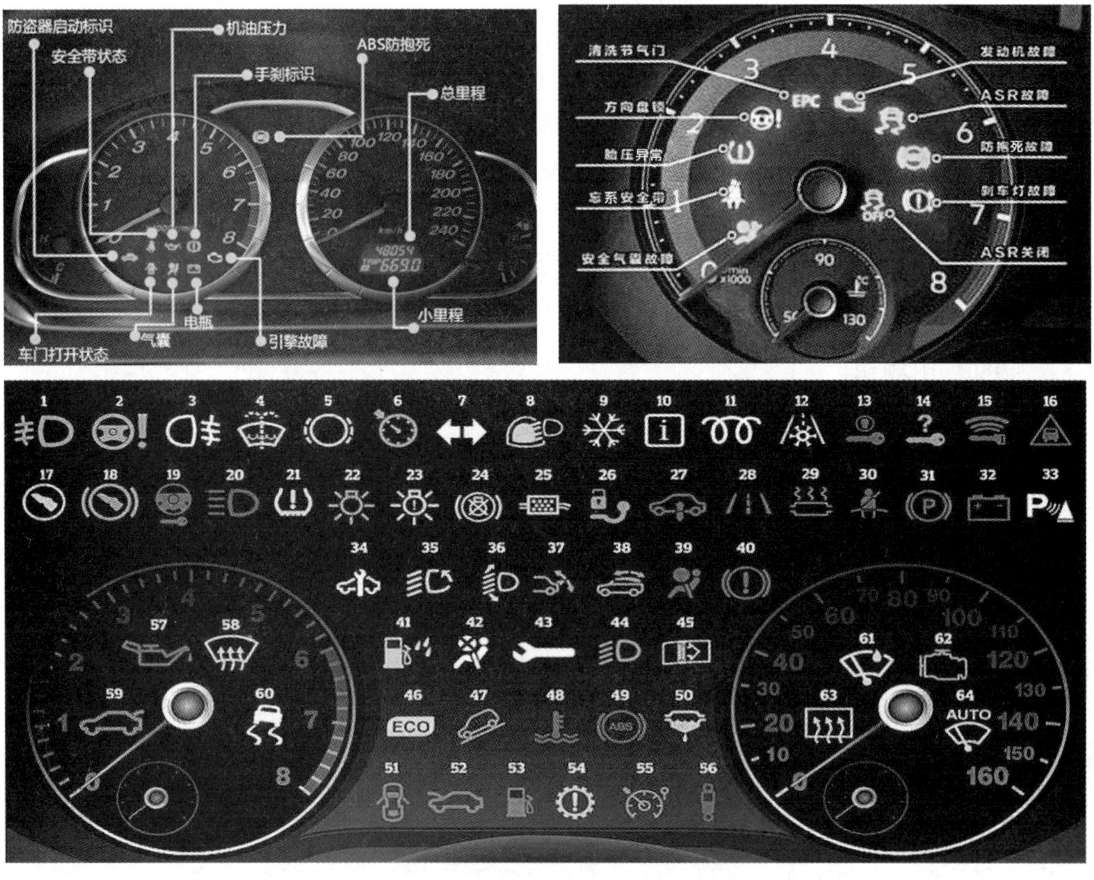

图 2-46 车辆仪表盘主要指示灯

表 2–4　车辆常见仪表指示灯的名称、图标及功能

序号	指示灯名称	指示灯图标	指示灯功能
1	ABS 指示灯		该指示灯用来显示 ABS（防抱死制动系统）工作状况。当打开点火开关，电脑系统进行自检时，ABS 灯会点亮数秒，随后熄灭。如果发动机启动后未点亮或者长亮不灭，表明 ABS 出现故障
2	EPC 指示灯		该指示灯常见于大众品牌车型中，EPC 是 Electronic Power Control 的缩写，为发动机动力控制系统。正常时熄灭。如果发动机启动后长亮不灭，可能原因如下：①节气门关闭不严；②刹车灯不亮；③油品质量不好，燃烧不充分
3	超速挡指示灯		该指示灯用来显示自动变速器的 O/D 挡（超速挡）的工作状态。当 O/D 挡指示灯点亮，说明超速功能已启用，此时加速能力获得提升，车辆处于超速状态
4	安全带指示灯		该指示灯用来显示安全带是否处于使用状态。正常时熄灭，当该灯点亮时，说明安全带卡扣没有插入卡槽。个别车型会有相应的提示音。当安全带卡扣插入卡槽后，该指示灯自动熄灭
5	电瓶指示灯		该指示灯用来显示电瓶使用状态。当打开点火开关，电脑系统进行自检时，该指示灯点亮，启动后自动熄灭。如果启动后电瓶指示灯长亮，说明电瓶出现问题，需要检查蓄电池状态及发电机充电电路
6	润滑油压力指示灯		该指示灯用来显示发动机主油道内润滑油的压力状况。正常时熄灭。车辆在行驶中该指示灯点亮，说明该车发动机润滑系统油压力低于规定标准，需要维修。当该指示灯点亮后，为防止发动机由于润滑不足导致拉缸、抱瓦，应立即停车熄火，将车辆拖入修理厂排除故障
7	燃油量指示灯		该指示灯用来显示油箱内储油量的多少。正常时熄灭。如果在车辆行驶中该指示灯点亮，则说明油箱内油量已不足 10%，需要尽快补充燃油
8	车门指示灯		该指示灯用来显示车辆各车门的开闭状况。任意车门未关上，或者未关紧，该指示灯点亮并显示相应位置的车门，提示驾驶员车门未关好。当车门关闭或关紧时，车门指示灯熄灭

续表

序号	指示灯名称	指示灯图标	指示灯功能
9	安全气囊指示灯		该指示灯用来显示安全气囊的工作状态。当打开点火开关，电脑系统进行自检时，该指示灯自动点亮 2～5 s 后熄灭。如果长亮，则说明安全气囊电路出现故障
10	制动盘指示灯		该指示灯用来显示车辆制动块磨损的状况。正常时，该指示灯熄灭。当制动块出现故障或磨损到极限时，该指示灯点亮，更换后熄灭
11	手刹指示灯		该指示灯用来显示车辆手刹的位置状态。正常时熄灭。当手刹被拉起后，该指示灯自动点亮。手刹解除后，该指示灯自动熄灭。个别车型在行驶中未放下手刹时，指示灯亮起并会伴随警告音
12	水温指示灯		该指示灯用来显示发动机冷却液的温度。点火开关打开，电脑系统进行自检时，会点亮 2～5 s 后熄灭。如果水温指示灯长亮（或变为红色），说明冷却液温度超过规定值，需立刻停机降温并排除故障。水温正常后指示灯熄灭
13	发动机故障指示灯		该指示灯用来显示发动机电控系统故障情况。当打开点火开关，电脑系统进行自检时，该指示灯点亮，发动机启动后自动熄灭。如长亮，则说明车辆的发动机控制电路或电气元件出现故障，需要检查和维修
14	转向灯指示灯		该指示灯用来显示车辆转向灯的工作状态。通常为熄灭状态。当驾驶员打开转向灯开关后，该指示灯会点亮并闪烁来指示相应方向的转向指示灯；转向开关回位后，该指示灯自动熄灭
15	远光指示灯		该指示灯用来显示车辆远光灯的工作状态。通常情况下该指示灯为熄灭状态。当打开远光灯时，该指示灯会立即点亮，以提示驾驶员车辆的远光灯处于开启状态。该灯容易导致对面行车和行人失明，引发车祸，不能随意使用
16	雾灯指示灯		该指示灯用来显示前后雾灯的工作状况。在雾天或雨天使用，天气状况良好时不能使用。当前后雾灯点亮时，该指示灯就会点亮；关闭雾灯后，相应的指示灯熄灭

续表

序号	指示灯名称	指示灯图标	指示灯功能
17	前照明指示灯（示廓灯）		该指示灯用来显示前照灯是否开启。当车辆在光线较暗的路面行车时，应开启该灯来显示车辆位置及大小轮廓，警示周围车辆及行人注意。当该指示灯点亮时，前照灯、示廓灯、牌照灯随即打开；该指示灯熄灭后，上述灯光全部关闭
18	玻璃清洗液指示灯		该指示灯用来显示车辆所装玻璃清洗液的多少。平时为熄灭状态。该指示灯点亮时，说明玻璃清洗液不足，需添加。添加玻璃清洗液至规定位置后，指示灯熄灭
19	内循环指示灯		该指示灯用来显示车辆通风换气模式。平时为熄灭状态。当打开循环开关时，该指示灯自动点亮，显示车内空气循环模式，内外循环通道可切换；当关闭循环开关时，该指示灯自动熄灭
20	ESP 指示灯		该指示灯用来指示车辆电子稳定系统。正常时熄灭。在车辆行驶中出现闪烁，说明有个别车轮打滑，ESP（电子稳定系统）在自动修正车身姿态，保证车辆行驶时的稳定性，可不用理会。如果该指示灯长亮不灭，说明 ESP 出现故障，应检修。车辆若安装防滑链或进行车辆漂移时应关闭 ESP
21	TPMS 系统指示灯		该指示灯用来指示车辆轮胎压力检测系统。正常时熄灭。在车辆行驶中点亮，说明某个车轮轮胎压力异常，应立即停车检测各车轮气压是否一致或过高、过低。气压修正后，指示灯熄灭
22	自动变速器油温指示灯		该指示灯用来显示自动变速器油温。正常时熄灭。在车辆行驶中该指示灯点亮，说明自动变速器油温过高，应立即停车检查

打开点火开关后，车辆仪表盘各指示灯立即全部点亮并持续 2～5 s，车辆电脑对各电控系统及相关电路进行自检。若各系统及电路无故障，相应系统指示灯熄灭；如果有故障，该系统指示灯则长亮不灭，同时，发动机故障警告灯也被点亮。

（四）认识车辆操作踏板

车辆操作踏板如图 2-47 所示，图中编号依次为：

①离合器踏板；

②制动踏板；

③加速踏板（油门）。

配置了自动变速器和双离合器的车辆只有两个踏板，即加速踏板和制动踏板，没有离合器踏板。

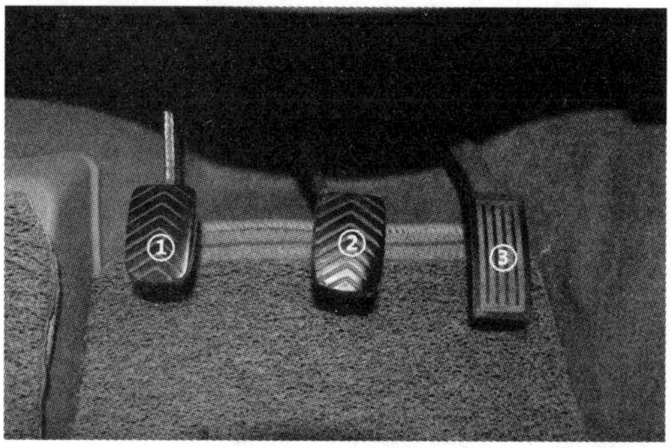

图 2-47　车辆操作踏板

为了安全操控车辆，在设置车辆踏板时将加速踏板和制动踏板安排在一起，由驾驶员的右脚来控制。在驾驶车辆时，驾驶员要么踩加速踏板，要么踩制动踏板，可防止在突发紧急情况下或不熟悉车辆时，由于紧张而错误操作。驾驶员一只脚踩加速踏板，另一只脚踩制动踏板，容易损坏车辆传动系统，并引发事故。

二、汽车维护与保养的主要内容

汽车维护与保养的主要内容有清洁、检查、补给、润滑、紧固和调整等。

（一）清洁

清洁是提高汽车维护质量、防止机件腐蚀、减轻零部件磨损和降低燃油消耗的常规手段，也为检查、补给、润滑、紧固和调整工作做好准备。工作内容主要包括对燃油、润滑油、空气滤清器滤芯、空调滤芯的清洁，对汽车外表的养护以及对部分发动机总成、零部件内外部的清洁作业。

（二）检查

检查的工作内容主要包括检查汽车各总成和机件是否齐全，连接是否紧固，是否有漏水、漏油、漏电和漏气等现象。

利用汽车上的指示仪表、警报装置等随车诊断装置，检查发动机各总成、机构和仪表等的技术状况，对影响汽车安全行驶的转向、制动、灯光等工作情况，应加强检查。

在汽车拆检或装配、调整时应检查各主要部分的配合状况。

（三）补给

在汽车维护与保养中，补给的工作内容主要包括对汽车的燃油、润滑油、制动液、冷却液进行加注补充，对蓄电池进行补充充电、对轮胎进行充气等作业。

（四）润滑

为了减少各配合件的摩擦力，减轻机件的磨损，按照汽车的保养周期，用规定型号的润滑油或润滑脂对发动机、变速器、转向器、前后桥、车轮等总成进行补充或更换。

（五）紧固

紧固是为了使各部件连接可靠，防止机件松动的维护作业。汽车在运行中，由于振动、颠簸、热胀冷缩等原因，会改变零部件的紧固程度，以致零部件失去连接的可靠性。因此，需要定期检查相关部位并进行紧固作业。

紧固工作的重点应放在负荷较大且经常变化的零部件的连接部位（如车轮螺栓、底盘各总成的连接部位）上，对各连接螺栓进行必要的紧固和配换。

（六）调整

调整是保证各总成和机构长期正常工作的重要措施，对减少机件磨损、保持汽车使用的经济性和可靠性非常重要。工作内容主要是按技术要求，恢复总成、机构的正常配合间隙及工作性能等。

三、汽车维护与保养的接待流程

汽车维护与保养的接待流程如图 2-48 所示。

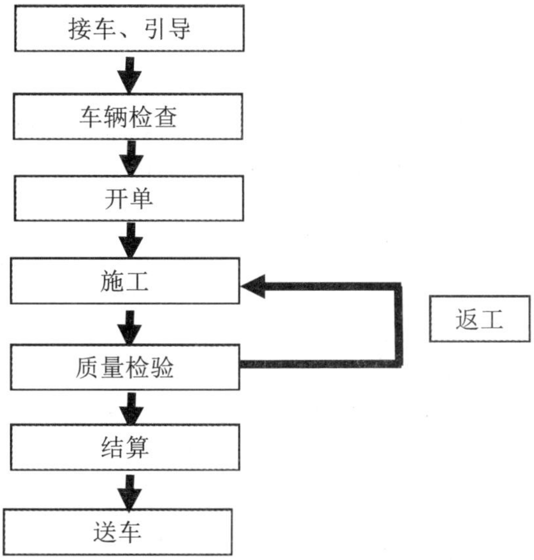

图 2-48　汽车维护与保养的接待流程

（一）接车、引导

在客户将车辆驶到维修厂的接待区域时，前台接待员要及时来到客户面前，主动向客户问好，为客户打开车门，了解客户诉求，将车辆引导到维修工位停车，联系维修人员进行车辆检查、维修。

（二）车辆检查

维修人员根据客户对车辆维护要求及所描述车辆异常情况，详细检查车辆行驶里程、工作状况，查阅车辆维修保养手册，完整、准确记录客户的陈述内容，包括故障发生时车辆的行驶速度、挡位、发动机状态、环境温度、发生故障时间、发生故障部位、天气、路面状况及声音的描述，检查车辆相应部位，模拟故障情况，调取故障码，确定维护、维修的项目及内容。

（三）开单

维修人员根据车辆检查情况，确定维护、维修项目及内容，填写车辆维修委托书、车辆维护工单，确定维修金额，估计完工时间，与客户进行充分沟通，取得一致意见后，请客户签名确认。

（四）施工

维修人员制定作业方案，按照操作流程及维护、维修工艺开展维护、维修作业，确保维护与保养的质量。

（五）质量检验

质检人员对维修部位进行质量检验，确保维修质量。

（六）结算

维修人员在确认维修项目后，由结算员打印结算单，前台接待员为客户解释维护、维修项目和费用的构成，并提醒下次维护的时间及里程。

（七）送车

前台接待员负责送车，且要目送客户离开后再返回工作岗位。

四、发动机润滑油的性能

发动机工作时，内部各零件的相对运动表面（如曲轴与主轴承、活塞与气缸壁表面）间必然产生摩擦，这种摩擦不仅会增大发动机功率消耗，迅速磨损零件工作表面，而且会产生高温，引起零件表面烧蚀、粘连，致使发动机运转件卡死而无法运转。

图 2-49 发动机的润滑

为了确保发动机正常工作，必须对各运动表面进行润滑（图 2-49），使各表面形成润滑油膜，以减小摩擦阻力和磨损，延长发动机使用寿命。流动的润滑油不仅可以带走摩擦表面的碎屑和杂质，而且可以冷却摩擦面，防止零件过热膨胀导致正常的运动间隙变小，加速磨损甚至卡死。此外，发动机活塞环和缸壁上的油膜还可以提高气缸的密封性。

润滑油都有一定的寿命，超过规定的使用里程后，润滑油的添加剂耗尽，同时抗氧化和清洁分散性能下降，导致黏度明显增大，引起机油滤清器和油路堵塞。此时发动机各零件会因得不到及时的润滑而烧蚀甚至产生拉缸、抱瓦等严重机械损伤，因此应按规定期限及时更换润滑油。

（一）发动机润滑油的主要作用

1. 润滑减磨

发动机活塞和气缸之间、主轴和轴瓦之间均存在着快速的相对滑动。要防止零件磨损过快，需要在两个滑动表面间建立油膜。足够厚度的油膜将相对滑动的零件表面隔开，可以达到减小磨损的目的。

2. 冷却降温

润滑油通过不断流动能够将机件表面的热量带回油底壳，再通过壳壁与空气接触散发出去，确保润滑油不致温度过高而使其黏度下降。

3. 清洗清洁

润滑油中的清洁分散剂能够将发动机零件上的碳化物、油泥、脱落的金属颗粒等通过循环带回油底壳。通过润滑油的流动，冲洗零件工作面上产生的杂质及油泥。

4. 密封防漏

润滑油可以在曲轴与轴瓦、活塞与气缸壁等狭小的配合表面间形成密封层，阻滞烟油气体以及外界污染物进入配合表面。

5. 防锈防蚀

润滑油能附着在零件表面上，阻止水、空气、酸性物质及有害气体与零件直接接触。

6. 减震缓冲

发动机在运转中，气缸、活塞、活塞销、连杆轴瓦、曲轴轴瓦、凸轮轴等接触表面因相对运动产生冲击碰撞，直接作用在润滑油膜上，润滑油膜承受冲击而减少机件配合表面的直接碰撞。

（二）发动机润滑油的类型及选用

1. 按润滑油的生产标准分类

1）SAE 标准

SAE 是美国汽车工程师学会的英文缩写。按照 SAE 标准，将润滑油按黏度等级进行分类，发动机润滑油分为夏季用油（4 种）、冬季用油（6 种）和四季通用油（常用的有 16 种）三类。

（1）夏季用油牌号分别为 20、30、40、50，数字越大，表示润滑油黏度越大，适用的最高工作温度越高。

（2）冬季用油牌号分别为 0W、5W、10W、15W、20W、25W，符号 W 是冬季（Winter）的英文缩写，W 前的数字越小，润滑油的低温黏度越小，低温流动性越好，适用的最低工作温度越低。

（3）四季通用油（图 2-50），牌号分别为 5W-20、5W-30、5W-40、5W-50、10W-20、10W-30、10W-40、10W-50、15W-20、15W-30、15W-40、15W-50、20W-20、20W-30、20W-40、20W-50，代表冬季部分的数字越小，代表夏季部分的数字越大，则表示润滑油的黏度越高，适用的气温范围越大。具体润滑油性能与黏度关系见表 2-5。

图 2-50　SAE 润滑油标识

表 2-5　润滑油黏度分级与环境温度的关系

环境温度/℃	-40～-18	-25～0	-20～5	-15～10	-35～18	-35～28
适宜的黏度等级	5W	10W	15W	20W	5W-20	5W-30
环境温度/℃	-35～35	-20～20	-20～28	-20～35	-15～35	-15～20
适宜的黏度等级	5W-40	10W-20	10W-30	10W-40	15W-40	20W-20
环境温度/℃	-15～35	0～20	0～30	5～40	10～50	
适宜的黏度等级	20W-40	20	30	40	50	

2）API 标准

API 是美国石油学会的英文缩写。按照 API 的标准，将润滑油按质量进行分类，发动机润滑油分为 S 系列和 C 系列两类（图 2-51）。

图 2-51　API 润滑油标识

（1）S 系列。

S 系列代表汽油发动机用油，主要规格有 API SA、API SB、API SC、API SD、API SE、API SF、API SG、API SH、API SJ、API SL、API SM、API SN。

（2）C 系列。

C 系列代表柴油发动机用油，主要规格有 API CA、API CB、API CC、API CD、API CE、API CF、API CF-2、API CF-4、API CG-4、API CH-4、API CI-4。

S 和 C 两个字母同时存在，则表示此润滑油为汽柴通用油。

在 S 或 C 后面的字母表示的意义是：从 SA 一直到 SN，每递增一个字母，润滑油的性能都会优于前一种，润滑油中会有更多用来保护发动机的添加剂。字母越靠后，质量等级越高，国际品牌中润滑油级别多是 SF 级别以上的。

由于同样一种润滑油在不同的发动机中表现出来的温度特性不一样，因此润滑油的选用应该以手册推荐的型号为准，如果手册中有不同的推荐油型号，应该弄清发动机和这些推荐油的特定温度特性。

2. 按润滑油的成分分类

按润滑油的成分分类，发动机润滑油可分为矿物质型、半合成型和全合成型三类。

1）矿物质型润滑油

矿物质型润滑油的主要成分是矿物质油基。它是将石油进行加温分解提炼出汽油、煤油、柴油、重油之后提炼出的。矿物质油基颜色透明，微带浅琥珀色，与色拉油的颜色略同。

通常矿物质型润滑油成本很低，虽然添加了各种添加剂，但因矿物质油基容易氧化，使用寿命较短（约 6 个月）。

2）半合成型润滑油

半合成型润滑油的主要成分是半合成油基。半合成油基是将矿物质油基裂解后再加入添加剂得到的一种性质较稳定的化学合成油。其颜色与矿物质油基相似，为澄清微带浅琥珀色，抗氧化性良好，是应用广泛的长效型润滑油，使用寿命约为 12 个月。但由于提炼成本高，因此价格较高。

半合成型润滑油的附着性较弱，在发动机停止工作后油膜会从配合表面流走，当发动机再次启动时，配合表面的油膜已经消失，容易发生瞬间干摩擦而对机件产生损伤。

3）全合成型润滑油

全合成型润滑油是由聚 α-烯烃（Poly Alpha Olefin，PAO）或者人工合成的酯类作为基础油与多种添加剂合成的一种性能优异的化学合成油。一般基础油占 70%～90%，添加剂占 10%～30%。

PAO 是由原油中的瓦斯气或天然气所分散出来的乙烯、丙烯，经聚合、催化等繁复的化学反应炼制成的大分子基础油。由于聚 α-烯烃具有优异的破乳化性、抗高温结焦积炭性、黏温性和良好的热氧化安定性，加之可以与大量具有特定性能的添加剂化合，因此 PAO 具有极其优异的润滑及保护性能。

酯类分子中所含氧元素在工作中呈正电极，氢元素在工作中呈负电极。由于电极作用，酯类分子吸附在金属表面，形成一层黏附分子油膜。正是这层黏附分子油膜使酯类油表现出与众不同的黏附性及抗磨能力，比其他润滑油更有优势。

一般情况下，润滑油会在两接触面间形成一层连续的油膜，这层油膜会阻挡金属与金属直接接触，从而减小摩擦。润滑油能否提供液态润滑，取决于其能否在配合表面上形成不断裂的油膜。当这层油膜在重负的情况下断裂时，便会失去润滑，使发动机产生干摩擦。全合成型润滑油由于有优良的附着性能，可形成一层黏附分子油膜，从而实现液态润滑，即使在发动机熄火以后，它也能够附着在配合表面上，为发动机提供不间断的保护，能有效防止发动机产生干摩擦。

全合成型润滑油多运用于高压缩比、高转速的涡轮增压发动机上。

半合成型润滑油和全合成型润滑油的区别如下。

1）基础油不同

半合成型润滑油使用的是第三类基础油，而全合成型润滑油使用的基础油是由第三、四、五类基础油混合而成的。全合成型润滑油在基础油的选择上要比半合成型润滑油高一个级别。

2）更换周期不同

半合成型润滑油的使用周期或里程为半年或者 7 500 km，全合成型润滑油的使用周期为半年或者 10 000～12 000 km。

3）适用温度不同

全合成型润滑油的使用温度更宽泛。在相同的工作环境中，全合成型润滑油在黏度较低的情况下就可以达到保护发动机的目的，而半合成型润滑油使用时的温度要求相对较高。

4）适用车况不同

半合成型润滑油适用于负荷小、排量小的车型。全合成型润滑油能够在各种严酷恶劣的条件下使用，耐高温和抗低温性能好，带增压发动机的汽车、运动型多用途汽车（SUV）、大排量轿车、高速赛车等最好使用全合成型润滑油。

5）使用添加剂不同

全合成型润滑油使用的添加剂总碱值（TBN）含量高，润滑油清洁性好，寿命较长；半合成型润滑油使用的添加剂 TBN 含量低，会产生硫化盐灰，润滑油保养周期较短。

6）稳定性不同

全合成型润滑油由优质基础油和优良添加剂合成，波动性更小、更稳定、摩擦力更小、黏温性能好，而半合成型润滑油各方面性能都不及全合成型润滑油。

7）价格不同

因为全合成型润滑油的提炼、添加剂使用等技术要求更高，生产成本更高，所以全合成型润滑油的价格比半合成型润滑油高。

8）对发动机的保护不同

全合成型润滑油性能方面比半合成型润滑油更加优秀，因此全合成型润滑油保护发动机和清洁发动机内部的效果要比半合成型润滑油更好。

全合成型润滑油并不适用于所有车辆，对于行驶里程在 500 000 km 以上的车辆不建议使用，因为发动机长期运转，已经产生不可逆转的磨损，各机件的配合间隙变大，密封性相对较差，而全合成型润滑油黏度低，流动性好，润滑油泄漏过快，对配合表面的减震和密封性能下降，而选择高黏度的半合成润滑油则效果更好一些。

（三）润滑油变色机理

一般润滑油进入发动机工作几天后就会变黑，许多驾驶人员认为这种现象是机油品质下降或劣质机油导致的，这种认识是错误的。其实，这种现象是润滑油的工作环境导致的。

（1）燃料中烯烃含量越高，硫含量越高，汽油机中易形成油泥，柴油机中易形成烟炱，使润滑油较快变黑。

（2）发动机经常间断性运行，很容易使汽油机生成油泥，柴油机不完全燃烧形成烟炱，因而润滑油易于变黑。

（3）空气滤清器过滤质量不好，大量的灰尘进入气缸黏附在缸壁上，后被活塞环刮到油底壳内与润滑油混合，导致润滑油变黑。

（4）发动机温度过高，使润滑油氧化产生胶质、积炭，活塞环与缸壁间隙过大造成大量的高温气体窜入油底壳使润滑油氧化变黑。

（5）发动机长时间超负荷大功率高温运转使润滑油氧化变黑。

（6）每次更换润滑油不清洗发动机油道或润滑油更换不彻底，加入新润滑油后，未排放干净的废润滑油污染新润滑油，使润滑油质量下降，老化变快而变黑。

（7）润滑油中的清洁分散剂用来防止油泥或烟炱在发动机内部生成漆膜。分散剂越多，分散性越好，清洗能力越强，把发动机内原来存在的胶质、积炭、油泥等清洗下来后混入润滑油中使之发黑。由此可见，高档油比低档油变黑更快。

因此，润滑油变黑不能成为判断润滑油好坏的指标，而应该以润滑油的性能指标作为依据。

（四）发动机润滑油换油周期

一般车辆发动机的润滑油更换里程为 5 000～7 500 km，个别车型的更换周期为 10 000～15 000 km，具体更换里程查阅车辆使用手册。

更换时应将发动机润滑油和机油滤清器同时更换。如果车辆工作环境恶劣，工作负荷较大，应缩短换油周期。如果润滑油过脏，更换时应高压冲洗油道、油底壳、集滤器。

在车辆使用中应经常检查发动机润滑油的工作情况。

应该在发动机熄火 5 min 之后进行检查，此时发动机内润滑油全部流回油底壳内。

实践操作

任务 4　汽车首次维护与保养的检查项目

汽车维护检查技术标准（部分）如表 2-6 所示。

表 2-6　汽车维护检查技术标准（部分，仅供参照，具体参数查阅该车辆维修保养手册）

序号	技术参数	序号	技术参数
1	轮毂螺栓拧紧力矩：120 N・m	7	制动踏板高度标准：135 mm
2	发动机油底壳螺栓拧紧力矩：35 N・m	8	制动踏板自由行程：1～5 mm
3	机油滤清器拧紧力矩：20 N・m	9	驻车制动杆行程：5～7 响
4	变速器放油螺栓拧紧力矩：25 N・m	10	加注发动机润滑油量标准：4 L
5	离合器踏板高度：134～144 mm	11	轮胎气压标准：前轮 2.3 bar（230 kPa），后轮 2.5 bar（250 kPa）
6	离合器踏板自由行程：5～15 mm		

一、车辆检查前的准备工作

车辆检查前的准备工作如图 2-52 所示。

（1）检查车内物品，提醒驾驶员随身携带贵重物品。

（2）环绕车辆检查外观，有无漆面刮擦、破损，玻璃有无损伤。若有，现场与车主进行沟通，并填写车辆维修委托书，双方签字确认。

（3）铺设车内“三件套”。

（4）打开发动机引擎盖，铺设翼子板布、前罩。

图 2-52　车辆检查前的准备工作

注意：工具、新旧零件不能放在车上。

二、车辆检查项目及过程

（一）检查车辆灯光

打开灯光开关，检查车辆前后及车内的各灯是否正常发光或闪烁（图 2-53）。

在首保时，车辆灯光应该工作正常，若有不亮，检查相应灯光电路的熔断器是否烧毁，若烧毁，更换新的熔断器。

图 2-53 灯光检查

（二）检查雨刮器

打开点火开关，拨动雨刮器开关，检查挡风玻璃雨刮器是否摆动正常，清洗液是否喷射均匀（图 2-54）。

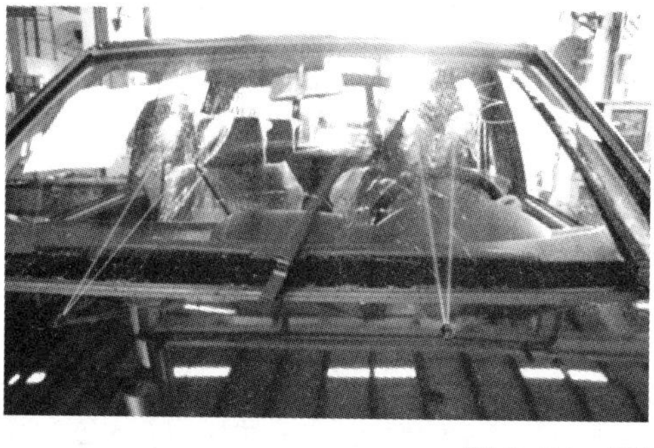

图 2-54 雨刮器检查

在首保时，雨刮器应该工作正常，若有故障，检查雨刮器的电机继电器是否烧毁，若烧毁，更换新的电机继电器。

图 2-55 喇叭检查

（三）检查喇叭

按下喇叭开关，检查喇叭是否触动可靠、回弹正常，声音是否响亮（图 2-55）。

在首保时，喇叭应该工作正常，若有故障，检查喇叭熔断器或继电器是否烧毁，若烧毁，更换新的熔断器或继电器。

（四）检查仪表指示灯（图 2-56）

（1）打开点火开关，仪表盘部分指示灯会点亮，车辆各电控系统开始自检，自检结束后，部分警告灯熄灭，其中：

①油量表、水温表指针指示当前发动机油量和水温，水温过低指示灯应点亮；

②机油压力表显示当前油压，发动机未启动时机油油压过低，指示灯应点亮；

③发动机故障指示灯点亮，蓄电池指示灯点亮；

④驻车指示灯点亮，转向助力系统指示灯点亮。

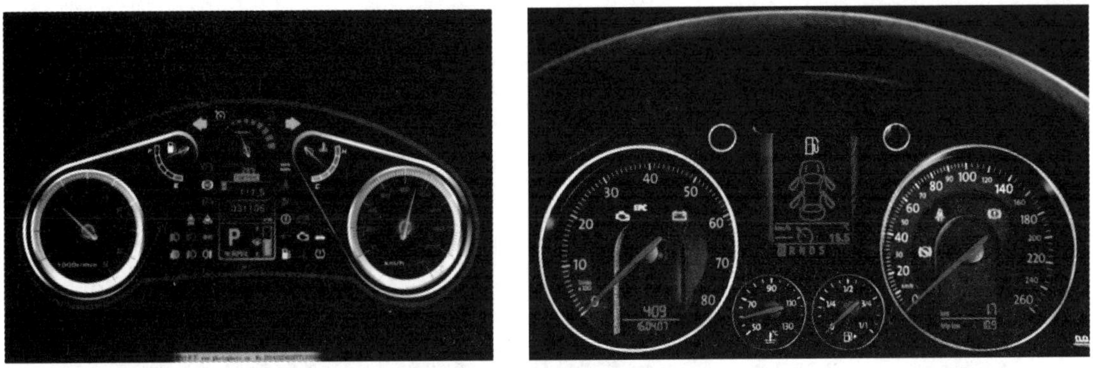

图 2–56　仪表指示灯检查

（2）启动发动机，发动机转速表针偏转，指示当前转速，此时：

①机油压力指示灯应熄灭；

②发动机故障指示灯应熄灭；

③蓄电池指示灯应熄灭；

④转向助力系统指示灯应熄灭；

⑤驻车指示灯保持点亮；

⑥水温过低指示灯保持点亮；

⑦安全带指示灯保持点亮。

（3）发动机熄火，转速表回零，所有指示灯熄灭。

（4）发动机启动后，若某个电控系统产生故障，发动机故障指示灯会长亮不灭；车辆运行中若车身、底盘电控系统产生故障，相应系统指示灯也会长亮不灭，提示有故障；如果车辆没有故障，各指示灯将全部熄灭。

在首保时，以上各系统应该工作正常，若有故障，检查各系统的工作电路，并用汽车故障诊断仪读取故障码，确定具体故障部位，申报售后并更换损坏器件。

（五）检查车窗玻璃及门锁（图 2-57）

（1）按下车窗控制开关，玻璃升降应灵活自如，无卡滞、异响现象。

电动开关车窗的耗电量很大，电池容量较小的车辆，注意不要将四个车窗同时打开或关闭。

在首保时，车窗玻璃升降应该工作正常，若升降卡滞或失灵，应检查以下几个方面：

①车窗开关按下后如果玻璃不动作，应检查车窗保险丝，如果熔断器正常，则有可能是开关故障；

②车窗开关触点接触不良，车窗将无法顺利开启；

③车窗玻璃升降卡阻的原因多为车门内部升降机里的润滑油过少，应拆下车门内饰板补充润滑油，并对卡滞部位进行调整；

④检查支撑玻璃两端的滑块部分是否被沙尘、油污卡滞；

⑤玻璃的污损也会成为玻璃升降的阻力，应经常保持车窗洁净。

（2）车门锁开关应遥控可靠，开锁迅速、上锁及时，车门开关手柄扳动无卡滞情况，能及时回位。

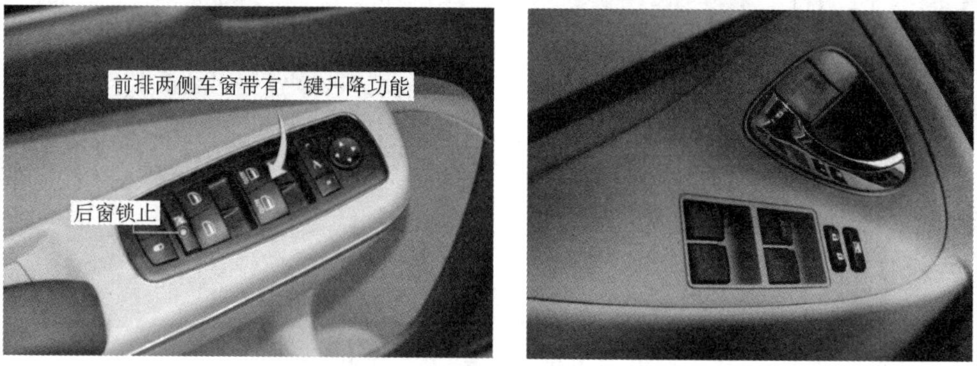

图 2-57　车窗玻璃及门锁检查

（六）检查后视镜

按下后视镜方向调节开关，左右后视镜片应能按调节方向灵活偏转，角度可调，无卡滞现象（图 2-58）。

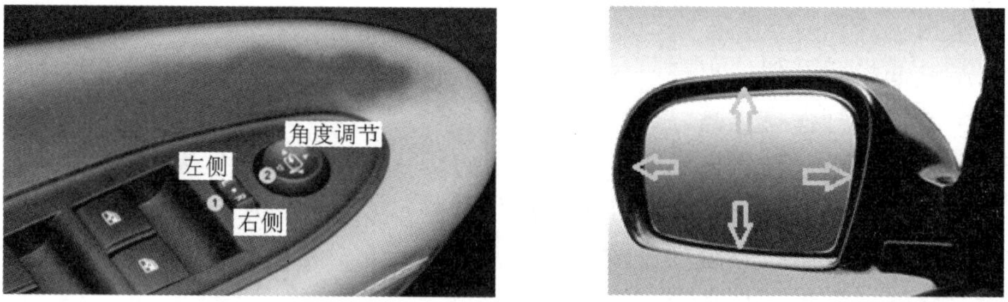

图 2-58　后视镜检查

在首保时，以上各系统应该工作正常，若后视镜出现异常情况，应打开后视镜检查后视镜电机驱动机构，若有故障，申报售后并更换新的后视镜。

（七）检查离合器踏板（图 2-59）

（1）不启动发动机，踏下离合器踏板，应无卡滞现象，踏板能迅速踩踏到底，踏板回位迅速，无卡滞现象。踏板自由行程符合要求。

（2）车辆起步时，离合器无异响抖动，踏板切断动力迅速，挂挡无卡滞现象，加速时离合器片无打滑现象。

在首保时，离合器踏板应该工作正常，若有卡滞，拆检离合器传动机构，查找故障部位，申报售后并更换问题部件。

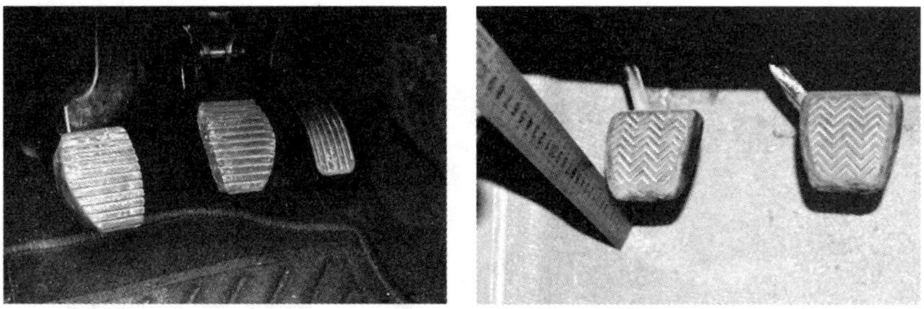

图 2-59　离合器踏板检查

（八）检查驻车制动器

拉起手刹杆，应能听到发出“叭叭叭”的响声，手刹杆应在全部行程的 2/3 处被拉紧，释放轻便，无卡滞现象（图 2-60）。

在首保时，驻车制动器一般工作正常。若有异常现象，应为装配不当导致，打开手刹杆下部护罩，调整手刹机械装置。

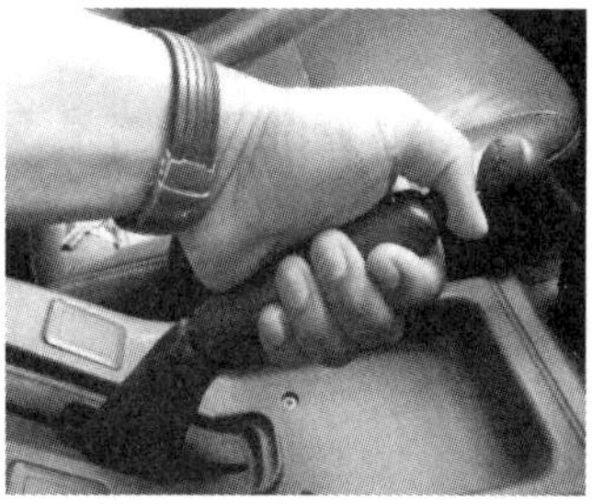

图 2-60　驻车制动器检查

（九）检查制动系统工作性能

1. 检查制动踏板（图 2-61）

图 2-61　制动踏板检查

（1）检查制动踏板高度：用直尺测量从地板到制动踏板上表面的距离（即制动踏板的高度），测量结果应符合要求，见表 2-6。

（2）检查制动踏板自由行程：发动机熄火后，踩下制动踏板几次，以便解除制动助力器。然后用手指轻轻按压制动踏板并且用直尺测量制动踏板自由行程，测量结果应符合要求，见表 2-6。

（3）检查制动踏板行程余量：发动机运转和驻车制动器松开时，用力将制动踏板踩到底，然后用直尺测量踏板行程余量（即踏板踩到底时与地板之间的距离）。

（4）检查制动状况：踩下制动踏板，检查制动踏板是否有阻尼现象。制动踏板应不能完全踩到底，且无异常噪声，无过度松动现象。

2. 检查制动真空助力器

（1）工作检查：启动发动机 10 s 后关闭发动机，踩压制动踏板数次后，再次踩下制动踏板时，要求踏板保持高位不再下降；踩下踏板，当启动发动机时，检查踏板是否继续下降（应该下降）。

（2）检查制动真空助力器压力是否泄漏：启动发动机，踩下制动踏板并保持 30 s 后关闭发动机，要求踏板高度没有变化。

3. 检查动液液面位置（即液位）是否符合要求

目视检查制动液储液罐的液位，制动液储液罐外壳表面上刻有“MAX”和“MIN”标记，制动液应该长期保持在“MAX”线位置，并保持清澈透明状态（图 2-62）。

制动液过少，会导致空气进入刹车油管，造成刹车距离过长；如果制动液有变色或浑浊现象，应立即更换。

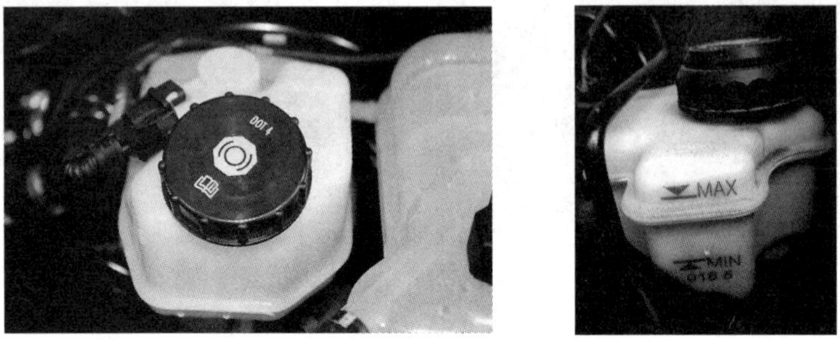

图 2-62　制动液检查

4. 检查制动管路是否有渗漏情况

检查车辆底板左右前后四个车轮的制动管路是否良好，制动总泵与车轮的制动管路接头处是否有渗漏制动液现象。若有，应紧固管接头，然后反复踩下制动踏板进行制动操作；若管接头处仍有渗漏，应更换制动管路（图 2-63）。

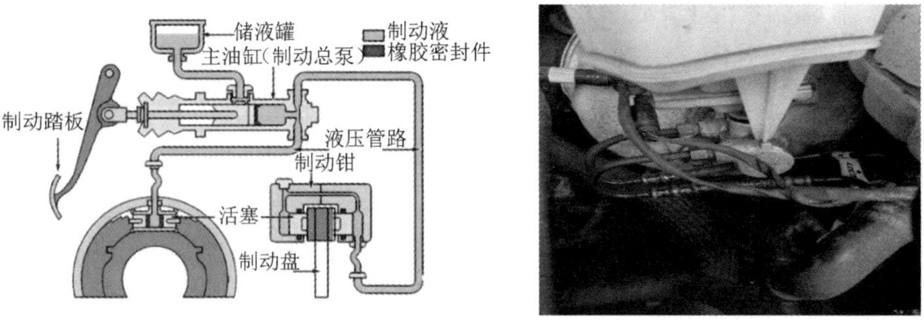

图 2-63　制动管路检查

在首保时，制动系统一般工作正常。若有异常情况，应为装配不当导致，可调节相应部位技术状态进行消除。

（十）检查转向系统工作性能

1. 检查转向系统的助力功能是否正常

启动发动机，旋转方向盘，检查其是否轻便、灵活，无卡滞阻尼情况，顺时针及逆时针旋转方向盘至极限位置的旋转角度应相同。

2. 检查方向盘自由行程（图 2-64）

转向系统各机件间都会有一定的装配间隙，这些间隙会随着机件的磨损而增大，反映到方向盘上就会产生一定的空转角度，方向盘在空转阶段的角行程称为方向盘自由行程。

方向盘自由行程对于缓和路面冲击、使驾驶员操纵柔和、防止驾驶员过度紧张等是有利的，但不宜过大，以免过分影响转向灵敏性和产生转向摇摆现象。

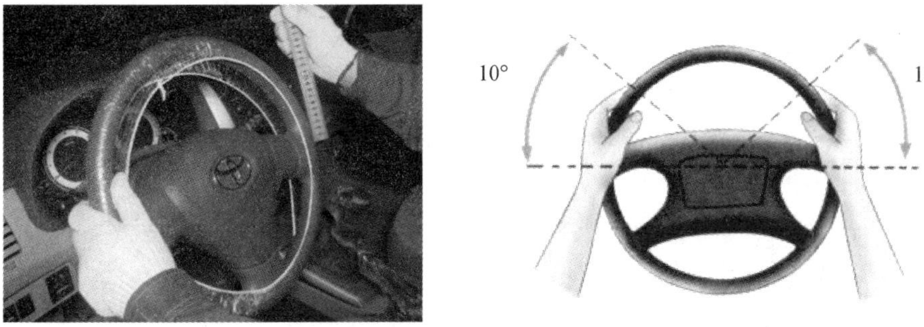

图 2–64　方向盘自由行程检查

一般来说，方向盘从对应于汽车直线行驶的中间位置向任一方向的自由行程最好控制在 10°～15°。

当零件磨损严重，方向盘自由行程超过 25°时，则必须进行调整。

（1）旋转方向盘使两前轮处于直线行驶的位置。

（2）将检查器的刻度盘和指针分别夹持在转向轴管和方向盘上。

（3）向左或向右转动方向盘至感到有阻力时，记下指针所指的位置，再向右或向左转动方向盘至感到有阻力时为止，此时指针在刻度盘上所划过的角度就是方向盘自由行程。若发现方向盘自由行程过大，应查明原因，及时调整。

在首保时，转向系统一般工作正常。若有异常情况，应为装配不当导致，可调节相应部位技术状态进行消除。

（十一）检查蓄电池电压（图 2–65）

1. 蓄电池的电压

蓄电池的性能直接影响汽车的运行。汽油发动机蓄电池额定电压为 12 V，柴油发动机蓄电池额定电压为 24 V，新车蓄电池电压一般高于额定电压。汽油发动机蓄电池实测电压一般为 12.5～13.5 V，柴油发动机蓄电池的实测电压一般为 24.5～25.5 V。

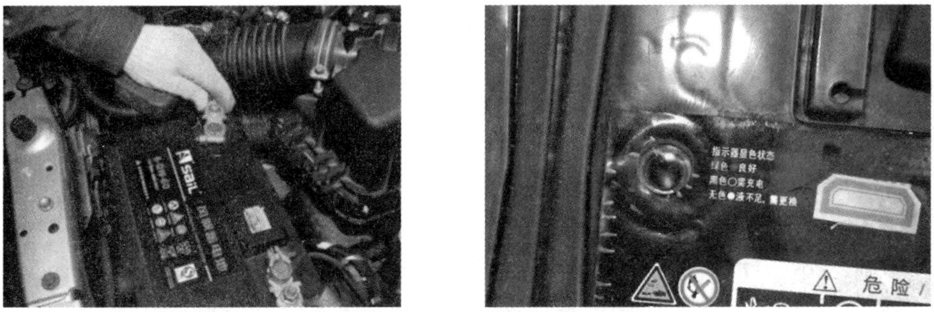

图 2–65　蓄电池电压检查

2. 蓄电池的充放电

在发动机不工作或转速较低时，蓄电池向用电设备供电，当用电设备的用电功率大于发电机输出功率时，蓄电池与发电机并联向用电设备供电；当用电设备的用电功率小于发电机输出功率时，发电机会给蓄电池充电，保持蓄电池电压充足。

3. 蓄电池电压的观察

免维护蓄电池一般有电量显示功能，通过观察孔可以观察蓄电池的存放电状态。

（1）指示眼呈绿色，表明电压充足，蓄电池正常。

（2）指示眼绿点很少或为黑色，表明蓄电池电压过低需要充电。

（3）指示眼显示淡黄色或白色，表明蓄电池内部有故障，需要更换。

在首保时，蓄电池一般工作正常。若电压过低，多为车辆运行时间短、停驶时间长、蓄电池放电过多导致，通过充电即可恢复性能。

（十二）检查冷却液液面位置（图 2-66）

冷却液不足会导致发动机过热，甚至产生拉缸等严重机械损伤。膨胀水箱外壳有“max”和“min”字符及标记线，冷却液是否充足通过观察发动机舱内膨胀水箱液面位置即可确认。

（1）目视检查膨胀水箱的液位，如果冷却液液位过低，检查是否存在泄漏，并添加冷却液至上、下标记线之间位置。

图 2-66　冷却液液面位置检查

（2）拧下散热器盖，检查冷却液液位是否在散热器加注口颈的顶部附近，如果发动机冷却液液位过低，应添加发动机冷却液。

注意：发动机刚熄火后，切勿打开散热器盖，否则高温冷却液喷出易导致烫伤。

（3）检查发动机冷却液水道。

检查散热器盖与散热器加注口周围，如果有较多的水锈或水垢沉积，应拆下发动机盖，清洁冷却液水道，并且更换冷却液。

如果发动机的冷却液需要经常补充，则需要检查冷却液是否从散热器冷却管接头、散热器盖、橡胶软管和软管卡箍等周围渗漏。

不要向冷却液中添加水，因为少量水的混入会使冷却液冰点上升，在冬季冷却液会结冰胀破散热器，同时造成冷却液防锈效能变差，使发动机内部水套容易锈蚀。

在首保时，冷却系统一般工作正常，仅个别车辆需要补充冷却液。

（十三）检查发动机润滑油（即机油）液面位置及颜色（图 2-67）

通过观察发动机舱内机油标尺即可确认发动机润滑油液面位置。机油标尺下端有

“max”和“min”字符及上下位置标记线，正常时润滑油液位处于上刻线和下刻线中间部位偏上。

（1）查看机油标尺下端的油面痕迹。

拔出机油标尺，用棉布擦干净后，将机油标尺重新插入到底，停留 2～5 s 后取出机油标尺进行观察，如果润滑油液位在机油标尺上刻线和下刻线中间部位偏上，则表示机油量正常。

（2）观察机油的颜色。

将润滑油滴在吸附性较好的干净的纸上，观察纸面有无黑色积炭、金属粉末或污染物，若有，无论润滑油是否到达更换里程，均应立即更换。

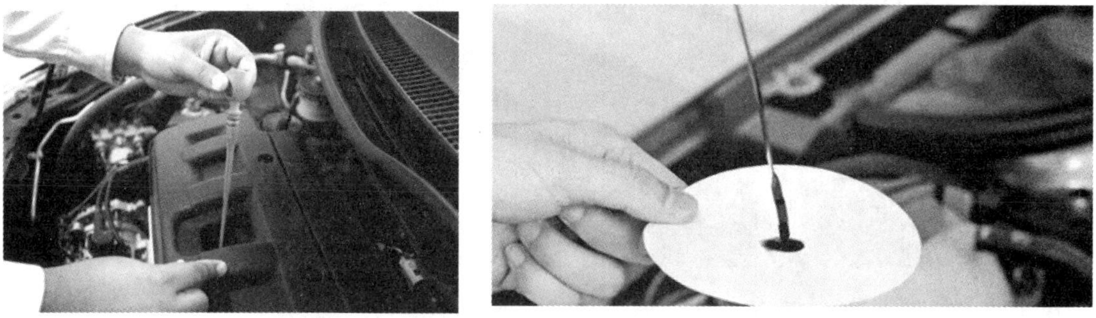

图 2-67　发动机润滑油液面位置及颜色检查

在首保时，无论润滑油是否有问题都要进行更换，但通过检查润滑油液面位置，可判断发动机是否存在烧机油现象。若有，应提示驾驶员在后期使用中经常观察润滑油油量，防止发动机因缺油而拉缸、抱瓦，使发动机遭到损坏。

（十四）检查发动机传动皮带

发动机传动皮带张力不足，很容易出现打滑；张力过大，很容易损伤带轮轴承。因此，应该定时检查皮带张力，把皮带的张力调整到最佳状态。

（1）检查皮带张力。

用拇指强力按压皮带中间部位，按压力约为 10 kgf（98 N），如果皮带的压下量在 10 mm 左右，则皮带张力合适；如果压下量过大，则皮带张力不足，需要增加皮带张力。如果皮带几乎不出现压下量，则皮带张力过大，需要减小皮带张力（图 2-68）。

图 2-68　发动机传动皮带检查

（2）检查皮带表面有无龟裂。

新车首保一般不会出现这种情况，若有，应更换皮带。

（十五）检查空气滤清器

应根据车辆使用情况经常检查和清理空气滤清器，防止灰尘过多堵塞滤芯，导致发动机进气量下降，混合气过浓，油耗增加。新车首保应清理空气滤清器滤芯。

拆下空气滤清器滤芯，检查滤芯表面有无灰尘附着，若有，用压缩空气吹洗滤芯正反两面（图 2-69）。

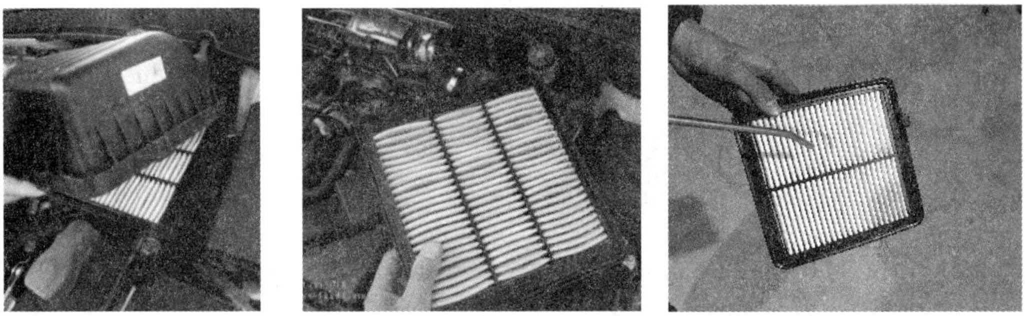

图 2-69 空气滤清器滤芯拆卸和清理

不同车型空气滤清器滤芯拆卸方法不同，有的车型空气滤清器用金属卡扣进行固定，用手掰开金属卡扣即可拿出滤芯；有的车型空气滤清器用螺钉进行固定，拆卸时需要用螺丝刀才能打开上盖，取出滤芯。

（十六）检查空调滤清器

应根据车辆使用情况经常检查和清理空调滤清器，防止灰尘过多导致驾驶室内通风质量下降，产生异味。新车首保应清理空调滤芯。

拆下空调滤芯，检查滤芯表面有无灰尘附着，若有，用压缩空气吹洗滤芯正反两面（图 2-70）。

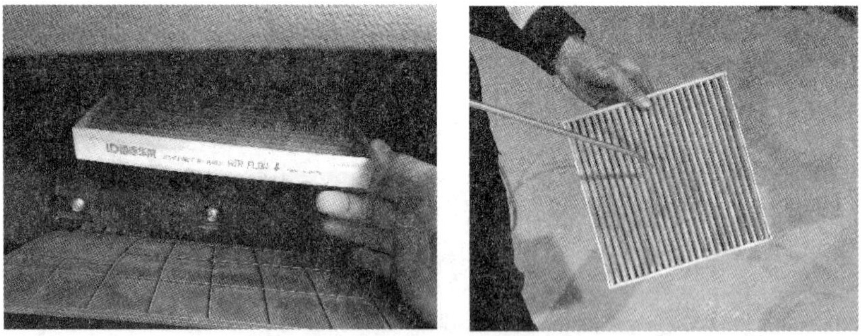

图 2-70 空调滤芯拆卸和清理

（十七）检查轮胎及轮胎气压

车辆轮胎必须按照生产企业指定气压充气，气压过高或过低都会加剧轮胎磨损，甚至导致车辆行驶中发生爆胎事故。新车首保应检查车辆轮胎气压及轮胎表面有无扎胎、异常磨损等情况。

1. 轮胎标准气压标识位置

轮胎标准气压标识如图 2-71 所示，其一般可见于：

（1）车辆使用手册内；

（2）驾驶员座侧 B 柱上；

（3）副驾驶座旁的储物箱内；

（4）油箱盖小门上；

（5）发动机引擎盖上；

（6）轮胎侧面。

图 2-71　轮胎标准气压标识

2. 轮胎气压检查

用气压表检查轮胎气压，轮胎气压应符合标准（图 2-72）。若胎压不正常，可将肥皂水涂在气门嘴上，检查气门嘴是否漏气，如果漏气，用气门芯扳手旋紧气门芯内阀芯；如果仍然漏气，则应更换气门芯或更换轮胎。

图 2-72　轮胎气压检查

3. 轮胎表面状况检查

检查轮胎表面状况（图 2-73）。

（1）观察轮胎表面的轮胎磨耗标识，检查胎面深度。

（2）检查轮胎的胎面和胎壁是否嵌入金属微粒、石子或者其他异物，并进行清理。

（3）检查轮胎的整个外围是否有不均匀磨损或者阶段磨损。

（4）检查轮胎胎面和胎壁是否有裂纹、割痕或者鼓包。汽车以高速驶过凹坑、障碍物时，轮胎局部在巨大的撞击力下将发生严重变形，内部压力瞬间增大，容易造成轮胎内部帘线分层窜气而鼓包。已经发生鼓包的轮胎必须立即更换，否则有爆胎的危险。

（5）检查轮辋和轮毂是否损坏、腐蚀、变形等。

图 2-73　轮胎表面状况检查

4. 轮毂螺母拧紧力矩检查

使用力矩扳手按规定力矩检查轮毂螺母拧紧力矩，如果力矩不足，则按对角方向交替拧紧各螺栓，使其达到规定力矩；如果力矩过大，则按对角方向交替拧松所有螺栓后，重新按对角线交替拧紧各螺栓，使其达到规定力矩（图 2-74）。

图 2-74　轮毂螺母拧紧力矩检查

（十八）检查发动机有无异响

启动发动机，观察发动机各运转部位，判断有无异响，若有，进行检查、维修。

（十九）检查车辆有无漏气、漏水、漏油现象

主要检查发动机油底壳密封面、机油加注口、散热器周边、变速器密封面、驱动桥密封面、各管接头等部位有无渗油、渗水痕迹，各导线有无变色现象，导线护套有无破裂。

图 2-75 底盘检查

（二十）检查汽车底盘有无异响

根据驾驶员现象描述，对车辆进行路试，检查判断异响部位，用举升机举升车辆，观察变速器、驱动桥等部位有无渗漏，对底盘传动系统、行驶系统、制动系统可能发生异响的部位进行检查、维修（图 2-75）。

三、车辆检查结束的工作

（1）拆下翼子板布和前罩。
（2）调整座椅位置。
（3）清洗车辆。
（4）道路测试后，拆卸座椅护套、地板垫和方向盘护套。
（5）验收交车。

课程思政

比亚迪汽车的电池技术

新能源汽车的核心有三大件：电池、电动机和电控系统。电池是电动汽车的动力来源，电池蓄电能力差，会严重影响电动汽车的续航里程。目前新能源领域有两个比较成功的企业，一个是来自美国的特斯拉，一个是国产品牌比亚迪。

比亚迪研发的“刀片电池”，不仅提升了续航里程，而且提升了电池的稳定性、安全性。刀片电池是指将电芯做成刀片般细长形状，其长度可以根据电池包的尺寸进行定制，可达 2 m 以上。刀片电池在装配时可以直接跳过模组这一层级，直接组成电池包，在空间利用率上提升了 50%。搭配刀片电池的比亚迪汉 EV 综合工况下的续航里程达到 605 km，百公里加速 3.9 s。

任务 5　汽车首次维护与保养的清理项目

一、空气滤清器的清理

发动机进气系统（图 2-76）的主要功能是为发动机输送清洁、干燥、充足而稳定的空气，防止空气中杂质及大颗粒粉尘进入发动机燃烧室，造成发动机缸体、活塞等部位的异常磨损。实现这个功能的主要装置是空气滤清器。

1. 空气滤清器的构造

空气滤清器主要由滤芯（图 2-77）和外壳组成，其中滤芯用于过滤空气，外壳是为滤芯提供必要保护的外部结构。

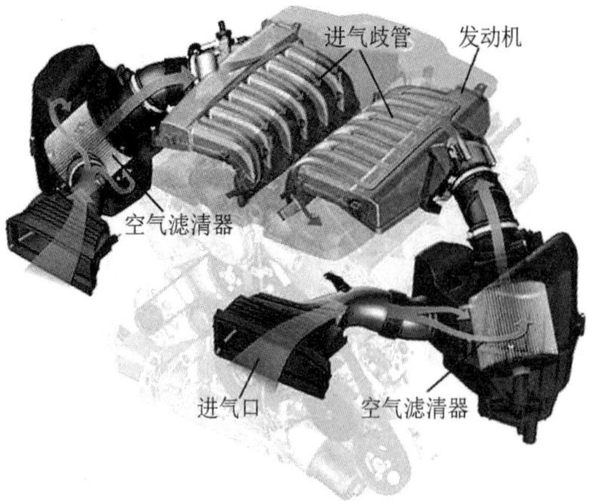

图 2-76 发动机进气系统

图 2-77 空气滤清器滤芯

2. 空气滤清器滤芯的性能

空气滤清器滤芯在空气流经时会对空气形成阻力，随着滤芯积尘的增加，滤芯进气阻力将增大。

当滤芯表面积尘太多时，进风阻力增加，发动机气缸进气量下降，将导致发动机功率下降，加速不良，排气管冒黑烟，油耗加剧，启动不良等现象发生。

如果灰尘严重堵塞滤芯，导致滤芯局部破裂，大量尘土将直接进入发动机气缸，易造成发动机气缸严重磨损，甚至拉缸，致使发动机提前报废。因此要经常检查、清理滤芯表面灰尘，确保滤芯的过滤性能良好。

建议车辆每行驶 1 000 km 检查清理一次滤芯，行驶 20 000 km 更换一次滤芯。经常在恶劣环境（如沙漠、乡村农田、矿山、建筑工地等）下工作的车辆应当每周清理一次滤芯，不超过 10 000 km 更换一次滤芯。

3. 空气滤清器的清理

空气滤清器的清理如表 2-7 所示。

表 2-7 空气滤清器的清理

操作方法	图示
（1）打开发动机舱盖，铺上发动机保护罩，确认空气滤清器的位置。空气滤清器一般是一个塑料盒子，滤芯就安装在里面	

续表

操作方法	图示
（2）用吸尘器吸附发动机舱内尘土，防止灰尘进入发动机进气管内部	
（3）朝上轻轻掰开两个（或四个）金属卡扣，即可将整个空气滤清器上盖掀起来。个别车型用螺钉紧固滤清器外壳，这时需要选取合适的十字形螺丝刀将空气滤清器盒上的螺钉拧下，才能取出空气滤清器滤芯	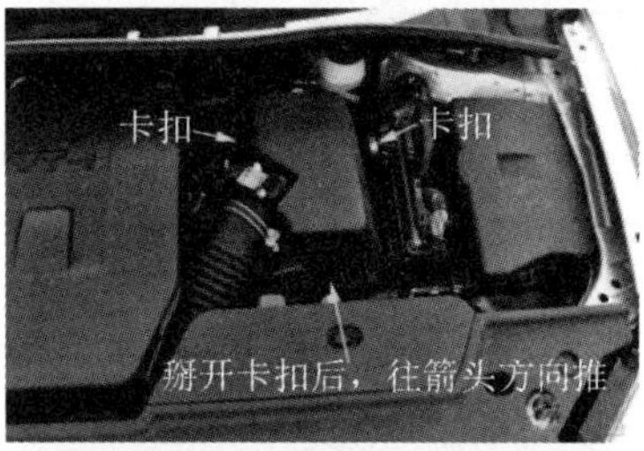
（4）将空气滤清器滤芯取出后，检查滤芯表面是否有破裂，如果有破裂，应立即更换新的滤芯。检查滤芯边缘密封圈是否变形或断裂，如果是，也应更换滤芯	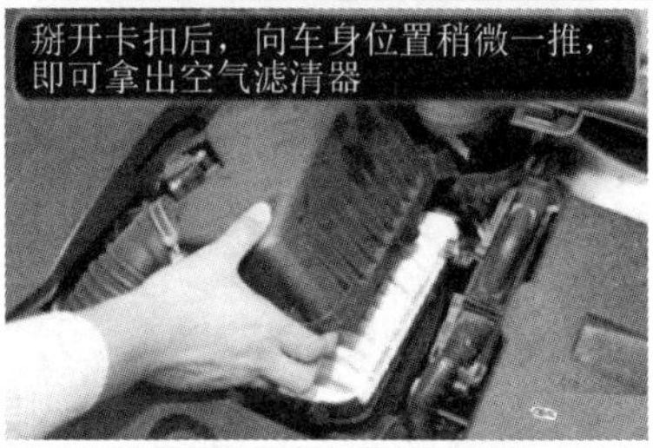
（5）启动空压机，用吹枪由里向外顺着滤芯折缝依次吹洗附着在滤芯内表面上的尘土。吹洗干净后调转滤芯内表面，将吹枪置于与滤芯外表面成约30°夹角方向，沿折缝吹洗滤芯外表面。 注意： ①切不可用吹枪从垂直方向吹洗外表面，否则会将部分灰尘吹入滤芯夹层内，降低滤芯使用效率； ②吹洗时吹枪距滤芯表面20 cm左右，切勿贴紧滤芯，以防气压过高，吹破滤芯，使其报废； ③切勿用自来水进行冲洗。如果滤芯已经严重堵塞，则需要更换滤芯	 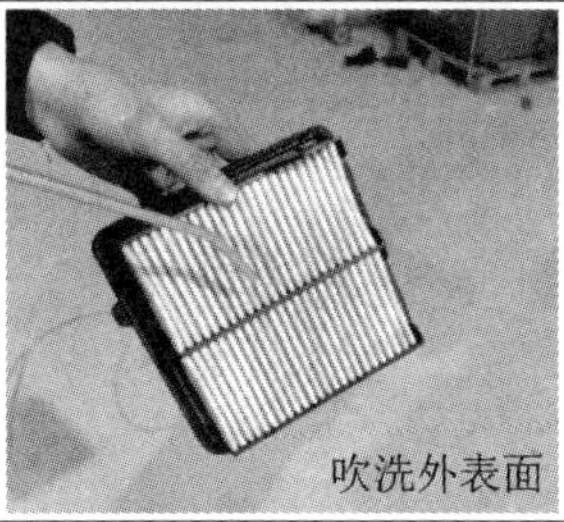

续表

操作方法	图示
（6）按正确的方向装回空气滤清器滤芯。 安装后检查滤芯密封圈是否贴紧壳体，有无漏气情况	
（7）装回滤清器外壳，卡好卡扣（或拧紧紧固螺钉）。 认真检查滤清器外壳是否紧密贴合，一定要严丝合缝才能杜绝外界尘土进入气缸。如果壳体有变形或裂缝，则应立即更换空气滤清器外壳	
（8）拆下发动机翼子布、前罩，清理工作结束	

二、空调滤清器的清理

1. 汽车空调的组成

汽车空调具有温度调节、湿度调节、气流调节、空气净化等功能。汽车空调一般主要由压缩机、冷凝器、蒸发器、H 型膨胀阀、贮液干燥器等组成（图 2-78）。管路分高压管路和低压管路。

2. 空调滤清器的作用

由于汽车空调滤芯一般为吸附性强的活性炭与长丝无纺布的复合滤布，因此空调滤清器能有效过滤烟臭、花粉、尘埃、有害气体和各种异味，给车内乘用人员提供良好的空气环境，保护车内人员的身体健康，防止玻璃雾化。

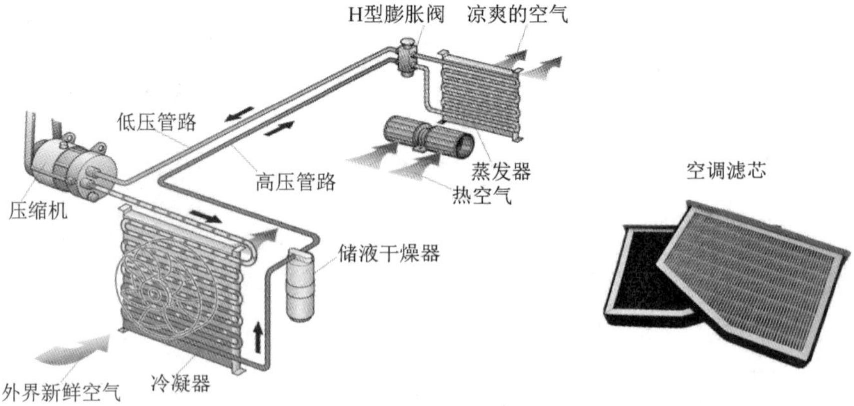

图 2-78 汽车空调的组成

3. 空调滤清器的清理

空调滤清器的清理如表 2-8 所示。

表 2-8　空调滤清器的清理

操作方法	图示
（1）打开储物盒盖。大部分车辆的空调滤芯设置在副驾驶侧储物盒的后方。清理空调滤芯时，先找到储物盒，将外盖向外拉出	
（2）找到储物盒右侧的阻尼杆卡扣。此卡扣为塑料件，容易损坏，拆下前看清结构及拆卸方向，以防损坏，导致无法安装固定储物盒盖。（部分车辆没有这个装置，操作时可略过本环节）	
（3）右手食指、中指及大拇指相对挤压阻尼杆卡扣头部，缓慢将阻尼杆与储物盒分离	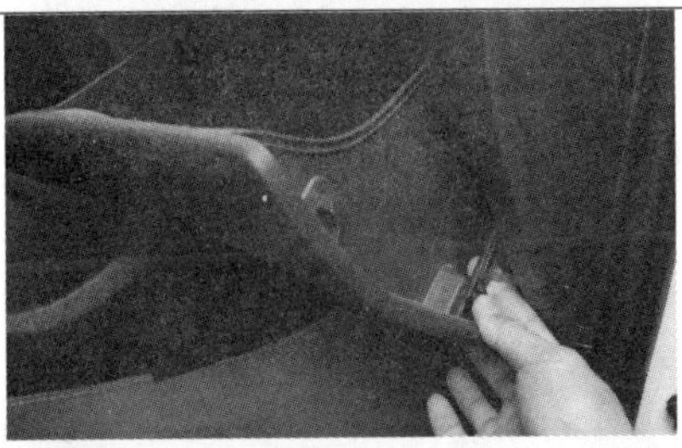
（4）将储物箱内的防脱落固定卡扣逆时针方向旋转半圈，取下固定卡扣，使储物盒与车体完全脱离	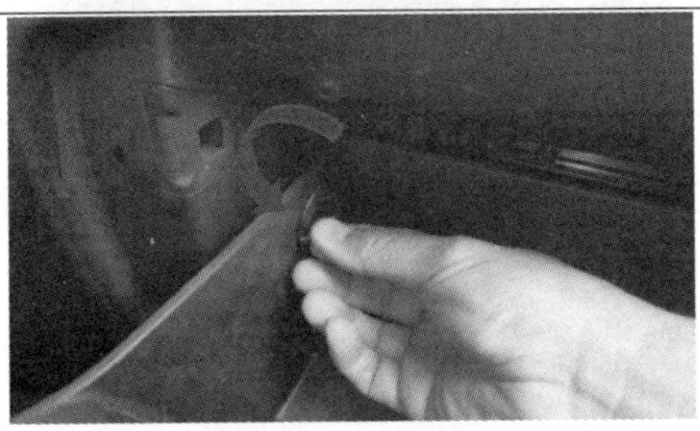
（5）拆下储物盒就可以看到后方的空调滤芯固定盖板。轻轻用力挤压盖板右侧的固定卡扣（部分车辆的卡扣在盖板两侧），取下盖板。此卡扣为塑料件，极易损坏压断，一定要看清位置，缓慢加力	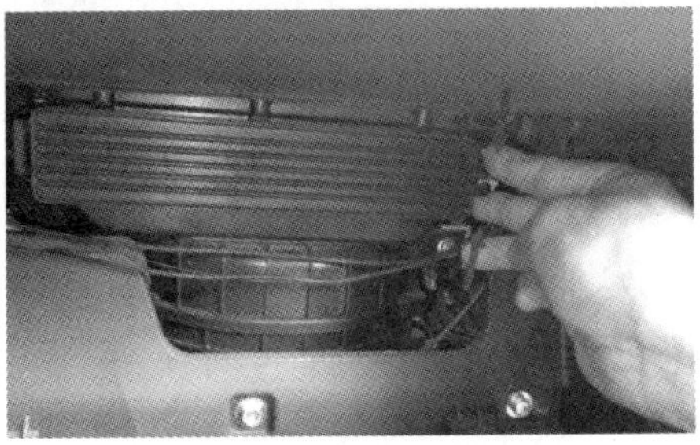

续表

操作方法	图示
（6）取下空调滤清器固定盖板，可以看到空调滤芯。拆下时看清滤芯方向，防止装反	
（7）向外侧轻轻抽出空调滤芯	
（8）用吹枪由里向外顺着滤芯折缝依次吹洗附着在滤芯内表面上的尘土。吹洗干净后调转滤芯内表面，将吹枪置于与滤芯外表面成约30° 左右夹角方向，沿折缝吹洗滤芯外表面（切不可用吹枪从垂直方向吹洗外表面，否则会将部分灰尘吹入滤芯夹层内，降低使用效率）。吹洗时吹枪距滤芯表面 20 cm 左右，切勿贴紧滤芯，以防气压过高，吹破滤芯，使其报废	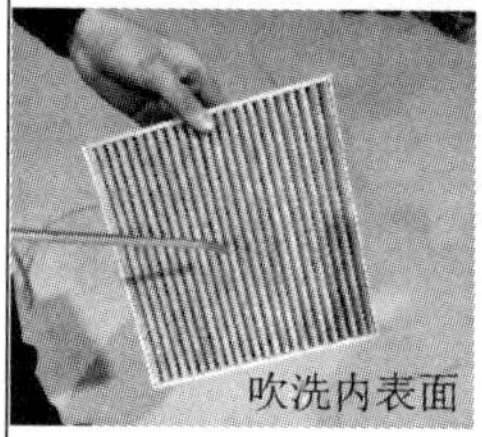 吹洗内表面 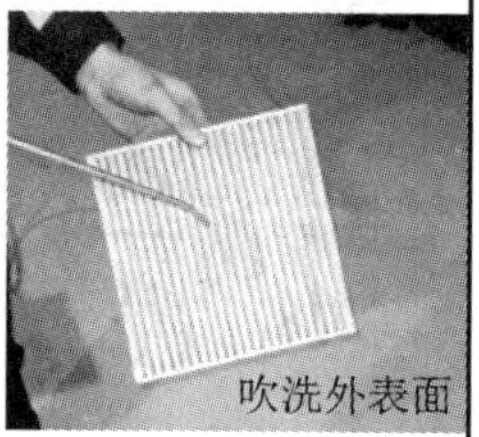 吹洗外表面
（9）将清理干净的空调滤芯装入，按与拆卸过程相反的方向装回原位即可（安装时注意空调滤芯的方向，切勿装反）	

任务 6　汽车首次维护与保养的更换项目

车辆首次维护与保养的更换项目主要是发动机润滑油及机油滤清器。

一、发动机润滑系统的特性

发动机启动后，发动机内部曲轴、凸轮轴、正时链条等零部件高速旋转，各配合件之间发生剧烈摩擦，如果没有润滑，将导致发动机气缸、活塞很快因摩擦发热而拉缸、抱瓦，导致发动机报废。因此，在发动机上都设置有润滑系统（图 2-79），负责对发动机各运动部件进行润滑以减小摩擦。

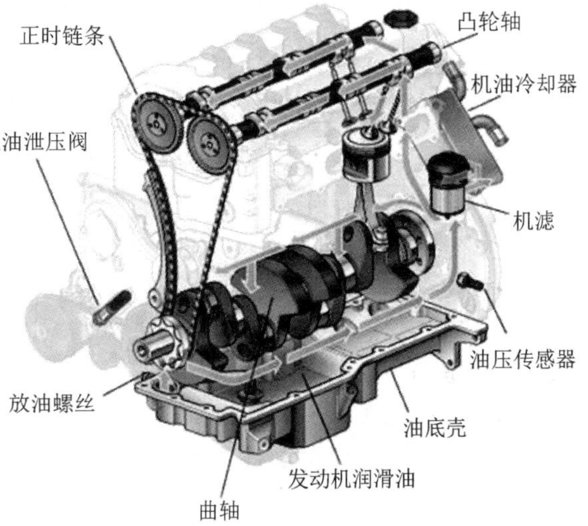

图 2-79　发动机润滑系统

在发动机运转中，润滑油在润滑系统内不断流动，进入各配合件之间，不但可以减小摩擦和磨损，减少发动机的功率消耗，而且可以清洗各摩擦表面，带走磨屑和其他异物，还可以带走运动件摩擦产生的热量，起到冷却作用。

但是，由于润滑油在工作过程中不断受到各配合件的挤压、高温作用、废气及灰尘的混合污染，其原有性能将不断下降，直至失去润滑性能，如不及时更换，将使发动机受到致命损伤。不同企业制造的发动机润滑油更换周期不同，在车辆首次维护与保养时必须更换发动机润滑油和机油滤清器。

发动机润滑油更换应在热态下进行，冷车不可更换发动机润滑油。

如果车辆停放时间过长，更换润滑油前，应打开点火开关，启动发动机运转至仪表盘水温指示灯熄灭，散热器风扇开始旋转，此时发动机油底壳内润滑油温度达到 40 ℃以上，润滑油的流动性较好，方可更换润滑油。否则，由于润滑油温度较低，流动性差，部分润滑油无法顺利流出油底壳而导致换油不彻底，使新加入润滑油与废旧润滑油混合，品质下降，润滑油性能下降，没有达到更换润滑油的效果。

专业知识拓展

扫描以下二维码，学习汽车发动机润滑系统的工作过程和丰田发动机润滑油的更换过程。

二、润滑油及机油滤清器的更换方法

以丰田卡罗拉 GL 1.6AT 轿车维护作业为例，介绍车辆润滑油及机油滤清器的更换方法。丰田卡罗拉 GL 1.6AT 轿车的拆装部位技术要求如表 2-9 所示。

表 2-9　拆装部位技术要求

拆装部位	技术要求	润滑油型号
油底壳放油螺栓	拧紧力矩：37 N·m	5W-20、5W-30
机油滤清器	拧紧力矩：18 N·m	

1. 工具准备

需要准备的工具如下：

（1）机油滤清器拆卸工具（图 2-80）；

（2）专用套筒；

（3）接油盘；

（4）干净抹布；

（5）油气清洗剂。

2. 更换用品准备

需要准备的更换用品如图 2-81 所示。

图 2-80　机油滤清器拆卸工具

图 2-81　更换用品

（1）型号为 5W-20 或 5W-30 级别的汽油机润滑油 4 L；

（2）丰田卡罗拉 GL 1.6AT 轿车专用滤清器 1 个。

3. 润滑油更换过程

（1）查阅车辆维修保养手册，确认车辆型号、发动机润滑油型号、机油滤清器型号。

（2）检查车辆行驶里程，了解车辆上次维护与保养情况、间隔里程等信息，确认首保时间。

（3）检查车内物品，与驾驶员做好沟通及确认。

（4）铺设车内“三件套”。

（5）将车辆驶入举升机内，发动机熄火，拉起手刹，锁死车轮。

（6）调整举升机举升臂托举位置，使举升臂垫块对正车辆底板上的支撑点位置（图 2-82）。

（7）打开发动机盖并支撑好，安装翼子板罩布、前格栅布。

（8）旋下发动机的润滑油加注盖（图 2-83）。

图 2-82　举升机举升臂托举位置

图 2-83　机油加注口

（9）进入驾驶室，将变速器挡杆挂入一挡或倒挡（自动挡挂 P 挡）位置，手刹拉紧（或按下电子驻车按钮）。

（10）按下举升机举升开关，将车辆举升到适宜高度后，将车辆下降 5 cm 左右，使举升机防滑楔块卡入卡槽，将举升臂锁死，使车辆可靠停驻。

（11）环视车辆，检查举升机是否停驻可靠，举升臂支撑车底是否牢固稳定。

（12）查看油底壳、曲轴前油封、变速器等处是否存在漏油现象。

（13）找到油底壳，确认放油螺栓（图 2-84），选择型号、规格符合的套筒扳手，不能使用开口扳手或活动扳手拆卸，否则会损伤螺栓头部，导致以后无法拆卸。

（14）将接机油的接油盘放置在放油螺栓前下方，用套筒扳手逆时针拧松放油螺栓，然后用手旋下螺栓并快速抽出，润滑油会呈抛物线状排出（图 2-85、图 2-86）。

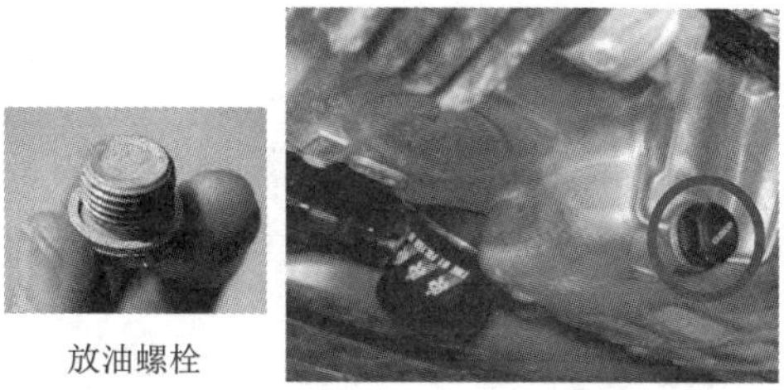

图 2-84　油底壳放油螺栓

接油盘应放置在合适位置，以防止润滑油喷射到地面上，造成环境污染。

注意：放油螺栓上带有密封垫，拆装时注意切勿丢失。如果找不到，可能是粘贴在油底壳上或者掉在接油盒里了。密封垫一般可连续使用 3～5 次。如果发现油底壳底部有渗漏现象，应更换新的密封垫。

部分车型的油底壳放油螺栓不在油底壳最低位置，使得每次废机油无法排放干净，需要使用抽油机抽出油底壳底部剩余废机油。

图 2-85　拧下放油螺栓

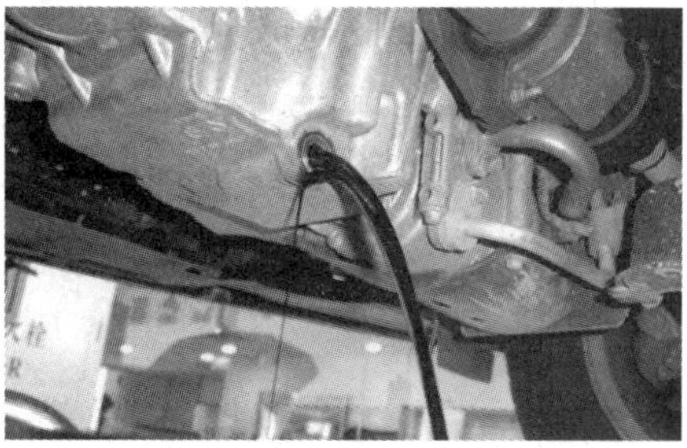

图 2-86　排放废机油

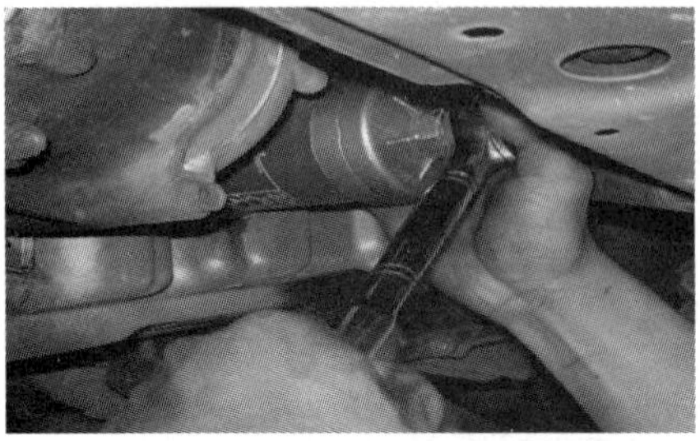
图 2-87　拆卸机油滤清器

（15）待油底壳废机油流干净后，用机油滤清器专用扳手逆时针旋下机油滤清器（图 2-87），进一步排放发动机主油道内废机油。

机油滤清器内积有废油，取下后要将废油排到接油盘内，用塑料袋密封废旧机油滤清器后回收处理。为了彻底排放废机油，建议用空压机高压空气分别从机油注入口和滤清器进出油口吹洗残油 2～5 min。

（16）待废机油排放干净后，将放油螺栓装回原位。确认放油螺栓密封垫完好后，将放油螺栓及油底安装螺孔周围用棉布擦拭干净，用手将放油螺栓旋入油底壳螺孔内。

开始的时候用手旋入，直到拧不动为止，然后用套筒扳手将其拧紧到规定力矩（见表 2-9，具体力矩大小查阅车辆维修保养手册）。

（17）用干净棉布清理干净机油滤清器安装口及周围区域。

（18）打开新机油滤清器包装盒，将新的润滑油注入机油滤清器芯内腔 2/3，然后在机油滤清器密封圈表面均匀涂抹一层干净的润滑油（图 2-88），用来润滑密封圈，防止将机油滤清器旋入机体时密封圈由于与配合面发生干摩擦而被挤烂导致漏油。

（19）用手将机油滤清器顺时针旋入安装孔内，直至旋不动为止，改用机油滤清器专用扳手旋紧滤清器至规定力矩（图 2-89），力矩值见表 2-9。

图 2-88　涂抹润滑油

图 2-89　安装机油滤清器

用油气清洗剂冲洗油底壳及滤清器周围脏污油渍，用干净抹布擦拭滤清器及周围区域。

（20）用手拉出举升机防滑楔块，缓慢降下车辆。

（21）用棉布清理干净发动机润滑油加注口及周围，加入适宜牌号的发动机润滑油。边注入边确认油量，直至达到更换时的规定量（图 2-90）。

润滑油加注完毕，旋紧润滑油加注盖并清理洒漏的机油。

一般情况下，不同排量的发动机润滑油加注量有所不同，1.6 排量及以下发动机润滑油用量在 3.6～4 L；2.0 排量发动机润滑油用量在 4.5 L 左右；2.4 以上排量发动机润滑油用量在 5～6 L。

（22）启动发动机，保持发动机怠速运转 2～3 min，使发动机润滑油循环至各部位后关闭发动机，放置 5min 左右，待油面稳定后对油量进行最终确定。

（23）拉出油尺，用干净抹布擦拭后重新插入至最低位置（图 2-91）。

图 2-90　加注机油

图 2-91　检查油量

（24）重新拉出油尺观察油尺油位，油位在油尺刻线中间为宜，不宜过高，也不能低于油尺最低位。

（25）取下发动机翼子布、前罩，整理发动机舱，放下发动机盖，拆下驾驶室内“三件套”，换油过程结束。

注意：《国家危险废物名录》规定，废机油是属于“HW08 废矿物油与含矿物油废物”类别、废物代号为“900-214-08”的危险废物，废机油需要指定单位回收，或者送到附近维修厂，不可倒入排水设施，否则会对环境产生严重污染。

通过化工企业专业设备将废机油沉淀、蒸馏（为了将低沸点的汽油、柴油等分离出来）、酸洗（通过浓硫酸的作用，使废油中的大部分杂质分离沉淀下来）、中和（酸洗之后油里含硫酸，用氢氧化钠溶液中和）、水洗（把油里的酸、碱等水溶性杂质洗掉）等一系工艺以后，再经过吸附、过滤操作，废机油就可以重新利用。

任务 7　汽车保养归零

轿车一般在组合仪表上安装了保养指示灯（简称保养灯），当汽车行驶到规定里程时，保养指示灯会点亮（图 2-92），提醒驾驶员应该对车辆进行维护和保养。

保养指示灯一般用英文名称或者特殊的符号显示。不同车系或同一车系不同车型的保养灯指示的意义有所不同，因此应当阅读车辆维修保养手册，弄清保养指示灯点亮的真正含义。在保养作业完成后，需要对保养指示灯进行归零操作。

图 2-92　保养指示灯

发动机保养归零的方法有两种，一种是使用汽车故障诊断仪归零，另一种是使用仪表盘上的操纵装置进行归零。不同车辆保养归零的操作方法不同。

一、汽车故障诊断仪保养归零

（1）打开点火开关，不启动发动机。

（2）用数据线通过车辆故障诊断（OBD）接口（该接口一般在方向盘右下侧或左下侧，见图 2-93）连接汽车故障诊断仪。

（3）按下汽车故障诊断仪电源按钮，打开汽车故障诊断仪（图 2-94）。

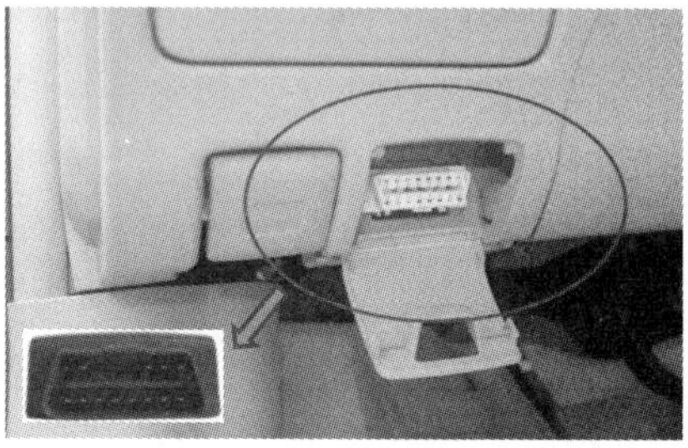

图 2-93　故障诊断接口

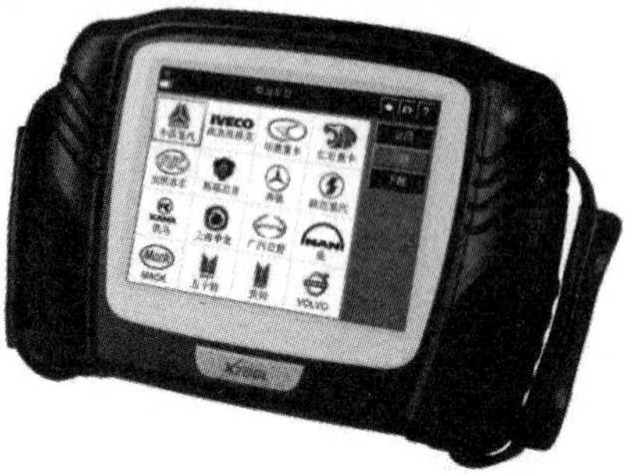

图 2-94　汽车故障诊断仪

（4）选择保养车型图标，进入该车故障诊断系统。

（5）确认车身 VIN 及发动机信息。

（6）选择保养指示灯归零功能。

（7）选择软件归零。

（8）点击保养复位。

（9）提示保养被确认，点击确定。

（10）退出汽车故障诊断仪，拔下连接插头。

（11）关闭点火开关后，重新打开点火开关，检查仪表盘上保养提示标记是否消失，如果消失，说明发动机已成功执行归零。

例如，奥迪 A6L 保养归零方法如下。

（1）选择 CAN/OBD-16[BT01-037]接头，连接汽车故障诊断仪与车辆故障诊断接口，打开点火开关。

（2）保养灯归零：进入大众 CAN/BUS 系统→仪表系统→匹配功能→002，将 00001 改为 00000 即可。

（3）保养信息设定：将 43 组的值改为 00150，42 组的值改为 00150，40 组的值改为 00075，则显示距下次保养距离为 7 500 km。

（4）保养时间间隔设定：将 44 组的值改为 00185，则显示距下次保养日期为 185 天。

不同车型及不同型号汽车故障诊断仪的使用方法与操作流程不同，具体方法查阅操作说明书。

二、手动保养归零

部分车型装备定期保养型仪表盘，可使用手动方法重新设定来实现保养归零。

（一）奥迪车系保养归零

1. 奥迪 A6L 2021 款 40TFSI（表 2-10）

表 2-10　奥迪 A6L 2021 款 40TFSI 保养归零

操作步骤	图示
（1）打开多功能显示屏，在多功能显示屏上找到车辆，点击进入	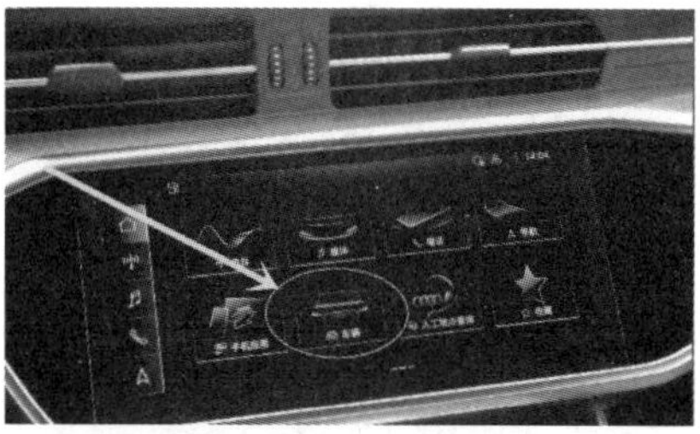
（2）在下一菜单栏中找到设置和服务，点击进入	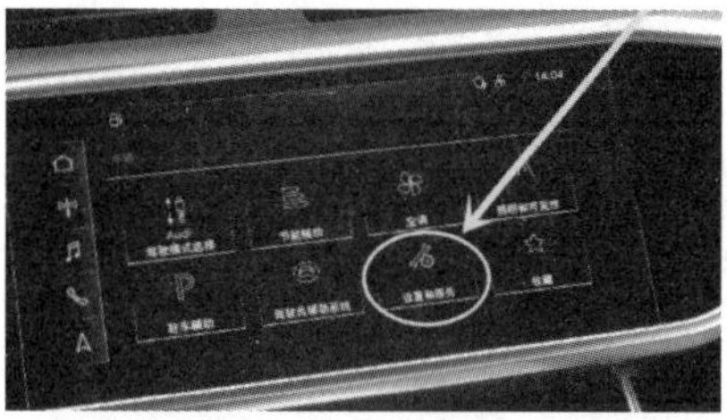
（3）在下一级菜单中找到系统维护，点击进入	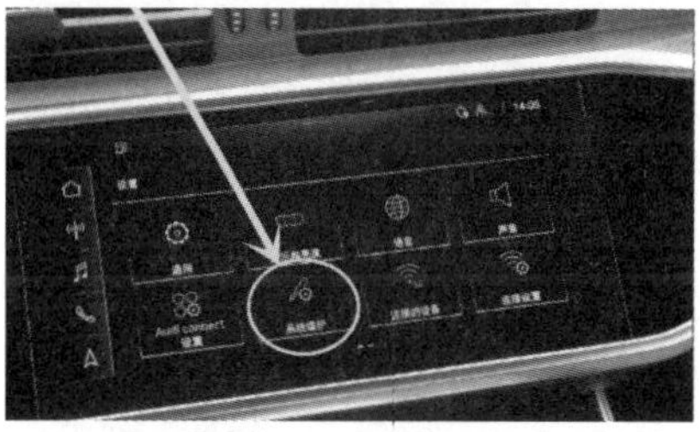
（4）在下一级菜单中点击保养周期提示	

续表

操作步骤	图示
（5）在下一级菜单中找到并点击机油更换周期提示	
（6）仪表盘上保养指示灯提示消除，保养指示灯归零操作完成	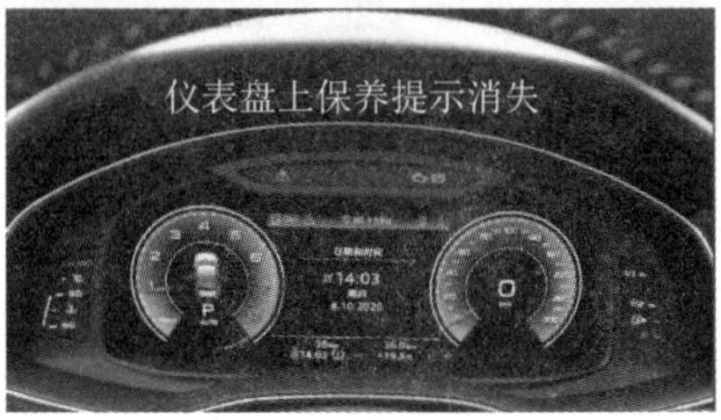

2. 奥迪 A4 保养归零

奥迪 A4 仪表盘如图 2-95 所示。

（1）打开 MMI 系统菜单，点击“CAR”键进入汽车系统界面。

（2）通过旋转旋钮选择“保养和检查”，按压旋钮确认进入下一级子菜单。

（3）在“保养和检查”的子菜单下选择“保养周期”，按压旋钮确认进入下一级子菜单。

（4）按照提示操作复位保养周期即可完成保养灯复位。

（二）大众车系保养归零

1. 大众速腾轿车保养归零

在仪表盘左下角有两个手动归零按钮（图 2-96）。

（1）在按下保养按钮（里程复位按钮）的同时打开点火开关钥匙到灯亮，听到“叮”的一声后松开保养按钮。

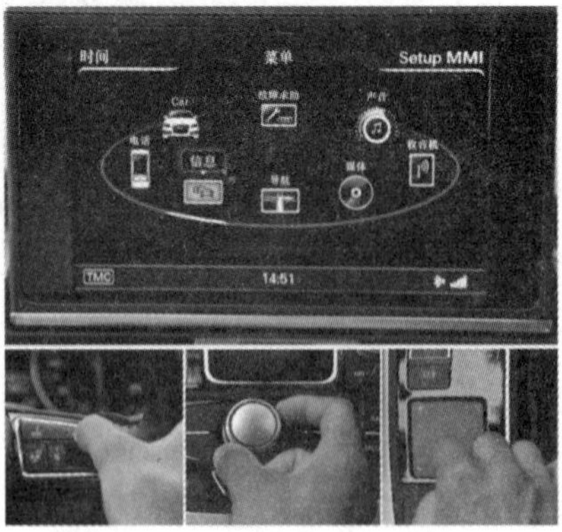

图 2-95　奥迪 A4 仪表盘

图 2-96　大众速腾轿车仪表盘

（2）保持点火开关不动，再按住仪表旁边的分钟（min）按钮即可，只要分钟时间没有走动，归零即可完成。

2. 大众迈腾轿车保养归零

（1）关闭点火开关，保证车辆已经熄火。

（2）参照图 2-97 位置按住保养按钮不放，打开点火开关。

（3）长按保养按钮直至显示屏上出现文字。

（4）松开保养按钮以确认状态。

（5）检查保养是否已经归零，如果没有则必须从头开始。

3. 大众途观、大众帕萨特轿车保养归零

（1）打开点火开关。

（2）点按“OK”键处左箭头，调出仪表显示屏中功能菜单（图 2-98）。

（3）在功能菜单中找到保养项。

（4）按“OK”键确认，再确认，归零完成。

图 2-97　大众迈腾轿车仪表盘

图 2-98　大众途观轿车仪表盘

（三）雪铁龙世嘉轿车保养归零

（1）关闭点火开关。

（2）按住保养里程归零按钮（图 2-99）。

（3）接通点火开关后，里程表开始倒计时。

（4）当显示屏显示“=0”，保养指示灯熄灭时，保养归零完成。

图 2-99　雪铁龙世嘉轿车仪表盘

（四）标致 307 保养归零

（1）关闭点火开关。

（2）按下仪表盘上的单次计程表归零按钮，并使该按钮保持被按下的状态。

（3）打开点火开关。

（4）里程表显示屏开始倒计数。当显示屏显示“0000.0”时，松开按钮，此时仪表盘显示屏上保养指示灯应熄灭，归零完成。

注意：此操作完成后，如果要断开蓄电池电缆，则必须将车辆锁上并至少等待 5 min，否则归零不会被控制单元记录下来。

（五）沃尔沃 S40 车系保养归零

（1）发动机熄火，点火开关转至 I 位置。

（2）按住仪表盘上的复位按钮一直不松手，同时把钥匙转到 II 位置。

（3）按住复位按钮不松手，直到仪表盘上的数字开始闪烁时，立即松手。

（4）此时会听到“滴”的一声响，归零完成。

（六）通用车系保养归零

1. 转向灯操作杆上有复位按键的车型（如英朗、凯越、老款昂科拉、老款 GL6 等车型）的保养归零方法

（1）不踩刹车，长按一键启动按钮 5～10 s，打开点火开关（仪表盘全亮）。

（2）点按转向灯操作杆上的“MENU”按键（图 2-100），将仪表调至机油寿命页面（部分车型需要通过操作杆的上下按键翻页，找到机油寿命页面）。

（3）长按“SET/CLR”按键，等待仪表上机油寿命恢复至 100 时松手，保养归零成功。

2. 方向盘上带“✔”复位按键的车型（如昂科威、君威、君越、威朗、部分 GL8 等车型）的保养归零方法

（1）不踩刹车，长按一键启动按钮 5～10 s，打开点火开关（仪表盘全亮）。

（2）如果仪表盘上有各种信息提示，先使用方向盘右侧上“✔”按键（图 2-101），将其关闭；如果没有，直接进入下一步。

（3）点按方向盘右侧下翻键，将仪表调至机油寿命页面。

（4）按一下右翻键，仪表显示复位。

（5）再次按下“✔”按键，复位成功。

图 2-100　复位按键在转向灯操作杆上

图 2-101　方向盘上带“✔”复位按键

3. 上汽通用雪佛兰科鲁兹轿车的保养归零方法

（1）打开点火开关，仪表盘通电。

（2）按住雨刮器操作杆顶部的按钮，保持 10 s，仪表盘出现“set8000 km”，显现汽车下次保养的公里数。

（3）等待几秒钟，归零完成。

（七）本田车系保养归零

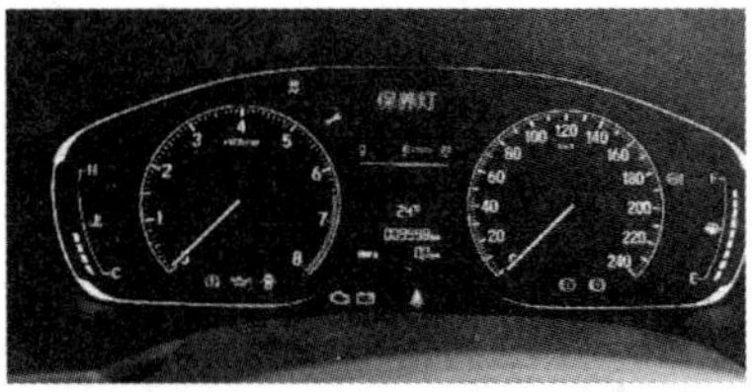

图 2-102　本田雅阁轿车仪表盘

以广州本田雅阁轿车为例。

广州本田雅阁 2.4L、3.0L 轿车仪表盘（图 2-102）上设置有保养灯。当行驶里程为 9 600～12 000 km 时，打开点火开关，保养灯亮 2 s。超过 12 000 km 驾驶员仍未进行保养，保养灯会一直闪亮，以提示驾驶员及时保养。保养后须对里程表进行归零，操作方法如下。

打开点火开关，按压仪表盘上复位按钮，直至里程表显示“0”为止。

应注意的是，在轿车未进行保养前，不可因保养灯长亮而采取归零操作，这样里程表累积保养里程将不正确，保养灯会丧失提示保养的作用。

广州本田雅阁 2.0L 轿车仪表盘上未设置保养灯。但“Maintenance Required”指示灯有提示功能。当行驶里程接近 12 000 km 时，该灯由绿色变成黄色，当超过 12 000 km 仍没有进行保养时，该灯将由黄色变成红色。维护与保养后，为保证该灯的提示功能，需进行归零，操作方法如下。

（1）关闭点火开关，将点火钥匙插到转速表下面的槽内进行归零。

（2）压下转向柱右侧仪表下面的按钮并按住 3 s，完成归零操作。

（3）按住仪表盘右侧的按钮“SELECT”与“RESET”，打开点火开关，10 s 后松开按钮，归零完成。

（八）丰田车系保养归零

1. 丰田致享保养归零（一）

（1）压下并保持归零按键“A”，同时踩下刹车。

（2）打开点火开关，但不启动发动机。

（3）字符闪现或显示屏闪烁。

（4）继续保持压下归零按键“A”，直到“. . .”出现在显示屏上。

（5）释放归零按键“A”，松掉刹车。

（6）保养灯复位操作完成，关闭车辆电源。

2. 丰田致享保养归零（二）

（1）启动车辆

（2）按住“DISP”按键，待到“OIL LIFE”以及公里数闪烁时，才可松开。

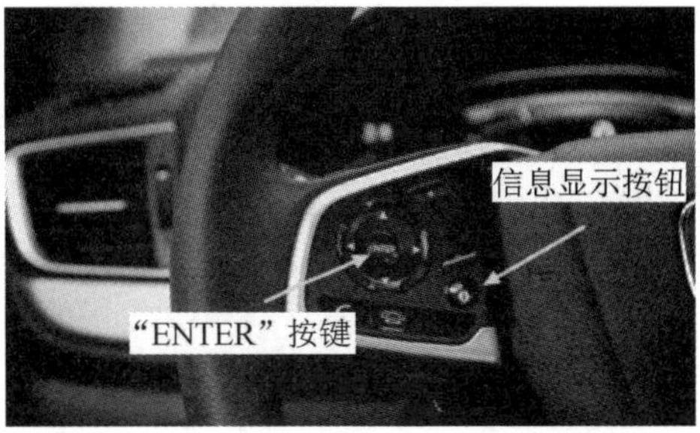

图 2-103　丰田车系部分车型仪表盘

（3）有些车型需要反复按压再松开几次，才能将保养灯标识清除。

3. 丰田车系部分车型保养归零

（1）不需要将发动机点火，只需将车辆电源打开即可。

（2）连续按下信息显示按钮（图 2-103），直到显示屏上出现“保养”二字为止。

（3）按压“ENTER”键不放，屏幕会显示机油相关信息。

（4）再按住“ENTER”键 10 s 左右，保养灯即可复位。

课程思政

长城汽车股份有限公司，简称长城汽车，成立于 1984 年，总部位于河北省保定市，是中国规模最大的集体所有制汽车制造企业，也是中国首家在香港上市的民营整车汽车企业。主要车型有哈弗 SUV、长城轿车、风骏皮卡及新能源汽车等，现拥有 50 万辆整车产能，具备发动机、前后桥等核心零部件的自主配套能力。

车辆维修委托书

编号 No.:

<table>
<tr><td rowspan="2">送修人信息</td><td colspan="2">车主□
委托人□</td><td colspan="2">地址</td><td colspan="3">联系电话</td></tr>
<tr><td colspan="2"></td><td colspan="2"></td><td colspan="3"></td></tr>
<tr><td rowspan="2">送修车辆信息</td><td colspan="2">车牌号</td><td>车型</td><td>VIN</td><td colspan="2">发动机号</td><td>行驶里程</td></tr>
<tr><td colspan="2"></td><td></td><td></td><td colspan="2"></td><td>公里</td></tr>
<tr><td>接车人</td><td colspan="3"></td><td>接车时间</td><td colspan="3">年　月　日　时</td></tr>
<tr><td rowspan="2">车辆检查情况</td><td>车身状况</td><td>车漆　良好 □　破损 □
玻璃　良好 □　破损 □
后视镜　良好 □　破损 □
车灯　良好 □　破损 □
车身　良好 □　破损 □</td><td>车内物品状况</td><td>座椅　良好□　破损 □
音响　良好□　破损 □
车钥匙　良好□　破损 □
备胎　良好□　破损 □
私人物品　有 □　无 □</td><td>油量显示</td><td colspan="2"></td></tr>
<tr><td>仪表指示</td><td>发动机故障警告灯 □
机油压力报警灯 □
电瓶灯 □
轮胎压力指示灯 □</td><td>客户确认签字</td><td colspan="4">年　月　日　时</td></tr>
</table>

<table>
<tr><td colspan="4">作业部位及项目</td></tr>
<tr><td colspan="4">动机舱</td></tr>
<tr><td>发动机油 □</td><td>冷却液 □</td><td>发动机皮带 □</td><td>蓄电池 □</td></tr>
<tr><td>变速器油 □</td><td>制动液 □</td><td>真空助力软管 □</td><td>保　险 □</td></tr>
<tr><td>渗油/漏油 □</td><td>玻璃清洗液 □</td><td>散热软管 □</td><td>继电器 □</td></tr>
<tr><td colspan="4">汽车轮胎</td></tr>
<tr><td>□左前轮
补　胎 □
换　胎 □
充　气 □
动平衡 □
四轮定位 □</td><td>□右前轮
补　胎 □
换　胎 □
充　气 □
动平衡 □
四轮定位 □</td><td>□左后轮
补　胎 □
换　胎 □
充　气 □
动平衡 □
四轮定位 □</td><td>□左后轮
补　胎 □
换　胎 □
充　气 □
动平衡 □
四轮定位 □</td></tr>
</table>

<table>
<tr><td>车辆室内</td><td>车辆外观</td><td>底盘车身</td></tr>
<tr><td>仪　表 □</td><td rowspan="4"></td><td>车　轮 □</td></tr>
<tr><td>空　调 □</td><td>制动盘 □</td></tr>
<tr><td>方向盘 □</td><td>制动块 □</td></tr>
<tr><td>喇　叭 □</td><td>制动管 □</td></tr>
</table>

续表

<table>
<tr><td>门　锁　□</td><td colspan="4" rowspan="3"></td><td>转向系统　□</td></tr>
<tr><td>座　椅　□</td><td>下臂/驱动轴□</td></tr>
<tr><td>安全带　□</td><td>减震器　□</td></tr>
<tr><td>驻车制动 □</td><td>车　漆　□</td><td>车　门　□</td><td>风挡玻璃 □</td><td>车门玻璃 □</td><td>离合器　□</td></tr>
<tr><td>安全气囊 □</td><td>后视镜　□</td><td>保险杠　□</td><td>前车灯　□</td><td>后车灯　□</td><td>螺栓螺母　□</td></tr>
<tr><td colspan="3">检查结果及建议</td><td colspan="2">检查员签字</td><td>客户确认签字</td></tr>
<tr><td colspan="3"></td><td colspan="2"></td><td></td></tr>
<tr><td colspan="2">维修开始时间</td><td>预计交车时间</td><td colspan="2">付款方式</td><td>非索赔旧件是否带走</td></tr>
<tr><td colspan="2">年　月　日　时</td><td>年　月　日　时</td><td colspan="2">信用卡□　微信□　支付宝□</td><td>是□　否□</td></tr>
<tr><td colspan="6">外出救援：是 □　否 □　　救援里程（往返）：　公里　　救援到达时间：</td></tr>
<tr><td colspan="6">本人确认以上内容与本人委托需求一致并已提车。　　客户签字：</td></tr>
</table>

注：①此表一式二联，客户、维修方各一联；②24 小时客服热线＿＿＿＿＿＿＿＿，联系人＿＿＿＿＿＿；③通知用户接车时间为“三包”内项目维修完成的时间，“三包”外项目的维修完成时间不包含在内。

《汽车维护与保养》任务单

姓名：＿＿＿＿＿＿＿＿学号：＿＿＿＿＿＿＿＿班级：＿＿＿＿＿＿＿＿

学习项目	**项目二　汽车首次维护与保养**	
学习任务	**任务 1　汽车维护与保养常用工具与设备的认识**	
学习目的	熟悉汽车维护与保养常用工具与设备的名称及用途	
汽车维护与保养常用工具与设备		
类　型	用　途	构　造
平口螺丝刀		
十字形螺丝刀		
三角形螺丝刀		
U 形螺丝刀		
星形螺丝刀		
大力钳		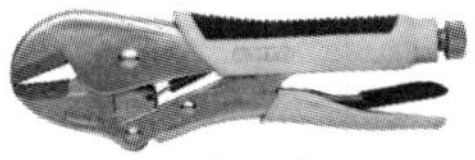
鲤鱼钳		
斜口钳		
卡簧钳		
管　钳		

续表

类　型	用　途	构　造
梅花扳手		
开口扳手		
两用扳手		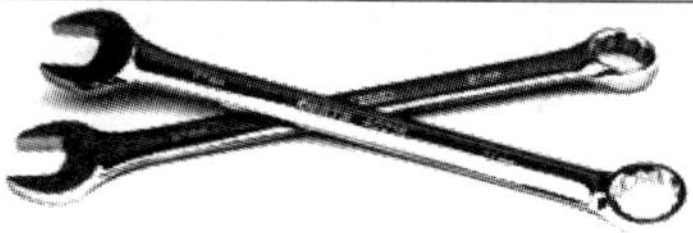
活动扳手		
内六角扳手		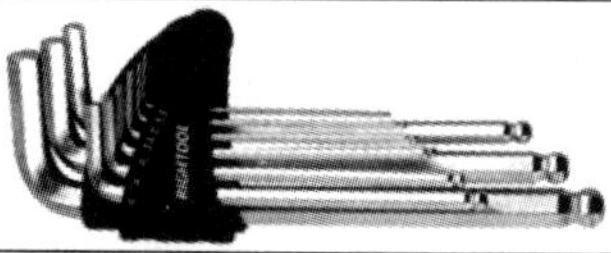
套筒扳手		
套筒		
快速摇柄		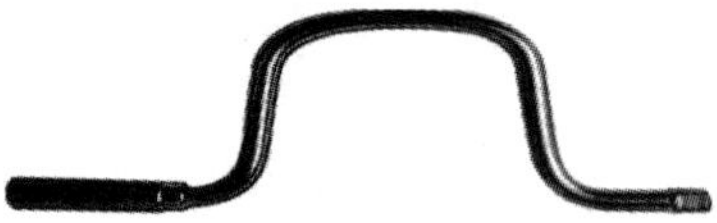
棘轮扳手		
轮胎扳手		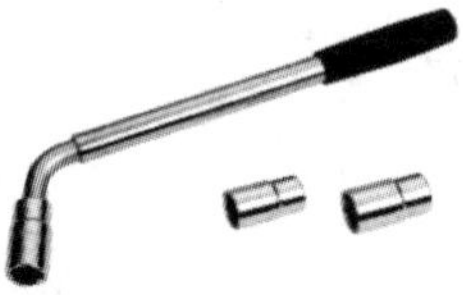

续表

类　型	用　途	构　造
十字扳手		
机滤扳手		
扭力扳手		
塞尺 （间隙规）		
钢板尺		
刀口尺		
游标卡尺		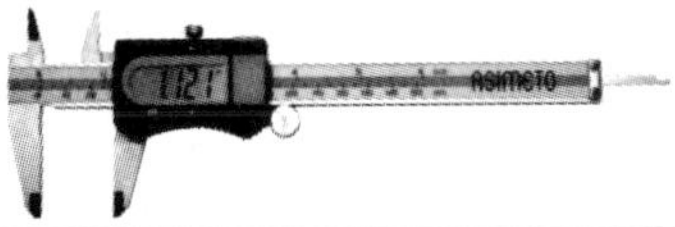
千分尺		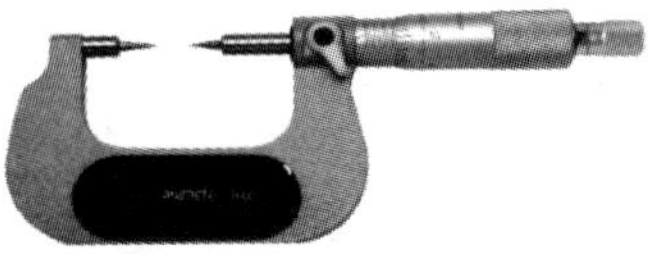
百分表		
空气 压缩机		

续表

类　型	用　途	构　造
冲击扳手		
万用表		
汽车故障诊断仪		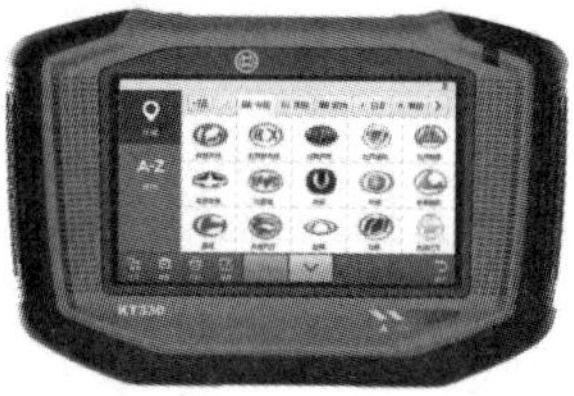
气压表		
轮胎动平衡机		
二柱举升机		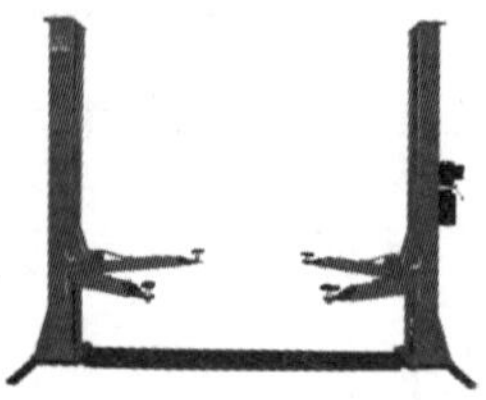

________年________月________日　　　　　　　　　　得分：____________

《汽车维护与保养》任务单

姓名：______________学号：______________班级：________________

学习项目	**项目二　汽车首次维护与保养**
学习任务	**任务 2　汽车维护与保养常用工具与设备的使用**
学习目的	（1）学会维护与保养常用工具的使用方法。 （2）学会维护与保养常用设备的使用方法

一、常用工具的使用

1. 螺丝刀的使用

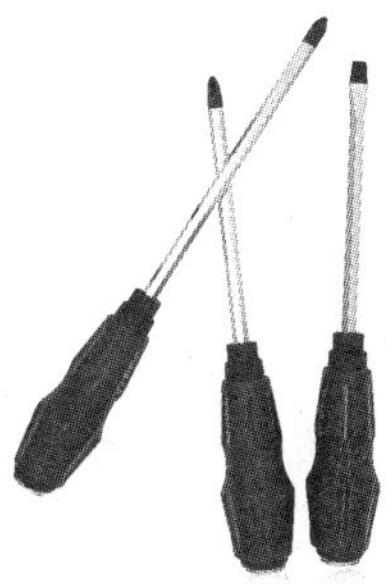

（1）不能使用与螺钉头部______和_______不同的螺丝刀。

（2）在装卸螺钉时，螺丝刀杆部应与拆装螺钉的___________重合，以防损坏螺钉装卸槽或螺丝刀刀口，旋入螺钉时施加压力与旋转扭力比为________。

（3）螺丝刀刀口如有破损，应先_____________以后再使用，以防损坏螺钉卡槽。

（4）螺丝刀不可当撬棍、_________使用，更不可代替__________使用

2. 普通扳手的使用

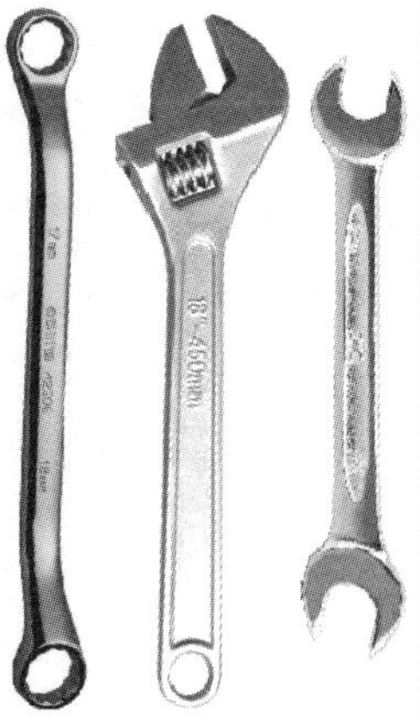

（1）扳手主要用来拆卸各种螺母、螺栓，在拆卸时，应按照“优先使用______扳手，其次使用________扳手，最后使用_________扳手”的选用原则进行选取，禁止使用___________扳手拆卸直径小于 20 mm 的螺母、螺栓。

（2）选用扳手的尺寸规格应与被旋转的螺母或螺栓___________，过大会损坏螺帽________________。

（3）使用开口扳手时，扳手的两个工作面与螺栓或螺母的______________要完全紧密接触，螺母、螺栓与扳手开口的____________要一致，以防扳手打滑脱出，损伤螺帽或螺母。

（4）活动扳手一般用来拆装汽车底盘上的___________、螺栓，或直径大于______mm 的大型螺母、螺栓。不可用活动扳手拆卸直径较小的螺母、螺栓。在发动机维修中，不允许使用活动扳手拆装任何____________。

（5）使用扭力扳手时，左手应扶住扭力扳手______，以防套筒松脱或摇摆，右手握住扭力扳手_______，通过拉或用____________的方式转动扭力扳手

续表

3. 套筒的使用

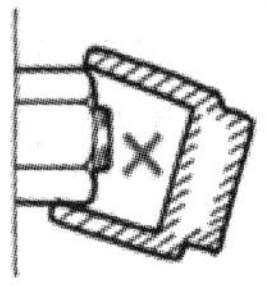

（1）操作时先将套筒套在旋转手柄的__________上，再用套筒套住____________________。

（2）在使用套筒的过程中，左手握紧手柄与套筒______________，切勿摇晃，以免套筒滑出或损坏螺栓、螺母的棱角，右手朝向____________的方向用力，可防止滑脱造成手部受伤。

（3）在使用套筒时，应尽可能用套筒_______________螺母或螺栓头部，并且_______________，以防脱落，损伤螺纹结构

4. 拉拔器的使用

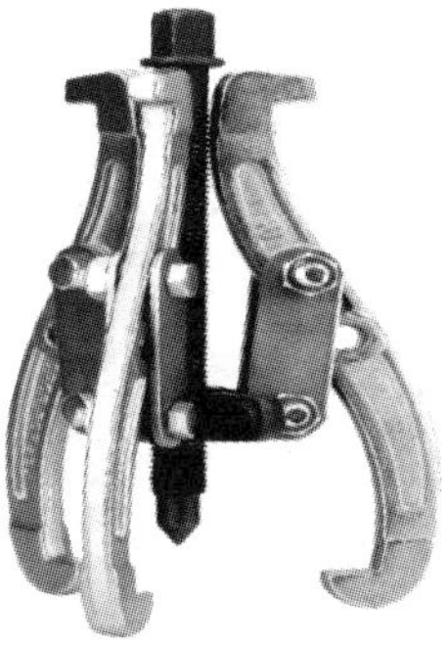

（1）使用前要测量被拆轴承_______________，以选择合适的拉拔器。

（2）在空间允许时尽量选择____________拉拔器，以获得更可靠的夹持力以及__________的拉力。

（3）拉拔时____________拉力，不要在拉拔器扳手上延长_______________来强力拉拔。

（4）尽可能使用__________，较长的拉爪会使拉拔器末端拉力减少

二、专用设备的使用

1. 空气压缩机的使用

（1）接入规定电源，启动电动机，压缩机开始运转。

（2）检查电动机的运转方向是否和壳体上指示的______________相同，若不相同，三相电动机可将三根电源中任意两根导线_________________，即可改变空气压缩机的旋转方向。

（3）待空气压缩机压力表指示压力达到_______________或管网需要压力后，再打开出气阀。

（4）当空气压缩机储气罐内气体压力达到____________时，压缩机将自动停止运转。

（5）若空气压缩机气缸内气压高于_________，____________自动开启，将储气罐内空气排出进行泄压；当气压降到储气罐内设定压力时，安全阀自动关闭。

（6）停止工作时，先关闭电动机______________，待压缩机完全停转后，____________储气罐内压缩空气后再关闭排气阀。

续表

（7）打开储气罐底部排污阀，将罐内底部凝聚的水分及油污等排放干净
2. 气动冲击扳手的使用  （1）将气动扳手、高压输气管与空气压缩机正确连接，并检查气管连接接头是否可靠卡紧。 （2）启动空气压缩机，将空气压缩机输出气压调节到______（参照气动扳手使用说明书）。 （3）戴上护目镜，在气动扳手传动轴上连接规格合适的______。 （4）按维修车辆螺母______技术要求，确定螺纹的拧紧力矩。 （5）轻点启动开关，确认扳手传动轴______是否正确。注意：气动冲击扳手不允许长时间高速空转。 （6）拆卸螺母、螺栓时，应先将______套入待拆卸螺母或螺栓______，待气动冲击扳手通过套筒与螺母或螺栓______以后再压下启动开关，点动冲击拆卸，不可______持续拆卸，以防损坏螺纹结构。 （7）安装螺母、螺栓时，应先______螺母或螺栓进入配合部位，旋合长度达 1/3 以上，确保______正确以后，再用气动冲击扳手间歇点动拧紧，切不可______气动冲击扳手旋入螺母或螺栓，以防损坏螺孔结构。 （8）拆卸的螺母或螺栓即将脱离前，应______气动冲击扳手传动轴转速，以防损坏螺纹结构
3. 万用表的使用  1）挡位功能 （1）符号“Ω”表示______检测挡。 （2）符号“V”表示______检测挡。 （3）符号“A”表示______检测挡。 （4）符号“F”表示______检测挡。 （5）符号“～”表示______功能。 （6）符号“—”表示______功能。 2）直流电压的测量 （1）______、______、各控制电路等一般为直流电。 （2）首先将______插进“COM”孔，______插进“VΩ”孔，然后将表笔探针接在电源或电池两端，保持接触稳定，显示屏显示测量数值。

续表

（3）如果在数值左边出现“-”，则表示表笔连接与实际电源__________，此时红色表笔接的是_______，黑色表笔接的是__________。

3）电阻的测量

（1）电阻测量不分________，将红、黑色表笔分别插入“COM”和“______”孔，把旋钮旋到“_________”挡，将表笔探针接在电阻两端金属部位，即可测得电阻阻值。

（2）测量中不要用两只手________________电阻两端，否则会导致测量结果不准确。读数时，要保持表笔和电阻有良好的接触

4. 轮胎气压表的使用

（1）将轮胎气门嘴__________拧开。

（2）将轮胎气压表_________旋入或压入轮胎气门嘴，使其可靠密封。

（3）轮胎气压表表盘指针将指示当前轮胎__________。

（4）如胎压不足，进行充气；如胎压过高，按下气压表_______排气卸压。

（5）测量完毕，取下接头，按下放气阀，将气压表指针调零，拧回轮胎气门嘴防尘帽

5. 千斤顶的使用

1）螺旋千斤顶的使用

（1）在使用千斤顶举升汽车前，应将车辆停放在平整、坚实的___________上，防止车辆滑动或______________。如果受道路条件限制，在不平路面或松软沙土路面作业，应在千斤顶底部用面积大于千斤顶底座_________的木板等支撑板料将千斤顶底部垫稳、垫平后方可顶起车辆。

（2）车辆停稳后要拉起_________，手动挡车型应将变速杆挂入1挡或者_____，自动挡车型应将变速杆挂入___________，在_________上不允许使用千斤顶举升车辆。

（3）将千斤顶放入车下的__________进行举升操作，当千斤顶承重座与底盘接触时，需检查千斤顶承重座是否支撑到车辆承重点并接触可靠。如果要拆卸车轮，为防止在作业中车辆或___________滑移、倾倒，导致车辆侧翻，压伤人员，在千斤顶顶起车辆前，应将________放入千斤顶支撑部位附近，做防护支撑。

（4）摇动手柄，___________顶起车辆，并观察千斤顶顶起部位是否稳定、可靠。

2）液压千斤顶使用注意事项

（1）使用前应检查千斤顶各部分是否完好，主缸是否漏油，活塞顶部的____________和回油阀是否灵活、可靠。

续表

(2)千斤顶不允许在__________和行程的情况下使用,不得加长压力杆使用。

(3)千斤顶应在平整、坚实地面处放置作业，且必须与支撑面______。如果场地比较松软，应在顶部与重物的接触面间加______，并用垫木垫平底部支撑平面。

(4)顶升作业时，应观察千斤顶有无漏油和顶升位置是否偏斜，必要时应______。

(5)千斤顶在顶升与回降时应缓慢平稳，防止千斤顶受力不均而滑移。

(6)用两台及两台以上千斤顶同时顶升同一车辆时,千斤顶的总起重能力应不小于负重的两倍。顶升时应由专人________,确保各千斤顶的顶升速度及受力______。

(7)为确保作业安全，顶起车辆前，应选择平坦地面并用______将着地车轮______楔死，防止顶升车辆时发生位移。

(8)千斤顶承重能力有限，且底部面积较小无法固定，容易滑移，因此严禁使用千斤顶支撑车辆后________在车底作业。

(9)使用时,顶升高度不要超过套筒或活塞上的______,对无标志线的千斤顶,其顶升高度不得超过螺杆螺纹或油缸总高度的3/4，以免将套筒或活塞________，使千斤顶损坏并造成事故

6. 二柱举升机的使用

1)举升车辆

(1)提起举升机举升臂______，张开四个举升臂，驶入车辆，使其停驶在举升机前后左右的______位置（轿车车身 B 柱位置对齐举升机立柱)。

(2)将举升臂移至车底，分别将各举升臂的支撑座对准车底______。

(3)按下举升机举升按钮,使举升机的举升臂与车辆的支撑点接触后______,检查并确认四个举升臂与车辆支撑部位________并可靠接触，确认无误后继续举升车辆，使车轮离开地面。

(4)在车辆四个轮子离开地面后应停止举升，用手________，检查汽车是否被稳当地举升，并检查车辆是否保持________，然后将车辆举升至合适高度。

(5)按下下降操纵杆，使举升臂______ 3～5 cm，______嵌入齿条进行机械锁止，确保举升臂不会自动下落。

(6)绕举升车辆环视一周，检查举升机各举升臂与车辆的接触情况，确认______后方可进入车底作业。

续表

2）降下车辆 （1）确认____________。 （2）分别拉起两个举升臂上锁止爪拉环，解除__________。如拉不动，则__________少许，使锁止爪解压，然后再拉出锁止爪。 （3）按下下降操纵杆，使车辆下降到需要位置。 （4）下降过程中如遇突发状况需要停止，可随时松开操纵杆。 （5）待举升臂落地后，提起举升机举升臂________，张开四个________，驶出车辆，作业结束。 3）举升机使用注意事项 （1）操作本设备的人员必须经过使用本设备的专门培训；学生操作必须有______现场指导。 （2）使用前必须做常规检查，如发现油缸漏油、钢丝绳________、举升臂举升卡滞、________不一致、锁止机构不能正常工作，应停止操作，及时报修。 （3）车辆驶入或驶出举升机工作位，必须由有________的人员驾驶，并确认举升臂处在不阻挡车辆进出的待机位置，缓慢地驶入或驶出。 （4）举升的车辆不得超过本设备的额定________。 （5）车辆举升过程中车下和车内________。 （6）举升车辆前，先调节举升臂长度，使其伸到被托车辆底盘的合适位置，再调整________，使四只托盘与________相等。 （7）举升车辆至车轮离开地面后，应检查托盘位置，并晃动车辆，检查托举是否可靠，确保安全后，方可继续举升。 （8）当举升到达所需的作业高度时，应确认锁止机构进入________，方可进入车底作业。如果________失效，则不能在车下作业，应尽快放下车辆，检查并排除举升机故障。 （9）车辆降落时，先要确认________、工作台等完全撤离车底位置，再释放锁止机构，操纵下降控制杆，缓慢下降。 （10）车辆在升降的过程中，一定要有人负责观察车辆的升降状态，防止车辆__________倾斜或者举升失控冲顶。 （11）举升机不可长时间处于________，否则将出现不可靠状况。举升作业暂停或下课后，必须把车辆________，恢复到低位的安全待机状态，严禁在非作业状态下举升车辆于高位待机。 （12）当举升机停止使用时，必须把举升臂__________，恢复到安全的待机状态，然后切断__________，并清洁举升机及周围环境

______年______月______日　　　　得分：__________

《汽车维护与保养》任务单

姓名：______________学号：______________班级：________________

学习项目	项目二 汽车首次维护与保养
学习任务	**任务 3　汽车首次维护与保养的要求**
学习目的	（1）熟悉汽车维护与保养的部位、名称。 （2）认识汽车仪表的各种标识及指示灯，知道它们的作用。 （3）知道车辆维护与保养的主要工作。 （4）知道润滑油的作用和类型

1. 认识汽车维护与保养的主要部位

1）发动机舱主要部件的认识

①发动机护盖；　　②______________________；

③______________________；　　④______________________；

⑤______________________；　　⑥______________________；

⑦______________________；　　⑧______________________；

⑨车窗玻璃清洗液存储罐；　　⑩______________________。

续表

2）仪表盘主要功能结构认知

①____________________，作用是__________________________________。

②____________________，作用是__________________________________。

③____________________，作用是__________________________________。

④____________________，作用是__________________________________。

⑤____________________，作用是__________________________________。

⑥____________________，作用是__________________________________。

3）汽车指示灯的类型及功能

指示灯图标	指示灯的功能

续表

指示灯图标	指示灯的功能

4）车辆操作踏板

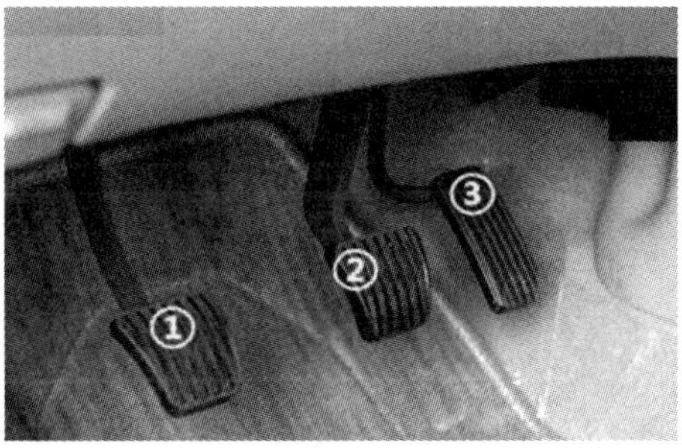

①指的是________________________；
作用是________________________。
②指的是________________________；
作用是________________________。
③指的是________________________；
作用是________________________

2. 车辆维护与保养的主要内容

（1）清洁工作：主要清洁________________________

（2）检查工作：主要检查________________________

（3）补给工作：主要补给________________________

（4）润滑工作：主要润滑________________________

（5）紧固工作：主要紧固________________________

续表

（6）调整工作：主要调整________________
3. 发动机润滑油的性能 1）发动机润滑油的主要作用 （1）________________ （2）________________ （3）________________ （4）________________ （5）________________ （6）________________ （7）________________ 2）发动机润滑油的类型及选用 （1）按润滑油的生产标准分类。

标准	汽油发动机用油的牌号（四季通用油）
SAE 标准	________________
API 标准	________________

（2）按润滑油的成分分类。

润滑油类型	润滑油的优点
矿物质型	________________
半合成型	________________
全合成型	________________

______年______月______日　　　　得分：________

《汽车维护与保养》任务单

姓名：__________　学号：__________　班级：__________

学习项目	项目二　汽车首次维护与保养
学习任务	**任务4　汽车首次维护与保养的检查项目（1）**
学习目的	（1）知道汽车首次维护与保养的检查项目及检查内容。 （2）学会汽车首次维护与保养的检查项目的检查方法

一、车辆首次维护与保养的检查项目

（1）检查车辆灯光；

（2）检查__________；

（3）检查__________；

（4）检查__________；

（5）检查__________；

（6）检查__________；

（7）检查__________；

（8）检查__________；

（9）检查__________；（10）检查__________；

（11）检查__________；（12）检查__________；

（13）检查__________；（14）检查__________；

（15）检查__________；（16）检查__________；

（17）检查__________；（18）检查__________；

（19）检查车辆有无漏气、漏水、漏油现象；（20）检查汽车底盘有无异响

二、车辆检查前的准备工作

（1）检查车内物品，提醒驾驶员__________；

（2）环绕车辆检查外观，有无__________、__________，玻璃有无损伤。若有，现场与车主进行沟通，并填写__________，双方__________；

（3）铺设车内“三件套”（__________、__________、__________）；

（4）打开发动机引擎盖，铺设__________、__________

续表

三、车辆首次维护与保养的检查内容

1. 检查仪表指示灯

（1）打开点火开关，观察仪表盘部分指示灯会点亮，车辆各电控系统开始________，自检结束后，部分________________。

①油量表、水温表指针指示当前发动机油量和水温，__________应点亮。

②机油压力表显示当前油压，发动机未启动时机油油压______，指示灯________。

③发动机故障指示灯__________；蓄电池指示灯__________。

④驻车指示灯点亮，转向助力系统指示灯点亮。

（2）启动发动机，发动机转速表偏转，指示当前转速，此时：

①机油压力指示灯____________；

②发动机故障指示灯__________；

③蓄电池指示灯______________；

④转向助力系统指示灯_________；

⑤驻车指示灯_______________；

⑥水温过低指示灯_____________；

⑦安全带指示灯______________。

（3）发动机熄火，转速表回零，所有指示灯__________。

（4）发动机启动后，若某个电控系统产生故障，发动机故障指示灯会_________；车辆运行中若车身、底盘电控系统产生故障，相应系统指示灯也会____________，提示有故障；如果车辆没有故障，各指示灯全部熄灭

2. 检查车窗玻璃及门锁

（1）按下车窗控制开关，玻璃升降应________________，无卡滞、异响现象。

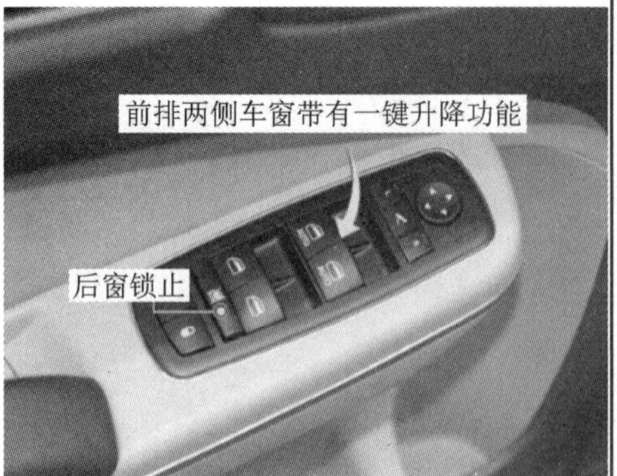

（2）车窗开关按下后如果玻璃不动作，应检查车窗________，如果熔断器正常，则有可能是__________故障。

（3）车窗玻璃升降卡阻的原因多为车门内部升降机里的__________过少，应拆下车门内饰板补充__________，并对卡滞部位进行调整。

（4）车门锁开关应遥控可靠，__________、__________，车门开关手柄扳动无卡滞情况，能及时回位

续表

3. 检查离合器踏板

（1）踏下离合器踏板，应无______现象，踏板能迅速______，踏板回位______，无______现象。踏板自由行程符合要求。

（2）车辆起步时，离合器无______，踏板______迅速，挂挡无卡滞现象，加速时离合器片无______现象

4. 检查制动系统工作性能

1）检查制动踏板

（1）检查制动踏板高度：用直尺测量从地板到制动踏板______的距离，测量结果应符合要求。

（2）检查制动踏板自由行程：发动机熄火后，踩下制动踏板几次，以便______制动助力器。然后用手指轻轻按压制动踏板并且用直尺测量制动踏板______行程，测量结果应符合要求。

（3）检查制动踏板行程余量：发动机运转和驻车制动器松开时，用力将制动踏板踩到底，然后用直尺测量踏板行程余量。

（4）检查制动状况：踩下制动踏板检查制动踏板是否有______现象、制动踏板应______踩到底，且无异常噪声，无过度松动现象。

2）检查制动真空助力器

（1）工作检查：启动发动机 10 s 后关闭发动机，踩压制动踏板数次后，再次踩下制动踏板时，要求踏板______下降；踩下踏板，当启动发动机时，检查踏板是否继续下降（______）。

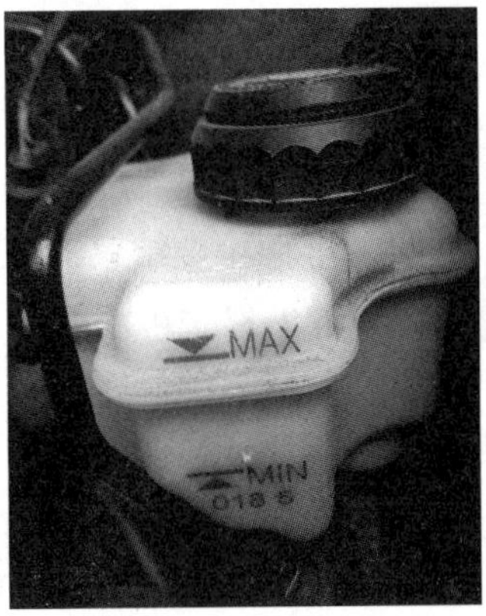

（2）检查制动真空助力器压力是否泄漏：启动发动机，踩下制动踏板并保持 30 s 后关闭发动机，要求踏板高度______。

3）检查制动液液面位置是否符合要求

目视检查制动液储液罐的液位，制动液储液罐外壳表面上刻有“MAX”和“MIN”标记，制动液应该长期保持在______，并保持清澈透明状态。

制动液过少，会导致空气进入刹车油管，造成______；如果制动液有______或浑浊现象，应______

续表

4）检查制动管路是否有渗漏情况

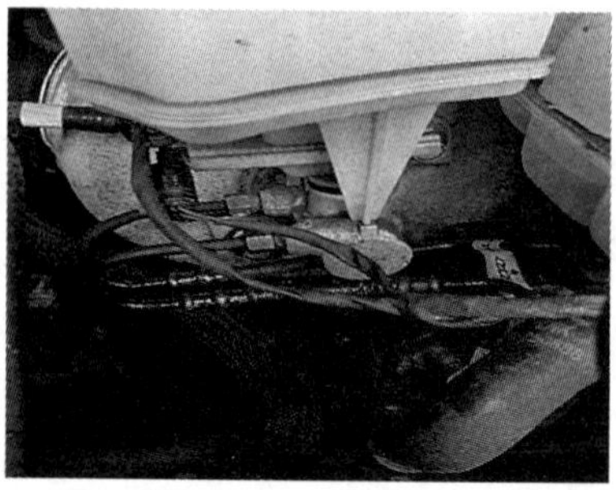

检查车辆底板左右前后四个车轮的制动管路是否良好，制动总泵与车轮的________________是否有渗漏制动液现象。若有，应紧固________，然后反复踩下制动踏板进行制动操作；若管接头处仍有渗漏，应________。

5）检查驻车制动器

拉起手刹杆，应能听到发出“________”的响声，手刹杆应在全部行程的________处被拉紧，释放轻便，无卡滞现象

5. 检查转向系统工作性能

1）检查转向系统的助力功能是否正常

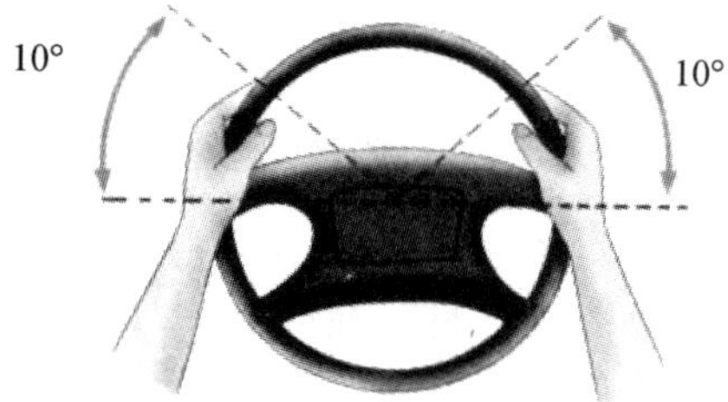

启动发动机，旋转方向盘，检查其是否轻便、灵活，无________情况，顺时针及逆时针旋转方向盘至极限位置的________应相同。

2）检查方向盘自由行程

方向盘自由行程对于缓和路面冲击、使驾驶员操纵柔和、防止驾驶员________等是有利的，但不宜过大，以免过分影响转向________和产生转向摇摆现象。

一般来说，方向盘从对应于汽车直线行驶的中间位置向任一方向的自由行程最好控制在________。当零件磨损严重，方向盘自由行程超过________时，则必须进行调整。

（1）旋转方向盘使两前轮处于________的位置。

（2）将检查器的________和________分别夹持在转向轴管和方向盘上。

（3）向左或向右转动方向盘至________时，记下指针所指的位置，再向右或向左转动方向盘至________时为止，此时指针在刻度盘上所划过的角度就是方向盘自由行程。若发现方向盘自由行程过大，应查明原因，及时调整

四、车辆检查结束的工作

（1）拆下翼子板布和前罩。

（2）调整________。

（3）清洁车辆。

（4）道路测试后，拆卸________、地板垫和________。

（5）验收交车

________年________月________日　　　　得分：________

《汽车维护与保养》任务单

姓名：______________ 学号：______________ 班级：______________

学习项目	**项目二　汽车首次维护与保养**
学习任务	**任务 4　汽车首次维护与保养的检查项目（2）**
学习目的	知道汽车首次维护与保养的检查项目及检查内容

一、车辆检查前的准备工作

（1）检查车内物品，提醒驾驶员____________________；

（2）环绕车辆检查外观，有无____________、____________，玻璃有无损伤。若有，现场与车主进行沟通，并填写________________，双方____________________________；

（3）铺设车内“三件套”（________________、________________、______________）；

（4）打开发动机引擎盖，铺设____________________、____________________

二、车辆首次维护与保养的检查内容

1. 检查蓄电池电压

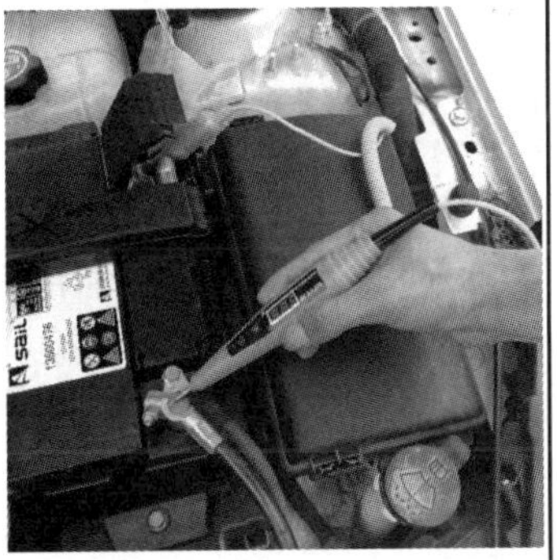

1）蓄电池的电压

汽油发动机蓄电池额定电压为________V，柴油发动机蓄电池额定电压为________V，新车蓄电池电压一般高于额定电压。汽油发动机蓄电池实测电压一般为________V，柴油发动机蓄电池的实测电压一般为________V。

2）蓄电池的充放电

在发动机不工作或转速较低时，蓄电池向用电设备__________，当用电设备的__________________发电机输出功率时，蓄电池与发电机__________向用电设备供电；当用电设备的用电功率小于发电机输出功率时，发电机会给蓄电池__________，保持蓄电池电压充足。

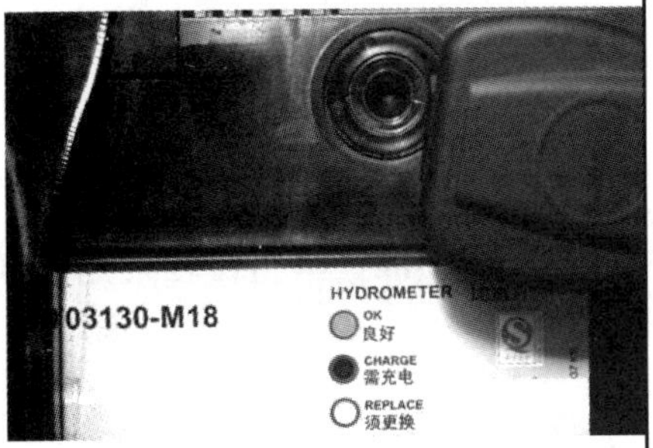

3）蓄电池电压的观察

免维护蓄电池一般有电量显示功能，通过观察孔可以观察蓄电池的存放电状态。

（1）指示眼呈绿色，表明______________，蓄电池__________；

（2）指示眼绿点很少或为____________，表明蓄电池__________需要__________；

（3）指示眼显示淡黄色或____________，表明蓄电池内部有故障，需要__________

续表

2. 检查冷却液液面位置

冷却液液面位置通过观察发动机舱内膨胀水箱外壳即可，膨胀水箱外壳有“max”和“min”字符及标记线。

（1）目视检查膨胀水箱的液位，如果冷却液液位过低，检查是否______，并添加冷却液至上、下标记线之间位置。

（2）拧下散热器盖，检查冷却液液位是否在散热器加注口颈的______附近，如果发动机冷却液液位过低，应______发动机冷却液。

注意：发动机刚熄火后，切勿打开______，否则高温冷却液喷出易导致烫伤。

（3）检查发动机冷却液水道。

检查散热器盖与散热器______周围，如果有较多的水锈或水垢沉积，应拆下发动机盖，清洁冷却液水道，并且更换______。

如果发动机的冷却液需要经常补充，则需要检查冷却液是否从散热器______、散热器盖、______和软管卡箍等周围渗漏。

不要向冷却液中添加水，因为少量水的混入会使冷却液______，在冬季冷却液会______胀破散热器，同时，造成冷却液______变差，使发动机内部水套容易锈蚀

3. 检查发动机润滑油液面位置

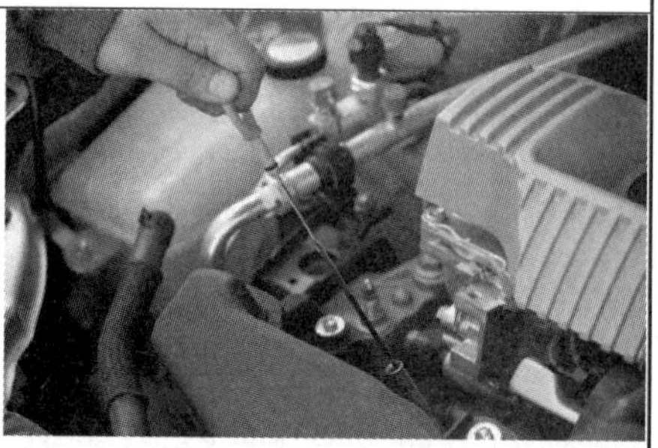

发动机润滑油液面位置通过观察发动机舱内______即可，______下端有“______”和“______”字符及上下位置标记线，正常时润滑油液位处于______。

1）查看机油标尺下端的油面痕迹

拔出机油标尺，用棉布擦干净后，将机油标尺重新插入到底，停留2～5 s后取出机油标尺进行观察，如果润滑油液位在机油标尺______和______中间部位偏上，则表示机油量正常。

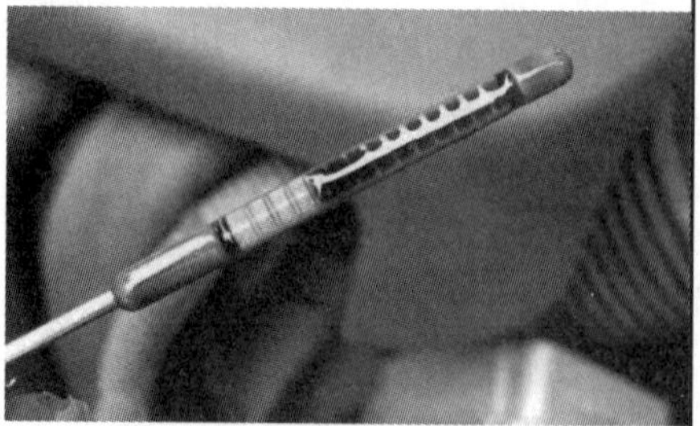

2）观察机油的颜色

将润滑油滴在吸附性较好的干净的纸上，观察纸面有无______、金属粉末或______，若有，无论润滑油是否到达更换里程，均应______

续表

4. 检查发动机传动皮带

发动机传动皮带张力不足，很容易出现________；张力过大，很容易损伤__________。因此，应该定时检查皮带张力，把皮带的张力调整到____________。

（1）检查皮带的张力。用拇指强力按压皮带__________，按压力约为 10 kgf（98 N），如果皮带的压下量在________mm 左右，则皮带张力合适；如果压下量过大，则皮带____________，需要________皮带张力。如果皮带几乎不出现压下量，则皮带张力__________，需要____________皮带张力。

（2）检查皮带表面有无龟裂。

新车首保一般不会出现这种情况，若有，应更换皮带

5. 检查空气滤清器

应根据车辆使用情况经常检查和清理空气滤清器，防止灰尘过多堵塞滤芯，导致发动机进气量下降，____________，__________增加。

拆下空气滤清器滤芯，检查滤芯表面有无灰尘附着，若有，用压缩空气吹洗滤芯正反两面。

不同车型空气滤清器滤芯拆卸方法不同，有的车型空气滤清器用__________进行固定，用手掰开__________即可拿出滤芯，有的车型空气滤清器用________进行固定，拆卸时需要用螺丝刀才能打开上盖，取出滤芯

6. 检查轮胎及轮胎气压

车辆轮胎必须按照生产企业指定气压充气，气压过高或过低都会加剧__________，甚至导致车辆行驶中发生__________事故。

1）轮胎标准气压标识位置

（1）车辆使用手册内。

（2）________________B 柱上。

（3）副驾驶座旁的储物箱内。

（4）油箱盖小门上。

续表

（5）________上。

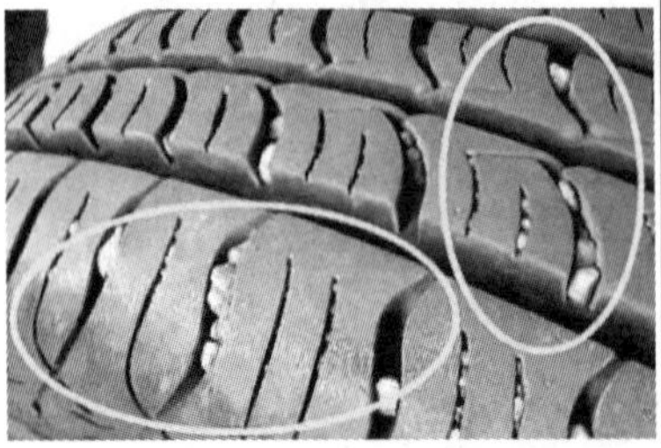

（6）轮胎侧面。

2）轮胎气压检查

用气压表检查轮胎气压，轮胎气压应符合标准。若胎压不正常，可将________涂在气门嘴上，检查气门嘴是否________

3）轮胎表面状况检查

（1）观察轮胎表面的________标识，检查胎面深度。

（2）检查轮胎的胎面和胎壁是否嵌入金属微粒、________或者其他异物，并进行清理。

（3）检查轮胎的整个外围是否有________或者阶段磨损。

（4）检查轮胎胎面和胎壁是否有________、________或者鼓包。

汽车以高速驶过凹坑、障碍物时，轮胎局部在巨大的撞击力下将发生严重变形，内部压力瞬间增大，容易造成轮胎内部帘线分层窜气而________。已经发生________的轮胎必须________，否则有爆胎的危险。

（5）检查轮辋和轮毂是否损坏、腐蚀、变形等。

4）轮毂螺母拧紧力矩检查

使用力矩扳手按________检查轮毂螺母拧紧力矩，如果力矩不足，则按________交替拧紧各螺栓，使其达到规定力矩；如果力矩过大，则按对角方向________拧松所有螺栓后，重新按________拧紧各螺栓，使其达到规定力矩

三、车辆检查结束的工作

（1）拆下翼子板布和前罩。

（2）调整________。

（3）清洁车辆。

（4）道路测试后，拆卸________、地板垫和________。

（5）验收交车

______年______月______日　　　　得分：________

《汽车维护与保养》任务单

姓名：________________学号：________________班级：________________

学习项目	**项目二　汽车首次维护与保养**
学习任务	**任务5　空气滤清器和空调滤清器的清理**
学习目的	（1）学会空气滤清器的清理方法。 （2）学会空调滤清器的清理方法

1. 空气滤清器的清理

（1）空气滤清器有什么作用？	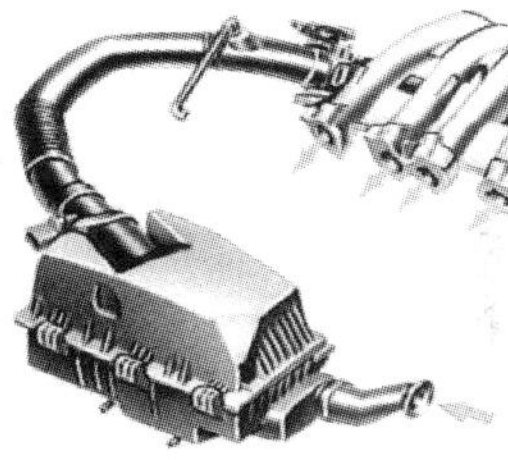
（2）空气滤清器滤芯堵塞对发动机工作有什么影响？	
（3）多长时间清理一次空气滤清器？	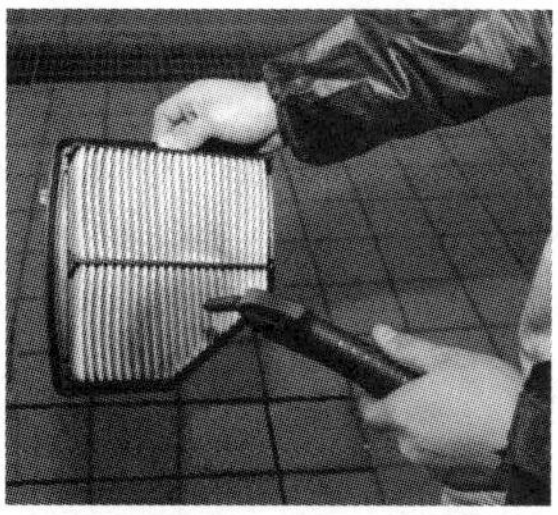
（4）空气滤清器在哪里？	

续表

<table>
<tr><td>（5）如何打开空气滤清器？</td><td></td></tr>
<tr><td>（6）如何拆下并清理空气滤清器？
①
②
③
④</td><td>

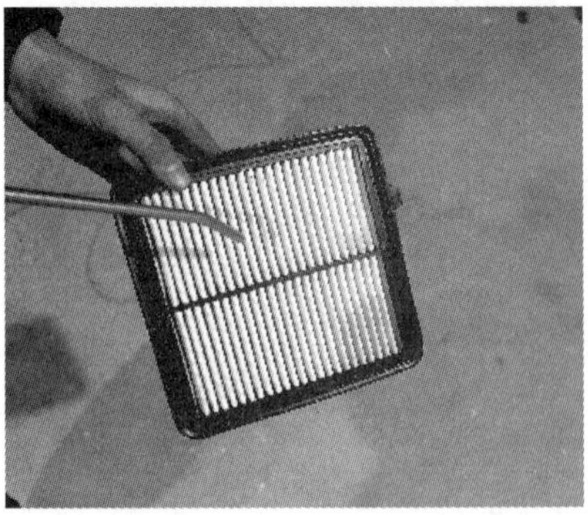</td></tr>
</table>

续表

2. 空调滤清器的清理	
（1）空调滤清器有什么作用？	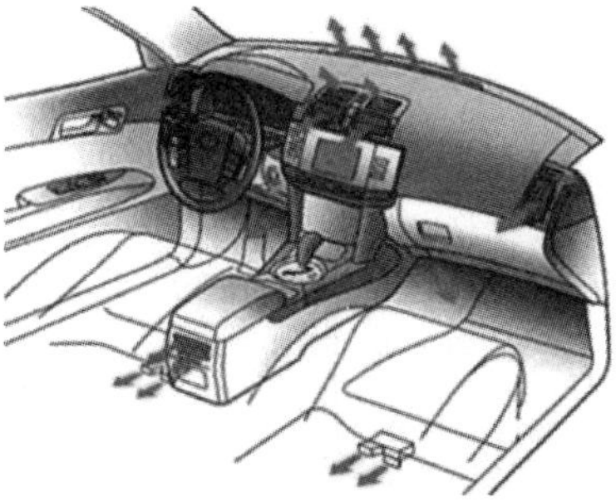
（2）空调滤芯脏了有什么影响？	
（3）多长时间清理一次空调滤芯？	
（4）空调滤芯在哪里？	
（5）如何拆下空调滤芯？	

续表

（6）如何清理空调滤芯？	

_______年_______月_______日　　得分：____________

《汽车维护与保养》任务单

姓名：________________学号：________________班级：________________

学习项目	**项目二　汽车首次维护与保养**
学习任务	**任务 6　发动机润滑油的更换**
学习目的	知道发动机润滑原理，学会发动机润滑油和机油滤清器的更换流程及方法

1. 发动机润滑系统的特性

（1）发动机为什么要润滑？

（2）发动机为什么要在热态下更换润滑油？

2. 润滑油及机油滤清器的更换方法

（1）更换发动机润滑油前要做哪些准备工作？

续表

（2）在放出机油前要做哪些工作？	 
（3）如何举升车辆？	
（4）如何放出废机油？	
（5）如何拆下机油滤清器？	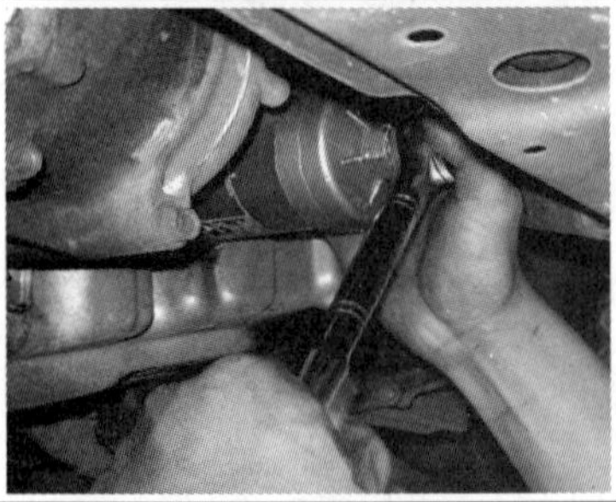

续表

（6）机油滤清器有什么作用？为什么要更换？	
（7）如何安装机油滤清器？	
（8）如何判断加入机油量是否合适？	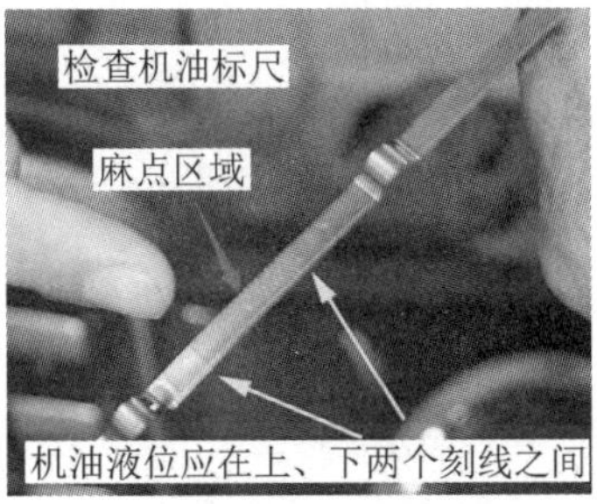
（9）换下的废机油能不能重复使用？如何处理？	

______年______月______日　　　　得分：________

项目三　汽车 50 000 km 维护与保养

知识目标

（1）学生能准确描述轮胎动平衡机、轮胎拆装机、汽车故障诊断仪的功能、用途。

（2）学生能准确描述汽车车轮的组成、轮胎的类型及相关性能。

（3）学生能知道汽车各种灯光的组成、功能及使用要求。

（4）学生能知道汽车故障的产生原因、故障管理方式。

技能目标

（1）学生能学会轮胎动平衡机、轮胎拆装机、汽车故障诊断仪的使用方法。

（2）学生能学会汽车车轮的拆装方法，学会轮胎的拆装、更换、补胎、动平衡的维护作业，学会进行轮胎换位操作。

（3）学生能学会汽车各种车灯灯泡的更换方法，学会对前照灯的灯光进行调节。

（4）学生能学会使用汽车故障诊断仪读取车辆故障代码，认识故障形式，消除故障代码。

学习准备

（1）实训车辆。

（2）车辆维修保养手册、车辆使用手册、车辆维修委托书、工作页。

（3）车身安全防护用品、维护与保养项目用品。

（4）二柱举升机、轮胎动平衡机、轮胎拆装机、汽车故障诊断仪、空压机、气压表、吹尘枪。

（5）组合套筒、扭力扳手、轮胎扳手、轮胎修补工具、平口螺丝刀、十字形螺丝刀。

（6）清洗剂、棉布等。

尽管按期维护与保养，但随着使用时间的延长，车辆各总成及零部件的使用性能和可靠性还是逐渐发生变化。一般运行至 50 000 km 左右，车辆受力较大、冲击频率较高的车轮的性能开始发生变化，需要进行检查、调整和维护；轮胎磨损严重，寿命已接近报废；电池频繁充放电，蓄电能力下降；个别车灯灯泡烧毁，需要进行更换；出现发动机故障灯点亮等情况，需要进行检查；等等。

一些车辆长期行驶在山区、便道、砂石路面，或者发生追尾、碰撞，尽管更换了损坏部件，但车辆底盘的技术结构已经发生改变，尽管情况不严重，驾驶员察觉不出来，但对车辆运行已经产生安全隐患，需要检查、排除隐患。个别车辆在使用中，经常用水清洗发动机，或者经常处于潮湿的环境中，使得个别电器插接头锈蚀、氧化，导致车灯不亮或灯泡烧毁、仪表盘不时出现故障灯点亮等现象。在本阶段，主要对车辆进行表 3-1 所示项目的检查与维护。

表 3-1　车辆 50 000 km 维护与保养项目

序号	检查项目		维护项目		更换项目	
1	制动液	☆	车轮的拆装	★	机油滤清器	☆
2	冷却液	☆	轮胎的换位	★	发动机润滑油	☆
3	玻璃水	☆	轮胎的平衡	★	空气滤清器	☆
4	油底壳有无渗漏	☆	轮胎的修补	★	空调滤芯	☆
5	管路有无渗漏	☆	前照灯的调节	★	灯泡	★
6	变速器有无渗漏	☆			汽车轮胎	★
7	手刹	☆				
8	底盘受力及支撑部位	☆				
9	轮胎磨损情况	★				
10	车辆故障码读取	★				

注：☆为已经掌握的内容；★为本项目要学习和掌握的内容。

工具及设备的使用

任务 1　汽车 50 000 km 维护与保养常用设备的使用

一、轮胎动平衡机的使用

（一）轮胎动平衡机的用途

轮胎动平衡机用于检测车轮在高速旋转时的跳动情况，能够准确地找到车轮产生跳动的部位，维修人员通过给车轮附加平衡块的办法（图 3-1）消除轮胎的离心力，减弱或消除车轮高速旋转产生的跳动、偏摆的情况，从而使车轮旋转保持稳定、安全状态。

图 3-1　轮胎平衡块

（二）轮胎动平衡机的组成

轮胎动平衡机主要由显示面板、置物盒、主轴、快速螺母、机身、电源开关组成，附件有定位锥、卡尺、拆装钳（图 3-2）。

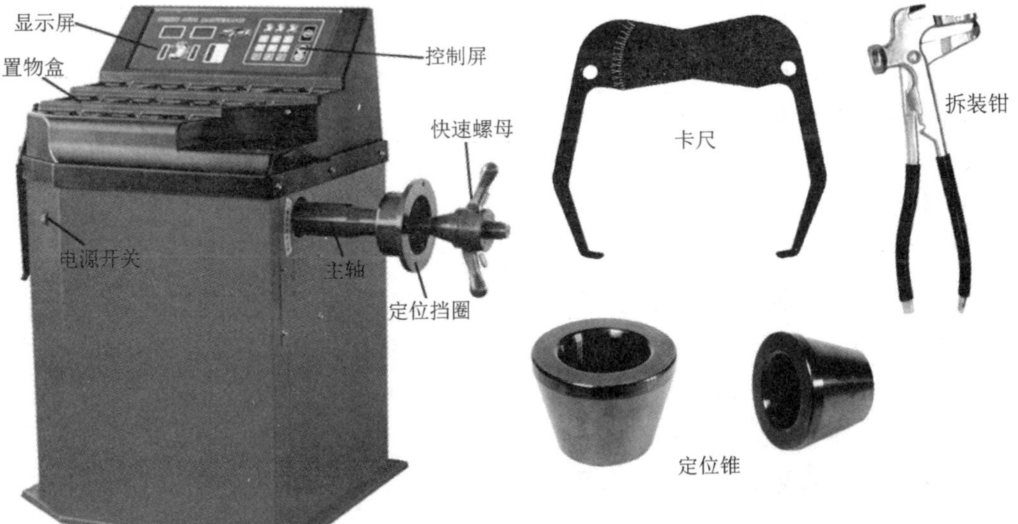

图 3-2　轮胎动平衡机的组成

显示面板主要由显示屏和控制屏组成（图 3-3），显示屏用来显示在车轮动平衡过程中的不平衡量检测信息，控制屏用来输入车轮参数，轮胎动平衡机电脑根据车轮参数确定车轮动不平衡状态。

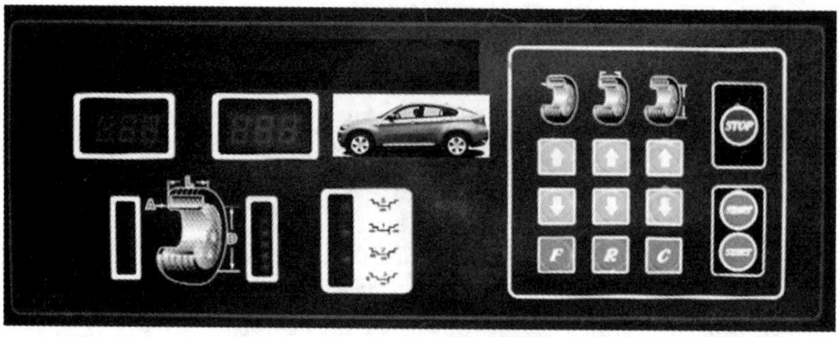

图 3–3　轮胎动平衡机显示面板

置物盒用来存放平衡块、工具及其他附件。

主轴用来安装被平衡的车轮，通过定位锥对车轮旋转中心进行定位。

快速螺母用来夹紧车轮，以方便快速拆装。

拆装钳用来拆装车轮上的平衡块。

卡尺用来测量车轮轮辋尺寸，单位为英寸（in）（1 in=2.54 cm）。

（三）轮胎动平衡机的安全操作规程

（1）应每个月检查一次轮胎动平衡机机体各部分的润滑情况。

（2）轮胎装卸时应防止碰撞轮胎动平衡机机身。

（3）轮胎动平衡机机身必须固定在水平地面上，工作中不能有振动或移动现象，否则会导致检测结果不准确。

（4）轮胎动平衡机开机前，应仔细清理轮胎花纹中潜入的石子等异物，防止运转时飞出伤人。

（5）轮胎动平衡机在运转过程中，不得用手或其他物品接触旋转部位，在轮胎旋转径向两侧均严禁站人，有保护罩的必须正确使用保护罩。

（6）轮胎动平衡机使用结束后，在轮胎完全停止旋转后才能打开防护罩，以确保操作人员安全。

（7）镶嵌平衡块时，应确保镶嵌牢固，镶嵌过程中要注意用力方向和力度，避免大力冲击主轴，造成主轴测量系统不准。

（8）轮胎平衡结束后，应立即取下车轮，不可长时间将车轮放置在轮胎动平衡机主轴上，防止主轴弯曲变形。

二、轮胎拆装机的使用

（一）轮胎拆装机的用途

轮胎拆装机又称为扒胎机，既可以将轮胎从轮毂上拆下，又可以安装轮胎以及给轮胎充气。它主要用于轮胎的修补、更换等操作，是汽车修理厂、汽车轮胎店的必备设备。

（二）轮胎拆装机的类型

按照不同的分类方法，轮胎折装机有不同的类型。

（1）按照拆装轮胎的尺寸，轮胎拆装机分为小、中、大型轮胎拆装机。一般来说，拆装范围在 20 in 以下的属于小型轮胎拆装机，20～24 in 的属于中型轮胎拆装机，大于 24 in 的属于大型轮胎拆装机。

（2）按照轮胎的拆装方向，轮胎拆装机分为立式轮胎拆装机和卧式轮胎拆装机。一般小、中型轮胎拆装机都采用立式，大型轮胎拆装机采用卧式（图 3-4）。

立式轮胎拆装机　　卧式轮胎拆装机

图 3-4　轮胎拆装机的类型

（3）按照拆装机的动力来源，轮胎拆装机分为电动轮胎拆装机和气动轮胎拆装机。目前气动轮胎拆装机在国内外应用广泛。

（4）按照拆装机的操作方式，轮胎拆装机分为半自动侧摆臂式轮胎拆装机、半自动右倒臂式轮胎拆装机和全自动轮胎拆装机等。

下面以半自动侧摆臂式轮胎拆装机（图 3-5）为例介绍轮胎拆装机的组成。

（三）轮胎拆装机的组成

轮胎拆装机主要由以下五部分组成。

（1）拆胎臂及辅助臂（图 3-5）：辅助压紧轮胎和分离外胎。

（2）工作台（图 3-5）：具有固定轮辋、旋转等作用。

（3）分离臂（图 3-6）：在轮胎拆装机右侧，用来将轮胎与轮辋分离。

（4）充放气装置：用来给轮胎充气、放气，另外还有测量气压的气压表。

（5）操作踏板（图 3-6）：在轮胎拆装机的下面有四个脚踏板开关，分别为轮胎举升脚踏开关 G、夹紧气缸脚踏开关 H、分离铲脚踏开关 I 和工作台转动脚踏开关 J。

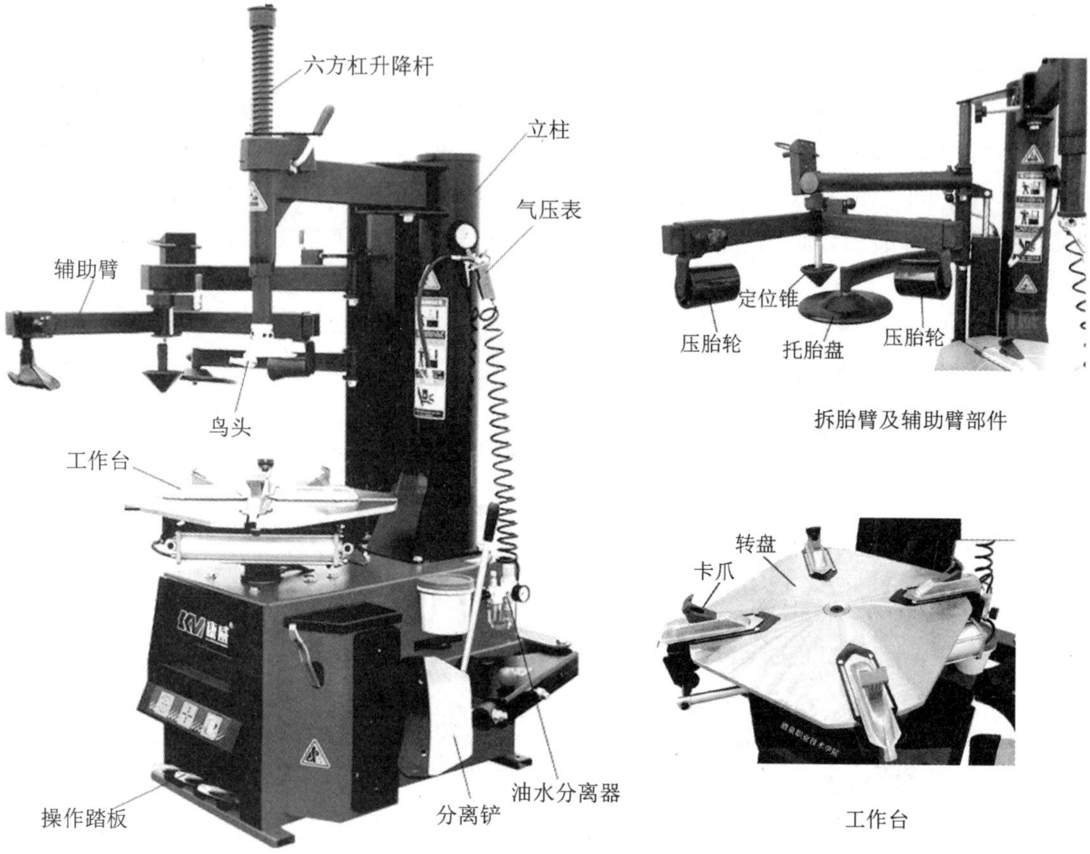

图 3–5 半自动侧摆臂式轮胎拆装机的组成

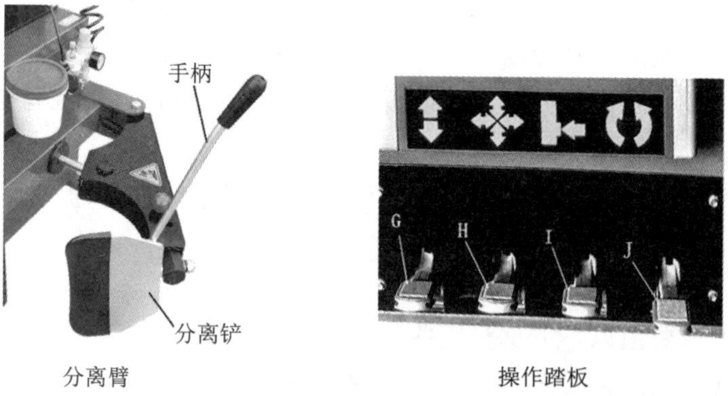

图 3–6 轮胎拆装机部件

踏下轮胎举升脚踏开关 G，举升架将轮胎从工作台下方举升、翻送至工作台；再踏一下时，举升架返回下方。

踏下夹紧气缸脚踏开关 H，转盘上的卡爪张开；再踏一下时，卡爪又合上。

踏下分离铲脚踏开关 I，分离铲移动，松开脚踏后回位。

踏下工作台转向脚踏开关 J，工作台顺时针旋转；上抬工作台转向脚踏开关 J，工作台逆时针旋转。

（四）扒胎辅助工具

扒胎时使用的辅助工具有平衡块拆装钳、铲刀、气门芯扳手等（图 3-7），用于在扒胎前清理轮胎表面夹石、平衡块，放气等。

图 3-7　轮胎拆装辅助工具

（五）轮胎拆装机的安全操作规程

（1）使用前应清除轮胎拆装机上及附近妨碍作业的器物，并检查机器各部是否正常工作。

（2）拆卸轮胎时，首先将轮胎内的气完全放净，然后去掉钢圈上所有平衡块。

（3）拆胎前应将车轮放到轮胎分离位置，反复转动轮胎并操作分离臂使轮胎和轮辋彻底分离，挤压过程中应防止手脚深入分离臂内。

（4）轮胎搬上拆装台时，应避免碰撞设备；踩下踏板锁住轮辋前，应确认卡盘和轮辋之间没有异物。

（5）拆装轮胎前，应用毛刷在轮胎内圈涂抹润滑液，禁止使用矿物油做润滑液。

（6）在拆装轮胎过程中，用撬棍将轮胎边挑到拆卸头上时，应注意撬棍的用力方向和力度，绝不允许将手深入撬开的缝隙中。将轮胎边挑到拆卸头上，取出撬棍后，才能踩下踏板使卡盘旋转，将轮胎扒出轮辋。

（7）轮胎充气前，应首先确认轮胎气压表是否正常，充气时一定要注意安全。

（8）每次操作结束后，应对机体及周边进行清洁，并在转动部位添加润滑油。

（9）经常检查，确保空气压缩杯内有充足的润滑油。

（10）每周清理油水分离器内的凝结物。

三、汽车故障诊断仪的使用

汽车故障诊断仪（又称解码器或解码仪）是汽车维修中常用的一种专业检测设备，它能读取汽车电脑存储的车辆控制系统运行信息，主要用来检查、分析汽车各电控系统的故障形式及工作状态。

该设备广泛应用于各种汽车维修企业、汽车制造厂、发动机制造厂家、各类维修站，可快速、方便地对国内外各种品牌的车辆电路故障进行检测、分析。

（一）故障诊断仪的组成

故障诊断仪由主机、功能接口、数据线接头构成。

1. 主机

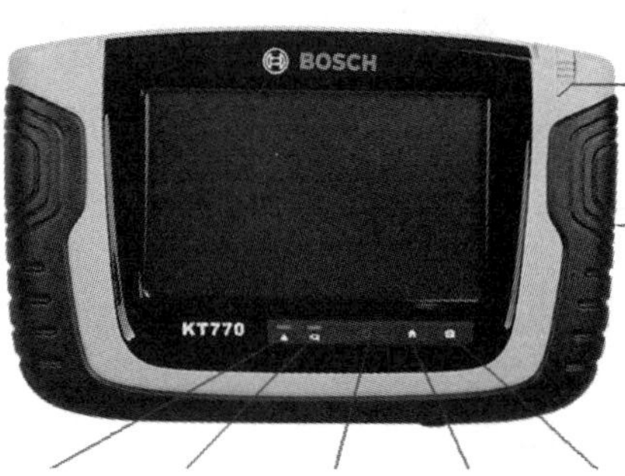

图 3-8 故障诊断仪的主机

主机（图 3-8）是一台微型计算机，它的内部构造与普通计算机相同，由中央处理器（CPU）、内部存储器、外部存储器（SD 卡、U 盘）、主板、数模转换器、输入输出接口、电源等部分组成。

主机通过外设端口，能与计算机显示器、车辆电脑、打印机、蓝牙发射模块、互联网、USB 存储设备等进行连接。通过信息交互，能获取车辆故障形式、故障部位，能清除故障信息，能获取数据流，能进行元件测试、保养灯归零、基本设定、匹配调整，甚至还能提供汽车故障诊断流程和电路资料（比如奔驰、宝马专用检测仪），为汽车维修提供技术支持。部分故障诊断仪自带示波器功能，能用于准确地观察电气电路的实时工作状态及参数。可通过网络进行系统和检测程序升级，及时获取最新车型的故障检测程序及参数。

2. 功能接口

以博世 KT770（图 3-9）为例，主机机身有与电源适配器连接的电源插孔、与数据线

图 3-9 故障诊断仪的功能接口

连接的诊断插口，还有存储故障诊断程序的 SD 卡插口、USB 插口、网线插口、扩展口等。能连接电脑显示器、打印机，能实现与互联网连接，用于程序升级、功能扩展等。

电源接口用来连接电源适配器，给主机供电。电源适配器有两种适配方式，可连接车辆蓄电池或点烟器获取电源，也可连接 220 V 交流电源，经整流器转换给主机提供工作电源。

诊断接口用来连接数据线，使汽车电脑与故障诊断仪进行数据交互。新型诊断仪已经配置蓝牙传输模块，与主机的发射模块一经匹配，即可通过无线方式与车辆电脑进行数据交互。

SD 卡插口用来安装 SD 卡，SD 卡是故障诊断仪检测各种车型的程序存储卡，为防止存储数据不被损坏，不要随意拔插 SD 卡。SD 卡内的程序应备份至其他 U 盘或计算机硬盘内。

3. 数据线及接头

数据线用来连接故障诊断仪与车辆诊断插座，是主机与汽车电子控制单元（ECU）之间的数据传送通道，OBD 插头为数据线与车载诊断插座连接的转换插头（图 3-10）。

图 3-10　故障诊断仪数据线及 OBD 插头

（二）故障诊断仪的类型

（1）汽车制造厂专用诊断仪，如大众的 VAG1551、VAG1552、VAG1553，福特的 IDS 等。

（2）通用诊断仪，如元征 X431、博世 KTS 系列和金德 KT670。

（三）故障诊断仪的功能

（1）读取与清除故障码。通过数据线或无线蓝牙模块可以实现与车载各电控系统 ECU 之间进行信息交互，传送故障代码以及发动机的状态信息，并用于清除发动机故障代码。

（2）通过数据线或无线蓝牙模块可以与电脑进行数据传送，可通过互联网下载新车型的故障诊断程序，也可以对诊断仪进行系统升级等。

（3）通过液晶显示器来显示汽车运行的状态数据及故障信息，分析汽车各电控系统的故障。

（4）通过故障诊断仪程序强制给车内一些执行元件（如喷油器、继电器、电磁阀、怠速电机、冷却风扇等）发出控制命令，使其脱机工作，从而迅速直观地判断该元件是否正常。

（5）利用故障诊断仪自带的示波器功能，把无法观察、快速变化的电信号变换成二维图像，便于维修人员分析各电路及传感器的实时工作过程。

专业理论知识

任务 2　汽车轮胎的认识与使用

一、汽车的车轮

图 3-11　汽车车轮

汽车车轮是介于地面和车身之间承受载荷的旋转零件（图 3-11），主要用来支持车辆的全部重量，承受车辆的全部负荷，并传递其他方向的力和力矩。性能良好的车轮在车辆行驶中能与车身悬架共同缓和车辆所受到的路面冲击，同时与路面之间具有良好的附着性，能适应车辆的高速性能并降低行驶时的噪声，保证行驶的安全性、操纵稳定性、舒适性和经济性，使车辆具有良好的动力性、制动性和通过性。

汽车车轮由轮胎、轮辋、轮辐和轮毂组成（图 3-12）。

（一）轮胎

轮胎为圆环形弹性橡胶制品，安装在金属轮辋上，能支承车身，缓冲路面冲击，实现与路面的可靠接触并保证车辆的行驶性能。

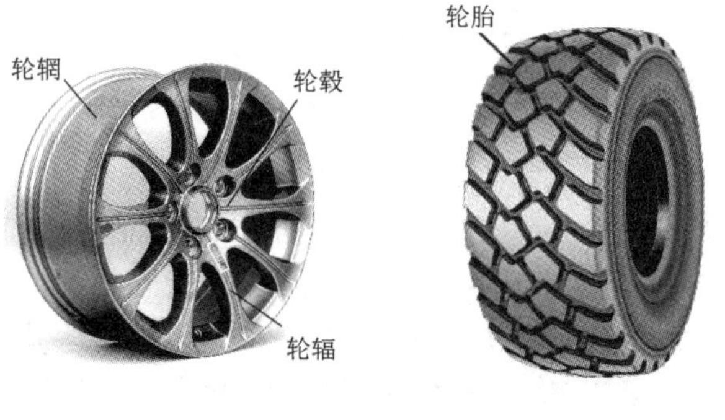

图 3-12　汽车车轮的组成

（二）轮辋

轮辋俗称轮圈或钢圈，与轮胎组装配合，支撑轮胎的车轮部分。轮辋和轮辐可以是整体式的也可以是可拆卸式的。根据材料轮辋可分为钢制轮辋和铝合金轮辋。

（三）轮辐

轮辐是连接轮辋与轮毂的部件，车轮上常见的轮辐有辐板式（常见于钢制车轮）、辐条式（常见于自行车、摩托车）和多辐式（常见于铝合金车轮）。

（四）轮毂

轮毂指连接轮辐并将车轮固定于车轴上的车轮中心连接部件。在轮毂上加工有多个轮毂螺栓孔，用于连接车轮与车轴，并承受传输动力。

二、汽车的轮胎

（一）轮胎的材料

轮胎主要由天然橡胶和合成橡胶（45%～50%）、钢帘线（15%）、帘子布和炭黑（24%）等组成。

橡胶具有良好的弹性，用橡胶做轮胎能减少车辆行驶中的冲击振动，但天然橡胶的耐热性、抓地力较差，抗摩擦能力较弱，易磨损，因此加工轮胎时会在橡胶中融入部分添加剂，改善橡胶的性能，其中一种很重要的添加剂叫炭黑。

钢帘线是用优质高碳钢制成的表面镀有黄铜的细规格钢丝股或绳，主要用于轿车轮胎、轻型卡车轮胎、载重型卡车轮胎、工程机械车轮胎和飞机轮胎及其他橡胶制品骨架材料。采用钢帘线作为增强材料所制作的子午线轮胎具有使用寿命长、行驶速度快、耐穿刺、弹性好、安全舒适、节约燃料等优点。

传统的斜交胎使用纤维（如聚酯帘线、尼龙帘线）作为骨架材料，而新型的子午线轮胎则选用钢帘线作为骨架材料。按结构轮胎可分为全钢子午线轮胎和半钢子午线轮胎，前者的带束层和胎体全部采用钢帘线作为骨架材料，后者的带束层用钢帘线、胎体用纤维作为骨架材料。轿车、轻型卡车一般采用半钢子午线轮胎，载重型卡车、工程机械车采用全钢子午线轮胎。

炭黑具有良好的吸附性，碳粒子与橡胶分子能充分融合，提高橡胶的硬度、强度和耐磨性。此外，黑色的轮胎还可以抵抗紫外线，防止因紫外线长期照射而导致的轮胎开裂。

（二）轮胎的结构

轮胎安装在车轮轮辋上，用于吸收路面较小的冲击振动，承受车辆载荷及路面摩擦。轮胎一般由胎面、缓冲层、帘布层和胎圈组成（图 3-13）。

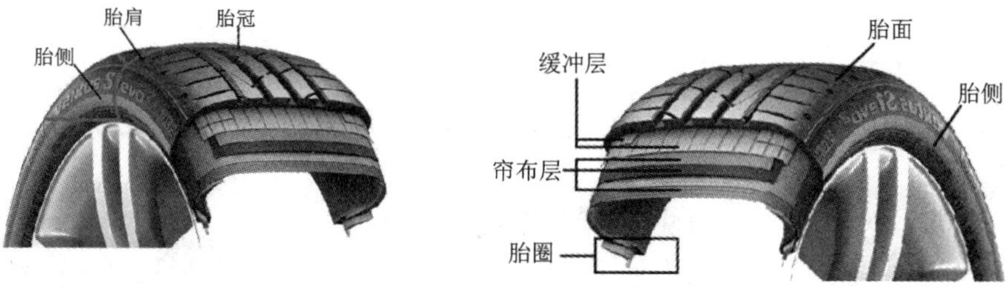

图 3-13　轮胎的结构

1. 胎面

胎面是轮胎的外表面，可分为胎冠、胎肩和胎侧三部分。

胎冠与路面直接接触，并产生附着力，便于车轮滚动和制动。胎冠的外部是耐磨的橡胶，胎面上制有各种花纹。由于车辆用途不同，车轮的工作环境不同，胎面上制有的花纹也不同。

胎肩是较厚的胎冠和较薄的胎侧间的过渡部分（图 3-13）。由于胎面弧度小而胎体帘线层弧度大，成型时胎面两侧下部必须用胶料填充，从而在此处形成胎肩。胎肩厚度一般为胎面厚度的 1.35～1.60 倍，胎肩过厚容易产生肩空、肩裂等问题。一般该部位制成各种花纹，并与胎面花纹沟连通，以便散热。除上述作用外，载重轮胎胎肩花纹还能在汽车转弯时承受超负荷的压力，并有助于提高抓地力。

胎侧又称胎壁，由数层橡胶及帘线构成，覆盖轮胎两侧，主要功能是承受屈挠变形，保护胎体帘线不受损伤，因此应具有很好的耐屈挠、耐刺穿和耐老化性能。

按照国家标准规定，在轮胎的两侧要标注生产编号、制造厂商标、尺寸规格、层级、最大负荷和相应气压、胎体帘布材料汉语拼音代号、安装要求和行驶方向记号等。

2. 缓冲层

位于胎面和帘布层之间、带有或不带有帘线的胶片即为缓冲层，用来吸收从胎面方向传来的冲击力，减少帘布层的损伤，承受轮胎在行驶时或突然制动时由于惯性作用而产生的剪切应力。

3. 帘布层

帘布层是外胎的骨架，主要用于承受载荷，保持外胎的形状和尺寸，并使外胎具有足够的强度和韧性。帘布层通常由成偶数的多层帘布用橡胶贴合而成，与相邻层的帘线交叉排列。帘线可以是棉线、人造丝、尼龙和钢丝，不同材料用拼音首字母进行标注。如棉帘布标注为“M”、人造丝帘布标注为“R”、尼龙帘布标注为“N”、钢丝帘布标注为“G”、钢丝子午线帘布轮胎标注为“ZG”。

按照帘布层帘线排列方式，外胎可以分为斜交轮胎和子午线轮胎。

4. 胎圈

胎圈指轮胎与轮辋的卡合部分，又称趾口，由胎圈芯和胎圈包布等组成。胎圈能承受因内压而产生的伸张力，同时能克服轮胎在转弯行驶中所受的横向力作用，使外胎不致脱出轮辋。因此必须有很高的强度，结构应紧密坚固，不易发生变形。

（三）轮胎的类型

1. 按轮胎内空气压力的大小分类

按轮胎内空气压力的大小，轮胎可分为高压轮胎、低压轮胎和超低压轮胎（图 3-14）。

高压轮胎　　低压轮胎　　超低压轮胎

图 3-14　轮胎的类型

（1）高压轮胎（0.5～0.7 MPa），常用于中、重型车辆，比如货车、大客车等；

（2）低压轮胎（0.15～0.45 MPa），常用于轻型载货汽车、轿车等载荷较小的车辆；

（3）超低压轮胎（0.15 MPa 以下），常用于路面跑车、赛车等对抓地力和散热要求比较高的车辆。

2. 按有无内胎分类

按有无内胎，轮胎可分为有内胎轮胎（图 3-15）和无内胎轮胎（图 3-16）。

图 3-15　有内胎轮胎

图 3-16　无内胎轮胎

1）有内胎轮胎

有内胎轮胎主要由垫带、内胎和外胎等组成。

（1）垫带。

垫带是一个环形的橡胶带，垫在内胎与轮辋之间，保护内胎不被轮辋和胎圈磨伤。

（2）内胎。

内胎是一个环形的橡胶管，上面装有气门嘴，以便充入或排出空气。为使内胎在充气状态下不产生褶皱，其尺寸应稍小于外胎的内壁尺寸。

（3）外胎。

外胎即汽车轮胎，承受车辆各种载荷并保护内胎不被破坏。

有内胎轮胎具有良好的承载能力，但由于内胎存在散热性不好的缺陷，一般应用于低速重型车辆，如大型客车、货车，重型特殊车辆的轮胎。

2）无内胎轮胎（真空轮胎）

无内胎轮胎由外胎、轮辋和气门嘴组成。

无内胎轮胎没有内胎，空气直接充入外胎中，外胎和轮辋之间有很好的密封性。在外胎内壁上附加了一层 2～3 mm 厚的橡胶密封层，轮胎穿孔时自粘层能自行将穿刺的孔黏合，气密性好，可直接通过轮毂散热，工作温度低，使用寿命长，结构简单紧凑，质量小，广泛用于小型高速车辆，如轿车、SUV、越野车的轮胎。

3. 按胎体帘布层结构分类

按胎体帘布层结构，轮胎可分为斜交轮胎（图 3-17）和子午线轮胎（图 3-18）。

1）斜交轮胎

斜交轮胎的帘布层和缓冲层各相邻层帘线交叉排列，各帘布层与胎冠中心线成 35°～40°的交角，因而叫斜交轮胎。

斜交轮胎的运转噪声小，外胎面柔软，价格便宜，但轮胎在转向时接触地面面积小，胎冠滑移大，抗侧向力能力差，滚动阻力大，油耗高，高速行驶的稳定性和承载能力不如子午线轮胎。主要用于货车、客车及农用车车轮上。

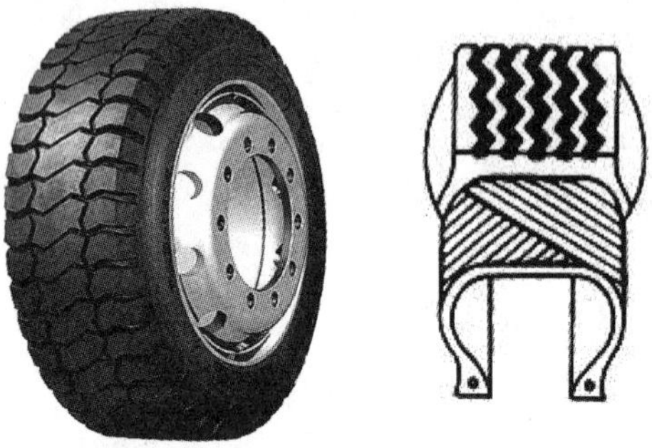

图 3-17 斜交轮胎

图 3-18 子午线轮胎

2）子午线轮胎

子午线轮胎的胎体帘布层与胎面中心线呈 90° 或接近 90° 角排列，帘线分布如地球的子午线，因而称为子午线轮胎。

与斜交轮胎相比，子午线轮胎具有与地面接触面积大、附着性好、行驶里程长、滚动阻力小、节约燃料、承载能力强、减震性能好、不易爆胎等优势，目前广泛应用在各种需要高速行驶的车辆上。

4. 根据花纹分类

根据花纹轮胎可分为普通花纹轮胎、混合花纹轮胎和越野花纹轮胎（图 3-19）。

图 3-19 轮胎的花纹

1）普通花纹轮胎

花纹特点：胎面花纹细而浅，花纹块与地面接触面积大，在一般车辆上应用广泛。根据花纹方向，花纹分为横向花纹、纵向花纹及纵横兼有花纹三种。

（1）纵向花纹轮胎。纵向花纹轮胎的胎面花纹沟槽与轮胎旋转的方向一致。

优点：滚动阻力小，不易侧滑，行驶中产生的热量低，散热性好，因此高速性能良好，在雨天排水性能好。

缺点：抓地力不足，制动性能较差，驱动力较小，沟槽容易嵌入小石子，在负荷下容易出现开裂现象等。

应用场合：适用于在清洁、硬度良好的地面上行驶的车辆，如飞机等。

（2）横向花纹轮胎。横向花纹轮胎的胎面花纹沟槽与轮胎旋转的方向垂直。

优点：制动力及牵引力大，耐切割性能及耐磨性能好，抓地力强等。

缺点：易侧滑，易发生异常磨损，而且滚动阻力大，噪声大，高速性能差等。

应用场合：适用于在一般硬路面上行驶、牵引力比较大的中型或重型货车。

（3）纵横兼有花纹轮胎。综合了纵向和横向花纹的优点，拥有较好的制动性能和较大的牵引力，既适用于普通的路面，也适用于较恶劣的路况，在轿车、SUV、客车、货车上都可以使用。

2）越野花纹轮胎

花纹特点：胎面花纹凹槽深而宽，在较软路面上附着性好，抓地力强。

优点：附着力强，有良好的防滑性能和较大的牵引力，在泥泞和冰雪路面上行驶比普通花纹轮胎的附着力强。

缺点：滚动阻力大，易磨损，不能高速行驶，在良好硬路面上长时间行驶会加速轮胎磨损，增加燃油消耗，汽车行驶振动也比较厉害。

应用场合：适用于在砂石、滑湿路面以及松软的矿山、建筑工地路面上行驶的车辆。

3）混合花纹轮胎

花纹特点：既有普通花纹又有越野花纹。一般胎面中部为菱形，纵向为锯齿形或烟斗形花纹，两边为横向越野花纹。混合花纹轮胎兼顾普通花纹轮胎和越野花纹轮胎的特点，综合性能好，适应能力强。既能适应良好的硬路面，也能适应碎石路面、雪泥路面和松软路面，附着性好。

应用场合：适用于在城市、农村之间道路上行驶的车辆。

4）单导向花纹轮胎

优点：导向性良好，滚动阻力小，抓地力较强，操控性能好，制动性能卓越，适合高速行驶。排水性能极佳，在雨天有良好的行驶稳定性能。

缺点：安装位置要求高，必须和行驶方向相同，否则在行驶过程中可能出现轮胎抖动、加快磨损、雨天抓地力明显减弱等问题。通常来说，单导向花纹轮胎均有明显箭头指明该轮胎的滚动方向。

应用场合：适用于高速车辆及在潮湿多雨的区域行驶的车辆。

（四）轮胎的规格

轮胎规格（图 3-20）包含轮胎断面宽度、扁平比、负荷指数、速度等级、轮胎类型、轮辋直径等信息。

以子午线轮胎为例，其规格中涉及信息介绍如下。

1. 断面宽度 B

轮胎断面宽度指轮胎在标准压力和恒定温度下，横截面上两胎侧之间的距离，单位为毫米（mm）。如图 3-20 所示，“205”为断面宽度，表示轮胎宽度为 205 mm。

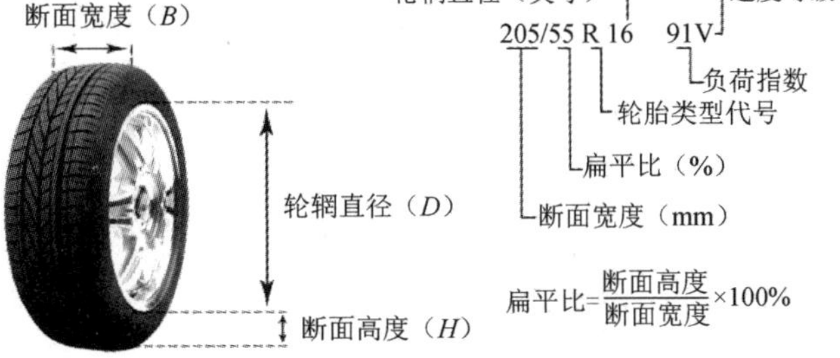

图 3–20　轮胎的规格

2. 轮辋直径 *D*

轮辋有两个直径：名义直径和实际直径。轮辋名义直径，也就是轮辋的装胎直径或轮辋槽底直径，单位为英寸（in），如图 3-20 所示，“16”为轮辋直径，表示轮胎内径为 16 in。轮辋的实际直径是轮辋外缘的直径，正常的车轮设计时，这个直径比名义直径大 24 mm 左右。

3. 断面高度 *H*

断面高度指轮胎的厚度，该尺寸会随着轮胎的压力而变化，一般指在标准压力和恒定温度下的尺寸。断面高度一般在轮胎标记中不直接标注，而是通过轮胎扁平比与轮胎断面宽度计算出：

断面高度＝扁平比×断面宽度

如图 3-20 所示，轮胎的断面高度 ＝ 55% × 205 mm＝ 112.75 mm。

4. 轮胎扁平比

轮胎扁平比指轮胎断面高度 *H* 与断面宽度 *B* 之比。该参数也会随着环境温度和轮胎压力而变化。如图 3-20 所示，“55”表示轮胎扁平比为 55%。

5. 负荷指数

如图 3-20 所示，“91”为负荷指数，对应单个轮胎在标准气压下的最大载重质量为 615 kg（详见表 3-2）。

表 3-2 轮胎负荷指数对应表

负荷指数	载重质量/kg	负荷指数	载重质量/kg	负荷指数	载重质量/kg	负荷指数	载重质量/kg
50	190	71	345	92	630	113	1 150
51	195	72	355	93	650	114	1 180
52	200	73	365	94	670	115	1 215
53	206	74	375	95	690	116	1 250
54	212	75	387	96	710	117	1 285
55	218	76	400	97	730	118	1 320
56	224	77	412	98	750	119	1 360
57	230	78	425	99	775	120	1 400
58	236	79	439	100	800	121	1 450
59	243	80	450	101	825	122	1 500
60	250	81	462	102	850	123	1 550
61	257	82	475	103	875	124	1 600
62	265	83	487	104	900	125	1 650
63	272	84	500	105	925	126	1 700
64	280	85	515	106	950	127	1 750
65	290	86	530	107	975	128	1 800
66	300	87	545	108	1000	129	1 850
67	307	88	560	109	1030	130	1 900
68	315	89	580	110	1035		
69	325	90	600	111	1040		
70	335	91	615	112	1045		

6. 速度级别

如图 3-20 所示，“V”为速度等级，表示轮胎行驶过程中能够承受的最高速度为 240 km/h（表 3-3）。

表 3-3　轮胎等级对应表

速度代号	最高速度/（km/h）	适用范围
J	100	一般车辆
K	110	
L	120	
M	130	
N	140	
P	150	紧凑型轿车
Q	160	
R	170	
S	180	
T	190	
U	200	中高级轿车
H	210	
V	240	
W	270	豪华轿车及跑车
Y	300	
ZR	240 以上	

（五）轮胎的标记

在加工制造中，生产厂家会在轮胎上留下一些特定的标记，分别表示轮胎的不同性能及使用要求。

1. 平衡标记

在轮胎制造中，轮胎制造企业会在轮胎侧面印制红色和黄色两个圆形标记（图 3-21），一般红色标记是实心的（即红点），黄色标记是空心圆圈（即黄圈，也有黄点）。红点代表轮胎纵向振动最大的位置；黄圈（或者是黄点，或者是白点）则是轮胎沿圆周方向最轻的位置。轮胎安装时应将气门嘴对准黄点标记安装，以使轮胎圆周的质量分布均匀，保持轮胎高速转动时状态平稳。

图 3-21　轮胎的平衡标记

2. 方向标记

单导向花纹轮胎有特定的轮胎花纹和旋转方向，轮胎制造企业会在轮胎侧面印制箭头，后面有一个英文单词“Rotation”（图 3-22），箭头所指的方向为轮胎的旋转方向。在安装轮胎和轮胎换位时，不能装错方向。

3. 安装标记

合资企业生产的轮胎，如果轮胎有内外侧区别时，在胎侧会有安装标记（图 3-23）。在胎侧标有“OUTSIDE”的为轮胎外侧；标有“INSIDE”或无标记的则为轮胎内侧。

图 3-22 轮胎的旋转标记

图 3-23 轮胎的安装标记

4. 磨损标记

橡胶轮胎花纹的磨损程度对于行车安全有着直接的影响。在长期行驶过程中，轮胎表面橡胶逐渐脱落，花纹也会逐渐变浅。如果轮胎的花纹被磨平，就会削弱甚至丧失防滑、排水和传递牵引力的功能。为此，轮胎制造企业在胎侧和胎肩的交界位置（即胎冠花纹沟的底部），沿圆周均匀压制“△”标志，有的轮胎在胎面沟槽底部制有均匀分布的凸台，这些都是橡胶轮胎的磨损极限标志（图 3-24）。当轮胎花纹磨损到这一标志时，部分花纹沟槽便出现断档的现象，提醒用户更换新轮胎。橡胶轮胎花纹的磨损极限一般为 3～5 mm。

世界各国对橡胶轮胎花纹的深度有不同的规定，美国规定橡胶轮胎花纹沟槽的深度不得低于 1.0 mm；日本规定货车和客车轮胎花纹不得低于 3.2 mm，轿车轮胎花纹不低于 1.6 mm；我国规定货车和客车轮胎的花纹不低于 2.0 mm，轿车轮胎花纹不低于 1.6 mm。

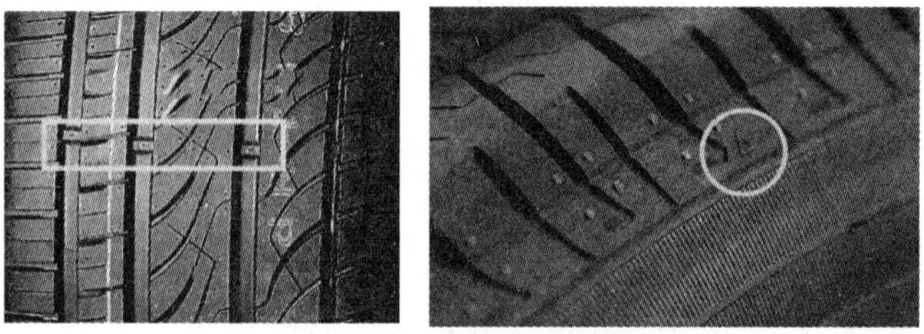

图 3-24 轮胎的磨损标记

（六）轮胎使用注意事项

1. 轮胎磨损

轮胎花纹过度磨损后会使轮胎丧失抓地力，影响操控性，容易爆胎，也会使轮胎失去排污、排水功能。

2. 轮胎压力

轮胎压力不但影响车辆燃油经济性，而且直接影响行车安全：轮胎压力过高，容易爆胎；轮胎压力过低，会造成轮胎过快磨损，也会导致爆胎。左右车轮压力不一致，行车中会导致车辆跑偏。因此要经常检查轮胎压力，确保行车安全。

3. 胎纹内杂物

应及时清除轮胎中的石子或其他异物，防止卡在花纹沟槽内的石子或坚硬异物顶破轮胎，导致轮胎漏气或爆胎。

4. 轮胎换位

为防止车辆各轮胎磨损不一致，每行驶 10 000～20 000 km 应调换一次轮胎位置，使轮胎均匀磨损和疲劳度相同，延长轮胎寿命。

5. 轮胎动平衡

汽车车轮在地面滚动中容易发生冲击变形，使车辆在行驶过程中出现车身抖动或方向盘抖动，应经常进行轮胎平衡检测。

6. 轮胎超载

车辆的负荷越大，轮胎的使用寿命越短。超负荷工作会使轮胎过度发热、橡胶老化，轮胎寿命缩短。应尽量减轻车身重量，车上尽可能不存放多余的物品。

7. 驾驶习惯

驾驶车辆时应注意避免快速起步、紧急刹车或急转弯，避免撞击马路牙石；避免停车时轮胎部分悬空，未与地面可靠压紧；避免车轮快速通过未铺装路面及搓板路面、减速带等，以减缓车轮变形。

三、车轮的平衡

（一）旋转体的平衡

在物理学上，平衡是指一种稳定状态。图 3-25 所示为一杆件，在下方支点支撑下，当 $L_1 = L_2$，支点左右两部分杆件质量 $m_1 = m_2$时，该杆件即处于水平稳定状态，此时该杆件的状态称为平衡。图 3-25 右图所示为车轮，该车轮各部分相对于旋转中心形状相同，质量对应相等，如果绕旋转中心悬空转动，该车轮每次停止转动时会停留在任意位置，此时，该车轮的状态也为平衡。

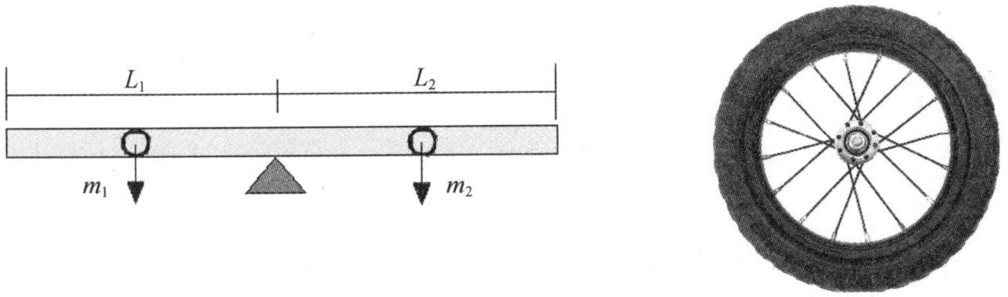

图 3-25　物体的平衡

因此，旋转体的平衡有两个条件：

（1）旋转体的形状对称相同；

（2）旋转体的质量对称相等。

（二）旋转体的不平衡

如图 3-25 所示，若左图中杆件相对于支点左右两部分质量 $m_1 \neq m_2$，该杆件会倾斜于偏重一端，而无法保持水平状态，此时杆件状态即为不平衡。如图 3-26 所示，为便于车轮充气，在车轮边缘处安装了气门嘴，使得车轮气门嘴处与其对应部位的质量与形状不再相同，车轮的气门嘴处即为偏

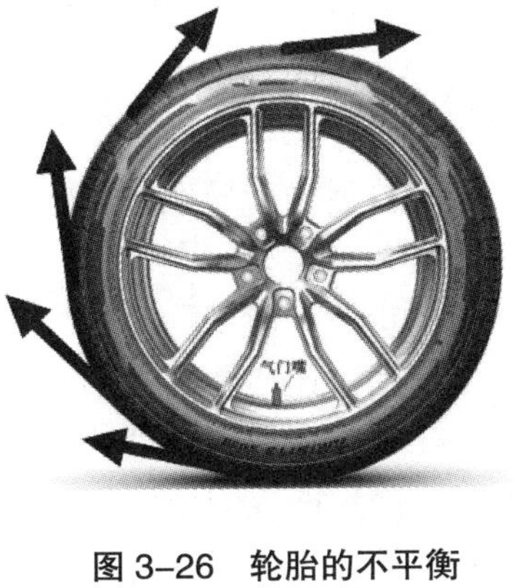

图 3-26　轮胎的不平衡

重部位。如果车轮装配准确，轴承配合间隙适当，在车轮悬空运转时，每当车轮静止，气门嘴处由于偏重总是处于车轮的正下方，这种情况即为车轮不平衡。

当车轮旋转时，偏重处即产生离心力，该离心力方向为沿着旋转方向的切线方向，离心力与偏重的质量、旋转速度成正比（图 3-26 右图）。

车轮的静平衡为车轮在径向平面内，沿 360° 在各个方向上，其形状、质量、密度均匀对称分布，没有偏重部位的特性，所以静平衡又称为单面平衡。

车轮的动平衡为车轮在轴向平面内，沿 360° 在各个方向上，其形状、质量、密度均匀对称分布，没有偏重部位的特性，所以动平衡又称为多面平衡。

车轮由于制造误差以及在行驶中受到路面滚动冲击等，其形状很容易失圆、变形，从而产生不平衡现象。

汽车车轮的不平衡，实际上是多个单面不平衡的累积，即为多面不平衡，这种不平衡会导致车轮在高速旋转时产生强烈的跳动。所以，高速旋转的车轮对平衡性能的要求很高。

静平衡的旋转体不一定能保持动平衡，但动平衡的旋转体一定能保持静平衡。所以，汽车轮胎应保持动平衡。

消除旋转体的这种不平衡的过程，即为平衡过程。消除车轮的静不平衡不一定能消除动不平衡，但消除车轮的动不平衡一定能消除车轮的静不平衡。因此，一般情况下，检测和消除车轮的动不平衡可使车轮处于安全和稳定状态。汽车车轮在出厂时都已进行过动平衡测试，是符合要求的，但在使用中，由于路面冲击和其他原因，动平衡逐渐被破坏，因此需要定期检查车轮的平衡状况，若有不平衡，应尽快恢复动平衡状态。车轮的动平衡检测应在专门的轮胎动平衡机上进行。

（三）车轮不平衡的原因

（1）在车辆行驶中，车轮不断受到路面凸起物及凹坑的冲击，导致车轮径向变形。

（2）频繁急刹车、快速转弯等操作导致车辆重心偏移，使个别车轮承受过大附加载荷而发生微量变形。

（3）车轮定位不准导致轮胎偏磨，使质量分布不对称。

（4）车辆长时间停驶，使得车轮局部挤压变形。

（5）轮胎表面粘着或卡夹较大的石块等物品。

（6）车轮在滚动中由于振动冲击使原有的平衡块掉落而出现偏重。

（7）安装轮胎时未对准轮胎的平衡标记。

（四）车轮不平衡的危害

（1）车轮不平衡导致车轮轮毂螺栓、转向节、主销等部位因高频振动而产生疲劳甚至断裂，严重影响行车安全。

（2）车轮不平衡导致车轮、车桥、悬架等部件在车辆行驶中由于离心力而受到高速冲击，使零部件快速疲劳、变形。

（3）在行驶中径向跳动使车轮附着力减小，行车方向不稳，车轮在转向、制动时，可靠性下降，产生严重安全隐患。

（4）车轮不平衡严重时导致车身、方向盘剧烈抖动，导致车桥轴头断裂、车轮变形、减震器及其转向零件失效，车辆行驶处于不安全状态中。

（5）车轮静态不平衡会产生颠簸和跳动现象，往往使轮胎产生平斑现象；动不平衡会使车轮在行驶中左右摇摆，令轮胎产生波浪形磨损。

（五）解决不平衡的办法

消除车轮不平衡的常规办法是通过增加车轮配重，校正车轮边缘部分的偏重，这个校正的过程就是轮胎的动平衡。

车轮应当定期做动平衡检测，定期检测车轮动平衡能及时消除车轮隐患，有效延长轮胎寿命，提高汽车行驶时的舒适性和安全性，避免在高速行驶时因轮胎摆动、跳动，失去控制而造成交通事故。一般情况下，车辆每行驶 10 000 km 应做一次动平衡检测，如果车辆长期在崎岖山路、矿山、砂石、泥泞路面行驶，应根据情况缩短检测期限。车辆发生翻倾、碰撞，加装轮胎压力监测系统，补胎、换胎时都要做车轮的动平衡检测。

四、轮胎的气压

（一）气压对行车安全的影响

轮胎是汽车与路面接触的唯一部件，轮胎的性能直接决定了汽车的安全行驶。由于轮胎的原因而造成的事故，后果往往很严重，而胎压过高或过低则是导致轮胎事故的根源。因此，随时保持在正常的胎压下行驶，对驾驶人的安全及汽车保养都至关重要。胎压过高或过低都对安全行车产生危害，如果提高轮胎气压 25%，轮胎寿命将缩短 15%～20%；如果降低气压 25%，轮胎寿命将缩短 30%左右。因此，需要经常检测轮胎气压，保持胎压正常（图 3-27）。

（1）胎压过高，则轮胎与地面的接触面积减少，轮胎的滚动阻力减小，车辆油耗有所下降，但轮胎单位面积所承受的压力剧增，轮胎弹性下降，减震性能下降，附着力下降，局部磨损加剧，容易造成制动距离变长；遇地面凸起物后车辆冲击振动剧烈，乘坐舒适感下降，易损坏车辆的悬挂系统。

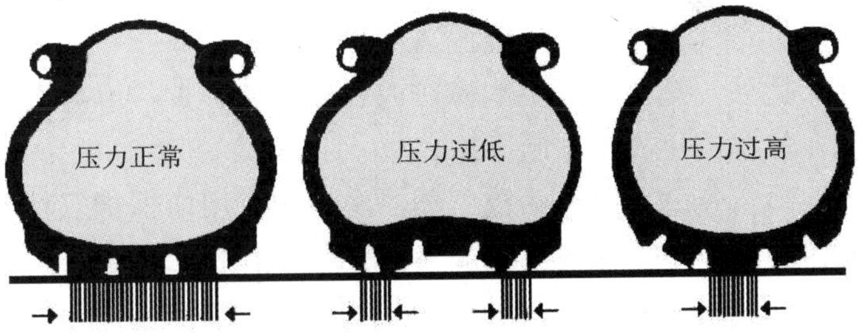

图 3-27 轮胎的压力

（2）胎压过低，则轮胎与地面的接触面积增加，附着力增大，有利于车辆制动，防止起步打滑，但行驶中车轮的阻力增大、转向阻力增大，快速转弯时容易出现转向不足，车辆油耗增加，轮胎寿命缩短。同时，由于胎侧变形严重，内部的钢丝、帘布层变形、疲劳加剧，埋下爆胎隐患。

由于胎压受气温、车辆负荷的影响很大，因此胎压只是一个相对值，并不稳定。同一轮胎在早晨、中午、晚上不同的环境温度下气压都不同。夏季轮胎一天内压力变化一般为

0.2～0.5 bar（20～50 kPa），冬季轮胎一天内压力变化一般为 0.1～0.3 bar（10～30 kPa）。

轮胎充氮气可减小气压变化范围 30%左右，但并不能避免轮胎压力受温度变化而变化的问题，因此也应经常检查轮胎气压。检查轮胎压力应该在轮胎冷却的情况下进行，除了备胎外，其他四个轮胎至少要每两周检测一次。

（二）轮胎压力范围

我国使用的轮胎气压标准单位是 bar，而欧美国家使用的标准单位是 psi，它们的换算关系是：1 bar＝100 kPa＝14.5 psi。

不同车型的轮胎压力不同，在车辆使用手册及车辆侧门框 B 柱下方铭牌上有具体标识。表 3-4 为一般车辆轮胎压力范围。

表 3-4 不同车型的轮胎压力范围

车型	小型车	紧凑型车	中型车	大型车
气压/bar	2.1～2.3	2.2～2.5	2.3～2.8	2.3～3.0
车型	多用途汽车	跑车	皮卡	货车
气压/bar	2.3～3.0	2.3～3.0	2.5～5.0	4.7～4.8

（三）充氮气轮胎的优点

空气是由氧气和氮气组成的，其中氧气占 21%，氮气占 78%，还有 1%为其他气体。汽车在行驶过程中，由于轮胎与地面不断摩擦逐渐发热，而氧气是活性气体，21%的氧气遇热之后膨胀系数变大。如标准胎压为 2.5 bar 的轮胎，在 20 ℃以上的环境温度中高速行驶一段时间后，胎温升高，胎压可升高至 2.8～3.2 bar，会加快轮胎老化。如果轮胎老化，则强度下降，容易发生爆胎事故。

此外，氧气与轮胎的橡胶内衬和帘线长期接触并发生氧化反应，使橡胶和帘线逐渐老化，轮胎的可靠性不断下降。

氮气作为一种不活泼气体，生活中常用作保护气体。近年来被广泛应用在轮胎（即充氮气轮胎）中。充氮气轮胎与充空气轮胎相比有很多优点。

1）减小爆胎概率，提高安全性

轮胎发生爆胎的主要原因是胎体内的温度急速上升，使得胎压快速升高，并且高温还会加速轮胎橡胶老化，使得轮胎的强度下降，这些都会导致爆胎。高纯度氮气不含氧且几乎不含水、油，热膨胀系数很小，热传导性很差，升温慢，降低了轮胎升温的速度，而且具有不可燃和不助燃等特性，因此轮胎充氮气能有效降低爆胎的概率，提高行驶安全性。

2）提高行驶稳定性及静音舒适性

氮气属于惰性的双原子分子气体，热传导性比空气差，在高温时影响不大，其渗透轮胎胎壁的速度比空气慢 30%～40%。即使在高速行驶中，轮胎也具有很好的胎压稳定性，在一定程度上提高了乘车的舒适感及稳定性。

氮气的音频传导性相对较差，约为普通空气的 1/5，使用氮气能有效减少轮胎的噪声，提高行驶的舒适度。

3）延长轮胎使用寿命

轮胎橡胶老化的原因主要就是空气中的氧气与橡胶和钢圈发生化学反应，从而使轮胎出现龟裂的现象。由于氮气分子存在三键，是已知的双原子分子中最稳定的，不会和轮胎的内衬胶发生反应，可以延缓轮胎橡胶的老化，因此充氮气能延长轮胎的使用期限。

在充氮气之前，需要把轮胎内的空气完全排空，再充入氮气。

专业知识拓展

扫描以下二维码，了解汽车轮胎制造过程和汽车轮胎流水线。

任务 3　汽车灯光的认识与使用

一、认识汽车的灯光

为了满足车辆全天候运行的需求，提供安全行驶保障，在车辆上安装、配置了不同功能和亮度的车灯，用来进行照明或反映车辆状态信号。

（一）汽车灯光的类型

1. 车辆头部灯光

汽车头部一般有示宽灯、前雾灯、远光灯、近光灯、转向灯、危险警告灯以及日间行车灯（图 3-28）。

2. 车辆后部灯光

汽车尾部一般有示宽灯、后雾灯、牌照灯、转向灯、危险警告灯、制动灯、倒车灯（图 3-29）。

图 3-28　汽车头部灯光

图 3-29　车辆后部灯光

3. 车内照明灯

车辆内部有阅读灯、顶灯、仪表灯、门灯、行李箱灯等，用于车内照明（图 3-30）。

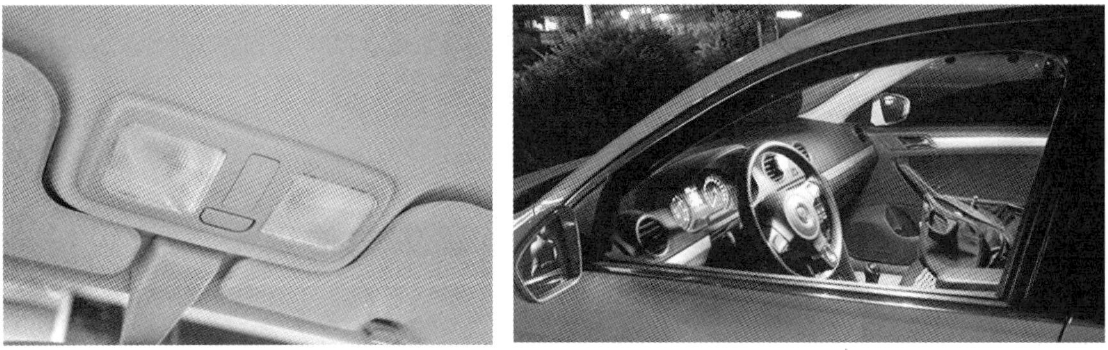

图 3-30　车辆内部灯光

（二）灯光的控制开关

灯光的控制开关大部分为组合开关，有两种结构，一种是杆式开关，另一种是按键开关（或旋钮开关），一般都在中控台左侧或方向盘左下侧，主要用来控制车辆的前照灯、雾灯及转向灯（图 3-31）。

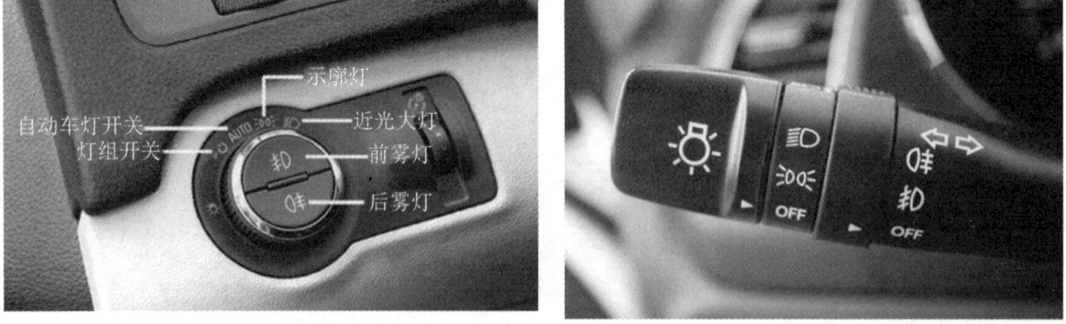

图 3-31　灯光控制开关

（三）灯光熔断器

1. 灯光熔断器的作用

车上大部分用电设备的供电电路中都要串联熔断器来进行用电保护，当电路中的电流出现异常时，熔断器会自行熔断，以保护用电设备的安全。

汽车在行驶中会频繁使用各种灯光，开关快速开闭产生的冲击电流容易烧毁光源，一般在灯光电路中通过串联熔断器来保护灯泡（图 3-32）。灯光熔断器又称为灯光保险丝，当灯光电路中瞬间电流超过熔断器额定电流的 2 倍左右时，熔断器就会在几秒内熔断，起到保护电路光源的作用。

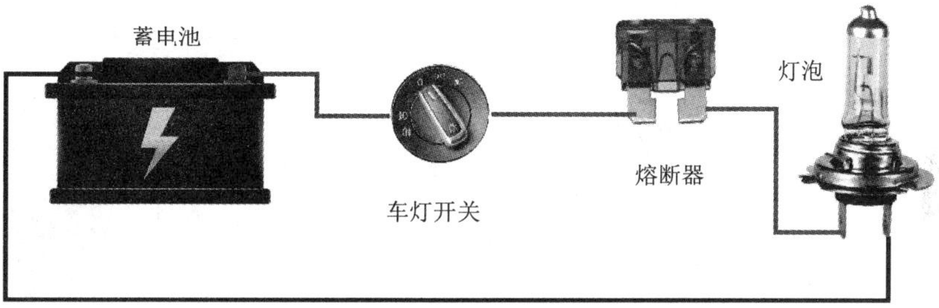

图 3-32　汽车灯光电路

2. 熔断器的类型

汽车的熔断器主要有插片式熔断器、叉栓式熔断器、玻璃管式熔断器三种类型（图 3-33）。

插片式熔断器　叉栓式熔断器　玻璃管式熔断器

图 3-33　汽车的熔断器类型

灯光电路中常用的熔断器为插片式熔断器，主要由熔体、插脚和外壳三部分组成。熔断器外壳为绝缘性较好的透明工程塑料，便于观察熔体是否熔断。金属熔体与插脚连接，熔断器内的熔体是包裹着锌、锡或铜的易熔导体，比普通导线的熔点低。要对该导体的尺寸进行非常精确的校准，以便在超过额定电流时能够产生足够的热量熔断该导体，断开电路。灯光熔断器一般安装在灯光保险盒内，保险盒一般在发动机舱内。

3. 灯光熔断器的使用原则

插片式熔断器有两个重要的工作参数，一个是额定电流，一个是额定电压。使用的时候要根据电路的电流和电压来选择对应的熔断器。不同车辆灯光熔断器的尺寸、形状、规格有所不同。当熔断器熔断，车灯不亮，需要更换熔断器时，要遵循以下原则。

（1）按照熔断器盒盖上注明的额定电流值更换熔断器，不要改用比额定电流高的熔断器。

（2）如果安装新熔断器通电后又立刻熔断，则说明电路系统可能存在短路故障，应进行电路检修。

（3）如果不能找到具有相同电流负荷的熔断器，则可采用比原熔断器额定电流低的代替品。

禁止跨过熔断器用导线直连的方式来接通电路，否则容易导致电路或电气设备烧毁，甚至导致车辆发生自燃而产生严重的火灾事故。

4. 插片式熔断器的规格

插片式熔断器的规格一般为 2～40 A，用不同的颜色来进行区分，如表 3-5 所示。

表 3-5　插片式熔断器的规格

规格	颜色	图示	规格	颜色	图示
2 A	灰色		15 A	蓝色	
3 A	紫色		20 A	黄色	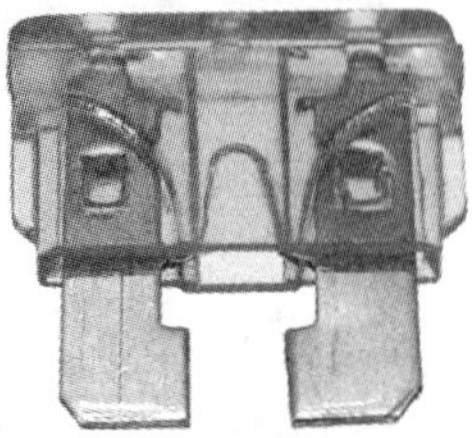
4 A	粉色		25 A	无色	
5 A	橘黄色		30 A	绿色	

续表

规格	颜色	图示	规格	颜色	图示
7.5 A	咖啡色		40 A	深橘色	
10 A	红色				

一般车辆转向灯熔断器的额定电流为 10～15 A，行车灯熔断器的额定电流为 15～20 A，雾灯熔断器的额定电流为 20 A，大灯熔断器的额定电流为 20～30 A。

5. 熔断器的检查与更换

汽车在使用过程中，若有灯光不亮，则可能是熔断器烧毁导致，需及时更换。

更换流程如下：

（1）关闭点火开关；

（2）拆掉蓄电池负极接线柱；

（3）打开保险丝盒盖；

（4）拔下旧熔断器；

（5）更换新熔断器；

（6）安装蓄电池负极接线柱；

（7）打开点火开关，检查工作电路是否正常。

二、汽车灯光的使用

（一）示宽灯的使用

（1）开启方法：将灯光控制杆头部旋钮旋至一挡（图 3-34）时，示宽灯被点亮，仪表盘上示宽灯指示灯同时亮起。

灯光控制杆回位后，示宽灯关闭。

（2）使用条件：用于在光线不良的情况下，标识汽车外部轮廓与位置。

图 3-34　示宽灯的使用

（3）在示宽灯开启时牌照灯、仪表盘

照明灯同时点亮。

（二）近光灯的使用

（1）开启方法：将灯光控制杆头部旋钮顺时针旋至第二个挡位（图 3-35）时，近光灯点亮，仪表盘上近光指示灯同时亮起。

灯光控制杆回位后，近光灯关闭。

（2）使用条件：用于近距离照明，在光线较暗的区域及路况下使用。近光灯可全天候使用，尤其在光线不足的阴天、早晚及雨雾天气也应使用。近光灯不但有照明的作用，而且能起到良好的信号与警示作用。

（三）远光灯的使用

（1）开启方法：将灯光控制杆头部旋钮顺时针旋至第二个挡位后，将灯光控制杆向仪表盘方向压下（图 3-36）时，远光灯点亮，仪表盘上远光指示灯同时亮起。

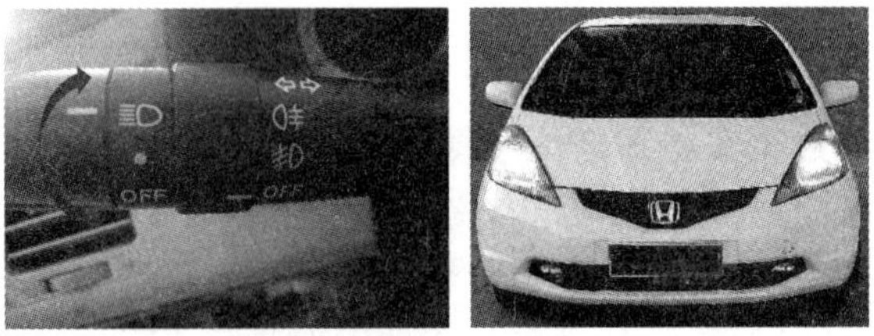

图 3-35　近光灯的使用

图 3-36　远光灯的使用

灯光控制杆回位后，远光灯关闭。

（2）使用条件：夜间在没有路灯照明且对面没有车辆驶来的道路上可用来照明，或者在有隔离带的单向车道上行车且照明不良的情况下使用。

（3）注意事项：

①在没有中心隔离带或者没有中心线的道路上会车时，与对向来车相距 150 m 内不能使用远光灯；

②在没有中心隔离带或者没有中心线的窄桥、窄路上与非机动车会车时不能使用远光灯；

③通过有交通信号控制的交叉路口以及转弯时不能使用远光灯；

④夜间没有路灯、照明不良或者遇有雾、雨、雪、沙尘等低能见度的情况下行驶时，同向前方有行驶车辆距离较近时，不能使用远光灯；

⑤夜间超车时，应通过远近光灯交替变光闪烁提醒前方车辆；

⑥在照明较好的城区不宜使用远光灯。

（四）左转向灯的使用

（1）开启方法：将灯光控制杆向下压下（图 3-37）时，左转向灯被点亮并间隔闪烁，仪表盘上左转向指示灯同时亮起并闪烁。

灯光控制杆回位后左转向灯关闭，或者在转向灯开启时，方向盘反向回位后左转向灯自动关闭，灯光控制杆自动回位。

（2）使用条件：指示预告本车即将向左转弯，距路口前 100～150 m 预先开启。

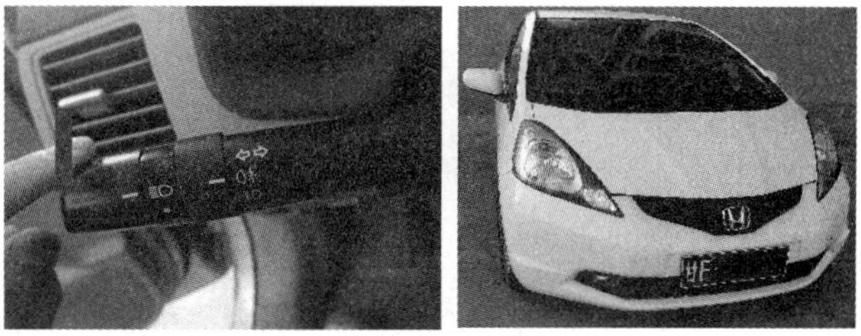

图 3-37　左转向灯的使用

（五）右转向灯的使用

（1）开启方法：将灯光控制杆向上推起（图 3-38）时，右转向灯点亮并间隔闪烁，仪表盘上右转向指示灯同时亮起并闪烁。

图 3-38　右转向灯的使用

灯光控制杆回位后右转向灯关闭，或者在转向灯开启时，方向盘反向回位后右转向灯自动关闭，灯光控制杆自动回位。

（2）使用条件：指示预告本车即将向右转弯，距路口 50～100 m 预先开启。

（六）危险警告灯的使用

（1）开启方法：按下危险警告灯开关（图 3-39）时，左右转向灯被同时点亮，并同时间隔闪烁，仪表盘上左右转向指示灯同时亮起并间隔闪烁。

再次按下危险警告灯开关后，危险警告灯关闭。

图 3-39　危险警告灯的使用

（2）使用条件：在行车中突发车辆转向、制动、行驶等系统产生故障，有行车不安全可能性，或者在车流量较大的路边临时停车、紧急停车时，应开启危险警告灯，向其他机动车、非机动车、行人警示预告本车具有危险紧急情况，请注意避让。

（七）前雾灯的使用

（1）开启方法：将灯光控制杆内侧雾灯开关转至前雾灯挡（图 3-40）时，前雾灯点亮，仪表盘上前雾灯指示灯同时亮起。

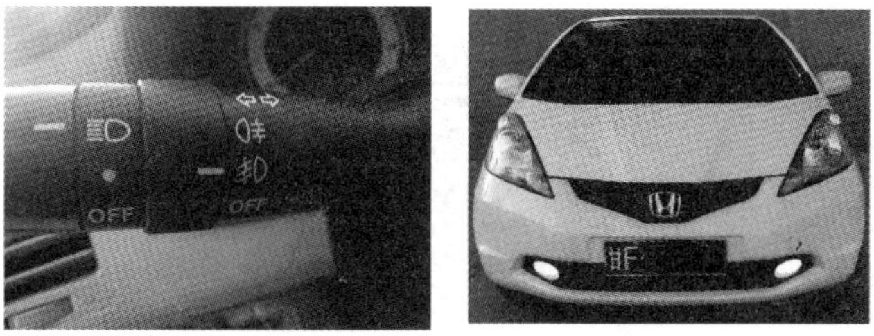

图 3-40　前雾灯的使用

灯光控制杆回位后，前雾灯关闭。

（2）使用条件：在雾天、雨雪天、能见度下降等情况下开启。

（八）后雾灯的使用

（1）开启方法：将灯光控制杆内

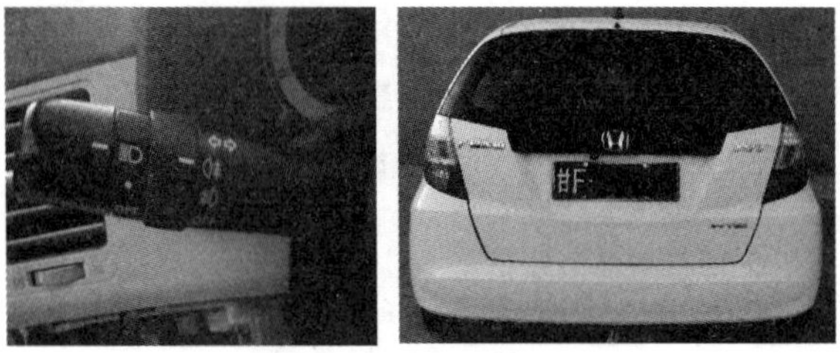

图 3-41　后雾灯的使用

侧雾灯开关转至后雾灯挡（图 3-41）时，后雾灯点亮，仪表盘上后雾灯指示灯同时亮起。

灯光控制杆回位后，后雾灯关闭。

（2）使用条件：在雾天、雨雪天、能见度下降等情况下开启。

注意：部分车辆只有一个后雾灯，图 3-41 所示的本田飞度就只有一个后雾灯。

（九）制动灯的使用

（1）开启方法：右脚踩下制动踏板（图 3-42）时，制动灯（红色）点亮，仪表盘上制动指示灯同时亮起。

制动踏板回位后，制动灯关闭。

（2）使用条件：在车辆减速、制动时使用，警示后车注意减速避让。

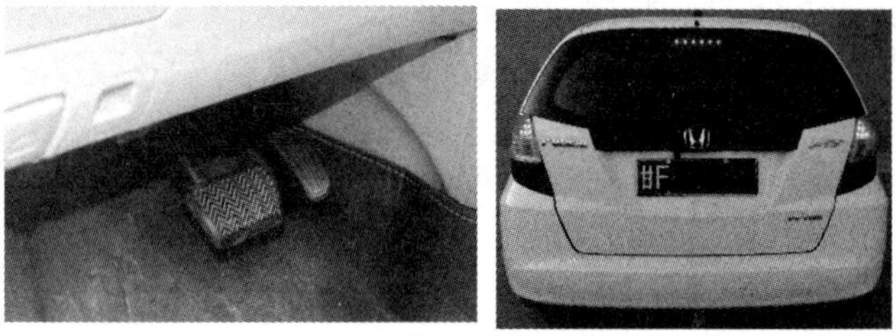

图 3-42　制动灯的使用

（十）倒车灯的使用

（1）开启方法：将变速杆换入倒挡（图 3-43）时，倒车灯点亮，仪表盘上倒车指示灯同时亮起。

图 3-43　倒车灯的使用

变速杆退出倒挡位置后，倒车灯关闭。

（2）使用条件：车辆倒车时点亮，用于照明和警示后车不要靠近，以防发生碰撞事故。

专业知识拓展

扫描以下二维码，掌握汽车灯光开关的使用方法，了解汽车远灯光使用不当的危害。

任务 4　汽车故障的认识与检查

一、认识汽车的故障诊断系统

（一）OBD-Ⅰ

1985 年，美国加利福尼亚州（简称加州）大气资源局开始制定法规，要求在加州销售的车辆必须装备车载诊断系统，对车辆尾气排放进行监测，这就是第一代车载诊断系统（简称 OBD-Ⅰ）。

OBD-Ⅰ具有以下特点。

（1）仪表盘带有故障警示灯，以提醒驾驶员注意车辆的某个系统（通常是与排气控制相关的系统）已发生故障。

（2）系统具有记录及传输相关排气控制系统故障码的功能。

1988 年，OBD-Ⅰ全面实施。美国加州大气资源局制定 OBD-Ⅰ的最初用意是减少车辆废气排放，以及简化维修流程。但由于 OBD-Ⅰ的规定不够严谨，遗漏了催化转化器的效率监测以及燃油蒸气回收系统的泄漏监测，再加上 OBD-Ⅰ的监测线路敏感度不高，等到发觉车辆尾气排放有问题时再进厂维修，事实上已排放了大量废气。

OBD-Ⅰ技术的应用，使得其他国家及汽车制造厂家纷纷效仿，开始研发自己的车辆故障诊断系统、检测流程以及诊断工具等，使得车辆数据传输及故障诊断“各自为政”、五花八门。不同的车辆维修必须采用不同的诊断工具和排除方法，给车辆售后维修带来极大不便。

（二）OBD-Ⅱ

1993 年，美国汽车工程师学会（SAE）制定了新的标准规范，即 OBD-Ⅱ。OBD-Ⅱ可实时监测发动机燃油喷射系统、点火系统、排放控制系统及相关部件的工作状态。出现故障时，汽车电脑记录故障信息和相关代码，并通过故障灯发出警告，告知驾驶员。汽车电脑通过标准数据接口，保证对故障信息的访问和处理。这一标准经美国环保局、美国加州大气资源局认证通过后开始推广实施。这一标准要求各汽车制造厂提供统一的诊断模式，可通过统一的诊断接口及一种仪器即可对各车种进行诊断检测。统一后的车辆诊断接口为 16 端子，并安装在驾驶室仪表盘下方（图 3-44）。

车辆安装 OBD-Ⅱ系统，维修人员可以使用同一种诊断仪器诊断任何根据标准生产的汽车。当车辆出现故障时，仪表内 OBD 警告灯亮起，同时 OBD 系统将故障信息通过一定的编码规则形成信息码（故障码）存入存储器，再通过专业设备（汽车故障诊断仪）可以将故障码从车辆电脑中读出。根据故障码的提示，维修人员能迅速准确地确定故障的性质和部位。

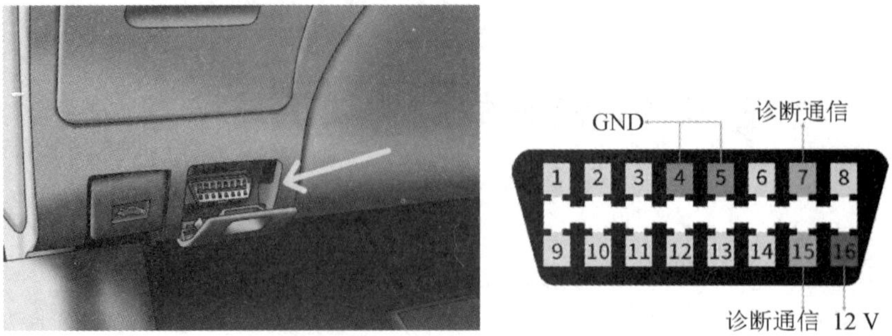

图 3-44 车载 OBD 插座

2005 年 4 月 5 日，国家环境保护总局公告（2005）14 号《轻型汽车污染物排放限值及测量方法（中国Ⅲ、Ⅳ阶段）》（GB18352.3—2005）正式明确了我国对 OBD 系统的技术要求。2005 年 12 月 31 日起，北京市开始提前实施国家第Ⅱ阶段排放法规，并且要求新车型必须带有 OBD 系统。

2008 年 6 月 24 日，国家环境保护总局（现为环境保护部）发布《车用压燃式、气体燃料点燃式发动机与汽车车载诊断（OBD）系统技术要求》，并宣布此要求从 2008 年 7 月 1 日起实施。目前，OBD 这一技术广泛应用于国内外各种车辆电控系统，用来对车辆电控系统的故障进行检测和诊断。

（三）OBD-Ⅲ

虽然 OBD-Ⅱ对监测汽车排放十分有效，但驾驶员是否接受警告全凭“自觉”。为此，比 OBD-Ⅱ更先进的 OBD-Ⅲ应运而生。OBD-Ⅲ的主要目的是使汽车的检测、维护和管理合为一体，以满足环境保护的要求。OBD-Ⅲ系统会分别进入发动机、变速器、ABS 等系统 ECU 读取故障码和其他相关数据，并利用小型车载通信系统（例如 GPS 导航系统或无线通信方式）将车辆的身份代码、故障码及所在位置等信息自动通告管理部门，管理部门根据该车辆排放问题的等级对其发出指令（包括去哪里维修的建议、解决排放问题的时限等），还可对超出时限的违规者的车辆发出禁行指令。OBD-Ⅲ系统不仅能就车辆排放问题向驾驶者发出警告，而且能对违规者进行惩罚。

二、故障码的类型

故障码（图 3-45）有两种形式，即历史故障码和当前故障码。

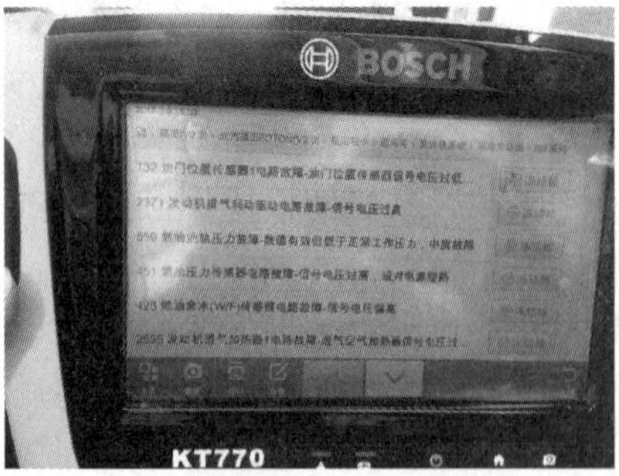

图 3-45 故障码

（一）历史故障码

历史故障码又称间歇性故障码或软故障码，是过去发生但当前没有发生的故障所产生的还未被清除的故障码。

历史故障码的产生有两种情况：一种是故障已经排除，只是未清除故障码，该故障码被清除后就不会再次产生；另一种是故障并未排除，只是当前没有发生，该故障码被清除后，当故障再次发生时故障码还会出现，只有在彻底排除故障后才能完全清除故障码。

（二）当前故障码

当前故障码又称硬故障码，是正在发生的故障所产生的故障码，是当前确实存在的故障。当前故障码属于持续性故障产生的故障码，不会被清除。

当前故障码指示当前确实存在的故障，比较容易判断。而历史故障码比较难以诊断，这是由于历史故障码指示曾经发生的故障而现在没有重现故障产生的状态，可能需要很长时间来捕捉历史故障码的重现或需要人为地创造可重现故障的条件（如加热、震动等），同时需要较好的设备来捕捉故障出现瞬间各种数据参数的变化。因此，一般先解决当前故障码，而将历史故障码暂时作为故障诊断的参考。

历史故障码和当前故障码可以通过以下方法进行区别：

（1）首先用仪器读取全部故障码；

（2）清除所有故障码；

（3）试车（试车不是在原地启动发动机，而是进行路试，对某些故障码，必须在设计要求规定的工况下进行路试才行）；

（4）再读故障码。

第二次读出的故障码是当前故障码。第一次读取时有，而第二次读取时没有的故障码则是历史故障码。

三、故障码的局限性

虽然故障码能为维修人员排除故障提供一定的指导，但是故障码有一定的局限性。

（一）OBD 系统对于机械系统很难发挥作用

OBD 系统一般只能监控电控系统的故障，而对于机械系统很难发挥作用。当汽车上各总成或机构中的零件产生大量的自然磨损、变形、老化、损伤、疲劳、腐蚀时，OBD 系统很难发现并产生故障码，也不能起到诊断的作用。具体来说，在以下几种情况下，OBD 系统无能为力。

（1）发动机中配气相位失常、气缸压力下降、空气与燃油供给系统密封不良等。例如，发动机进气管路密封不良，燃油供给系统密封不良，导致燃油压力过低，会产生发动机“喘气”或加速不良故障，这时 OBD 系统虽能检测出燃油压力过低，但不能确定进气管路与燃油管路何处密封不良。

（2）自动变速器总成中行星齿轮机构工作失常，液压控制系统堵塞、渗漏、压力不正确、各种阀门工作不良、换挡执行器运动不良等，液力变矩器的泵轮、涡轮和锁止离合器的故障等。

（3）电控系统中电磁阀、喷油器、电动燃油泵等因机械磨损等产生的各种功能故障，如阀体关闭不严或卡死等，OBD 系统不能检测出故障形式。

（4）主电路故障（如熔断器烧毁、继电器断路、主电路节点断开等）导致发动机无法启动，OBD 系统也不能产生故障码。

（二）汽车故障和故障码的不确定关系

汽车有故障码时，故障和故障码的关系不是唯一确定的，产生故障码的原因会有多种，如出现曲轴位置传感器信号不良的故障码，既可能是因为导线短路、断路，也可能是因为传感器损坏，还可能是因为工作电压不正常等。

当有故障现象时，不一定有故障码。有时有故障码，也不一定有故障。这是由于故障码是由控制电脑的自诊断系统定义的，凡不受电脑控制约束的故障点，都无法产生故障码。另外，当存在机械故障时，即便故障现象比较明显，OBD 系统也不一定会产生故障码。

（三）故障码只是故障的泛指

整个控制系统是由许多子系统（各个传感器、执行器、电源及电脑中的各部分电路等）组成的。故障码不会明确指出某个传感器（或执行器）出现故障，只会指出某个子系统的信号不正常，至于不正常的原因则可能出现在组成该子系统的任何一部分器件、接头、线路或电脑上。

故障码只是故障的泛指，仅为维修人员提供进一步检测的大方向，并不能告诉他们具体什么地方和什么元件出现故障。为了真正确定是什么地方和什么元件的故障问题，还需要根据相应的技术资料（包括电路图、工作参数等），利用其他仪器进一步进行线路分析与元件检测，运用专业知识准确判断和解决故障。因此，读到故障码并不一定能解决真正的故障。在运用 OBD 系统提供的故障码时，必须对车辆各相关系统的工作原理、故障现象、元器件性质及设计参数等进行综合分析，掌握汽车技术状况变化的规律，才能正确确定现代汽车各种故障产生的部位和原因，准确排除故障。

四、产生故障码的原因

（一）断路/短路

（1）正极断路：蓄电池到熔断器的线路不通、熔断器或开关损坏。
（2）正极短路：熔断器的进线或出线直接与负极线连通。
（3）对地短路：与正极短路相同。
（4）对地断路：用电设备连接到蓄电池负极的线路不通。

（二）电路低/高

电路低/高指电路电压、频率或其他在控制模块输入端测得的特性值低于或高于正常工作范围。

（三）范围/性能

范围/性能指电路在工作中输出的特性参数超出设定范围或虽在正常范围内，但对当前系统的工作状态不是最佳的。此种情况多为电路连接不良或传感器性能改变所致。

（四）传感器信号不良

这种情况一般是传感器损坏、线路断开或连接点接触不良等造成的。

（五）控制逻辑错误

控制单元接收到的信息互相冲突，无法执行，这时也会存储故障码，但这时显示的故障部位不一定准确，需要根据相关部件的控制逻辑进行分析和判断。

课程思政

比亚迪股份有限公司创立于 1995 年，2002 年 7 月 31 日在香港主板发行上市，公司总部位于中国广东深圳，是一家拥有 IT、汽车及新能源三大产业群的新技术民营企业。比亚迪在广东、北京、陕西、上海、天津等地共建有九大生产基地，总面积将近 700 万 m^2，并在美国、欧洲、日本、韩国、印度等国和中国台湾、香港地区设有分公司或办事处。

比亚迪汽车产业分布在深圳坪山、西安、北京、上海、惠州、长沙、韶关七大工业园，形成了集研发设计、模具制造、整车生产、销售服务于一体的完整产业链组合。比亚迪汽车在车型研发、模具开发、整车制造等方面都达到了国际领先水平，产业格局日渐完善。比亚迪汽车坚持自主品牌、自主研发、自主发展的发展模式，以“打造民族的世界级汽车品牌”为产业目标，立志振兴民族汽车产业。

实践操作

任务 5　汽车轮胎的拆装与维护

一、汽车车轮的拆装

（一）车轮拆卸前的准备工作

（1）张开四个举升臂，驶入车辆，使车辆停驶在举升机前后左右的正中位置，令发动机熄火，拉紧手刹，并挂入倒挡。

图 3-46 车辆准备

（2）调整好举升臂和举升垫块，将举升臂移至车底，并将举升臂的支撑座对准车底承重位置（图 3-46）。

（3）按下举升机举升按钮，举升机的举升臂与车辆的支撑点接触后，停止举升，检查并确认四个举升臂与车辆支撑部位是否对准并可靠接触，确认无误后继续举升车辆。

（4）将车身举起 5～10 cm，卸去车轮部分载荷。不能将车身托举太多，不同车辆悬架构造不同，托举高度不同，需要进行托举试验，否则轮胎与地面压力过小失去摩擦，将无法拆卸轮毂螺栓。

（二）车轮的拆卸

（1）使用力矩扳手沿对角线对称交叉，分 2～3 遍依次拧松各个轮毂螺栓（图 3-47、图 3-48）。每次力矩扳手手柄旋转角度不能大于 45°，以防车轮轮毂受力不均而发生蠕动变形。不得依次按顺序拆卸螺栓，更不能将一个螺栓一次性彻底拧松，否则会导致轮毂变形，下次无法正确安装。

图 3-47 使用扭力扳手

图 3-48 螺栓拆卸顺序

（2）继续按下举升机举升按钮，使车轮离开地面 10～20 cm，然后锁止举升机，以防止车身下滑。

（3）使用套筒扳手（图 3-49）或轮胎扳手快速退出各轮毂螺栓，拆下的螺栓要集中摆放，以防丢失。

（4）在拆卸最后一个螺栓时，用另一只手扶住车轮，以防止车轮掉下，刮伤轮毂螺栓或挫伤轮毂螺孔螺纹。

（5）两手轻提车轮，将车轮从轮毂上取下（图 3-50）。

图 3-49 使用套筒扳手

图 3-50 取下车轮

（三）车轮的安装

（1）双手轻提车轮，将车轮贴紧法兰盘并对齐轮毂螺孔。

（2）左手推住车轮轮毂部位以防松动，右手旋入各轮毂螺栓直至拧不动为止。

（3）用套筒扳手沿对角线对称交叉依次拧紧轮毂螺帽。

（4）双手摇摆车轮，检查车轮与轮毂安装面是否贴紧，如果有晃动，应继续使用套筒扳手分别检查、拧紧各螺栓。

（5）启动举升机，降下汽车，当车轮与地面可靠接触后即停止下降。注意：切不可将车辆完全降下，否则会使车轮承受过大载荷，轮毂与螺栓过度挤压而发生位移，导致轮毂无法可靠贴紧法兰盘，无法按要求紧固螺栓。

（6）使用力矩扳手沿对角线对称交叉（图 3-48），分 2～3 遍依次拧紧各个轮毂螺栓，每次力矩扳手手柄旋转角度不能大于 45°，最后一遍的拧紧力矩应达到轮毂螺栓的规定力矩。

不得依次按顺序旋紧螺帽，更不能将一个螺帽一次性彻底拧死，以防止轮毂变形。

（7）降下举升机，拉出举升臂，驶出车辆。

二、汽车轮胎的检查

（一）轮胎磨损程度的检查

2021 年 1 月 1 日起实施的《机动车安全技术检验项目和方法》对汽车轮胎花纹磨损做出了规定：注册登记安全检验和在用机动车安全检验时，乘用车、挂车轮胎胎冠上花纹深度应大于或等于 1.6 mm；摩托车轮胎胎冠上花纹深度应大于或等于 0.8 mm；其他机动车转向轮的胎冠花纹深度应大于或等于 3.2 mm；其余轮胎胎冠花纹深度应大于或等于 1.6 mm，轮胎胎面磨损标志应可见。

轮胎花纹的磨损情况需要用轮胎花纹深度测量尺进行测量（图 3-51），轮胎花纹深度大于 3.5 mm 为良好状态；2.5～3.5 mm 为正常状态；小于 2.5 mm 需要更换轮胎，达到极限值 1.6 mm 时必须更换轮胎，否则乘用车年检时不予通过。

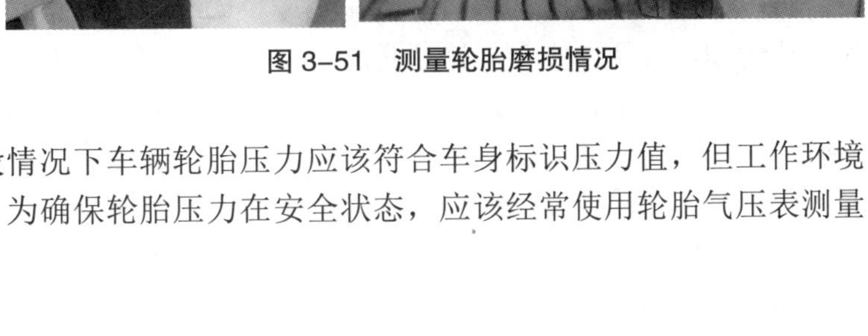

图 3-51　测量轮胎磨损情况

（二）轮胎气压的检查

车辆轮胎的标准压力一般在车身铭牌上有标识，一般情况下车辆轮胎压力应该符合车身标识压力值，但工作环境不同，轮胎压力应有所变化。为确保轮胎压力在安全状态，应该经常使用轮胎气压表测量并调整轮胎压力（图 3-52）。

图 3-52 测量轮胎气压

（1）环境温度在 20 ℃以上时，在车辆在驶入高速公路前，建议将轮胎压力下调 0.5～0.8 bar。

（2）冬季，由于环境温度降低，轮胎压力有所下降，而且由于早、中、晚温差较大，轮胎压力应该适当调高 0.3～0.5 bar。

（3）夏季，应按照车辆轮胎标准气压充气。

（4）轮胎气压检查及充气应尽可能在阴凉处，并在轮胎未发热的情况下进行，确保胎压稳定、适中。

三、汽车轮胎的拆装与更换

（一）拆胎操作方法

（1）拆卸气门芯，放尽轮胎中的气体，用拆装钳取下车轮上的平衡块（图 3-53）。

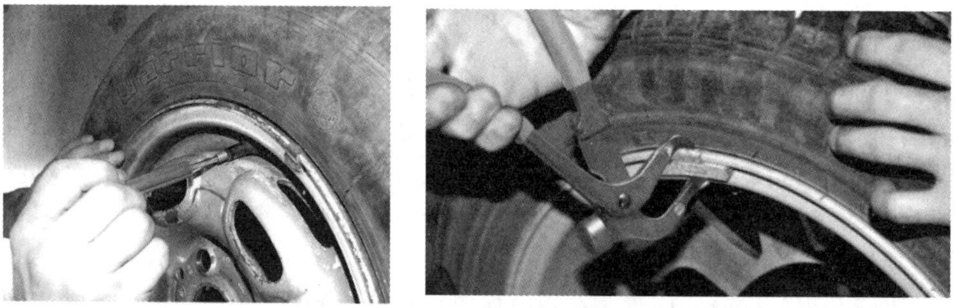

图 3-53 轮胎放气、拆平衡块

（2）开启胎唇（图 3-54）。将轮胎滚动至轮胎拆装机右侧，垂直立放在分离臂与机座橡胶垫之间，使分离铲边缘靠近轮辋边缘大约 1 cm 处并压在轮胎上。踩下分离铲踏板开关 I，在气体压力作用下将轮胎胎唇与轮辋分离。旋转轮胎 120° 左右，重复上述动作，分别从轮胎三个不同位置挤压轮胎，使胎唇与轮辋完全分离。

将轮胎拉出后水平翻转 180°，挤压轮胎另一面。重复上述操作，使轮胎内外两面完全与轮辋脱离。

注意：拆胎前，应先用毛刷将润滑剂涂抹在胎缘上，防止在压胎时分离铲刮伤胎缘。

图 3-54 开启胎唇

（3）举升轮胎（图 3-55）。将轮胎滚动至轮胎拆装机左侧举升架上，并使轮胎正面向外，踏下轮胎举升踏板 G，气缸将轮胎推送至工作台。

（4）锁定车轮（图 3-56）。气门嘴朝上，把车轮放到轮胎拆装机工作台上，并使轮毂中心与工作台中心孔对齐，踩下夹紧气缸脚踏开关 H，采用轮辋内夹的方式将车轮夹紧。

图 3–55　举升轮胎

图 3–56　锁定车轮

车轮锁紧方式有两种：外夹和内夹（图 3–57）。根据轮辋大小及结构可选择内夹或外夹方式，通过操作夹紧气缸脚踏开关 H，夹紧轮辋。当轮毂边缘为弧形表面，无平整凸面时采用外夹方式；如果轮毂边缘有规则、平整凸面，则采用内夹方式。

外夹即先将工作台卡爪向外张开至合适位置（大于轮辋外围 2～3 cm），然后将车轮安置在工作台上，拉出辅助臂，将定位锥对准车轮中心孔，下压升降杆使轮辋贴近卡爪，最后踩下夹紧气缸脚踏开关 H，使卡爪缓慢收缩，直至将轮辋外缘锁紧。

内夹即先将工作台卡爪向内收缩至最小位置，然后将车轮放置在工作台上，踩下夹紧气缸脚踏开关 H，卡爪缓慢向外扩张，逐渐胀紧轮辋内缘。

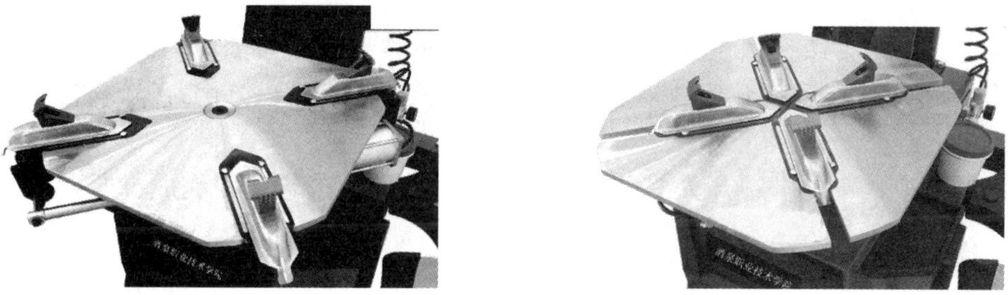

图 3–57　轮胎外夹和内夹

（5）涂抹润滑剂（图 3–58）。踩下工作台转向开关 J，使转盘顺时针转动，用毛刷蘸取润滑剂涂抹于胎缘上。

（6）调整拆装头位置（图 3–59）。调整六方杠升降杆的上下位置和四方横梁的前后位置，使拆装头（鸟头）紧靠轮辋外缘（拆装头内侧与轮辋边缘相距 1～2 mm），以免划伤轮辋。然后按下锁紧手柄上的按钮，以锁紧六方杆和四方横梁。

注意：拆装机拆装头的角度在出厂时已按标准轮毂调校完毕；如遇特大或特小轮毂，请使用扳手重新定位。

图 3–58　涂抹润滑剂

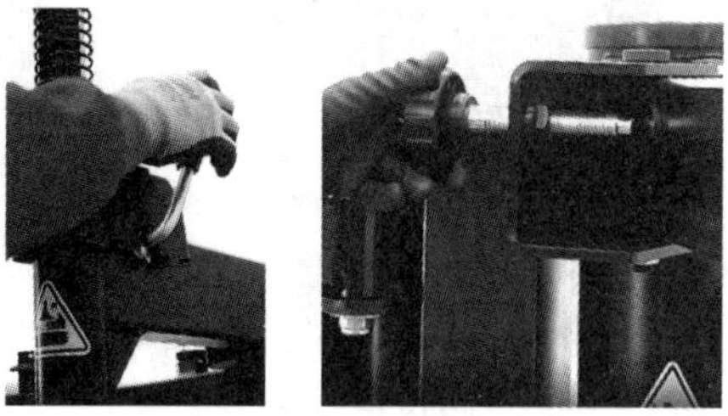

图 3–59　调整拆装头位置

（7）分离轮胎（图 3-60）。将撬杠插进胎缘并靠近拆装头，踩下工作台转向开关 J，使转盘顺时针旋转，直到轮胎与轮辋完全分离。

如果有内胎，为了避免损坏内胎，在进行这步操作时，建议将轮胎气门嘴置于拆装头右边 10 cm 左右。如拆胎受阻，应立即停车，点踩踏板，让转盘逆时针转动，以消除障碍。

（8）取出内胎。如果有内胎，先取出内胎。

（9）托起轮胎（图 3-61）。拉出托胎盘，将盘壁贴近轮胎下缘，使升降杆上升，带动托胎盘将轮胎一侧上移。

图 3-60　分离轮胎

图 3-61　托起轮胎

（10）分离轮胎下缘（图 3-62）。撤离托胎盘，再将撬杠插入撬杠套，并将其往轮辋方向压，将轮胎下胎缘撬到拆装头球形凸起之上，然后踩下工作台转向开关 J，直至下胎缘完全脱离轮辋。

（11）踩下夹紧气缸脚踏开关 H，松开卡爪，取下轮胎与轮辋，完成拆胎。

（二）换胎与装胎操作方法

1）固定轮辋

将轮辋在工作台上锁紧，方法如前所述。

2）涂抹润滑剂

在更换的新轮胎上下两面唇边涂抹润滑剂（图 3-63）。

图 3-62 分离轮胎下缘

图 3-63　涂抹润滑剂

3）放置新轮胎

将更换的新轮胎倾斜放在轮辋上，前端向上，并调整拆装头与轮辋位置，然后按下锁紧按钮（方法与拆胎时相同）（图 3-64）。

注意：在放置轮胎时要注意轮胎的安装方向及旋转方向，不可装反。

4）调整拆装头的位置

调整轮胎与拆装头的相对位置，使轮胎内缘与拆装头交叉。在拆装头尾部，应使胎缘置于拆装头上，在拆装头前端，应使胎缘置于拆装头球形凸起之下。

5）安装轮胎下缘

压低胎肚，踩下工作台转向开关 J，顺时针旋转转盘，让下部胎缘完全落入轮辋槽内（图 3-65）。

图 3-64　放置轮胎

图 3-65　安装轮胎下缘

6）安装内胎

如需要安装内胎，检查内胎是否受过损伤，然后将其套在轮辋上。在整个安装过程中需要注意内胎气门嘴的位置。

7）压入轮胎上缘

为了安装轮胎上缘，需要重新放好轮胎，调整好胎缘位置（与安装下胎缘相同），然后拉出压胎轮，使其端面距轮辋边缘 1～2 cm，再将压块置于拆装头顺时针方向约 20 cm 的轮胎上缘，最后按下升降杆，使压块下压 5～7 cm，将上胎缘压至轮槽内（图 3-66）。

注意：在压入轮胎前一定要检查，将轮胎胎侧的黄色标记（轻质点）与轮毂上气门芯对齐。

8）安装轮胎上缘

踩下工作台转向开关 J，让转盘顺时针转动，将上轮缘挤入轮辋（图 3-67）。

图 3-66　压入轮胎上缘

图 3-67　安装轮胎上缘

当还有 10～15 cm 的轮胎未装入时，动作要放慢，并注意观察轮胎的状态以免撕伤轮胎。一旦感到轮胎有撕伤的迹象或电机停止转动，立即松掉脚踏，然后用脚面抬起工作台转向开关 J，使电机反转，使轮胎恢复原状，以便再次进行上述操作。

图 3–68 轮胎充气

（三）轮胎充气

（1）将车轮从转盘上松开。

（2）将充气管接头与轮胎气门嘴相连。

（3）缓慢并多次（以免充气压力过高）压下气压表扳手，充入空气（或氮气）（图 3–68）。确定气压表显示的压力不超过轮胎生产厂家所注明的范围。

（4）如充气压力过高，可用拇指按下气压表上的放气按钮，以达到所需气压。

（5）如果是无内胎轮胎，并且轮胎与轮辋配合不密封，应先快速充气再进行以上操作。

快速充气方法：先踩下夹紧气缸脚踏开关 H，将轮辋夹紧，再踩下箱体右侧充气脚踏到底，然后迅速松开脚踏，听到“砰”的一声后结束快速充气。

（四）轮胎动平衡检测。

轮胎更换后应进行动平衡检查，确保车轮处于平衡状态，车轮旋转时不会产生跳动现象。

专业知识拓展

不同类型扒胎机的操作方法详见右侧二维码。

四、车轮的动平衡检测

（一）准备工作

（1）按要求拆卸车轮。

（2）清除车轮上的泥土、石子，用拆装钳拆掉旧平衡块（图 3–69）。

（3）检查轮胎气压（图 3–70），若不足要充至规定值。

图 3-69　拆下轮胎平衡块

图 3-70　检查轮胎气压

（二）车轮的动平衡过程

（1）打开轮胎动平衡机电源开关，检查其操作面板的显示是否正常，如显示不正常，则不能进行车轮动平衡。

（2）将车轮装入轮胎动平衡机主轴后，根据轮辋中心孔的大小选择合适定位锥，对车轮进行定位，然后用大螺距螺母紧固（图 3-71）。

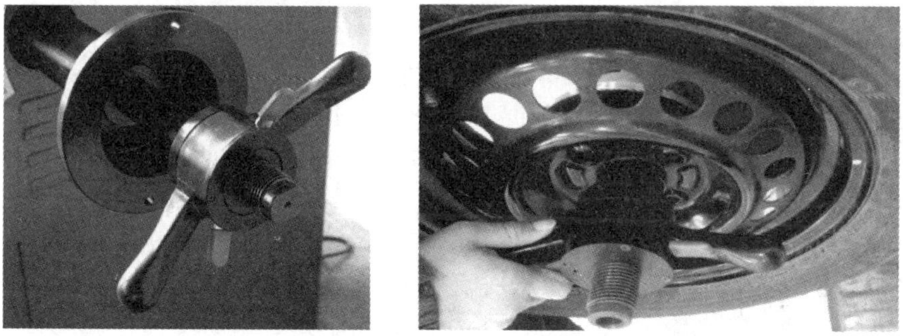

图 3-71　将车轮安装到轮胎动平衡机主轴上

（3）用轮胎动平衡机机身卡尺测量轮辋边缘至机箱距离（图 3-72（a）），在控制屏 A 区（图 3-73）输入测量值。

（4）用卡尺测量车轮轮辋两侧宽度（图 3-72（b）），在控制屏 L 区（图 3-73）输入轮毂宽度数值。

（5）在轮胎侧边读取轮辋直径（图 3-72（c））。字母 R 之后的数字便是轮辋直径，在

（a）　（b）　（c）

图 3-72　轮胎尺寸测量

控制屏 D 区输入轮辋直径（图 3-73）。

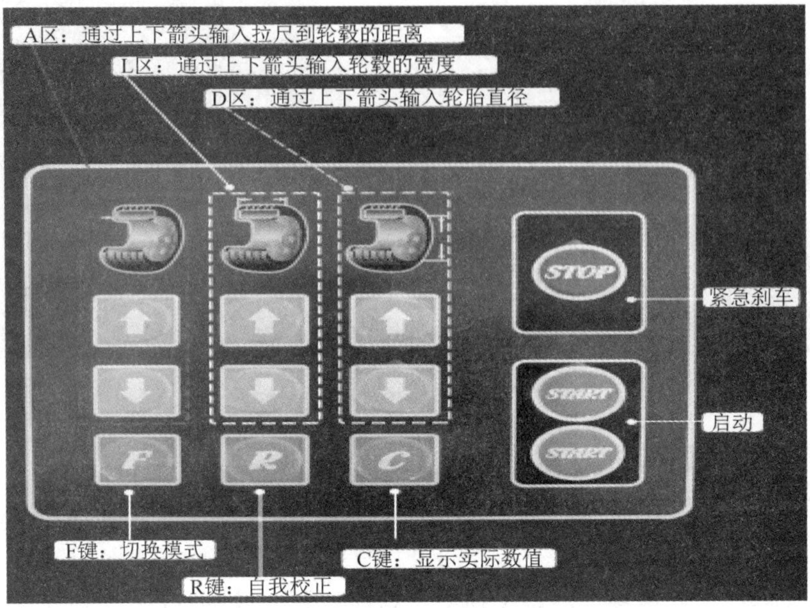

图 3-73 通过控制屏输入车轮参数

图 3-74 启动车轮

（6）放下车轮防护罩，用手推动车轮转动后，按下启动键，车轮旋转（图 3-74），动平衡测试开始，轮胎动平衡机电脑自动采集车轮状态数据。

（7）车轮自动停转或听到“嘀”声后按下停止键，操纵制动装置使车轮停转。指示屏幕显示当前车轮内、外侧不平衡量和不平衡位置。如图 3-75 所示，轮胎外侧不平衡量为 5 g，内侧不平衡量为 15 g。

（8）抬起车轮防护罩，用手慢慢转动车轮。当显示外侧不平衡量的指示装置发出指示（发出音响、指示灯亮、显示点阵或检测数据等）时停止转动。

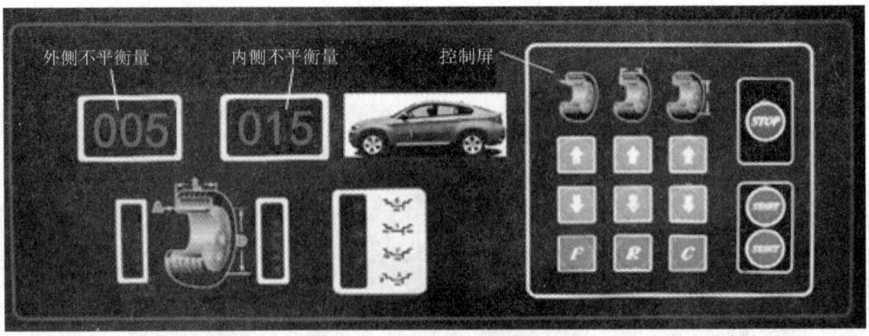

图 3-75 车轮不平衡信息

（9）在轮辋外侧的上部（时钟 12 点位置）加装屏幕显示的该侧平衡块质量（图 3-75 所示为 5 g）。平衡块卡装要牢固（图 3-76）。

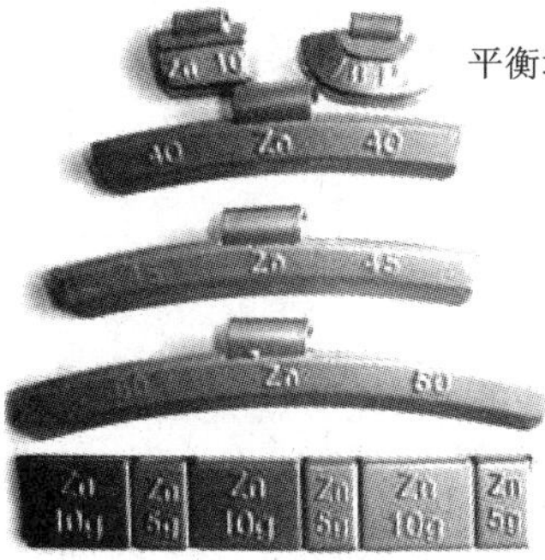

图 3-76　安装平衡块

（10）再次用手慢慢转动车轮，当显示内侧不平衡量的指示装置发出相应指示（发出音响、指示灯亮、显示点阵或检测数据等）时停止转动。

（11）在轮辋内侧的上部（时钟 12 点位置）加装屏幕显示的该侧平衡块质量（图 3-75 示为 15 g）。

（12）安装平衡块后有可能产生新的不平衡，要重新进行动平衡检测，直到轮胎动平衡机屏幕显示“000”或“OK”时表示合格（图 3-77）。

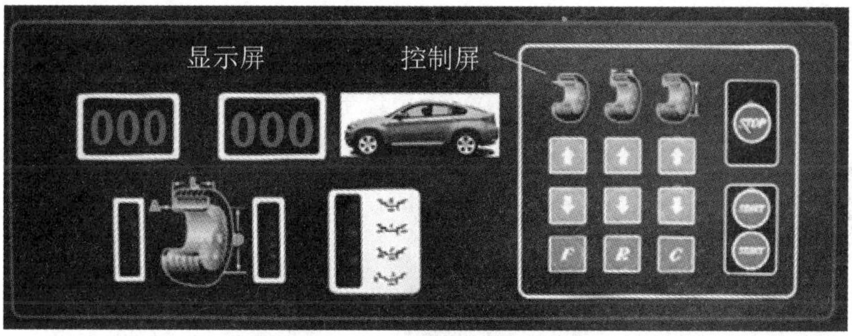

图 3-77　车轮完全平衡信息

当不平衡量相差 10 g 左右时，如能沿轮辋边缘前后移动平衡块一定角度，可获得满意的效果。

（13）测试结束后，取下轮胎，关闭电源开关，清理工作台。

注意：轮胎动平衡机主轴不允许长时间安装轮胎，承受载荷。测试结束后，应立即卸载轮胎动平衡机主轴上的所有夹具。如果长时间不工作，应卸下主轴丝杆。

专业知识拓展

扫描右侧二维码，学习动平衡仪规范操作。

五、汽车轮胎的修补

车辆行驶中轮胎时刻在地面滚动，难免受到损伤。常见的破损是扎入钉子或其他尖锐器物而导致破裂、漏气，这种情况下一般可以通过补胎的方式恢复轮胎的密封性。

常用补胎方法有胶片热补法、胶片冷补法、蘑菇钉补胎法、胶条补胎法、补胎液补胎法等。

（一）蘑菇钉补胎法

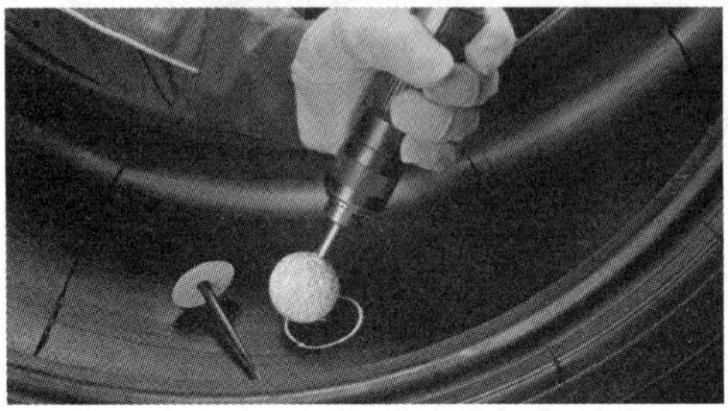

图 3–78 蘑菇钉补胎

蘑菇钉补胎（图 3–78）就是日常所说的“轮胎内外补”，适用于轮胎内壁被完全穿通以后的修补。通过一个蘑菇状的橡胶钉，从内向外穿出洞孔，不仅能修补轮胎内侧的破损处，还能通过根部与轮胎的胶合填充轮胎胎体的受损区域。这种修补方法是目前安全性最好的一种，但修补价格较高。

1. 补胎工具

补胎工具主要由蘑菇钉、常温硫化剂、压胎轮、低速气动打磨机、螺旋上胶器、刮刀、钢丝轮刷等组成。具体见表 3–6。

表 3–6 补胎工具

名称	图示	用途
蘑菇钉		封堵轮胎破损伤口，提高轮胎破损处密封强度
常温硫化剂 安全密封胶	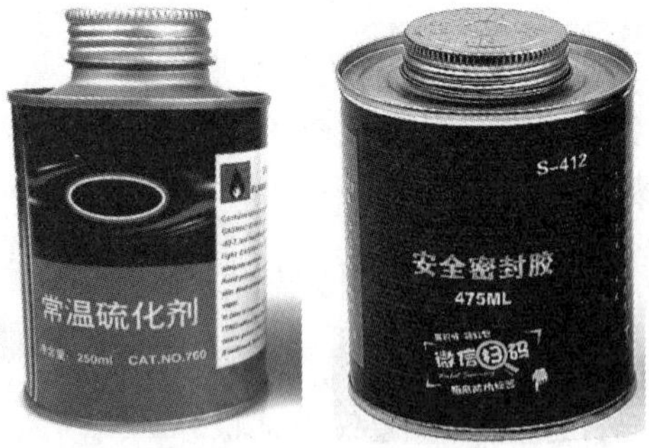	常温硫化剂： 使轮胎橡胶与蘑菇钉胶片充分融合。 安全密封胶： 形成较致密的密封层，防止蘑菇钉边缘开裂漏气

续表

名称	图示	用途
压胎轮		压实橡胶贴片
螺旋上胶器		清理轮胎伤口内灰尘以及向破损伤口内涂抹胶水
低速气动打磨机	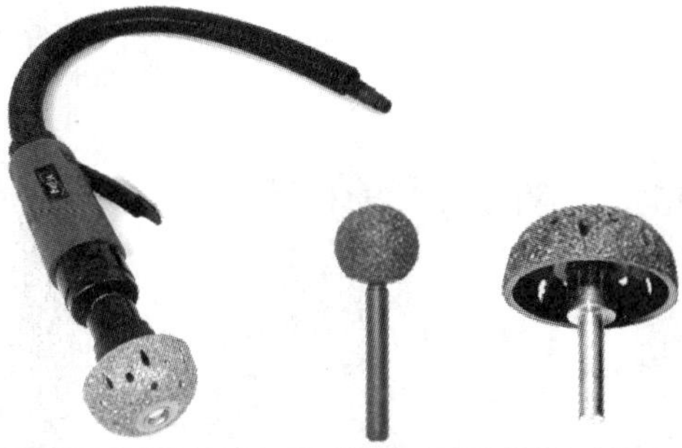	快速打磨轮胎内表面，增加胶水附着性，提高橡胶贴片与轮胎的黏合能力
钢丝刷 钢丝轮刷		清理轮胎表面灰尘、橡胶屑

2. 补胎过程

（1）拆下车轮，去掉车轮上的平衡块，放尽轮胎中的气体。

（2）使用轮胎拆装机将轮胎与轮辋分离。

（3）找到轮胎伤口，并对轮胎伤口的内外部位进行标记（图 3-79）。

（4）用钳子拔出钉子（图 3-80）。

（5）用锥子从轮胎内部向外捅出，检查伤口（图 3-81），调整伤口角度和大小。确保伤口内外

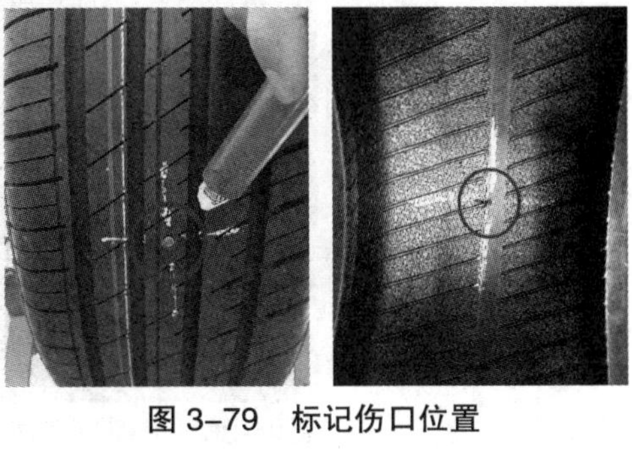

图 3-79　标记伤口位置

贯通，伤口内没有杂物。

（6）用刮刀对轮胎内伤口进行刮垢清理，用吹尘枪清理伤口内外灰尘杂质（图 3-82），至少 2 遍。

图 3-80 拔出钉子

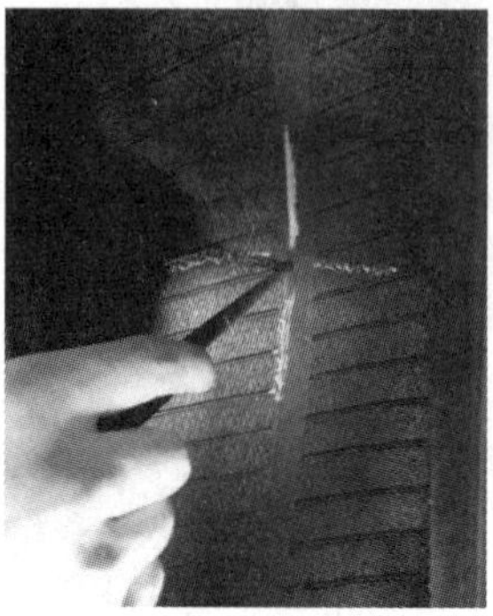
图 3-81 检查伤口

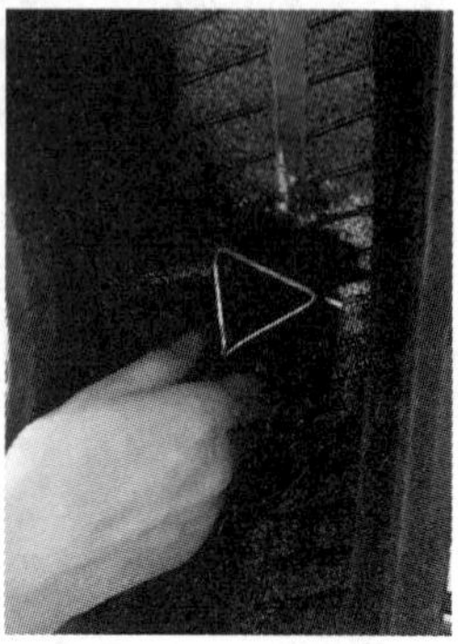
图 3-82 清理伤口

（7）在轮胎内表面里以伤口为中心，画出打磨范围（大于蘑菇钉直径约 1 cm）（图 3-83）。

（8）使用低速气动打磨机沿划定范围均匀打磨轮胎内表面，将表面打磨粗糙，使胶水与轮胎能充分融合（图 3-84）。

（9）在低速气动打磨机上安装碳化钢钻头，启动打磨机，使钻头沿伤口破损角度，顺时针由里向外，再由外向里缓慢清理破损钢丝（图 3-85）。

图 3-83 确定打磨部位

图 3-84 打磨内表面

图 3-85 修理轮胎内孔

（10）将钢丝轮刷安装在打磨机上，低速清扫打磨区域（图 3-86）。

（11）使用吸尘器清除轮胎表面灰尘、橡胶屑及钢丝屑（图 3-87）。

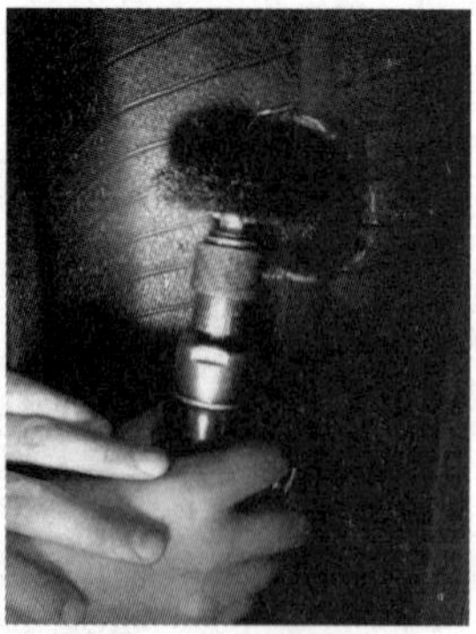
图 3-86 清理打磨部位

图 3-87 清理表面粉尘等

（12）使用螺旋上胶器，将常温硫化剂顺时针方向送入轮胎伤口内部（图 3-88）。

图 3-88　孔内涂胶

（13）将常温硫化剂涂抹于轮胎内部打磨区域（图 3-89）后，等待其充分干燥。

（14）取下蘑菇钉杆部及贴片上的蓝色薄膜（图 3-90），并将其反粘在蘑菇钉冠部顶面上。

图 3-89　打磨面涂胶

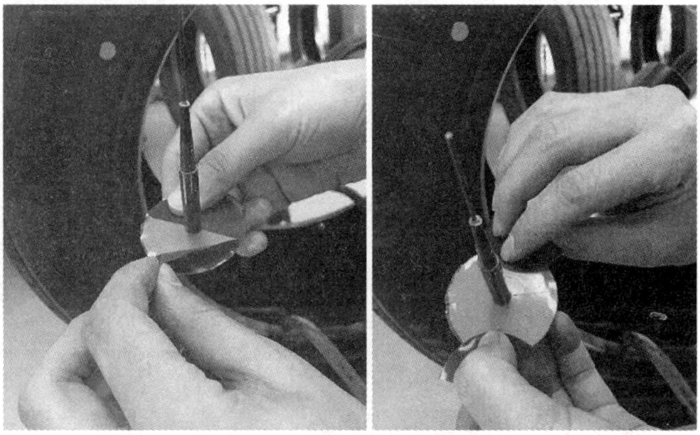

图 3-90　准备蘑菇钉

（15）将常温硫化剂涂抹于蘑菇钉杆部及贴片内表面部位（图 3-91）。

（16）将蘑菇钉杆部由内向外插入轮胎伤口，并穿出胎外（图 3-92）。

（17）从胎面用钳子夹住穿出伤口外的蘑菇钉杆部用力拉出，直至蘑菇钉贴片下表面紧贴轮胎内壁（图 3-93）。

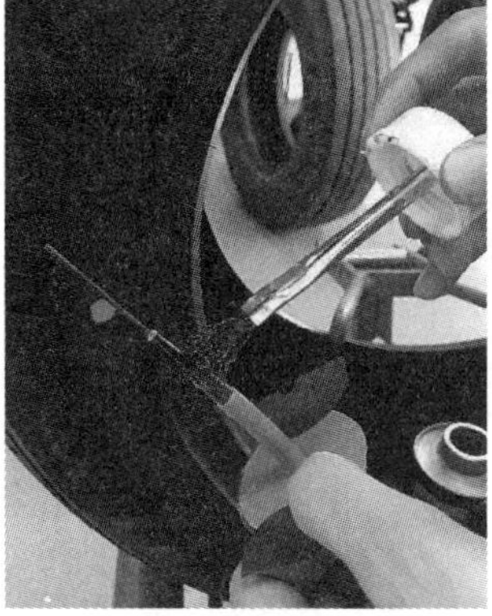

图 3-91　蘑菇钉涂胶

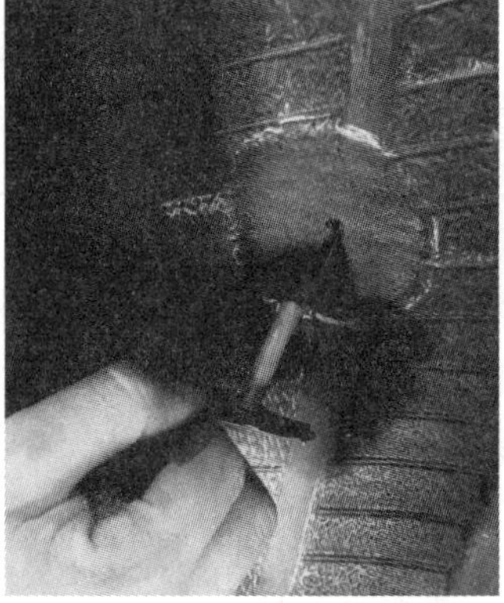

图 3-92　插入蘑菇钉

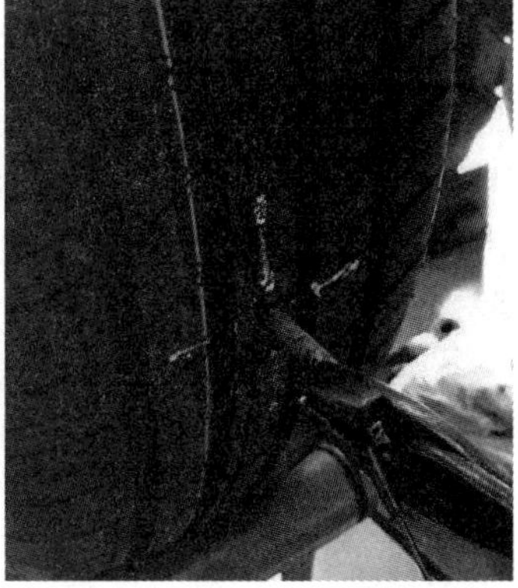

图 3-93　拔出蘑菇钉杆部

（18）在胎内使用压胎轮均匀反复滚压蘑菇钉上表面（图 3-94），使其下表面与轮胎内表面充分黏合，不得有空隙或气泡产生。

（19）取下蘑菇钉上表面的蓝色薄膜，压实至粘贴完好（图 3-95）。

（20）取下蘑菇钉上表面的透明保护薄膜（图 3-96）。

图 3-94　压实蘑菇钉

图 3-95　取膜压实

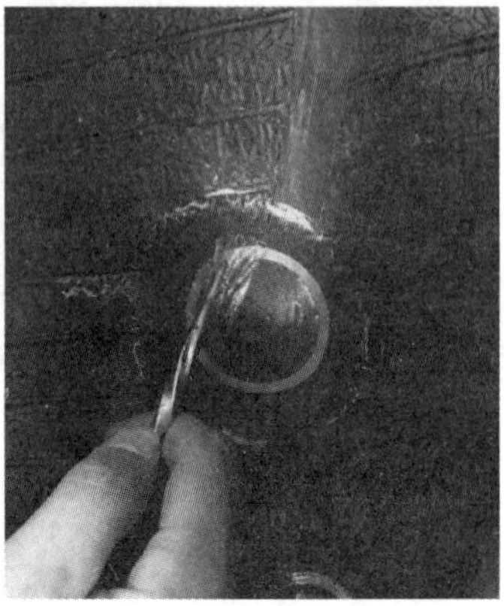
图 3-96　取下保护膜

（21）将安全密封胶涂抹在蘑菇钉边缘及打磨区域，对蘑菇钉边缘进行密封（图 3-97）。

（22）在距胎冠 2～3 mm 处，切除蘑菇钉杆部的多余部分（图 3-98）。

（23）用轮胎拆装机将轮胎安装至轮辋内，并将轮胎充气至规定压力（图 3-99）。

图 3-97　涂抹密封胶

图 3-98　切除多余杆部

图 3-99　轮胎充气

（24）检查轮胎有无漏气。在蘑菇钉杆部周围涂抹肥皂水，看是否有气泡产生，如果有气泡，则应拆下轮胎，撕下蘑菇钉再次补胎；如果没有，则补胎合格。

（25）对轮胎进行动平衡检测。轮胎补胎后，由于在胎冠部位增加贴片，改变了轮胎原有形状及配重，为确保车轮行驶安全，应对轮胎进行动平衡检测。

蘑菇钉补胎法适用于轮胎胎冠上直径在 6 mm 以下的钉眼、螺丝眼，孔洞太大或形状不规则，不适宜用该方法补胎。

（二）胶片冷补法

胶片冷补法又称为轮胎冷补法，是目前轮胎快修店最常用的一种方法。该方法操作简单，经济实惠，应用广泛。该方法的补胎过程与蘑菇钉补胎法几乎相同，不同的是它使用橡胶贴片（图 3-100）来修补轮胎伤口。

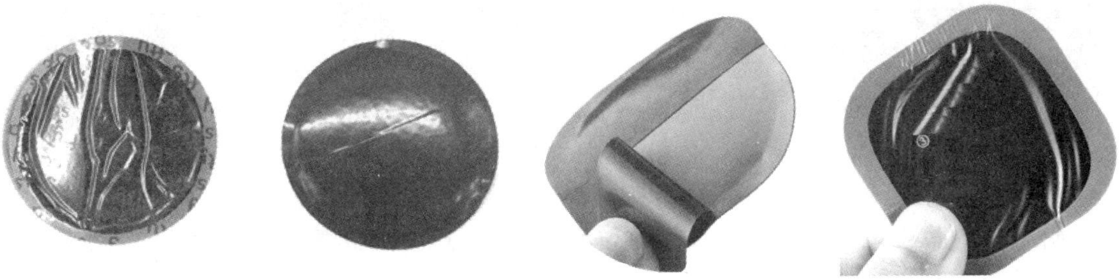

图 3-100　橡胶贴片

先拆下被扎破的轮胎，在轮胎内表面标记打磨区域，然后均匀打磨划定区域，将轮胎内的保护层打磨粗糙，以提高轮胎与胶水的融合能力，然后用吸尘器将磨屑及灰尘吸附干净，在破损处及其周围涂抹常温硫化剂，待常温硫化剂干燥后，将选定的贴片粘在破损处（图 3-101），再用压胎轮碾压贴片，使轮胎与贴片充分黏合，最后在贴片边缘涂抹一层气密胶进行密封，补胎就完成了。

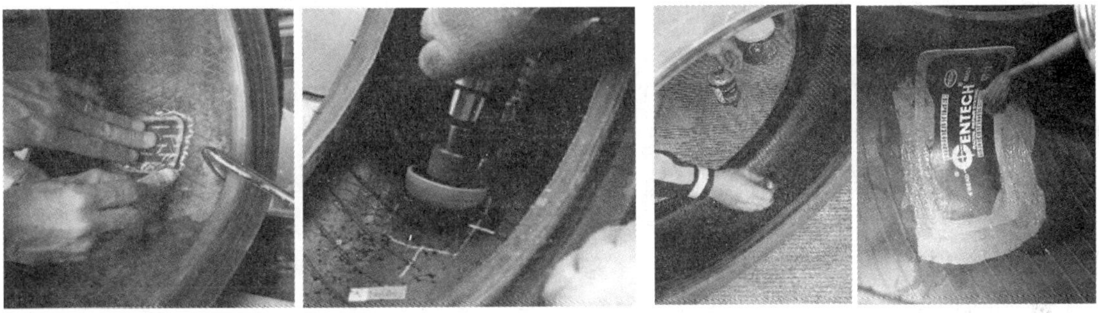

确定打磨区域　打磨内表面　涂抹胶水　粘贴贴片

图 3-101　贴片补胎

胶片冷补法由于在轮胎内表面附加了一块胶皮，改变了轮胎原有的平衡，因此在补胎结束后也要做轮胎动平衡检测，检测合格后才能将车轮安装到车轴上去。

胶片冷补法的缺点是如果破口较大，补胎效果不理想。这是因为，尽管胎内已经粘补贴片，但轮胎胎面及胎内的洞口还在，当洞口较大时，行驶过程中路面水分、空气不断挤入轮胎洞内，贴片遇水后容易脱落。

（三）不可修补的轮胎

轮胎在使用中的破损形式多样，一般扎入钉子等细小、尖锐器物，可以进行修补，但当伤口过大、形状不规则时就无法通过补胎恢复性能，只能更换新胎。不可修补的轮胎主要有以下几种情况（图 3-102）。

1）轮胎胎侧破裂不能修补，应直接更换新轮胎

胎侧由橡胶和帘子线组成，没有钢帘线，所以弹性好，但强度低。修补后无法恢复到原来的强度条件，继续行驶易发生爆胎等事故。

图 3-102 不可修补的轮胎

2）轮胎胎肩扎破不能修补，应直接更换新轮胎

胎肩是轮胎旋转中变形最频繁的部位，也是受力最大的部位，任何修补方法都无济于事。

3）轮胎趾口和胎唇损伤不可修补，应直接更换新轮胎

现在的乘用车大都采用无内胎轮胎。无内胎轮胎之所以不漏气，主要在于轮胎充气后膨胀，使轮胎趾口与轮辋结合位置紧密贴合，如果轮胎趾口或胎唇损伤，将导致轮胎与轮辋的气密性下降，轮胎无法保持气压。

造成趾口和胎唇损伤的原因一般有以下几种：

（1）拆装轮胎时违章操作，强力撬扯胎唇；

（2）轮胎老化，胎唇出现裂口或掉胶；

（3）胎内钢丝被折断导致抽丝。

趾口和胎唇损伤都会导致气密层直接受损，修补后无法保证轮胎的密封性。如果出现慢漏气，轻则造成侧胎碾压，影响车辆出行；重则出现高速爆胎，产生严重事故。

4）轮胎鼓包不能修补，应直接更换新轮胎

胎侧出现鼓包是因为帘布层的帘线出现断裂或分层，胎体各结构间出现窜气。出现这种情况的轮胎再没有任何修补的价值，必须更换轮胎。如果勉强修补，修补后的轮胎随时都有爆胎的危险。

5）轮胎裂口、超过 6 mm 不能修补，应直接更换新轮胎

补胎贴片是橡胶材料，其强度及韧性有限，当轮胎破口过大时，橡胶贴片无法承受胎内过大压力冲击而破裂，会导致发生爆胎。根据国家 3C 强制认证管理规范以及行业标准，胎体损伤最大不得超过 6 mm，以防止出现安全隐患。

6）轮胎出现横切口不能修补，应直接更换新轮胎

子午线轮胎的缓冲层采用接近周向排列的帘线层，形成一条几乎不能伸张的刚性环形带，把整个轮胎固定，限制轮胎的周向变形。这个缓冲层承受整个轮胎 60%～70%的内应力，成为子午线轮胎的主要受力结构，故称之为子午线轮胎的带束层。横切口会造成周向排列的带束层断裂，一旦轮胎滚动，周向受力则容易爆胎。横切口的损伤修补后容易由外部产生缝隙，在后期使用过程中容易渗入空气、水和油等，使橡胶和骨架材料受到侵蚀，钢丝生锈而导致脱层现象，安全隐患大，因此横切口不可修补。

专业知识拓展

扫描右侧二维码，了解轮胎的安全性能，学习轮胎的修补方法。

六、汽车车轮的换位

（一）新车车轮换位方法

在设计公路或城市道路的横断面时，都要设置具有一定拱度的路拱曲线或横坡直线，以方便道路路面的横向排水，保证行车平稳以及雨中、雨后的行车安全。但路拱导致每个轮胎的横断面与地面各接触点的受力有差异，因此每个车轮的磨损会产生差异。此外，我国道路交通法规定车辆靠右侧行驶，道路中间部位与道路侧边由于车轮碾压概率不同，路面状况有较大的差异。车辆长期靠右行驶，必然导致内外两侧车轮的磨损不同。车辆的驱动形式不同，各车轮的磨损程度也不相同，一般驱动轮的磨损要大于非驱动轮。载货汽车一般后轮为驱动轮，其负荷大于前轮；轿车行驶时一般前轮为驱动轮，其负荷大于后轮；如果驾驶位置在左侧，那么通常情况下，汽车向左转弯时的车速会大于向右转弯时的车速，导致汽车右侧轮胎在左转弯时受到的压力大于左侧轮胎，行驶一定里程后，右侧轮胎的右侧边缘磨损最为严重。

车辆如果四条轮胎磨损均匀，则它们的性能均衡，操控性相对稳定。为使车辆轮胎磨损均匀，延长使用寿命，在行驶一定的里程后，有必要对轮胎进行换位。

对于在城市道路上行驶的车辆，一般行驶 15 000～20 000 km，建议对轮胎进行一次换位；对于在农村、山区道路上行驶的车辆，每 6 000～10 000 km 进行一次轮胎换位。

小型轿车的备胎大部分为非全尺寸轮胎，不能长时间参与工作。一般轮胎换位是指车辆的四个全尺寸车轮进行换位。

小型轿车一般使用子午线轮胎，四条轮胎新旧一样且花纹无方向，可采用交叉换位法。

1. 前轮驱动车辆（无备胎）

将左后轮调至右前轮、右后轮调至左前轮、左前轮调至左后轮、右前轮调至右后轮（图 3-103 左图）。

2. 前轮驱动车辆（有备胎）

将左前轮调至备胎位置、备胎调至左后轮、左后轮调至右前轮、右前轮调至右后轮（图 3-103 右图）。

3. 四轮驱动车辆

建议前、后、左、右轮全部交叉对调，即左前轮调至右后轮、右前轮调至左后轮、左后轮调至右前轮、右后轮调至左前轮（图 3-104 左图）。

若车上的备胎是同规格轮胎，应参与换位序列：左前轮与左后轮互相对调，将备胎移至右前轮、右前轮移至右后轮、右后轮则成为备胎休息（图 3-104）。

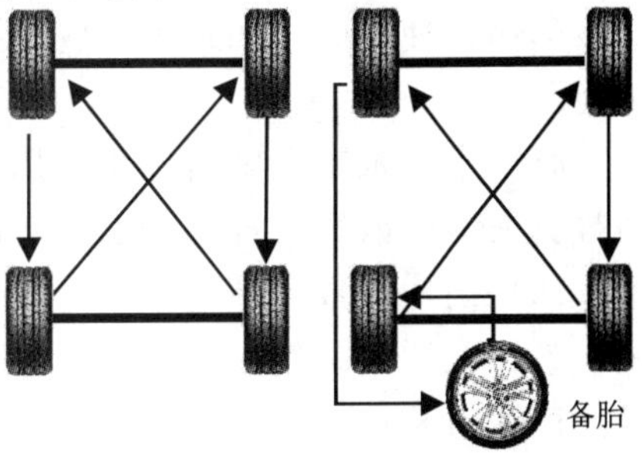

图 3-103　前轮驱动车辆换胎

4. 单向花纹轮胎换位

单向花纹轮胎在换位时轮胎只能在车辆的同一侧倒换，以确保其旋转方向不变，即换位时只能前后换位，不能左右交叉（图 3-105）。如果旋转方向装反了，会使车辆操纵稳定性下降，车辆油耗增加，行驶偏摆并产生振动，轮胎磨损加快。

单向花纹轮胎胎侧都有箭头，箭头的指示方向就是轮胎的滚动方向，在安装的时候应根据这个箭头确定车轮的安装位置。

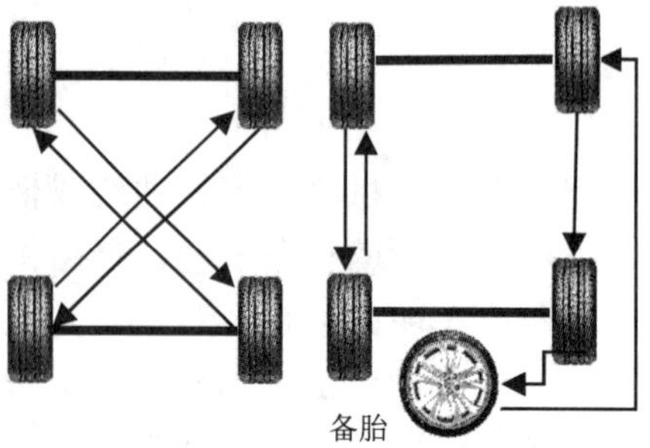

图 3-104 四轮驱动车辆换胎

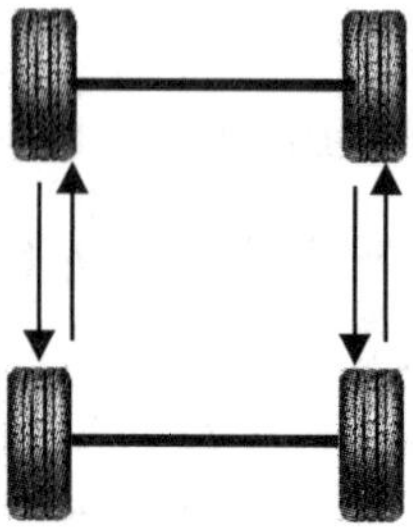

图 3-105 单向花纹轮胎换位

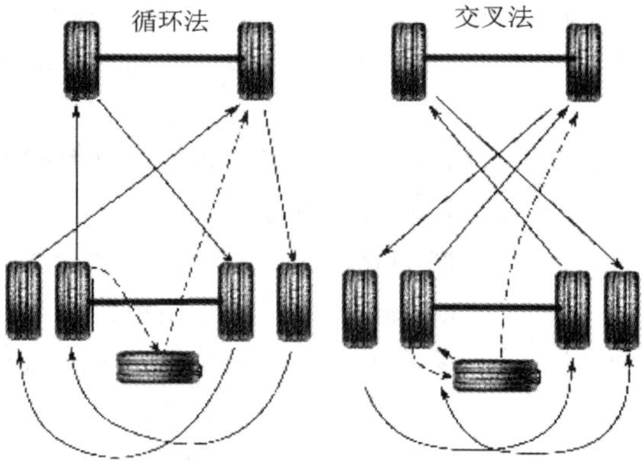

图 3-106 斜交轮胎换位方法

5. 斜交轮胎换位

大型低速车辆一般使用斜交轮胎，其换位方法如下。

以二轴六轮后轮驱动车辆为例，其斜交轮胎换位方法有两种：循环法和交叉法（图 3-106）。

如果车辆配有轮胎压力监测系统，轮胎换位后，需要借助汽车故障诊断仪使车辆电脑进行胎压监测学习，让系统重新记录胎压传感器的位置，否则仪表上显示的胎压位置与实际的位置不符。

在对车辆轮胎进行换位前，应做轮胎动平衡检测，以消除不平衡，提高轮胎行驶的稳定性。

（二）新轮胎的换装原则

车辆在使用中，如果个别轮胎因损坏（如鼓包、爆胎等）需要更换新轮胎，则应遵循下列原则。

第一个原则是同轴对称平衡原则。换轮胎的时候一定要同轴换装相同轮胎，也就是要同时更换两个前轮或者两个后轮轮胎，不能只换一个前轮或者一个后轮，否则不能保持同轴对称平衡，导致在高速行驶过程中车辆自动跑偏，产生安全隐患。

第二个原则是使用环境匹配原则。不同车辆的工作环境不同，行驶路况也不尽相同，另外车辆自身重量也不同，因此，在换轮胎时，除了尺寸要与原装胎尺寸保持一致外，在花纹选择上也应尽可能符合路况实际。如城市 SUV，原装胎一般考虑在城市道路上使用，会以经济舒适性能为主，但是如果经常行驶在土路、山路、砂石路上，那么在换胎时就要考虑安装耐磨及抗冲击性能好的轮胎。

如果车型是越野型的 SUV，但是很少去野外或爬山路，基本上都是在市区行驶，这时候原装胎就不太适合了。因为原装胎抓地力强，耐磨性好，但舒适性较差，所以换胎时应考虑安装适合在城市道路上的轮胎，不必配装原型号轮胎，车型是车型，轮胎是轮胎，轮胎讲究的是与应用环境相匹配。

课程思政

世界上轮胎最多的车，拥有 1 152 个车轮！就在中国！这种车名叫平板车 SMPT，1 152 个车轮简直让人一眼看不到头，据说，每个轮子承载 30 t 以上，整车载重超过 5 万 t。

这种车主要用来运输超大型的机器设备，比如飞机，潜艇，还有重的、大的异型结构。超级大的制造业，如石油、化工、海洋、桥梁建造必须使用这类车。

任务 6　汽车灯泡更换与灯光调整

一、汽车灯泡的更换

（一）前照灯灯泡的更换

（1）打开发动机引擎盖，铺设防护布。

（2）找到前照灯灯壳。

（3）打开前照灯背部防尘罩（图 3-107），露出里面的灯泡支架。

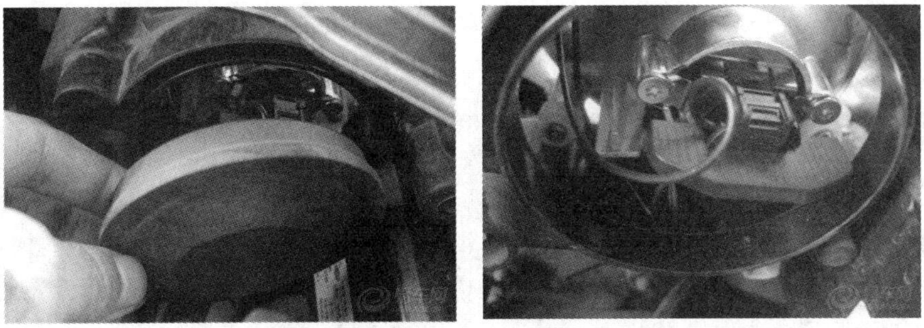

图 3-107　打开前照灯防尘罩

（4）用手旋转灯泡支架，取下灯架（图 3-108）。

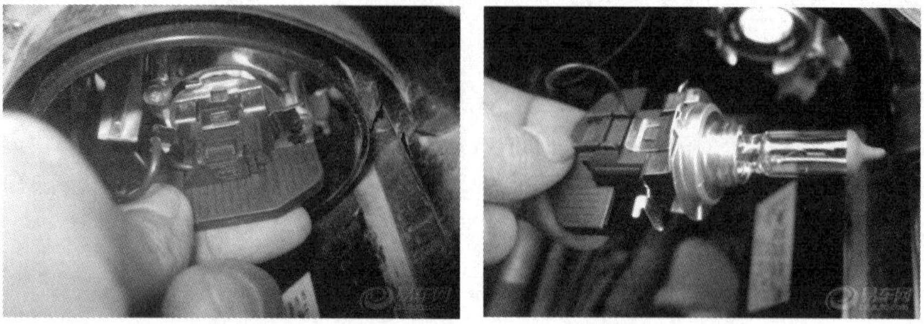

图 3-108 拆卸灯泡

（5）从灯架上拔下坏灯泡，安装新的灯泡。

（6）按照与拆卸相反顺序旋入灯架。

（7）扣上防尘罩，用手指均匀按压四周，盖好防尘罩，完成前照灯灯泡的更换。

近光灯灯泡更换方法与远光灯相似。

注意：更换灯泡时，不要用手触摸灯泡的玻璃管，否则会影响灯泡的使用寿命。

与普通白炽灯灯泡不一样，卤素灯灯泡内充有卤族元素气体。当灯丝点亮的时候，钨原子蒸发并扩散，与玻璃管壁接触时，钨蒸气则会被冷却，冷却到 800 ℃时会与卤素原子结合生成卤化钨。卤化钨最终会回到被氧化的灯丝上，如此反复循环，可以延长灯丝寿命，而且灯丝可以在更高的温度下工作，因此卤素灯泡工作温度非常高，玻璃表面温度超过 200 ℃。所以灯泡外壳不能用普通玻璃，必须采用更加耐热的石英玻璃。

如果用手触摸灯泡，皮肤上的汗液、油脂就会黏附在灯泡表面，灯泡通电以后，灯泡表面温度急剧升高，油脂、汗液迅速被烤焦，永久地停留在玻璃表面，会影响钨原子再生，从而缩短灯丝寿命，同时导致局部散热不良，温度积聚后灯泡容易破裂，甚至局部会熔化。

（二）示廓灯与转向灯灯泡的更换

（1）确认示廓灯与转向灯灯泡安装位置，黑色为转向灯灯泡支架，白色为示廓灯灯泡支架（图 3-109）。

（2）旋转黑色转向灯灯泡支架，卸下转向灯灯架（图 3-110）。

（3）拧下坏灯泡，反向安装新灯泡。

（4）按照与拆卸相反顺序将灯架拧入灯座，完成转向灯灯泡的更换。

示廓灯灯泡的更换与转向灯灯泡更换相似。

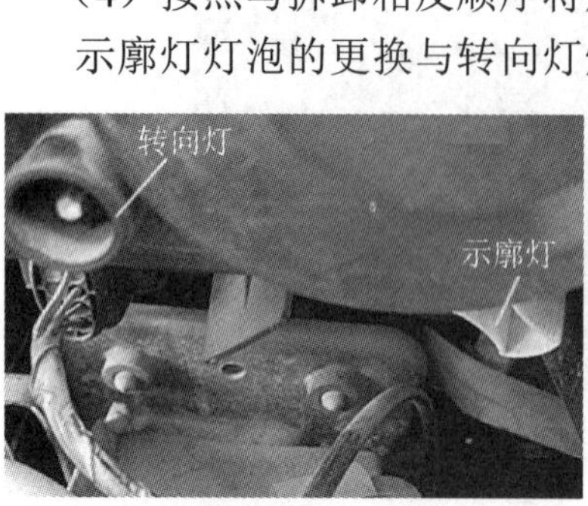

图 3-109 转向灯与示廓灯灯泡位置

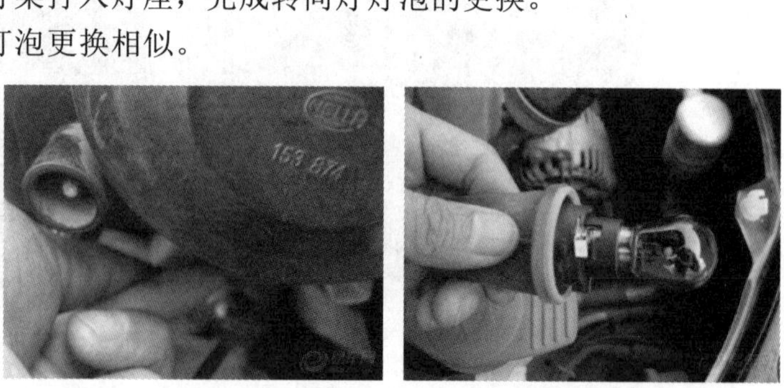

图 3-110 转向灯灯泡的拆卸

（三）尾灯灯泡的更换

（1）打开后备箱内衬上尾灯位置处护板，找到尾灯总成上灯泡插座（图 3-111）。
（2）用手捏住灯泡插座尾部暗扣，拔出灯泡。
（3）将新灯泡按相反顺序及方向拧入灯座，完成尾灯灯泡的更换。
（4）装回尾灯护板。

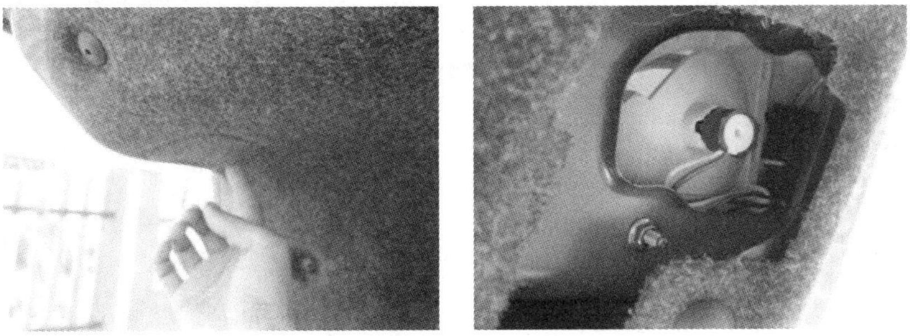

图 3-111　尾灯灯座位置及护罩拆卸

二、前照灯灯光的调整

汽车前照灯亮度、光束角度如果不正确，将影响夜间行车安全。车辆年检时，要检查前照灯光束位置，位置不符合国家要求，年检将不能通过。因此，要经常检查车辆前照灯灯光光束方向是否符合位置要求，如果发生偏移，就要及时调整。

前照灯光照方向及光束位置可以通过调节灯架位置来改变，常见的调节方式有两种：旋钮调节和手工调节。

（一）通过旋钮调节前照灯高度

现在大部分轿车上都有前照灯高度调节功能，一般在驾驶室方向盘左边有一个前照灯高度调节旋钮（图 3-112）。旋钮上面标有数字 0、1、2、3，其中 0 是前照灯的初始高度，也就是车辆灯光在出厂时照明的水平位置，旋钮的数字越大，灯的高度越低。

图 3-112　前照灯的高度调节

调节时找一个光线较暗的地方，将车辆停在平坦的路面上，面对墙壁，相距 10 m（图 3-113），坐在驾驶位上，一边旋转按钮一边观察灯光位置，可以看到灯光位置发生明显的变化，操作较简单。

注意：这个旋钮是同时控制左右前照灯的，如果需要单独调节左边或右边的前照灯，或者有的车没有前照灯高度调节功能，就要使用手工调节方法。

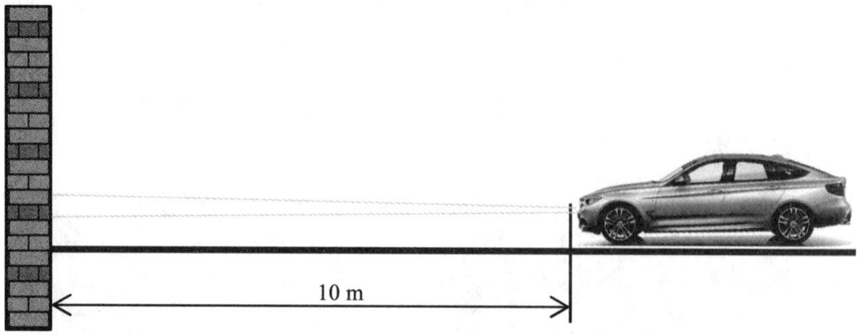

图 3–113　车辆停放位置

（二）手工调节前照灯高度

当光束位置不符合要求时，应通过图 3-114（a）中的灯光左右调节旋钮与灯光高度调节旋钮调节灯光光束位置。图 3-114（b）中两个圆圈内的白色旋钮即为微调旋钮，用内六角扳手顺时针或逆时针旋转微调旋钮，即可看到光束位置的变化。

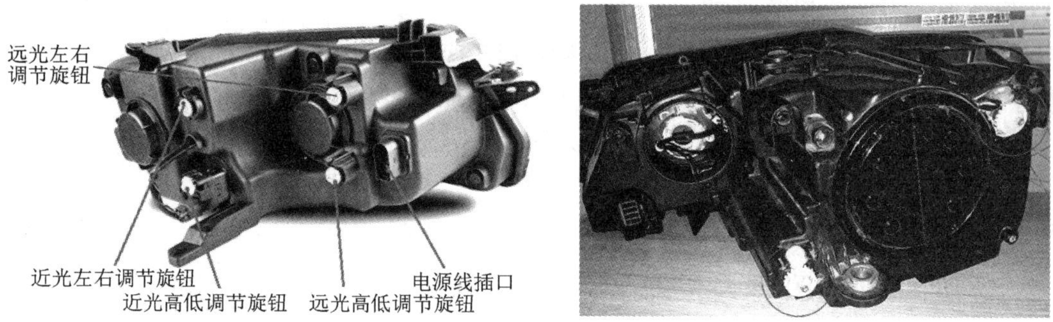

（a）　　（b）

图 3–114　前照灯的调节位置

（a）汽车前照灯调节旋钮位置　（b）汽车前照灯总成结构

具体调节方法如下。

（1）找一个光线较为昏暗的地方，将车辆停放在平整地面，垂直面对白色墙面。地下泊车场是较为理想的调灯光的场地。

（2）用钢卷尺测量并确定车头的对称中线位置，并在保险杠上做出位置标记。

图 3–115　前照灯的位置测量

（3）将车头正对并贴近墙面，把车头对称中线的位置在墙上标出来。

（4）直线倒车，在车头距墙面 10 m 处停住。

（5）用钢卷尺分别测量远光灯灯泡中心到地面的高度 H_1、近光灯灯泡中心到地面的高度 H_2（图 3-115）。部分车辆的远光灯与近光灯灯泡一体，即 $H_1 = H_2$。

（6）分别测量远光灯灯泡中心到车头中间线的距离（C）和近光灯灯泡中心到车头中间线的距离（D）。

注：如果是远近光一体式组合车灯，只要测量一个数值即可。

（7）根据表 3-7 前照灯光束位置标准，在墙面上标出车头的对称中心线（图 3-116），以中心线为基准，在基准线的左右两边分别画出远光灯和近光灯的垂直位置线；根据近光灯的高度 H_2，参照表 3-7 所示（0.75～0.80）H_2，算出两个高度值，然后在近光灯的垂直位置线上确定出灯光高度的两个位置点，画出两条平行线，形成上下两个十字；然后根据远光灯的高度 H_1，参照表 3-7 所示（0.85～0.90）H_1，算出两个高度值，然后在远光灯的垂直位置线上确定出灯光高度的两个位置点，画出两条平行线，形成上下两个十字。此时墙上就会形成四个十字，下面两个对应近光灯，上面两个对应远光灯。

表 3-7　前照灯光束位置标准

前灯类型	与墙距离/m	光束高度/m	定位中心数据/mm	
近光灯	10	（0.75～0.80）H_2	左灯	左侧≤100，右侧≤100
			右灯	左侧≤100，右侧≤100
远光灯	10	（0.85～0.90）H_1	左灯	左侧≤100，右侧≤170
			右灯	左侧≤170，右侧≤170

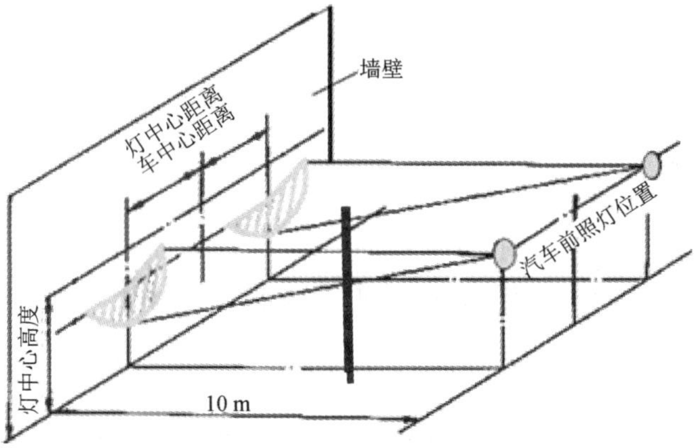

图 3-116　灯光光束位置确定

（8）用毛巾把右侧前照灯遮盖，可以清晰地判断左侧光束中心的位置。

（9）打开近光灯，观察左侧近光灯的光束中心与墙壁上标记的近光灯十字线是否对齐；如果未对齐，用十字形螺丝刀拧动前照灯后方近光灯的水平方向调节旋钮（图 3-117），调整近光灯光束中心与墙壁上标记的十字线重合。

（10）打开远光灯，观察左侧远光灯的光束中心与墙壁上标记的远光灯十字线是否对齐；如果未对齐，用十字形螺丝刀拧动前照灯后方远光灯的水平方向调节旋钮，调整远光灯光束中心与墙壁上标记的十字线重合（图 3-118）。

（11）取下毛巾，遮盖左侧前照灯。

（12）按照上述方法分别观察调整右侧近光灯、远光灯位置。

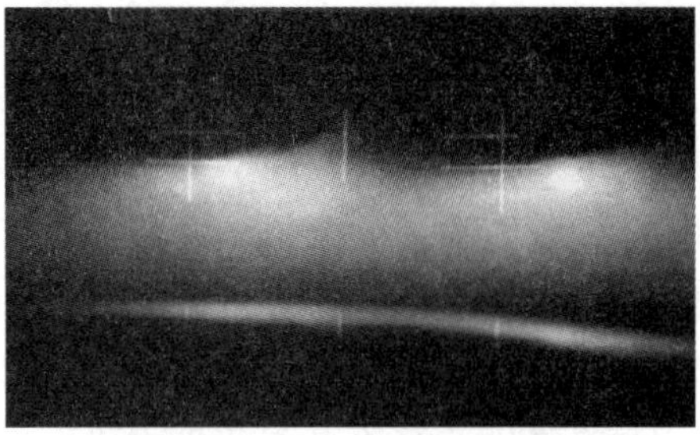

图 3–117 近光灯光束位置

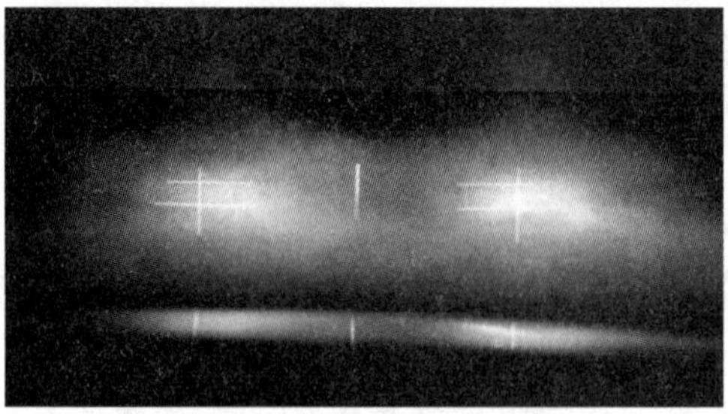

图 3–118 远光灯光束位置

注意：

（1）检查与调整灯光时车内应保持正常载荷；

（2）为了防止弄脏墙面，最好用深色胶带黏附墙面进行标记；

（3）如果车辆配备了大灯高度调节功能，把按钮旋到“1”的位置，还可以预留一级的调节余量；

（4）大部分的灯光调节钮都是工程塑料制品，容易损坏，调节时用力不可过大。

专业知识拓展

扫描右侧二维码，学习车辆不同车灯的调节方法。

任务 7 发动机故障码的读取与消除

在车辆运行中，有各种原因会导致某个电气元件或电路出现短路、断路、接触不良等现象。一旦出现这种情况，相关电气系统则不能正常工作。当发动机电脑持续监测到这种情况以后，会触发 OBD 系统，OBD 系统会自动记录故障的部位、形式，并点亮故障警告灯，告知驾驶员车辆出现异常情况，需要检查和维修。故障排除后，故障警告灯会自动熄灭。

发动机故障灯用来显示发动机的工作状态。启动时拧动钥匙到“ON”挡，车辆电控系统会进行自检，该指示灯也会亮起 2～5 s，自检结束后指示灯会自动熄灭。如果车辆起步后指示灯仍不熄灭，或者在车辆行驶中该指示灯亮起（图 3-119），则表示发动机控制系统存在故障，需要维修人员使用汽车故障诊断仪连接车辆故障诊断接口进行诊断检查，以便维修人员

图 3–119 发动机故障警告灯

快速锁定部位，排除故障。

一、发动机故障码的读取方法

以博世 KT770 故障诊断仪的使用方法为例。

（一）测量蓄电池电压

使用万用表检查蓄电池电压，电压应在 11 V 以上，变速器推入 P 挡或空挡，拉紧手刹，关闭各用电设备。

（二）打开点火开关

不启动发动机，仅给车身电气设备供电。

（三）连接故障诊断仪

找到车辆故障诊断接口（一般在驾驶室方向盘左下方或右下方），用数据线连接故障诊断仪与车辆故障诊断接口（图 3-120）。

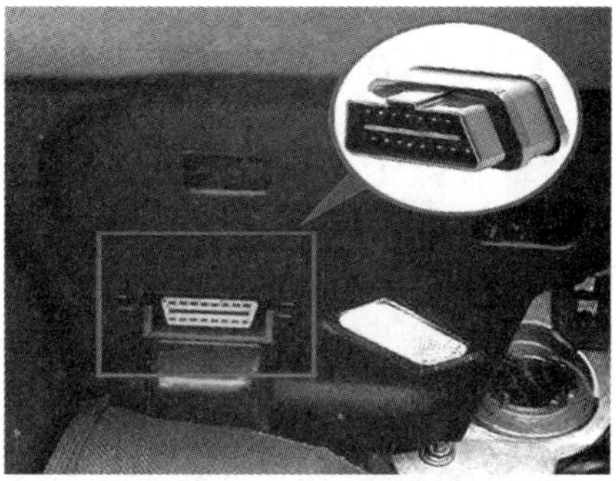

图 3-120　车辆故障诊断接口

（四）故障诊断仪开机，进入诊断仪主界面

当故障诊断仪接通电源后，其面板上的绿色电源指示灯亮起。按下电源键 2 s，红色故障灯快速闪一下，蜂鸣器鸣响，接着 ECU 通信指示灯闪烁，进入主界面（图 3-121 和图 3-122）。

KT770 故障诊断仪主界面包括汽车诊断、汽车保养、历史记录、录制列表、维修指导五个模块。

辅助功能包括设置、截图、打印、反馈和帮助（图 3-122）。

图 3-121　故障诊断仪开机

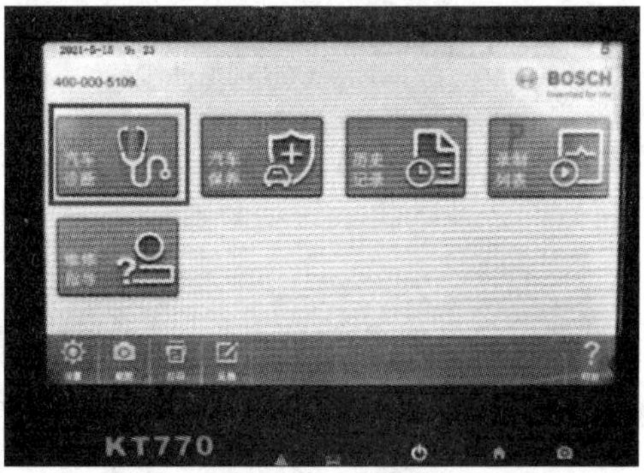

图 3-122　进入诊断仪主界面

（五）进入诊断程序界面

图 3-123 进入诊断车型界面

选择汽车诊断模块，进入诊断车型界面（图 3-123）。

主界面构成如下。

（1）导航栏：所有车型品牌可以按区域分类显示，也可以按首字母 A～Z 的排序显示。

（2）折叠按钮：显示或隐藏导航栏。

（3）区域显示或首字母区间显示：通过向左或向右的方向键查看所有内容。

（4）上下翻页按钮：当显示内容超过一屏时，可以点击上下翻页按钮查看多屏的内容。

（六）查找被诊断车辆诊断程序

以现代 H-1 辉翼商务车为例。

（1）查找车系品牌。按桌面显示车型类别分类查找，也可以按品牌所在区域和品牌名称首字母 A～Z 选择车型品牌（图 3-124）。

（2）选择汽车品牌后，进入现代汽车诊断程序界面（图 3-125）。

图 3-124 选择被诊断车型

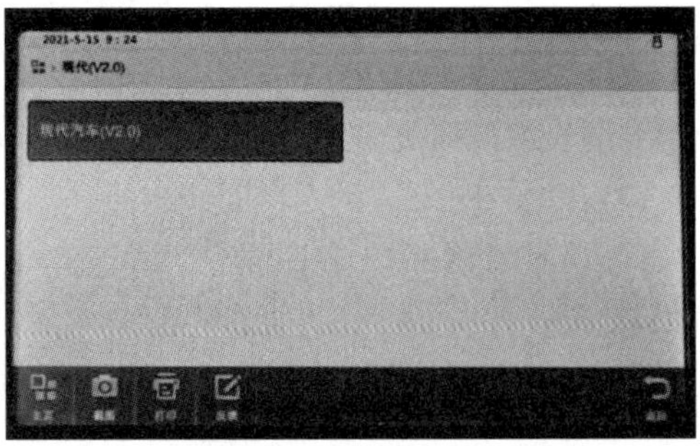

图 3-125 进入被诊断车系程序

（3）选择被诊断车型诊断程序，为 H-1 辉翼商务车（图 3-126）。

（4）选择发动机系统型号对应程序（当前选择 D2.5 TCI-A2）（图 3-127）。

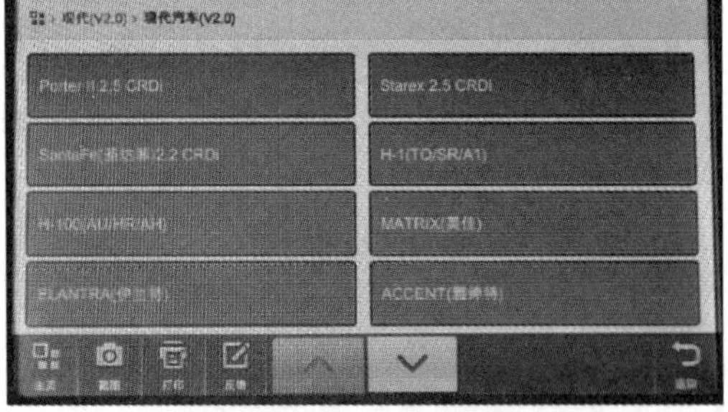

图 3-126 选择被诊断车型

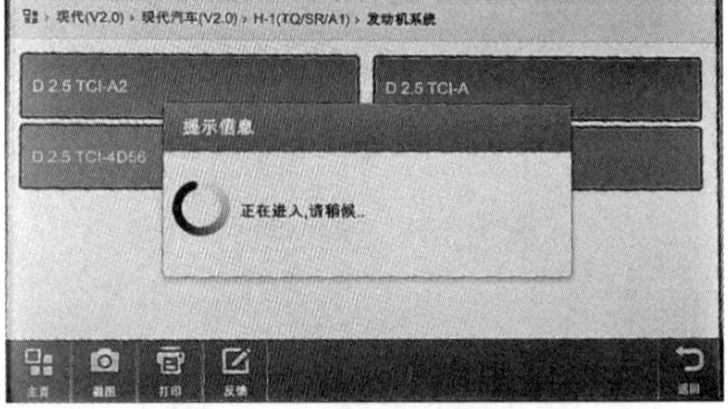

图 3-127 选择发动机系统型号

（七）选择车辆故障诊断模块

当前选择发动机系统模块（图 3-128），进入故障测试界面（图 3-129）。

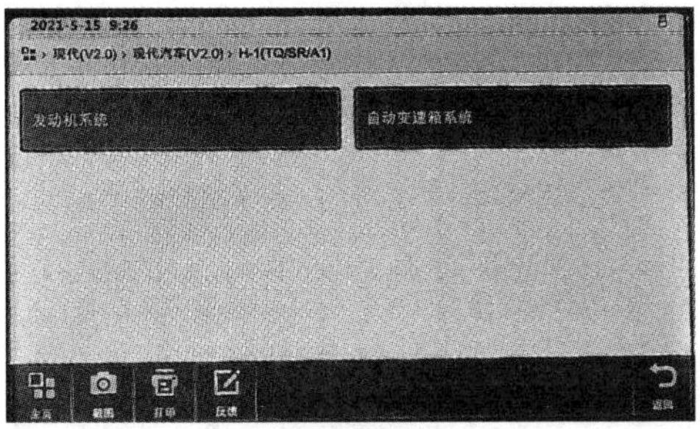

图 3-128　选择发动机系统模块

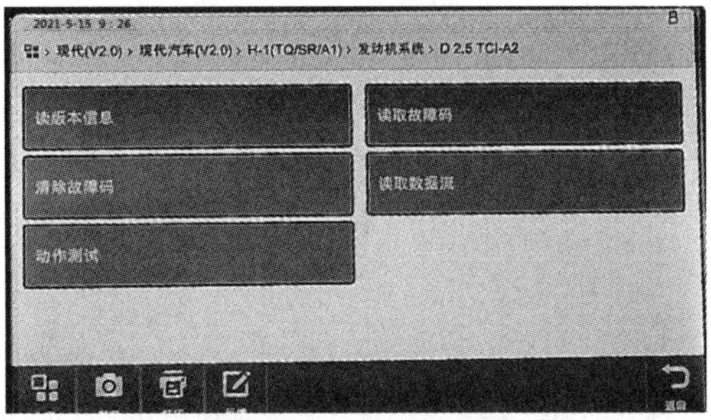

图 3-129　进入故障测试界面

（八）进行故障测试

（1）选择读版本信息模块（图 3-129），弹出的对话框显示汽车电脑的相关信息，包括软件版本、硬件版本、零件号等信息；点击“返回”按钮，退出此操作。

（2）选择读取故障码模块，系统进入读取故障码界面（图 3-130），显示内容包括故障码的内容、是否有冻结帧等；冻结帧按钮高亮显示表示有冻结帧信息；点击“返回”按钮，退出此操作。

（3）选择清故障码模块，弹出的对话框显示清除条件；清除被测试系统 ECU 内存储的故障码，界面显示“清码命令已执行”（图 3-131）；点击“确定”按钮，退出清除故障码操作。

当前硬故障码是不能被清除的，如果是氧传感器、爆震传感器、混合气修正、气缸失火之类的技术型故障码虽然能立即被清除，但在一定周期内还会出现。只有彻底排除故障，故障码才不会再出现。

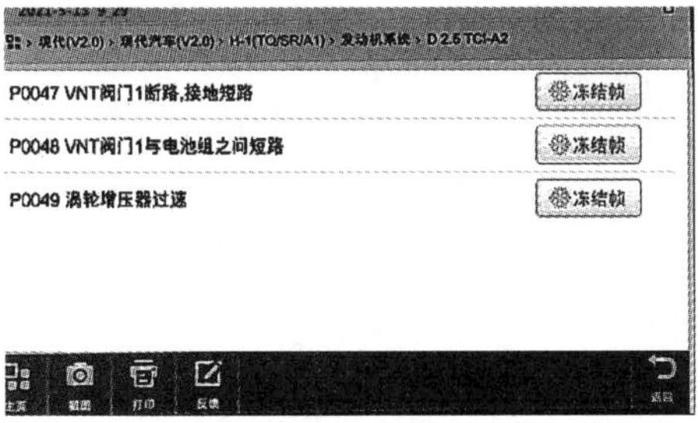

图 3-130　读取故障码

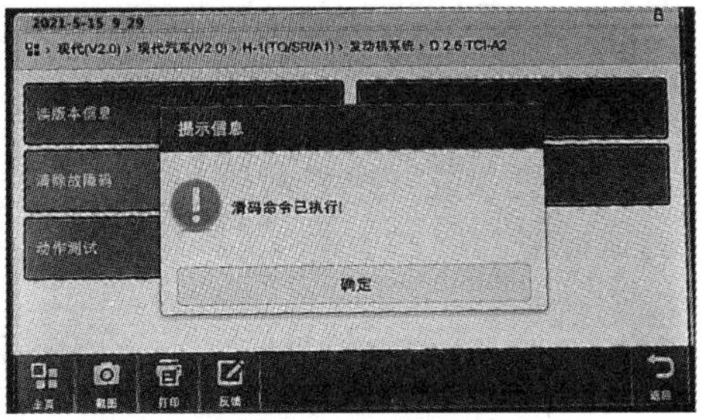

图 3-131　清除故障码

（九）读取数据流

数据流是指发动机在工作中 ECU 与传感器和执行器之间实时进行信息交流的数据参数。通过故障诊断接口可由专用诊断仪读取发动机在工作中各电控系统实时变化的工作参数。

可通过各数据流的值或状态判断汽车各控制系统是否有故障。

选择读取数据流模块，弹出读取数据流对话框（图 3-132），选择数据流显示项目即可选择要读取的数据流，也可以点击右下角的“全选”按钮，选择读取当前的所有数据流。

点击右下角的“确定”按钮，界面将显示数据流的名称、结果和单位（图 3-133）。

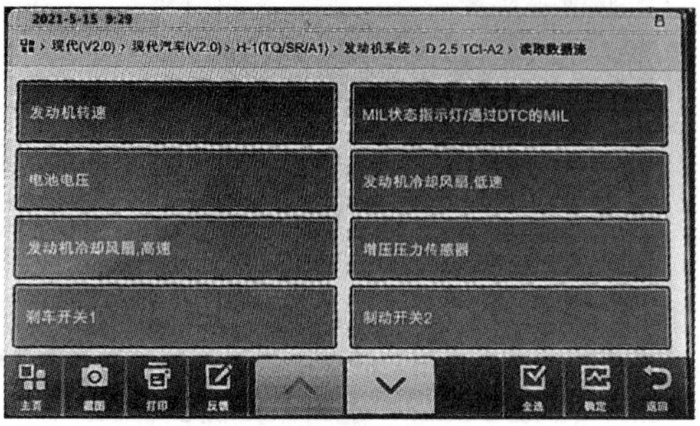

图 3-132　选择数据流显示项目

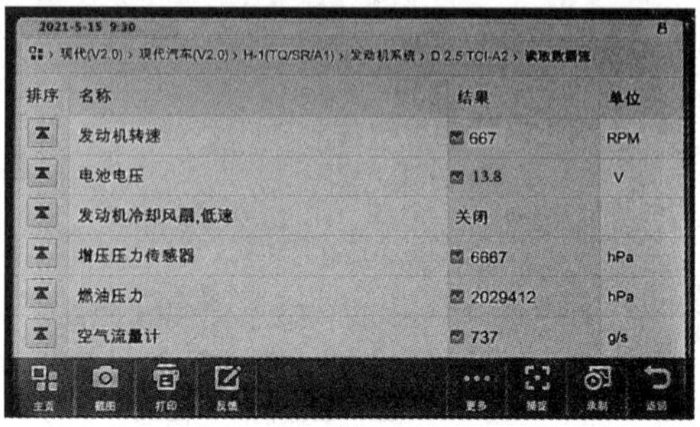

图 3-133　显示数据流

（十）动作测试

动作测试的目的是测试电控系统中的执行元件能否正常工作。

（1）选择动作测试模块，界面将显示所有可以操作的动作测试；

（2）点击某一项，进入动作测试界面，根据界面提示操作；

（3）点击“开始检查”按钮，动作测试的状态为开始检查；

（4）点击“停止”按钮，动作测试的状态为停止；

（5）点击“退出”按钮，退出此动作测试。

（十一）关闭故障诊断仪

点击“返回”按钮，使系统返回到开机界面，关闭电源，关闭点火开关，取下仪器，整理仪器。

二、车辆故障检查的流程

（1）读取故障码。

（2）记录（或打印）故障码。

（3）清除故障码。

（4）试车。

（5）再次读取故障码，确认故障。

（6）维修车辆故障。

（7）清除故障码。

（8）再次试车，确认故障码不再出现。

专业知识拓展

KT660 诊断仪操作视频通过扫描右侧二维码获得。

《汽车维护与保养》任务单

姓名：______________学号：____________班级：_______________________

学习项目	**项目三　汽车 50 000 km 维护与保养**
学习任务	**任务 1　汽车 50 000 km 维护与保养常用设备的使用**
学习目的	认识轮胎动平衡机、扒胎机、汽车故障诊断仪，知道它们的用途、组成
教学设备	轮胎动平衡机、扒胎机、汽车故障诊断仪

1. 轮胎动平衡机的使用

1）轮胎动平衡机的用途

轮胎动平衡机用于检测车轮在高速旋转时的____________情况，并能够准确地找到车轮产生______________的部位，维修人员通过给车轮附加______________的办法消除轮胎的_________，减弱或消除车轮高速旋转产生的_________、___________的情况，从而使车轮旋转保持稳定、安全状态。

2）轮胎动平衡机的组成

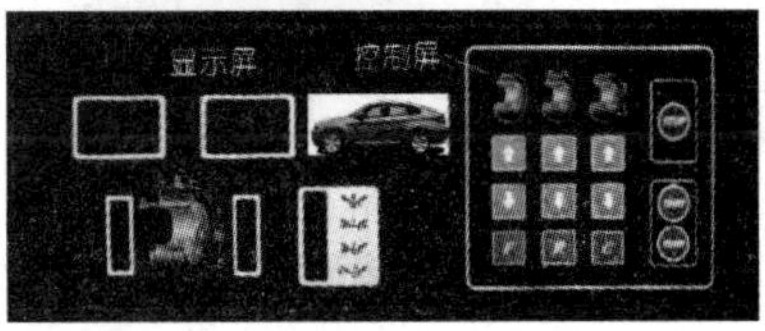

轮胎动平衡机主要由显示面板、置物盒、____________、_______________、机身、电源开关组成。附件有_______________、卡尺、拆装钳。

3）显示面板

主要由显示屏和控制屏组成，显示屏用来显示在车轮动平衡过程中的_______________，控制屏用来输入_____，轮胎动平衡机电脑根据车轮参数确定车轮动不平衡状态

2. 轮胎拆装机的使用

1）轮胎拆装机的用途

轮胎拆装机又称为扒胎机，既可以将轮胎从______________拆下，又可以_____________以及给轮胎充气。它主要用于轮胎的____________、____________等操作，是汽车修理厂、汽车轮胎店的必备设备。

（2）工作台：具有_________________、旋转等作用。

续表

(3)分离臂：在轮胎拆装机右侧，用来将轮胎与______________。

(4)充放气装置：用来给轮胎放气、充气，另外还有测量气压的气压表。

(5)操作踏板：在轮胎拆装机的下面有四个脚踏板开关，它们的作用如下。

G：______________________________

H：______________________________

I：______________________________

J：______________________________

3. 汽车故障诊断仪的使用

1）故障诊断仪的组成

主机是一台________________，它的内部构造与普通计算机组成相同，由____________、____________、______________、主板、数模转换器、________________、电源等部分组成。

2）故障诊断仪的功能

(1) 读取与清除故障码。通过数据线或无线蓝牙模式可以实现与车载各电控系统__________之间进行__________，传送故障代码以及发动机的______________，能清除发动机________________。

(2) 通过数据线或无线蓝牙模式可以与电脑进行________________，可通过互联网下载新车型的____________________，也可以对诊断仪进行系统__________等。

(3) 通过故障诊断仪程序强制给车内一些执行元件（如__________、__________、__________、怠速电机、冷却风扇等）发出控制命令，使其____________，从而迅速直观地判断该元件是否__________。

(4) 利用故障诊断仪自带的示波器功能，把无法观察、快速变化的____________变换成__________，便于维修人员分析各种传感器的实时工作过程

______年______月______日　　　　得分：____________

《汽车维护与保养》任务单

姓名：______________学号：____________班级：________________________

学习项目	**项目三　汽车 50 000 km 维护与保养**
学习任务	**任务 2　认识与使用汽车轮胎**
学习目的	（1）认识汽车轮胎的组成及工作特性； （2）能正确、安全使用汽车轮胎
教学设备	实训车辆、汽车轮胎

1. 汽车的车轮

1）车轮的性能

性能良好的车轮在车辆行驶中能与车身悬架共同缓和车辆所受到的____________，同时与路面之间具有良好的______________，能适应车辆的高速性能并降低行驶时的噪声，保证行驶的安全性、操纵稳定性、舒适性和经济性，使车辆具有良好的__________________、制动性和通过性。

2）车轮的组成

（1）轮胎为________形弹性__________，安装在__________上，能支承车身，____________冲击，实现与路面的可靠接触并保证车辆的行驶性能。

（2）轮辋俗称轮圈或钢圈，与________组装配合，支撑轮胎的车轮部分。

（3）轮辐是连接_______与_________的部件。

（4）轮毂指连接______并将车轮固定于车轴上的____________连接部件。在轮毂上加工有多个轮毂___________，用于连接车轮与车轴

2. 汽车的轮胎

1）轮胎的材料

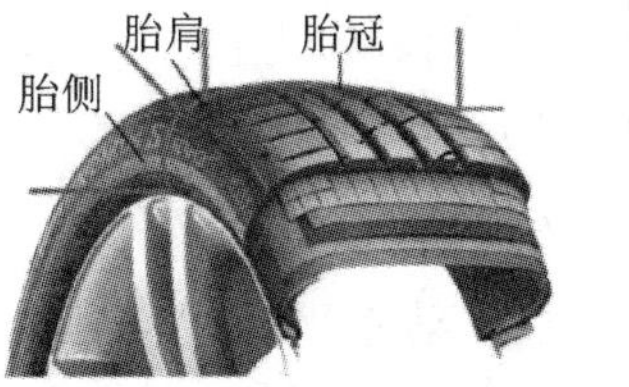

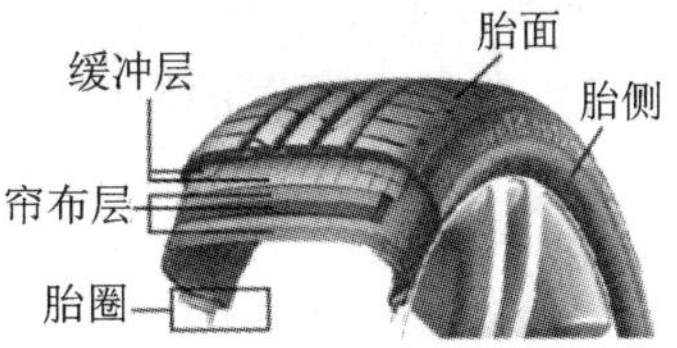

轮胎主要由____________和____________（45%～50%）、钢帘线（15%）、帘子布和__________（24%）组成。

橡胶具有良好的_________，用橡胶做轮胎能减少车轮行驶中的____，但天然橡胶的耐热性、_______________，抗摩擦能力较弱，易_________，因此加工轮胎时会在橡胶中融入部分添加剂，改善橡胶的性能，其中一种很重要的添加剂叫________。

续表

2）轮胎的结构

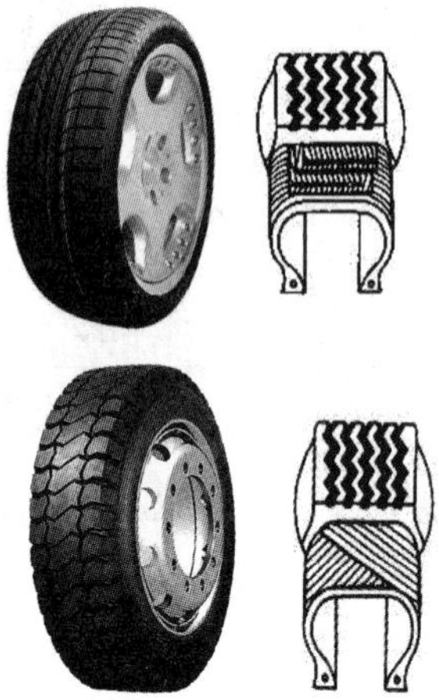

（1）胎面是轮胎的外表面，可分为________、________和胎侧三部分。

（2）缓冲层是位于胎面和帘布层之间、带有或不带有帘线的胶片，用来吸收从胎面方向传来的________，减少帘布层的损伤，承受轮胎在行驶时或突然制动时由于惯性作用而产生的________________。

（3）帘布层是外胎的________，主要用于承受________，保持外胎的形状和尺寸，并使其具有足够的______和韧性。

（4）胎圈指轮胎与轮辋的____________，又称______，由胎圈芯和胎圈包布等组成。胎圈能承受因内压而产生的_______，同时能克服轮胎在拐弯行驶中所受的横向力作用，使外胎不致脱出__________。

3）轮胎的类型

（1）斜交轮胎。

斜交轮胎的运转噪声小，外胎面________，价格便宜，但轮胎在转向时接触地面面积小，胎冠________，抗侧向力能力差，滚动阻力________，油耗______，高速行驶稳定性和承载能力不如________轮胎，主要用于________________车轮上。

（2）子午线轮胎。

与斜交轮胎相比，子午线轮胎具有与地面接触________、附着性好、行驶________、滚动________、节约燃料、承载__________、减震性能好、不易____________等优势，目前广泛应用在各种高速行驶的车辆上

3. 车轮的平衡

1）旋转体的平衡

物体平衡有两个条件：①旋转体的形状________________；

②旋转体的____________________________。

2）旋转体的不平衡

（1）静不平衡又称____________，即在旋转体的__________上的不平衡。

（2）动不平衡又称____________，即在旋转体的__________上的不平衡。

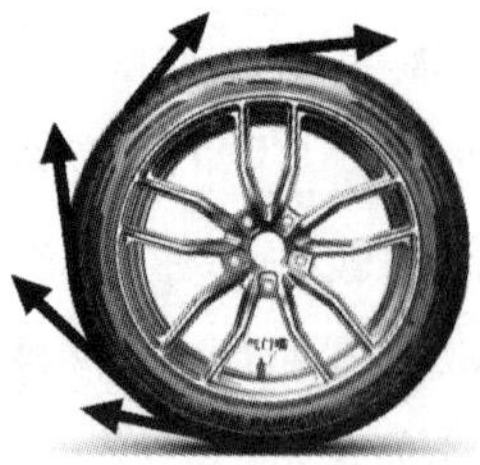

3）车轮不平衡的原因

（1）在车辆行驶中，车轮不断受到路面凸起物的________，导致车轮____________；

续表

（2）车辆频繁急刹车、快速转弯等操作导致车辆________，使个别车轮承受过大______而发生微量变形。 （3）车轮定位不准导致__________，使质量分布不对称。 （4）车辆长时间停驶，使得车轮局部__________。  4）车轮不平衡的危害 （1）车轮不平衡导致车轮轮毂螺栓、转向节、主销等部位高频振动而迅速产生______甚至______，严重影响行车安全。 （2）车轮不平衡导致车桥、悬架等部件行驶中由于离心力而产生的________而受到高速冲击，使零部件________、变形。 （3）在行驶中径向跳动使车轮附着力_______，行车方向______，车轮在转向、_________时，可靠性下降，产生严重安全隐患。 （4）车轮不平衡严重时导致车身、方向盘剧烈抖动，导致车桥________、车轮变形、减震器及其转向零件_________，车辆行驶处于不安全状态中。 （5）车轮静态不平衡会产生颠簸和跳动现象，往往使轮胎产生________现象；动不平衡会使车轮在行驶中左右摇摆，令轮胎产生_________
4. 轮胎的气压 （1）胎压过高，则轮胎与地面的接触面积减少，轮胎的滚动__________，车辆油耗________，但轮胎单位面积所承受的____________，轮胎弹性下降，减震性能下降，局部磨损加剧，容易造成制动距离变长；遇地面凸起物后车辆冲击振动剧烈，乘坐舒适感下降，易损坏车辆的悬挂系统。 （2）胎压过低，则轮胎与地面的接触面积增加，附着力_______，有利于车辆______，防止起步打滑，但行驶中车轮的阻力增大、转向阻力增大，快速过弯时容易出现__________，车辆油耗增加，轮胎寿命缩短。同时，由于胎侧变形严重，内部的钢丝、帘布层变形、疲劳加剧，埋下______隐患 

续表

5. 充氮气轮胎的优点 （1）减小__________概率，提高安全性； （2）提高行驶稳定性及_________舒适性； （3）延长_________使用寿命。

_______年______月______日　　　　得分：______________

《汽车维护与保养》任务单

姓名：______________**学号：**____________**班级：**______________________

学习项目	项目三　汽车 50 000 km 维护与保养
学习任务	任务 3　认识与使用汽车的灯光
学习目的	（1）认识汽车灯光的组成及工作特性。 （2）知道各种灯光的应用规则及使用方法
教学设备	实训车辆、汽车灯光试验台

1. 汽车灯光的类型

1）……………………………………

作用是：……………………………………

……………………………………

2）……………………………………

作用是：……………………………………

……………………………………

3）……………………………………

作用是：……………………………………

……………………………………

2. 外部照明灯的组成

1）……………………………………

作用是：……………………………………

……………………………………

2）……………………………………

作用是：……………………………………

……………………………………

3）……………………………………

作用是：……………………………………

……………………………………

4）……………………………………

作用是：……………………………………

……………………………………

续表

3. 内部照明灯的组成

1）______

作用是：______

______

2）______

作用是：______

______

3）______

作用是：______

______

4）______

作用是：______

______

5）______

作用是：______

______

6）______

作用是：______

______

4. 信号灯的类型

1）______

作用是：______

______

2）______

作用是：______

______

3）______

作用是：______

______

4）______

作用是：______

______

左转向灯灯光图标
右转向灯灯光图标

续表

5）…………………………………………

作用是：…………………………………………

…………………………………………

6）…………………………………………

作用是：…………………………………………

…………………………………………

5. 灯光的使用

（1）根据《中华人民共和国道路交通安全法实施条例》，灯光的使用规定是：

①在没有中心隔离设施或者没有__________的道路上，夜间会车应当在距相对方向来车__________m 以外改用近光灯，在__________、窄桥上与非机动车会车时应当使用近光灯；

②机动车在夜间没有路灯、照明不良或者遇有雾、雨、雪、沙尘、冰雹等低能见度情况下行驶时，应当开启__________、__________和__________，但同方向行驶的后车与前车近距离行驶时，不得使用__________；

③机动车在夜间通过急弯、坡路、拱桥、人行横道或者没有__________控制的路口时，应当__________远近光灯示意。

近光灯灯光图标
远光灯灯光图标
示廓灯灯光图标

（2）使用远光灯的危害是：

①远光灯会车可导致人__________，极其危险。

②面对远光灯，驾驶者对于迎面车辆的车速和距离产生__________，容易发生__________。

③远光灯开启后使用远光车辆后方的车辆很难被__________。

夜间发生交通事故的概率比白天大 1. 5 倍，______%的重大交通死亡事故发生在夜间。据统计，______%的夜间车祸缘于滥用__________。

（3）雾灯的使用。

雾灯装在前后照灯附近或比前后照灯稍微低的位置，它是在有雾、__________、__________或尘埃弥漫等能见度低的情况下，作为道路照明并为迎面来车提供信号的灯具。

续表

前雾灯一般为明亮的________，这是因为__________光波较长，有良好的穿透__________的性能。

后雾灯为________，和__________灯的颜色相同

6. 车灯的控制开关的类型

（1）______________________________

优点是：______________________________

____

（2）______________________________

优点是：______________________________

____

（3）______________________________

优点是：______________________________

____

7. 车灯灯泡类型

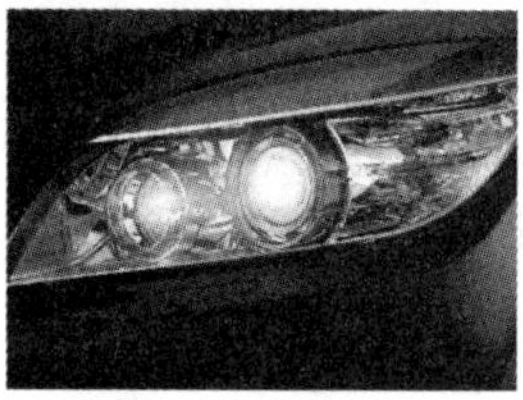

（1）______________________________

优点是：______________________________

____

（2）______________________________

优点是：______________________________

____

（3）______________________________

优点是：______________________________

____

（4）______________________________

优点是：______________________________

____

________年______月______日　　　　得分：__________

《汽车维护与保养》任务单

姓名：______________学号：____________班级：_______________________

学习项目	**项目三　汽车 50 000 km 维护与保养**
实训任务	**任务 4　汽车轮胎的拆装与维护**
实训目的	（1）熟悉车轮的结构。 （2）学会车轮的拆装方法。 （3）学会轮胎的充气方法。 （4）学会车轮的动平衡检测方法。 （5）学会轮胎的拆装、更换方法
注意事项	（1）进入场地要穿着工作服，工作服要扎紧袖口，扣好扣子。 （2）要穿着具有承压能力的工作鞋，以防工件砸伤脚趾。 （3）要熟知车辆及设备性能、操作工艺要求，正确使用，安全操作。 （4）要严格遵守安全操作规程，学生启动车辆、举升机要征得实训老师同意方可操作。启动前要巡视周围场地，要有安全警示人员，确保操作安全。不得违章作业，杜绝人身及机械事故发生。 （5）举升机使用完毕，要立即卸下车辆，撤离工作区域。举升机不能长时间顶升车辆或其他重物，以防突然泄压，车辆倾倒发生意外

1. 拆装车轮的工具使用

工具名称	作用	图示
		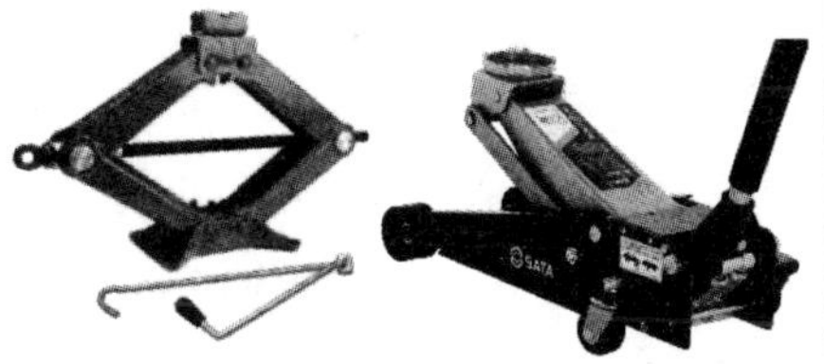
		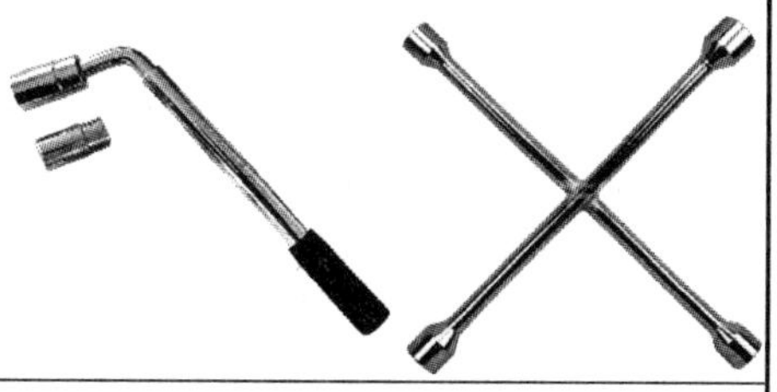
		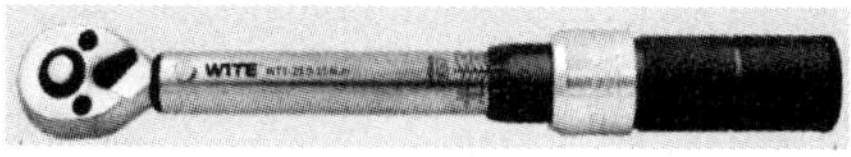

续表

工具名称	作用	图示
		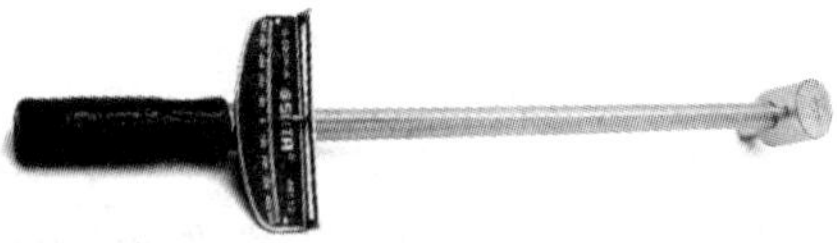

2. 车轮的拆装要求

1）轮毂螺栓的拆卸要求

①在右图中标出轮毂螺栓的拆卸顺序序号；

②使用__________依次拧松各个轮毂螺栓；

③沿__________________，分________遍依次拧松各个轮毂螺栓；

④第一遍拧松轮毂螺栓的旋转角度是_______°，第二遍拧松轮毂螺栓的旋转角度是_______°，第三遍拧松轮毂螺栓的旋转角度是_______°。

2）车轮拆卸前的准备工作

（1）

（2）

（3）

（4）

3. 车轮的拆卸

（1）

（2）

（3）

（4）

（5）

4. 车轮的安装过程

轮毂螺栓的拧紧力矩是________________N•m；使用的拧紧工具是________________。

（1）

（2）

（3）

（4）

（5）

续表

5. 轮胎的充气

（1）轮胎气压过高的危害：

①______

②______

（2）轮胎气压过低的危害：

①______

②______

（3）轮胎的标准气压：

①一般 SUV 前轮气压______bar，后轮气压______bar；

②轿车前轮气压______bar，后轮气压______bar。

（4）轮胎的充气工具是______。

（5）轮胎的充气方法是：

①______

②______

③______

④______

⑤______

6. 车轮的动平衡过程

（1）轮胎做动平衡的原因：

①______

②______

③______

④______

⑤______

（2）轮胎动平衡机的工具使用。

工具名称	工具作用	图示
	______ ______ ______ ______	

续表

<table>
<tr><th>工具名称</th><th>工具作用</th><th>图示</th></tr>
<tr><td></td><td></td><td></td></tr>
<tr><td></td><td></td><td>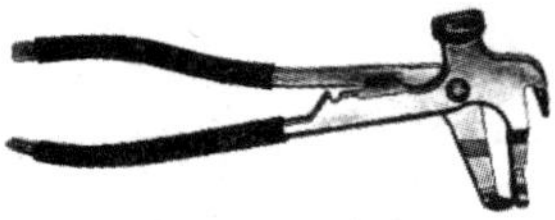</td></tr>
<tr><td></td><td></td><td></td></tr>
<tr><td></td><td></td><td></td></tr>
<tr><td colspan="3">（3）车轮的动平衡过程。</td></tr>
<tr><td colspan="2">①
②
③
④
⑤</td><td></td></tr>
<tr><td colspan="2">①
②
③
④
⑤</td><td></td></tr>
<tr><td colspan="2">①
②
③
④
⑤</td><td></td></tr>
</table>

续表

①…………………… ②…………………… ③……………………	
①…………………… ②…………………… ③…………………… ④…………………… ⑤……………………	
①…………………… ②…………………… ③…………………… ④……………………	
①…………………… ②…………………… ③…………………… ④……………………	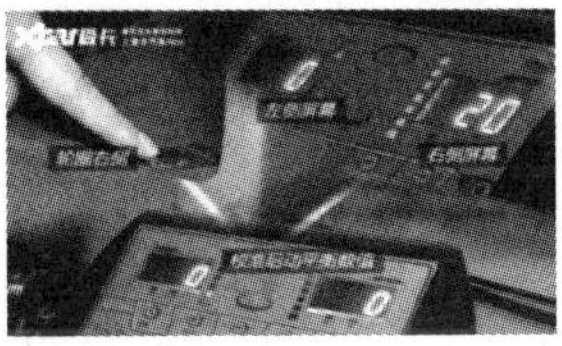

______年______月______日　　　　得分：________

《汽车维护与保养》任务单

姓名：______________**学号：**___________**班级：**______________________

<table>
<tr><td colspan="2">学习项目</td><td colspan="4">项目三　汽车 50 000 km 维护与保养</td></tr>
<tr><td colspan="2">学习任务</td><td colspan="4">任务 5　汽车故障码的检查与读取</td></tr>
<tr><td colspan="2">学习目的</td><td colspan="4">（1）理解汽车故障自诊断系统的组成及工作特性。
（2）验证故障自诊断系统产生故障对发动机工作性能的影响。
（3）掌握故障自诊断系统的性能检测方法</td></tr>
<tr><td colspan="2">注意事项</td><td colspan="4">（1）未经老师同意，不得随意拔插电气元件插头。
（2）电气开关接通时，不允许拔下电控系统任何电气元件。
（3）正确连接发动机故障诊断接口，正确使用故障诊断仪，检测结束后及时关闭故障诊断仪电源。
（4）故障诊断仪要轻拿轻放，不能碰撞、敲击</td></tr>
<tr><td colspan="2">教学设备</td><td colspan="4">迈腾轿车、汽车故障诊断仪、万用表</td></tr>
<tr><td rowspan="2">汽车故障诊断仪</td><td colspan="3">汽车故障诊断仪的功能</td><td colspan="2">图示</td></tr>
<tr><td colspan="3">（1）……………………………………
……………………………………
（2）……………………………………
……………………………………
（3）……………………………………
……………………………………
（4）……………………………………
……………………………………</td><td colspan="2">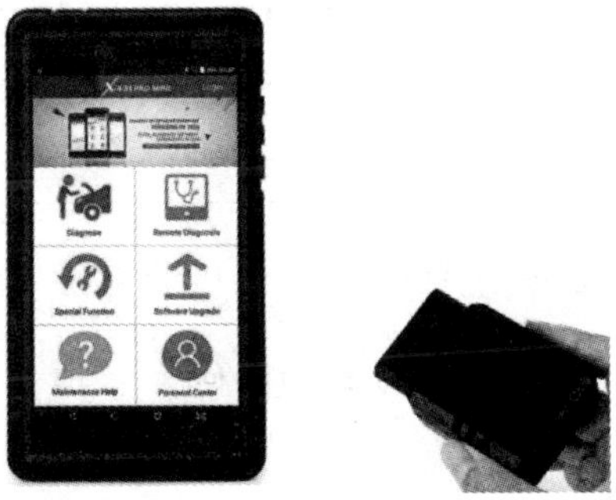</td></tr>
<tr><td rowspan="4">检测准备</td><td>检测车型</td><td></td><td>车辆 VIN</td><td colspan="2"></td></tr>
<tr><td>发动机型号</td><td></td><td>发动机编号</td><td colspan="2"></td></tr>
<tr><td>生产日期</td><td></td><td>蓄电池电压</td><td colspan="2"></td></tr>
<tr><td>汽车故障诊断仪型号</td><td></td><td>OBD 插座位置</td><td colspan="2"></td></tr>
<tr><td>车辆准备</td><td colspan="5">（1）找到故障诊断接口，插入蓝牙模块；
（2）开机启动汽车故障诊断仪，进入主界面；
（3）检查汽车故障诊断仪与车辆是否连接</td></tr>
</table>

续表

进入发动机故障检测系统	1）进入大众汽车故障检测一级菜单功能目录	2）进入大众汽车故障检测二级菜单功能目录
	（1）________ （2）________ （3）________ （4）________ （5）________ （6）________ （7）________ （8）________	（1）________ （2）________ （3）________ （4）________ （5）________ （6）________ （7）________ （8）________
	3）发动机 ECU 信息	4）发动机故障检测功能一级目录
	________ ________ ________ ________ ________	（1）________ （2）________ （3）________ （4）________ （5）________
	读取发动机故障码	（1）________ （2）________ （3）________ （4）________
	重读故障码	（1）________ （2）________ （3）________

______年______月______日　　　　得分：______________

项目四　汽车 80 000 km 维护与保养

知识目标

（1）学生能知道汽车 80 000 km 维护与保养的项目内容。

（2）学生能准确描述制动器的作用、类型及相关性能。

（3）学生能知道制动液、变速器油、冷却液的更换方法及步骤。

（4）学生能知道制动液、冷却液、变速器油失效对汽车性能的影响。

技能目标

（1）学生会正确选择制动块、制动液、冷却液、变速器油等。

（2）学生能正确完成制动块的检查与更换。

（3）学生能正确完成制动液、冷却液、变速器油的更换。

（4）学生能熟练完成燃油滤清器的检查与更换。

（5）学生能熟练完成节气门的清洗与归零。

学习准备

（1）实训车辆。

（2）车辆维修保养手册、车辆使用手册、车辆维修委托书、工作页。

（3）车身安全防护用品、维护与保养项目用品。

（4）二柱举升机、轮胎动平衡机、轮胎拆装机、汽车故障诊断仪、空压机、气压表、吹尘枪。

（5）组合套筒、扭力扳手、轮胎扳手、轮胎修补工具、平口螺丝刀、十字形螺丝刀。

（6）制动块、制动液、冷却液、变速器油、燃油滤清器、化油器清洗剂等。

（7）清洗剂、棉布等。

在本阶段，主要对车辆进行表 4-1 所示项目的检查与维护。

表 4–1　发动机 80 000 km 维护与保养项目

序号	检查项目	维护项目	更换项目
1	玻璃水 ☆	空气滤清器 ☆	机油滤清器 ☆
2	油底壳有无渗漏 ☆	空调滤芯 ☆	发动机润滑油 ☆
3	管路有无渗漏 ☆	轮胎换位 ☆	空气滤清器 ☆
4	蓄电池电压 ☆	车轮平衡 ☆	火花塞 ☆
5	灯光 ☆	动力转向助力液量 ☆	蓄电池 ☆
6	手刹 ☆	离合器摩擦片 ☆	离合器摩擦片 ☆
7	底盘受力及支撑部位 ☆	火花塞 ☆	正时皮带 ☆
8	轮胎磨损情况 ☆		制动块 ★
9	车辆故障码读取 ☆		冷却液 ★
10	蓄电池 ☆		变速器油 ★
11	制动液 ★		汽油滤清器 ★
12	冷却液 ★		
13	变速器油量 ★		
14	制动块 ★		
15	制动盘 ★		
16	变速器有无渗漏 ★		

注：☆为已经掌握的内容；★为本项目要学习和掌握的内容。

专业理论知识

任务 1　汽车制动系统的组成与工作

一、认识汽车制动系统

汽车一般有两套制动系统，一套是行车制动系统（脚刹），另一套是驻车制动系统（手刹），如图 4-1 所示。

（一）行车制动系统的组成

行车制动系统主要由制动踏板、真空助力器、制动主缸、储液壶、车轮制动器（四个）、制动管路、车轮组成。

车轮制动器有两种形式：鼓式车轮制动器和盘式车轮制动器，小型车辆一般使用盘式车轮制动器或前盘后鼓式车轮制动器；大型车辆均使用鼓式车轮制动器。

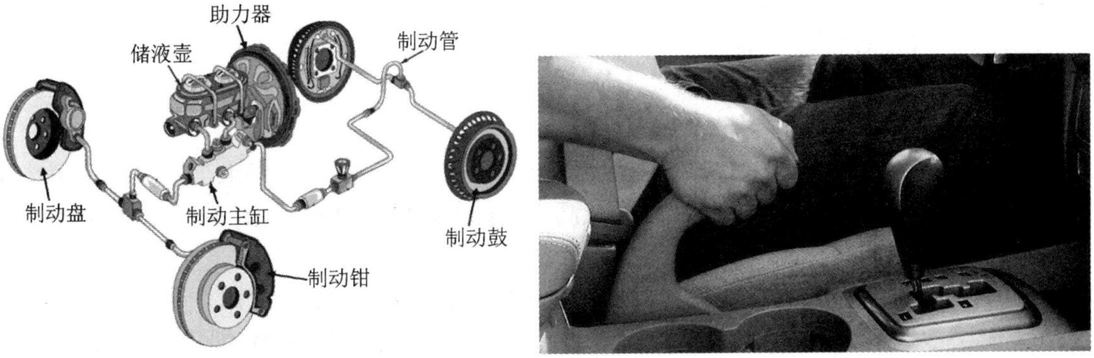

行车制动系统　　驻车制动系统

图 4–1　汽车制动系统

（二）行车制动系统的工作过程

制动主缸、制动轮缸和连接油管内充满制动液，它们组成一个封闭的压力传递系统（图 4–2）。

当踩下制动踏板时，制动主缸活塞向前移，使制动主缸内制动液的压力升高，通过油管进入各车轮制动轮缸，使制动轮缸活塞向外推出，实现脚踩制动的力向车轮制动器的传递，将制动块（制动蹄）压向制动盘进行摩擦制动。

当松开制动踏板时，管路中制动液压力消失，制动主缸活塞在回位弹簧作用下回位，制动轮缸活塞和制动块（制动蹄）解除对车轮的制动。

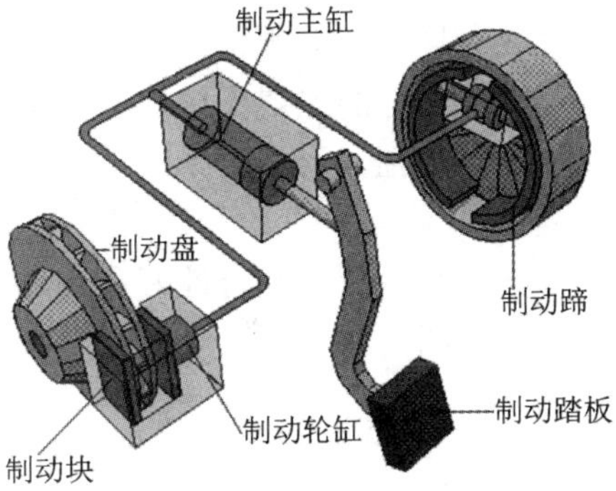

图 4–2　制动系统工作过程

二、认识制动液

（一）制动液的作用

制动液（又称为刹车油），是汽车液压制动系统中传递制动压力的液态介质，用在采用液压制动系统的车辆中。作为一个力传递的介质，制动液是制动系统中不可缺少的部分（图 4–3）。

图 4–3　制动液

制动液的品质直接影响着汽车的行驶安全。其数量和质量直接关系着制动性能和行车安危，制动液的检查与更换是汽车养护的一项重要工作。做好制动液的检查与更换工作，对行车安全有着重要的意义。

（二）制动液的性能要求

制动液必须具备以下性能。

（1）高沸点，最高约达 300 ℃。现代汽车平均行驶速度较高，加上车轮采用密闭性设计，导致空气流动性不好，制动液温度较高，因此制动液的沸点要高，防止因制动液汽化而产生气阻。

（2）较高的水溶性。制动系统无法完全阻止水分进入，为防止气阻，要求有较高的水溶性。制动液使用时间越长，吸收的水分越多，越容易导致制动液变质和沸点降低，造成制动失灵。

（3）低凝点，大致要达到-65 ℃。

（4）适宜的黏度和高的稳定性。汽车制动液在高温和低温时都应有适宜的黏度，这样在高温时不会因为黏度太低而造成机械磨损或从总泵、分泵处泄漏，在低温时也不会因为黏度过高导致制动不良或制动失灵。

（5）良好的金属保护性。汽车制动系统中有各种金属部件，制动液的成分不能对金属零件产生腐蚀，否则会使制动泵中活塞和缸壁间隙增大，产生泄漏，导致压力下降，制动失灵。

（6）与橡胶的配合性好。制动液不能使系统中橡胶密封件和皮碗软化、溶解、溶胀、固化和紧缩。

（三）制动液的成分

根据成分，制动液可以分为醇型、醇醚型、酯型、矿油型和硅油型五类。其中，醇醚型和酯型一般又统称合成型。醇醚型制动液是目前国内外广泛应用的一类汽车制动液。醇型制动液因蒸发温度低，易产生气阻，在国外早已被淘汰。

醇醚型制动液由基础液、稀释剂和添加剂组成。

1）基础液

基础液是制动液的基础溶剂。要求其高温性能优于所配制的制动液且凝点或低温黏度尽可能低。常用的基础液为二醇醚类化合物，如二乙二醇醚、三乙二醇醚、四乙二醇醚。

2）稀释剂

稀释剂的作用是调节基础液高温回流，其沸点和低温黏度适中。要求稀释剂具有良好的低温性能，且高温性能与所配制的制动液相差不多。常用的稀释剂为聚醇醚，如聚乙二醇、丙二醇、乙二醇、正丁醇、高分子聚合物等。

3）添加剂

醇醚型制动液有腐蚀性，本身吸水性强，吸水后腐蚀性更强。在制动液中橡胶皮碗会产生一定程度的溶胀。因此，在添加剂中需要加入抗氧化、耐腐蚀、抗溶胀的添加剂。常用的添加剂主要有四硼酸钠、苯丙三氮唑、亚硝酸钠、双酚 A 等。

（四）制动液的牌号

汽车制动液的牌号执行美国交通部制定的 FMVSS 标准，具体有 FMVSS No.116 DOT-3、DOT-4、DOT-5 和 DOT-5.1，数字越大，级别越高，即沸点越高，越耐高温，越不易吸水。

DOT-3 一般为醇醚型合成制动液。醇醚型合成制动液的化学成分为低聚乙二醇或丙二醇。由于低聚乙二醇或丙二醇具有较强的亲水性，所以在使用或贮存的过程中，DOT-3 的含水量会逐渐升高。由于制动液的沸点随着含水量的升高而降低，所以其制动性能会随之下降。

DOT-4 一般为酯型合成制动液。酯型合成制动液是在醇醚型合成制动液的基础上添加大量的硼酸酯制成的。硼酸酯是通过低聚乙二醇或丙二醇和硼酸的酯化反应生成的。硼酸酯的沸点比低聚乙二醇或丙二醇更高，所以其制动性能更好。硼酸酯还具有较强的抗湿能力，它能分解所吸收的水分，从而减缓由于吸水而导致的沸点下降。所以酯型合成制动液的性能比醇醚型合成制动液更好，价格也更高。

DOT-5 是硅油型合成制动液，不会吸收空气中的水分，也不会溶解车漆，但不能与 DOT-3 和 DOT-4 混用。DOT-5 制动液呈紫色，明显区别于 DOT-3 和 DOT-4。DOT-5.1 也是醇醚型合成制动液，会吸水，会溶解车漆，但沸点高，被看作高性能的 DOT-4 制动液。DOT-5.1 具有优异的橡胶兼容性。上述各级制动液中，DOT-5.1 最昂贵。

制动液的性能指标见表 4-2。

表 4-2　制动液的性能指标

工作环境	制动液沸点	
	DOT-3	DOT-4
干	205 ℃以上	230 ℃以上
湿	140 ℃以上	155 ℃以上

注：此处沸点为平衡环流沸点。

不同类型、不同等级的制动液不能混用，以免相互间发生化学反应，影响制动效果。

（五）制动液使用注意事项

（1）各种制动液（不同品牌、不同型号）不得混存、混用，以免分层乳化，失去制动作用。

（2）换用不同型号制动液时，应将制动系统彻底清洗干净后，再注入新的制动液。

（3）灌装制动液的容器、工具必须是专用的。

（4）制动液容器开启后，保存时间不能超过一周，吸水后的制动液容易腐蚀制动管路和制动分泵。

（5）制动液出现沉淀时禁止使用。

（六）制动液的更换周期

建议每 2 年或 40 000 km 更换一次制动液。

（七）制动液失效对行车安全的影响

（1）制动液有亲水性，会吸收外界空气中的水蒸气，导致制动液的沸点降低，在长距离制动时会产生气阻，造成制动力下降。

（2）制动液失效后低温运动黏度变大，在寒冷地区行车时造成制动迟滞。

（3）制动液失效后内部水分会腐蚀制动管路，导致制动液泄漏或 ABS 液压总成的内部阀门故障，严重影响车辆行车安全。

（4）制动液失效后制动液氧化腐蚀制动轮缸内部的皮碗，造成制动液泄露，导致制动失灵。

（5）制动液失效后不断在管道内挤压流动，分层沉淀，卡滞活塞，影响制动效果。

三、认识车轮制动器

（一）盘式车轮制动器

盘式车轮制动器（简称盘式制动器）主要由制动盘、制动钳总成、制动管组成，如图 4-4 所示。其中制动钳总成由制动轮缸、制动块、制动前身、支架、导销等组成。

图 4-4 盘式制动器的结构

（二）鼓式车轮制动器

鼓式车轮制动器（简称鼓式制动器）主要由制动鼓、制动蹄、制动轮缸、回位弹簧等装置组成。制动蹄及制动轮缸通过回位弹簧固定在底板上，制动鼓与车轮固定在一起，如图 4-5 所示。

当施加制动力时，制动踏板作用力经真空助力器助力后传递到制动主缸。制动主缸将液压油压入制动管和制动软管，在液压的作用下，制动轮缸活塞推动制动蹄外张，使之与制动鼓接触，制动蹄与制动鼓之间的摩擦力迫使制动鼓的转速下降，从而降低车速，最终使车辆停止行驶。当解除制动力时，液压系统的液压下降，在回位弹簧的作用下，制动轮缸活塞回位，制动蹄与制动鼓分离，两者间的摩擦力消失，制动解除。

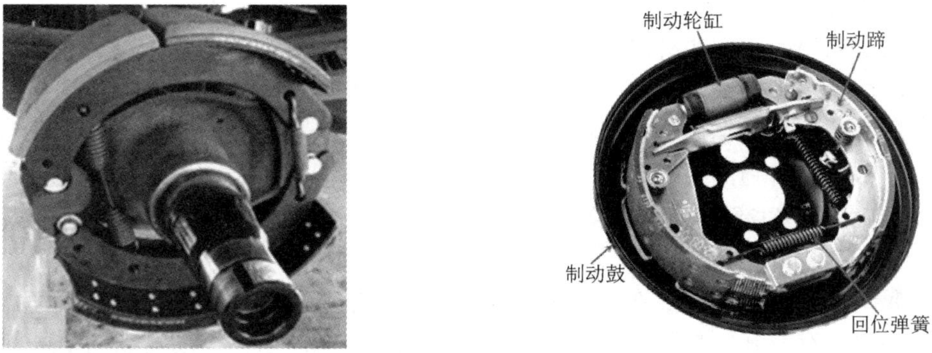

图 4–5　鼓式制动器的结构

四、认识制动块

（一）制动块的作用

小型车辆大多使用盘式车轮制动器，在车轮制动中靠制动盘与制动块之间的摩擦进行制动。制动块成对安装使用，它们通过卡簧分别安装在制动盘两侧，被制动钳和支架固定，工作时通过制动轮缸活塞推动制动块将制动盘压紧进行摩擦制动。

（二）制动块的类型

根据应用对象，制动块分为盘式制动器的制动块、鼓式制动器的制动块、大卡车的制动块，如图 4-6 所示。

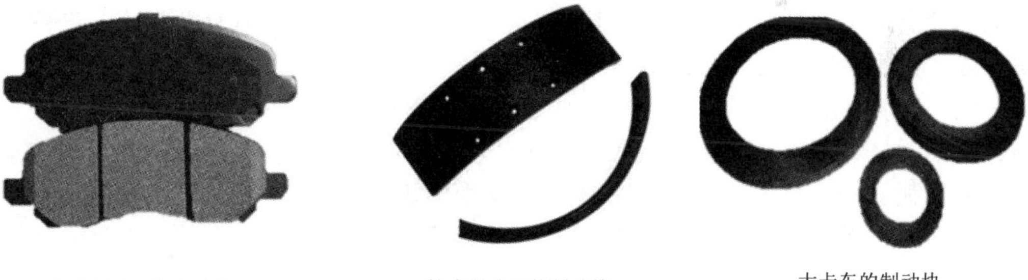

盘式制动器的制动块　　鼓式制动器的制动块　　大卡车的制动块

图 4–6　制动块的类型

根据摩擦材料的成分，制动块分为石棉制动块、半金属制动块、无石棉有机摩擦材料（NAO）制动块、陶瓷制动块和碳纤维制动块等（表 4-3）。

1. 石棉制动块

石棉制动块的主要成分是石棉纤维，该材质具有强度高、耐高温、抗张能力较强及价格低廉等特性，但被医学界证实是一种致癌物质，针状的纤维很容易进入人肺部并停留，造成刺激，最终可导致肺癌的发生，这种病症潜伏期可长达 15～30 年。此外，石棉制动块还具有高温稳定性差等缺点，已不能满足现代汽车高速化、重载化、车体轻量化以及环保等方面的要求了，现在已经基本被淘汰。

2. 半金属制动块

半金属制动块的主要成分是石棉纤维和粗糙的钢丝绒。钢丝绒具有较高的强度和优良的导热性，这使得半金属制动块与传统的石棉制动块有着不同的制动特性。

半金属制动块内部金属含量较高，因而强度大。高金属含量同时也改变了制动块的摩擦特性，通常半金属制动块需要更大的制动压力来完成同样的制动效果。特别是在低温环境中，高金属含量意味着制动块会引起较大的制动盘或制动鼓的表面磨损，也会产生更大的噪声。

半金属制动块的主要优点在于较强的温控能力及较高的制动温度。同石棉制动块相比，半金属制动块具有较好的导热性。半金属制动块能在刹车时帮助制动盘和制动鼓将热量从半金属制动块表面上散发出去，传递到制动钳及其组件上。

3. NAO 制动块

NAO 制动块主要使用玻璃纤维、芳香族聚酯纤维或其他纤维（碳纤维、陶瓷纤维等）作为加固材料，其性能主要取决于纤维的类型及其他添加物。

NAO 主要是作为石棉的替代品而研制的，用于构成制动鼓或制动蹄。就性能而言，NAO 制动块更接近石棉制动块，不具有良好的导热性或良好的高温可控性。

4. 陶瓷制动块

陶瓷制动块由陶瓷纤维、不含铁的填料物质、胶黏剂和少量的金属组成，具有耐高温、无噪声、不落灰、不腐蚀轮毂、使用寿命长、环保等优点。

5. 碳纤维制动块

碳纤维制动块是通过高温高压将碳纤维变成含有树脂的新材料制成的摩擦制品，充分利用了碳纤维优异的物理性能。特别是碳纤维复合摩擦材料，其动摩擦因数大于静摩擦因数。碳纤维制动块具有密度小、制动性能良好、磨损率低、制动噪声小等特点，同时耐环境能力突出，不论是在潮湿环境中还是在酸性环境中，碳纤维制动块都不易产生腐蚀和生锈问题，也不会发生力学性能衰减。

碳纤维制动块需要搭配碳纤维制动盘才能发挥出最出色的制动性，常用于 F1 赛车和顶尖跑车上。陶瓷制动块不需要配套制动盘，普通的制动盘即可，一般跑赛道的车手会使用到陶瓷制动块。虽然碳纤维制动块性能上优于陶瓷制动块，但是没有配套的碳纤维制动盘，是发挥不出原有的制动性能的。

表 4–3　各类制动块的性能对比

名称	图示	优点	缺点	更换周期/km	适用车型
石棉制动块		强度高、耐高温、成本低、重量轻	散发粉尘，污染环境	20 000	低端车
半金属制动块		耐磨损、制动噪声小、成本低	耐热性差	60 000	重型汽车

续表

名称	图示	优点	缺点	更换周期/km	适用车型
NAO 制动块	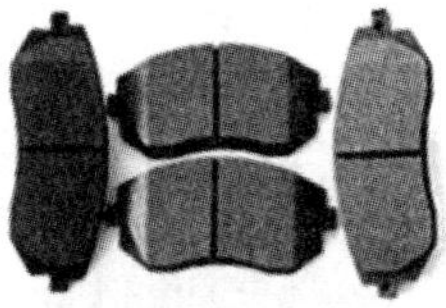	热稳定性好、热传导率高、耐磨损、强度较高	摩擦系数大、噪声大	80 000	中高端轿车
陶瓷制动块		耐高温、无噪声、不落灰、耐腐蚀、使用寿命长、环保	价格高昂	100 000	高端车、赛车
碳纤维制动块		密度小、制动性能好、磨损率低、制动噪声小	价格高昂	100 000～150 000	高端车

（三）制动块的结构

制动块由消音层、摩擦材料层、底料层、黏胶层、钢背层等组成，如图 4-7 所示。

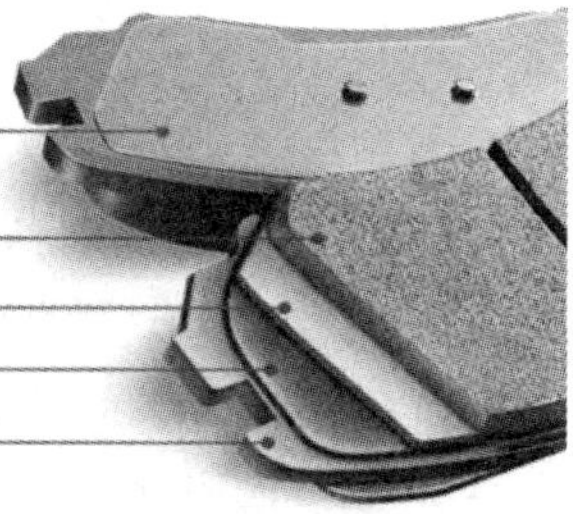

图 4-7　制动块的结构

（四）制动块（或制动蹄）失效对行车的影响

汽车在行驶过程中，由于频繁制动，制动块发生剧烈摩擦，表面材料不断脱落，其厚度逐渐变薄，使制动距离变长，制动效果变差，如果不及时更换，最终会导致制动效果丧失，影响行车安全。

（五）更换制动块的条件

满足下列条件中任何一项，都需要更换制动块。

（1）车辆行驶里程达到 80 000～100 000 km。

（2）制动块被油脂大面积污染。

（3）制动块发生异常磨损或者断裂（图 4-8）。

（4）行车制动时跑偏或车身抖动。

（5）制动时制动器报警装置鸣响。

部分车型在车轮制动块上有一个磨损凸点或金属片。如果制动块磨损过度，凸点或金属片在制动时就会与制动盘接触，在高速摩擦下发出尖锐响声，提示驾驶员需要更换制动块。

（6）仪表盘上制动盘指示灯闪烁（图 4-9）。

正常情况下，制动盘指示灯（制动报警灯）在发动机启动瞬间会亮起 2～5 s，进行系统自检，自检结束后制动盘指示灯就会熄灭。如果行车过程中报警灯闪烁不断，说明制动块磨损达到极限，需要进行更换。

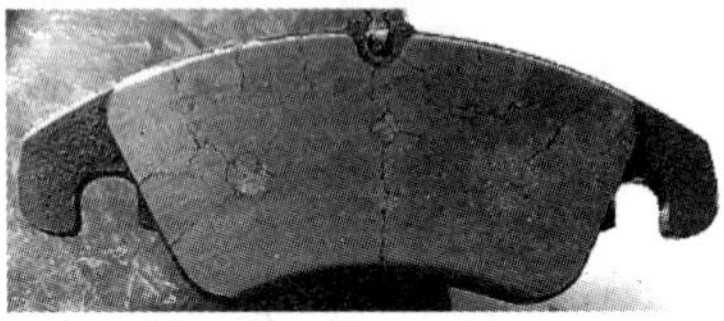
图 4-8　制动块破损

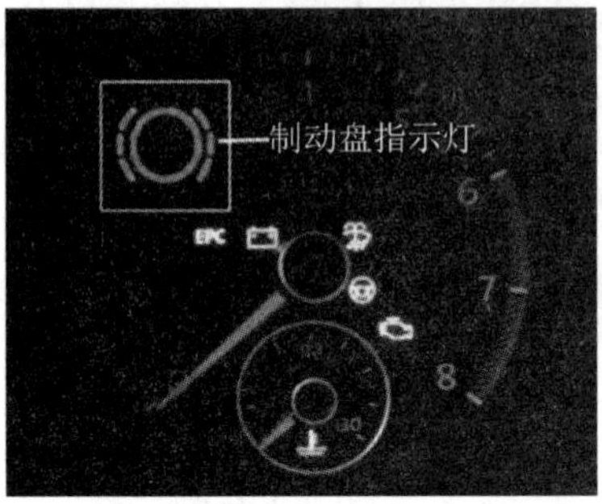

图 4-9　仪表盘上制动盘指示灯

注意：更换制动块时，不可只更换单个车轮的制动块，为确保更换后车辆制动平稳、可靠，必须同时更换所有车轮的制动块。

课程思政

大国工匠——卢仁峰

卢仁峰是中国兵器工业集团内蒙古第一机械集团有限公司的一名焊工。40 年来，卢仁峰牵头完成 152 项技术攻关难题，提出改进工艺的建议 200 余项，先后获得了全国道德模范提名奖、中国兵器工业集团首席焊接技师、大国工匠等众多荣誉。他参与制造的坦克装备先后 5 次参加共和国阅兵。“看到亲手焊接的坦克和轮式装甲车驶过天安门的时候，我很激动！”卢仁峰心中不变的信念就是：“做最精的产品是我的职责所在。”

任务 2　冷却系统的组成与工作

一、认识冷却系统

汽车冷却系统的作用是使发动机在所有工况下都保持在适当的温度范围内。汽车发动机常见的冷却方式有两种，即水冷却和风冷却。

（一）水冷却系统

1. 水冷却系统的组成

水冷却系统主要由补偿水桶、水泵、节温器、冷却风扇、散热器等组成，如图 4-10 所示。

2. 水冷却系统的工作过程

水冷却系统以冷却液为介质，热量由机件传给冷却液，靠冷却液的流动把热量带走，再散发到大气中，降低发动机的温度。散热后的冷却液再重新流回到受热机件处。适当地调节冷却液流通线路和冷却强度，就能保证发动机的正常工作温度。目前，汽车发动机上广泛采用水冷却系统。

采用水冷却系统时，应使气缸盖内的冷却液温度在 80～95 ℃。采用风冷却系统时，铝气缸壁的允许温度为 150～180 ℃，铝气缸盖的允许温度为 160～200 ℃。

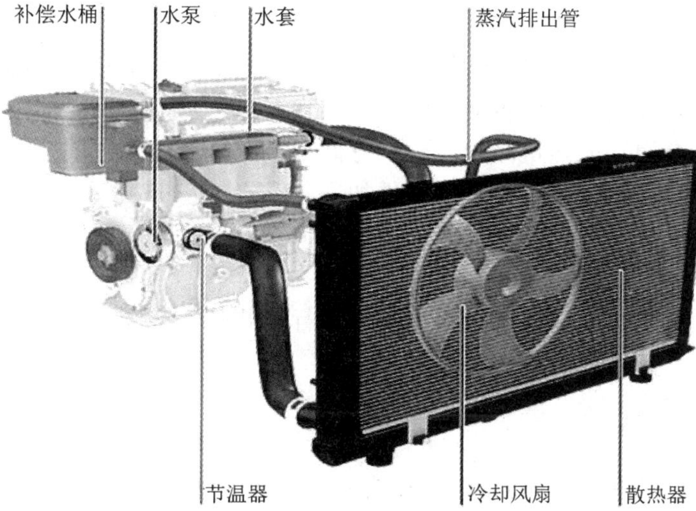

图 4-10　水冷却系统的组成

（二）风冷却系统

1. 风冷却系统的组成

风冷系统一般由风扇、导流罩、散热片、分流板组成。

2. 风冷却系统的工作过程

风冷却系统将高速流动的空气直接吹过气缸盖和气缸体表面，把热量散发到大气中，保证发动机在最有利的温度范围内工作。

图 4-11　风冷却发动机

（三）水冷却系统与风冷却系统的优缺点

风冷却发动机（图 4-11）的优点是零件少，构造简单，重量轻，制造成本低，功率利用率高，没有漏水、水冻、结垢等故障，维护方便，环境适应性好，启动后暖机时间短等；缺点是冷却面不均匀、热负荷较高、风扇消耗功率较大和工作时噪声大。

水冷却发动机的优点是冷却效果好、冷却均匀、工作可靠、不受环境影响、噪声小；缺点是构造复杂、成本较高、故障率高、维修复杂，此外，由于有风扇、水泵等耗能装置，功率耗损大。

二、认识冷却液

（一）冷却液对发动机的影响

发动机工作时，混合气在气缸内燃烧，气缸内气体温度高达 2 200～2 800 K。此时，直接与高温气体接触的部件如不及时冷却，可能因受热膨胀而破坏正常的间隙，导致发动机的异常燃烧。过高的温度还会使润滑油烧损、变质，引起机件的卡滞。因此，为了保证发动机正常工作，必须对这些在高温条件下工作的机件加以冷却。

发动机的冷却必须适度。若发动机冷却不足，则气缸充气量减少，燃烧不正常，导致发动机功率下降，且发动机零件也会因为润滑不良而加速磨损。若冷却过度，一方面热量散失过多，转变成有用功的热量减少；另一方面混合气与低温气缸壁接触，使其中原已汽化的燃油又凝结并流回到曲轴箱中，使磨损加剧。

（二）冷却液的作用

冷却液的主要作用是保护发动机正常良好运行。此外，冷却液在发动机水箱内循环，还起到防冻、防沸、防锈、防腐蚀等作用。

（三）冷却液的类型

冷却液一般分为乙醇-水型冷却液、甘油（丙三醇）-水型冷却液、乙二醇-水型冷却液和有机酸技术（OAT）冷却液四种。

1. 乙醇-水型冷却液

乙醇-水型冷却液呈蓝色。乙醇的冰点为-114 ℃，沸点为 78.3 ℃。乙醇易着火、易蒸发，配制时含量一般不宜超过 40%，也不宜在工作温度较高的柴油机冷却系统中使用。

2. 甘油-水型冷却液

甘油-水型冷却液的颜色为红色中带点橘色，甘油的冰点为-17 ℃，沸点为 290 ℃，与水混合后的冰点最低可达-46.5 ℃。水中甘油的含量要相当高时才能得到低冰点冷却液，使用起来不经济。

图 4-12 乙二醇-水型冷却液

3. 乙二醇-水型冷却液

汽车常用的冷却液是乙二醇-水型冷却液（图 4-12），一般呈绿色。浓缩的冷却液包含 95%的乙二醇和 2.5%的水，其他为添加剂，被称为永久冷却液。汽车上使用的是将浓缩的冷却液与水以合理配比混合后的溶液。乙二醇是有机溶剂，使用中要注意不得将其洒溅到橡胶制品或油漆表面，注意不要接触皮肤。若不慎洒溅，应立即用清水冲洗，以免造成机件腐蚀或皮肤损伤。

乙二醇的冰点为-11.5 ℃，沸点为 197.4 ℃，与水混合后的冰点最低可达-68 ℃。详见表 4-4。乙二醇冷却液味道略甜，如被动物或人误吞，会导致中毒甚至死亡。

表 4-4　乙二醇与水以不同配比配制的冷却液的冰点与相对密度

冰点/℃	乙二醇体积分数/%	水体积分数/%	相对密度
-10	26. 4	73. 6	1. 031 4
-20	36. 4	63. 8	1. 050 6
-30	45. 6	54. 4	1. 062 7
-40	52. 6	47. 4	1. 071 3
-50	58. 0	42. 0	1. 078 0
-60	63. 1	36. 9	1. 083 3

4. 有机酸技术（OAT）冷却液

长效冷却液因使用有机酸添加剂包，被称为有机酸技术（OAT）冷却液，通常呈黄色。美国通用汽车就使用 OAT 冷却液，如 DEX-COOL 品牌的冷却液，或者使用混合基有机酸技术（HOTA）冷却液，如 Zerex G-0 品牌的冷却液。

有机酸技术冷却液可以使用 5 年或 80 000 km 不用更换。但目前也有争议，认为使用 OAT 长效冷却液会造成进气歧管垫片失效等发动机方面的问题。

（四）冷却液的更换周期

目前使用的冷却液即使达到规定的更换周期也不会变色，更换冷却液单凭观察颜色是不够的，多数汽车制造商建议最多每隔 2 年就需要更换冷却液。但不同车型冷却液的更换周期也不同。

（1）根据大众汽车厂家规定，型号为 EA211 的发动机冷却液更换周期为 2～2.5 年，型号为 EA888 的发动机冷却液更换周期为 3 年。

（2）根据通用汽车厂家规定，通用汽车冷却液的更换周期为 50 000 km 或 2 年。

（3）丰田汽车不同车型冷却液的更换周期不同，大多数车型的冷却液更换周期为 2 年或 60 000 km，但也有特殊车型，如致享的冷却液更换周期为 100 000 km，卡罗拉的冷却液更换周期为 160 000 km。

（4）本田汽车不同车型冷却液的更换周期不同。如皓影的冷却液更换周期为 60 000 km，享域的冷却液更换周期为 100 000 km，CRV 的冷却液更换周期为 2 年或 40 000 km。

（五）冷却液的选用

正确使用冷却液可起到防腐蚀、防穴蚀渗漏、防散热器开锅、防水垢和防冻结等作用，能够使冷却系统始终处于最佳的工作状态，保证发动机的正常工作温度。如果使用中没有正确选用冷却液，将严重影响发动机的正常工作性能和使用寿命。

1）按照冷却液使用温度条件选用

选用冷却液时，其冰点要低于环境最低温度 10 ℃左右。

2）按冷却液品牌选用

不同品牌的冷却液，其生产配方会有所差异，如果混合使用，多种添加剂之间很可能会发生化学反应而影响冷却效果。

3）按车辆保养周期选用

一般为每 2 年或每行驶 40 000 km 更换一次，更换时应放净旧液，将冷却系统清洗干净后再换上新液。冷却液的有效期多为 2 年（个别产品会长一些），添加时应确认该产品在有效期之内。

4）按颜色选用

常见的冷却液有红色、蓝色、绿色和黄色四种颜色，颜色不同的冷却液不能随便混加，更不能和玻璃水等其他维护液混加。厂家在制造过程中，为了区分配方的不同，会给冷却液添加不同颜色的染料，既是提醒使用者冷却液有毒不要食用，同时提示使用者不要混加。不同的颜色代表了不同的配方，不同配方的冷却液混加到一起，当发动机进入高温工作状态后，混合后的冷却液化学稳定性发生变化，有可能导致冷却性能下降，甚至造成冷却系统的腐蚀、结晶，有的还会产生毒气。如果需要更换不同颜色的冷却液，要将发动机冷却系统和暖风系统全部排空，再添加新的冷却液。

（六）使用冷却液的注意事项

（1）型号不同的冷却液不能混合使用，以免引起化学反应，生成沉淀或气泡，降低冷却效果；换冷却液时，应先将冷却系统用清水冲洗干净，再加入新的冷却液。

（2）各类冷却液由于配制时的比例、成分不同，冰点也不同，这时应根据当地的气温条件来选用。一般冷却液的冰点应低于当地最低气温 10～15 ℃，以防冷却液失效。

（3）在使用过程中，若因冷却系统渗漏而使液面降低时，应补充同类型的冷却液；若由于蒸发引起液面降低，应向冷却系添加蒸馏水或软水；当发现冷却液中有悬浮物、沉淀物或变质有异味时，应全部更换，并清洗冷却系统。

（4）应保持常年使用冷却液。如果冬季使用冷却液，冬季过后需要补加时，只加入普通水，这样做容易造成发动机冷却系统机件损坏，金属部件会产生氧化腐蚀，产生水垢，严重时会使发动机因过热而产生开锅现象，使汽车的寿命明显缩短。

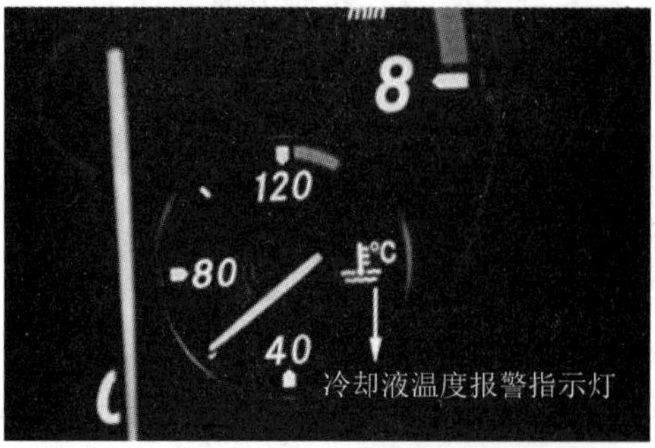

图 4-13 冷却液温度报警指示灯

（七）冷却液失效对行车安全的影响

冷却液长时间不换，可能导致冷却液变色、变质，冰点降低，达不到冷却降温的目的。同时各种添加剂也会失效，导致防锈、防腐蚀效果下降，发动机工作时间不长就会导致冷却液温度报警指示灯点亮，如图 4-13 所示，发动机的功率下降，加速无力。

课程思政

大国工匠——顾秋亮

中国船舶重工集团公司的钳工顾秋亮的绝活在手上。他凭着精到丝级的手艺，为海底的探索者 7 000 m 级潜水器“蛟龙号”安装特殊的“眼睛”，他安装的“眼睛”可以承受海底每平方米数千吨的压力，在无底黑暗中神光如炬。

顾秋亮纯手工打磨维修的潜水器密封面平整度能控制在两丝以内，人们称呼有这个能力的顾秋亮为“顾两丝”。

任务 3　认识自动变速器油

一、自动变速器油的作用

自动变速器油（Automatic Transmission Fluid，ATF），是专门用于自动变速器润滑的油液。ATF 是指专用于自动变速器中，用于传输压力、润滑、散热、清洁的介质。在自动变速器中，ATF 主要有下列作用。

1）传递动力

液力变矩器通过 ATF 将发动机动力传递给变速器，实现汽车平稳的自动起步；控制系统通过 ATF 传递压力和运动，完成挡位的自动切换。

2）冷却作用

通过 ATF 在变速器内的不断循环，将内部机械部件产生的热量带出，起到散热的作用。

3）润滑作用

ATF 在变速器内部循环流动过程中对行星齿轮机构和摩擦副强制进行润滑。

4）清洁作用

通过 ATF 循环流动带出细铁屑、结焦物等杂质，并经过滤清器或小磁块进行过滤和吸附，起到清洁作用。

5）密封作用

ATF 本身具有一定的黏度，在经过零件表面时，能起到密封作用。

二、自动变速器油的特性

ATF 主要有以下特性。

1）适当的黏度

ATF 的使用温度为-40～170 ℃，范围很宽，因自动变速器对其黏度极其敏感，所以黏度是自动变速器油的特性之一。不同种类的自动变速器所需的 ATF 黏度是不同的。因此，不能随意更换汽车使用的 ATF，以免 ATF 黏度与自动变速器的黏度要求不适应，导致不良反应。当使用的 ATF 黏度偏大时，不仅影响液力变矩器的传递效率，还可能造成低温启动困难；当使用的 ATF 黏度偏小时，会导致液压系统的泄漏增加。

2）良好的热氧化安定性

热氧化安定性是 ATF 使用中一个极为重要的问题。和机油一样，油品的热氧化安定性直接决定着 ATF 的使用寿命和自动变速器的使用寿命。ATF 的使用温度很高，如果热氧化安定性不好，就会形成油泥、积炭及沉淀物等，从而造成离合器片和制动块打滑、控制系统失灵等故障的发生。

3）良好的抗泡沫性

自动变速器中的 ATF 产生泡沫对传动系统的危害很大。ATF 既是变矩器传递功率的介质，又是变速器自动控制的介质和润滑冷却的介质。泡沫导致变矩器传递功率下降，泡沫的可压缩性导致液压系统压力波动和油压下降，严重时使供油中断。油中混入大量空气，实际上是减少了润滑油量。这些气泡在压缩过程中温度升高，又加速了油品老化，影响了油品使用寿命，且导致机件早期磨损。

4）良好的抗磨性能

ATF 具有良好的抗磨性能才能满足行星齿轮中各齿轮传动的需要、离合器片工作效能的需要和自动变速器延长寿命的需要。

5）良好的摩擦特性

这是保证传动齿轮各件工作平顺的关键，能减小噪声，延长寿命。

6）防腐（防锈）性能优良

在传动装置和冷却器中安装有大量的金属部件，因此自动变速器油必须保证不会造成金属的腐蚀、生锈。

三、自动变速器油的类型

ATF 没有通用的强制性标准，都是由汽车制造公司自行制定规格，见表 4-5。

ATF 的型号不同，摩擦因数不同，因此既不能错用也不能混用。例如，如果规定使用 Dexron-Ⅲ型 ATF 而错用了福特 Mercon-Ⅴ型 ATF，可能使自动变速器发生换挡振动，制动器、离合器突然啮合不正常的现象；反之，规定用福特 Mercon-Ⅴ型 ATF 而错用了 Dexron-Ⅲ型 ATF，则可能出现自动变速器的离合器、制动器打滑的现象，加速摩擦片的磨损。

表 4-5 各汽车制造公司规定的 ATF 规格

汽车制造公司	规定的 ATF 相应的规格
通用	Dexron、Dexron-Ⅱ、Dexron-Ⅱ（D）、Dexron-Ⅲ（G、H）、Dexron-Ⅵ、GM 9986195
福特	Type F、Mercon-SP、Mercon、Mercon-V、WSS-M2C933-A
宝马	LA2634、LT71141、M-1375.4
大众	TL52162、G-052-025-A2（也可用于无级变速器）
戴姆勒-奔驰	236.*x*、NAG-2、MB 236.12（7 速）、MB 236.20（也可用于无级变速器）
丰田	Type F、Type T-Ⅲ、Type T-Ⅳ、ATF-WS
本田	ATF-Z1、CVT Fluid
日产	Matic-D、Matic-J、Matic-K、NS-2
三菱	Diamond SP-Ⅱ、Diamond SP-Ⅲ
沃尔沃	1161521、1161540（5 速）

四、自动变速器油的更换周期

如果车辆使用条件一般，建议定期更换 ATF，防止金属磨屑进入油路造成阻塞；如果车辆的使用条件和工况良好，ATF 清澈、杂质稀少（可用眼观察），则可适当延长更换周期。一般情况下，汽车制造商均为自己生产的汽车制定了相应的更换周期，不同车型的 ATF 更换周期也不同。

（1）大众汽车，厂家建议 ATF 更换周期为 60 000 km。

（2）丰田汽车，厂家建议 ATF 更换周期为 40 000 km。

（3）标致汽车，厂家建议 ATF 更换周期为 90 000 km 或 6 年。

五、使用自动变速器油的注意事项

1）保持油温正常

车辆长时间重负荷低速运行，将使 ATF 温度上升，加速 ATF 氧化变质，形成沉积物和积碳，阻塞细小的通孔和循环管路，这又会使 ATF 进一步过热，最终导致自动变速器损坏。

2）检查液面高度

液面过低，机件润滑不良，液压低，影响换挡，并使离合器打滑；液面过高，旋转的齿轮等零件把油液搅起而产生气泡，混气的油液能引起油液氧化，使换挡阀排液不畅，以致离合器、制动器工作失常，从而影响正常换挡。

3）ATF 油质检查

检查 ATF 的油质，是确定油液更换时机和诊断自动变速器故障简易可行的方法。

4）不可混合使用

不同牌号、不同品种的 ATF 不能混用，同牌号、不同厂家生产的 ATF 也不能混用。

5）更换 ATF

应按车辆使用手册的规定更换 ATF，换油液时应将油底壳和油路（特别是液力变矩器）清洗干净，按需要量加入新油。

实践操作

任务 4　汽车制动系统的检查与维护

一、制动液的检查

（一）制动液液量的检查

由于制动液本身的挥发和制动块的磨损（制动块磨损后制动轮缸活塞向外伸出量增加，轮缸内的制动液用量增多）等原因，制动液的液面在使用中会逐渐降低。制动液的正常高度应在储油罐的上限（MAX 或 HIGH）与下限（MIN 或 LOW）刻线中间的位置。当油面低于标定刻线或下限位置时，应添加新的制动液至标定刻线或上限位置，如图 4-14 所示。

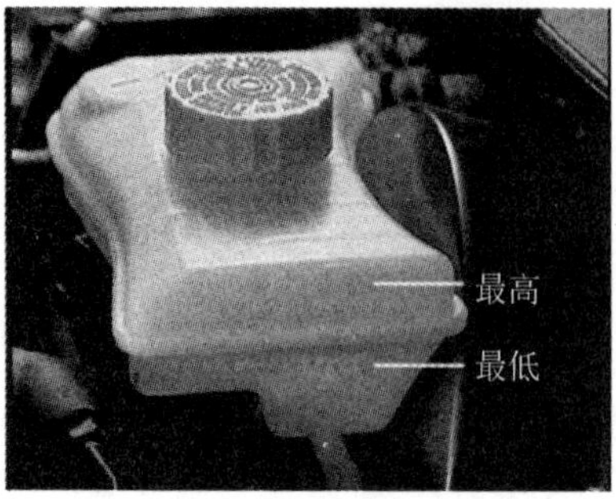

图 4-14　制动液储液罐

如发现制动液量显著减少，应注意查找渗漏部位，发现后必须及时修复，避免突然的制动失效。

（二）制动液减少的原因

（1）制动液使用时间较长（3 年或 50 000 km 以上），制动液挥发，导致制动液缺少。

（2）制动摩擦材料发生磨损，制动轮缸体积增加，使得制动轮缸中制动液量增加。

现代汽车都装有摩擦片自动调整机构，该机构可自动调整摩擦片与摩擦盘之间的间隙，因此在使用过程中，制动液液面可能略有下降，这种情况属于正常现象。

（3）制动管路发生泄漏，导致制动液缺少。

若短期内液面下降明显或降至最低标记以下，则表明制动系统内出现泄漏，此时应立即进行检修，切不可凑合或拖延。导致制动液泄漏的原因有很多，如管路老化及制动分泵、总泵、分配阀、储液罐损坏等。

（三）制动液泄漏的检查

制动液泄漏的检查见表 4-6。

表 4-6　制动液泄漏的检查

操作方法	图示
（1）检查制动总泵及制动管、软管是否有泄漏	
（2）检查 ABS 是否有泄漏	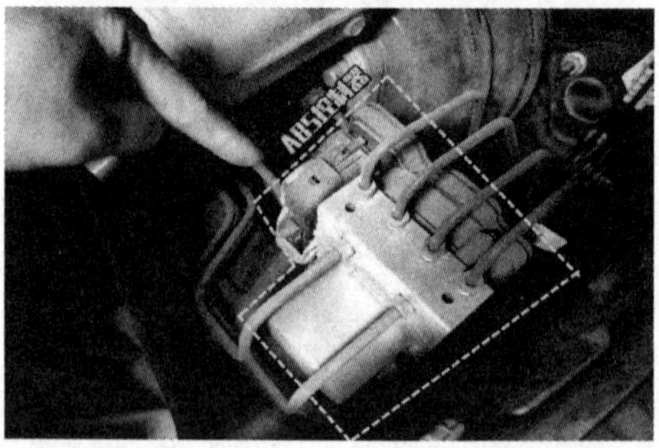

续表

操作方法	图示
（3）检查底盘的制动管路是否有泄漏	
（4）检查前轮、后轮制动轮缸及管路是否有泄漏	

（四）制动液的补充

制动液的补充见表 4-7。

表 4-7　制动液的补充

操作方法	图示
（1）打开发动机的引擎盖	
（2）铺设发动机舱翼子板布和前格栅布	

续表

操作方法	图示
（3）清洁发动机舱制动液储液罐周围尘土	
（4）打开制动液储液罐的密封盖	
（5）添加制动液	
（6）确认制动液量未超过上限（MAX）标线	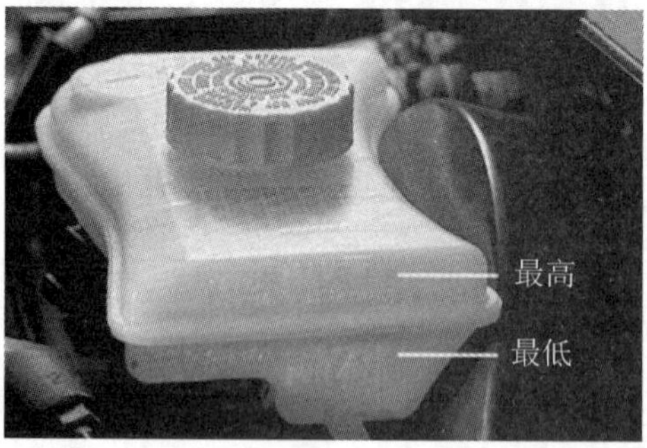
（7）迅速盖上制动液储液罐的密封盖。 注意：制动液具有较强的吸湿性，长时间打开储液罐的密封盖会导致制动液变质	

二、制动液的更换

车辆行驶 80 000 km 左右，制动液由于长期在制动管路及制动缸之间来回挤压、流动，性能逐渐下降，出现分层、变色、变质等情况。为确保制动液工作性能，应及时更换，更换时需要两个人配合操作，一人在车内踩制动踏板，另一人在车底操作，具体的更换流程见表 4-8。

注意：操作车辆前，应将车辆停放在平整的位置，做好安全防护措施，防止在作业时发生意外。

表 4-8　制动液的更换

操作方法	图示
1. 前期准备 （1）打开发动机舱盖	
（2）铺设车内“三件套”与翼子板布、前格栅布，启动发动机并保持其怠速运转。 注：非真空助力式的制动系统，无须启动发动机	
（3）打开制动液储液罐的密封盖	

续表

操作方法	图示
（4）拔掉制动灯保险，以防烧坏灯泡，并将车辆举升到适宜操作的高度，锁止举升机	
2. 排放制动液 应按先远后近的顺序排放制动液，也就是从制动液管的最远端开始，先后轮再前轮，具体的操作如下。 （1）一人在车底拔出右后轮制动轮缸排气阀盖，用扳手旋松放气螺栓	
（2）为防止制动液在排放过程中洒溅到地面产生污染，应将排出的废制动液收集在容器中。在车轮制动轮缸放气螺栓外端套上一根透明塑料管，将管的另一端放入一个装制动液的收集盒内，车内人员反复踩踏制动踏板，直至制动液完全排出	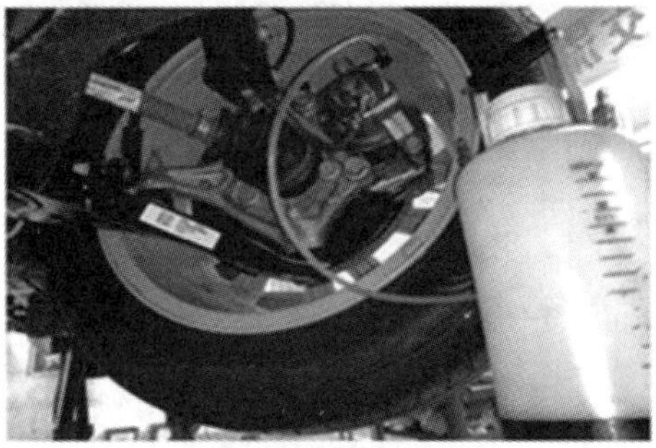
（3）车内人员松开制动踏板后，再次踩下制动踏板 4～5 次，观察放气螺栓处有无气泡冒出，若有，重复上述步骤直至没有气泡冒出为止	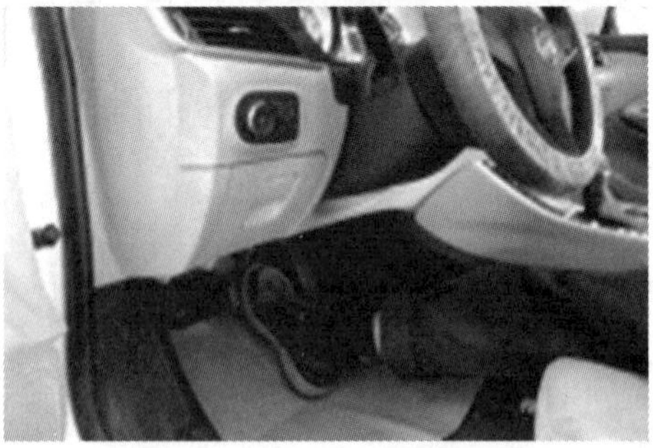
（4）按前述方法及程序分别对右后、右前、左前车轮制动轮缸排放制动液	

续表

操作方法	图示
（5）在排放制动液过程中要随时观察制动液储液罐，当废制动液将要下降至罐底露出出液口时应立即加入新制动液，以防罐内制动液排空后空气进入制动管路中	
（6）在完成最后一个车轮制动轮缸放气程序后，确保 4 个车轮液压回路放气阀都被正确紧固。等待约 30 s，然后检查整个液压制动系统，确保不存在制动液外泄情况	
（7）对于奥迪等个别车型，需用汽车故障诊断仪执行防抱死制动系统自动排气程序，以清除制动压力调节阀中可能夹带的所有空气	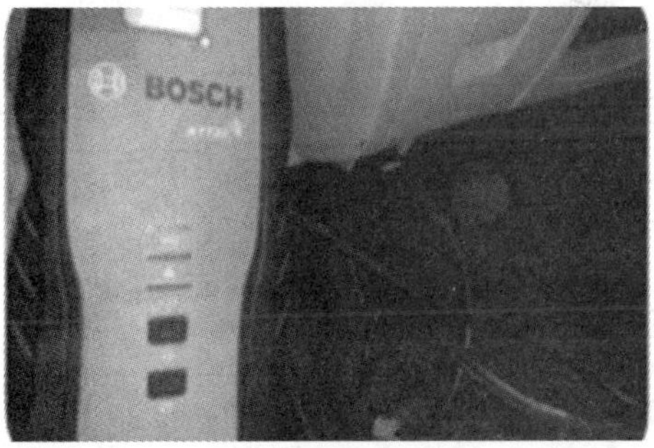
3. 制动液更换后的检查 （1）启动发动机，逐渐踩下制动踏板至其行程约 2/3 处，缓慢释放制动踏板，等待 15 s，然后再次逐渐踩下制动踏板至其行程约 2/3 处直到制动踏板坚实，这将使制动钳活塞和制动块正确就位	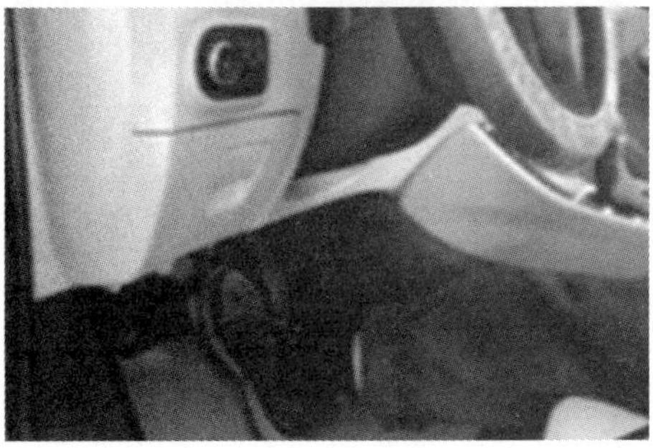

续表

操作方法	图示
（2）检查制动主缸储液罐中的液位，保持制动主缸储液罐加注到最高液位	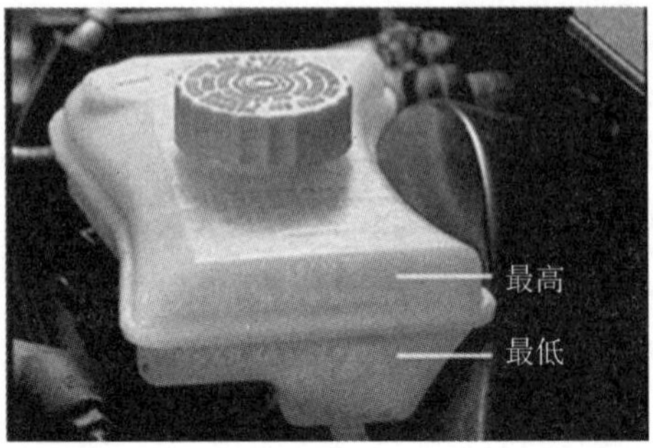

更换制动液时需要注意以下事项。

（1）在更换或添加制动液时，不能改变制动液型号，不同型号的制动液混合在一起，很有可能发生反应，损坏制动元件，影响制动效能。

（2）在进行排气或检查补充制动液作业后，应注意拧紧储液罐，尽量缩短制动液接触空气的时间，以防制动液接触空气而吸收空气中的水分，导致制动液性能降低。

（3）补充制动液时，油液量不得超过上限（MAX 或 HIGH）刻线。

（4）制动液是腐蚀性液体，严禁接触人体衣物和汽车漆面，如有接触，应立即清洗干净。

（5）不同车辆制动液的更换周期不同，具体查阅车辆使用手册。

三、制动块的检查

制动块的检查见表 4-9。

表 4-9　制动块的检查

操作方法	图示
（1）观察制动块是否有开裂、缺损、变色、油污等情况	
（2）通过制动卡钳上的观察孔目测内侧制动块厚度，要求内外制动块厚度没有明显的偏差	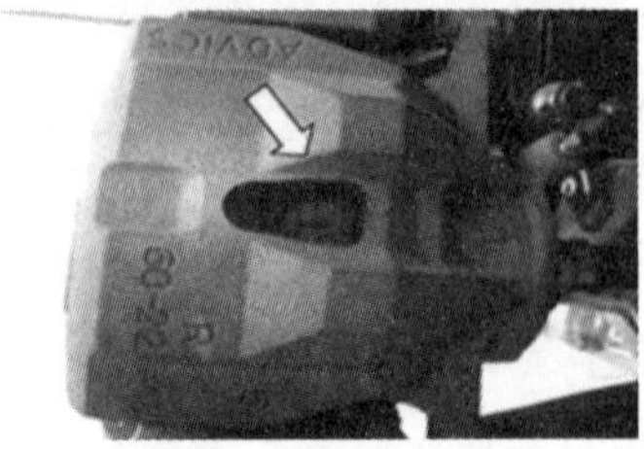

续表

操作方法	图示
（3）用直尺测量外制动块厚度。制动块的厚度一般为 15 mm，磨损极限为 3 mm	
（4）检查制动块能否灵活移动，是否自动回位	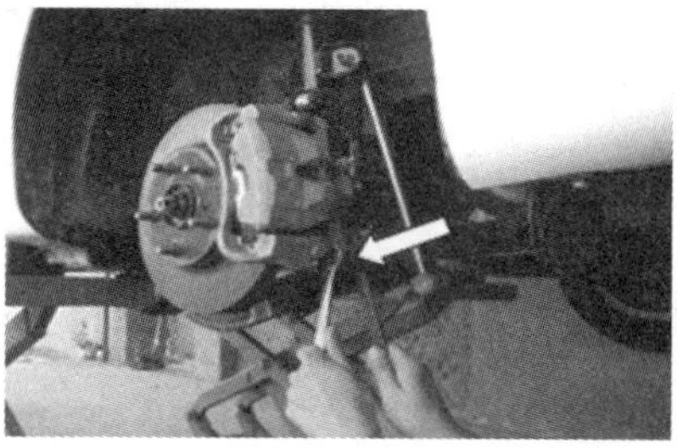
（5）检查制动管接头处是否有制动液泄漏	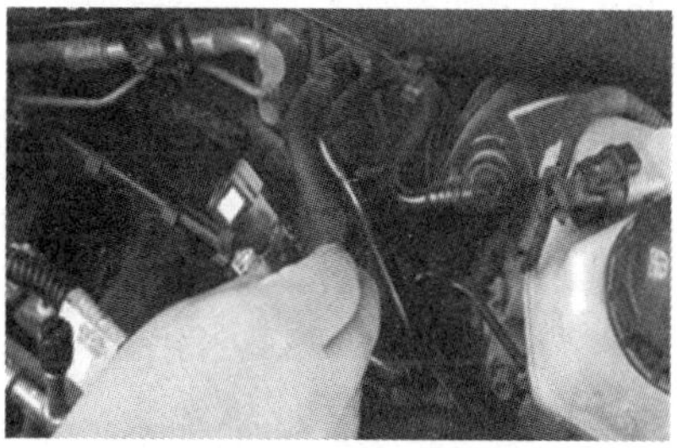
（6）检查制动盘是否有沟槽、变色、翘曲变形等情况	

四、制动块的更换

制动块的更换见表 4-10。

表 4-10 制动块的更换

操作方法	图示
1. 制动块的拆卸 （1）将车辆驶入举升机内，调整举升机举升臂托举位置，使举升臂垫块对正车辆底板上的支撑点位置	
（2）将发动机熄火，拉起手刹，锁死车轮	
（3）用扭力扳手分别沿对角线方向交叉（①→②→③→④→⑤），分 2～3 次旋松各个轮毂螺栓	
（4）将车辆举起，使车轮离开地面 10～20 cm，举升机落锁保险，用套筒扳手拧下轮毂螺母，将轮胎取下	

续表

操作方法	图示
（5）旋松制动钳固定螺栓，取下制动钳上的一个固定螺栓即可	
（6）向上转动制动卡钳（制动钳体需用挂钩挂好，防止制动钳掉落损坏制动管路），拆卸制动块	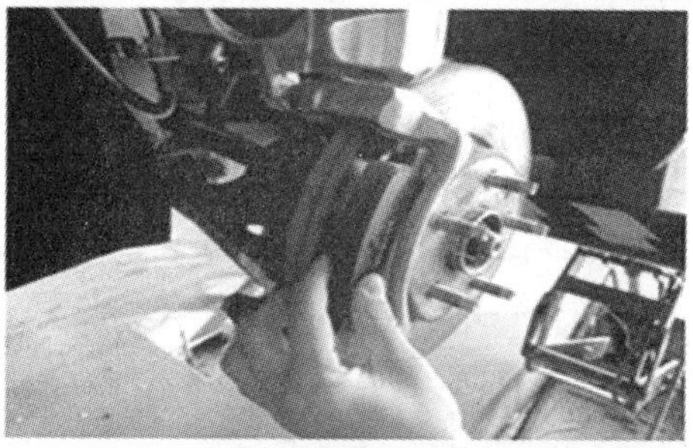
（7）用专用制动钳活塞复位工具，将盘式制动器制动钳活塞推至钳孔内	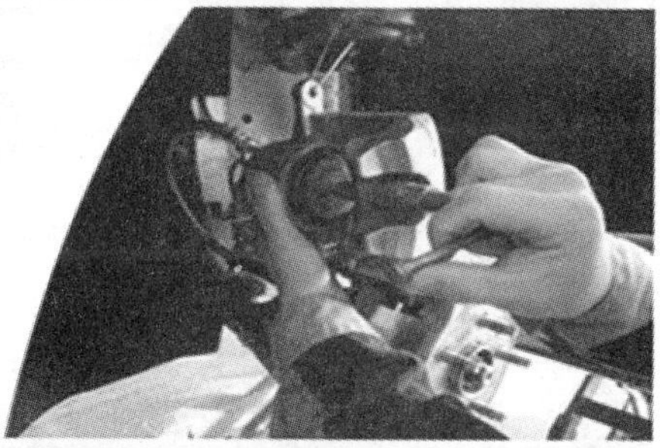
（8）移除制动块弹簧	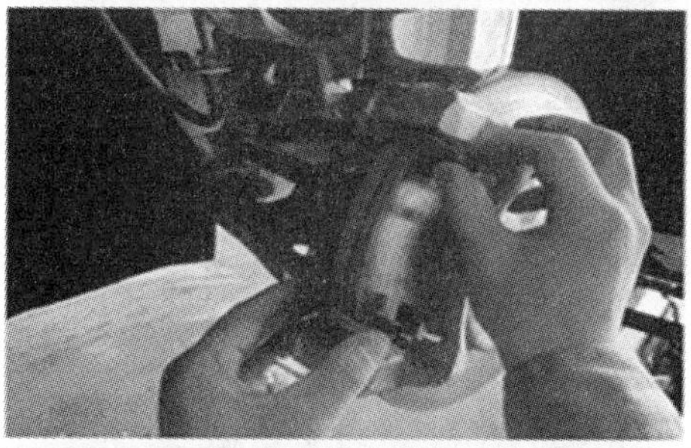
2. 制动块的安装 （1）安装制动块弹簧，在制动块固定件上涂上一层薄薄的高温硅酮润滑剂	

续表

操作方法	图示
（2）清洁制动块，装配之前，确保制动块构件结合面清洁干净	
（3）如果装配磨损传感器的盘式制动块，必须安装至制动盘内侧的上部位置	
（4）用制动轮缸活塞压缩钳把制动轮缸活塞压进去	
（5）拆下支架并将制动钳转动到位，越过盘式制动块至制动钳安装托架	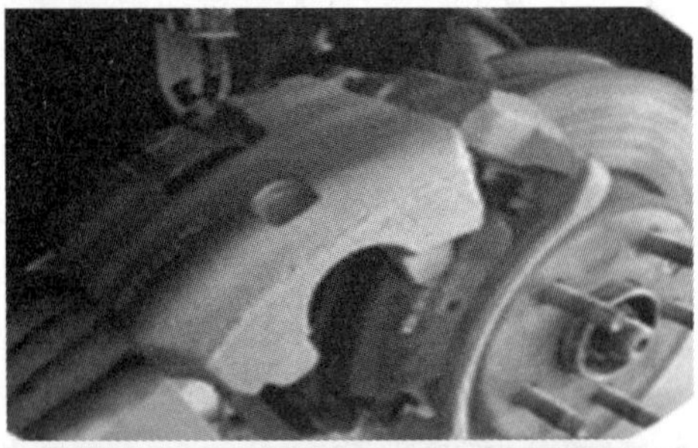
（6）旋入制动卡钳滑销螺栓（必须涂防松胶），并用 36 N•m 的力矩拧紧	

续表

操作方法	图示
（7）安装车轮，旋入车轮固定螺栓，并用 90 N•m 的力矩拧紧	
（8）启动发动机，连续踩制动踏板多次，使制动摩擦片与制动盘之间恢复间隙。 （9）清理工具，清洁现场。 （10）完成 5S 管理。	

注：5S 管理即为整理（SEIRI）、整顿（SEITON）、清扫（SEISO）、清洁（SEIKETSU）、素养（SHITSUKE）。

五、鼓式制动器的检查

鼓式制动器的检查见表 4-11。

表 4-11　鼓式制动器的检查

操作方法	图示
1. 鼓式制动器的拆卸 1）拆卸轮胎 对角取下轮胎的四个螺栓	
2）拆卸制车鼓 拆掉正中央的固定螺栓，取下制车鼓	

续表

操作方法	图示
3）拆卸弹簧及固定销 首先拆卸外部弹簧，然后拆卸两侧固定销	
4）拆卸制动蹄 先用手将左蹄掰下，利用同样的方法将右蹄拆下，然后整体取下	
2. 鼓式制动器的检查 1）检查制动蹄片表面情况 目测制动蹄片表面是否有油污、裂纹、异常磨损等情况	
2）检查制动鼓和制动蹄摩擦片是否正确接触 用白色粉笔在后制动鼓分总成内表面涂抹，然后沿制动鼓滑动制动蹄以检查制动蹄摩擦片与后制动鼓分总成间的装配情况	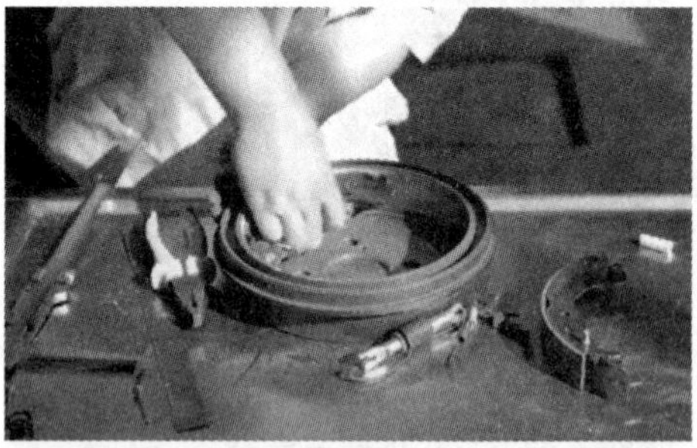
3）检查制动蹄片的回位情况 用手沿分泵运动方向拉动两侧制动蹄片，松手后，观察制动蹄片在回位弹簧的作用下是否能够自动回位	

续表

操作方法	图示
4）检查制动系统的渗漏情况 检查制动轮缸活塞处是否漏油，制动液管接头、制动软管接头是否渗漏等	
5）测量制动蹄片厚度 用直尺测量制动蹄片摩擦材料厚度（标准的制动蹄片厚度为 14 mm，磨损极限为 7 mm），如果摩擦片厚度小于最小值或有严重不均匀磨损，则需要更换制动蹄	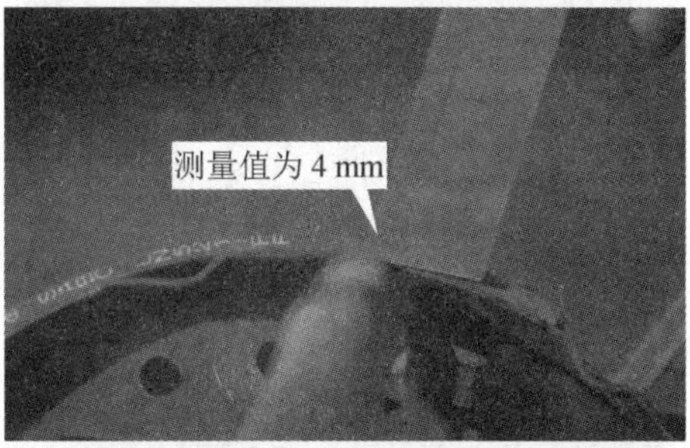
6）测量制动鼓内表的磨损情况 用专用游标卡尺测量制动鼓内径（标准的制动鼓内径为 180 mm，磨损极限为 181 mm），如果超过磨损极限，则需要更换制动鼓总成	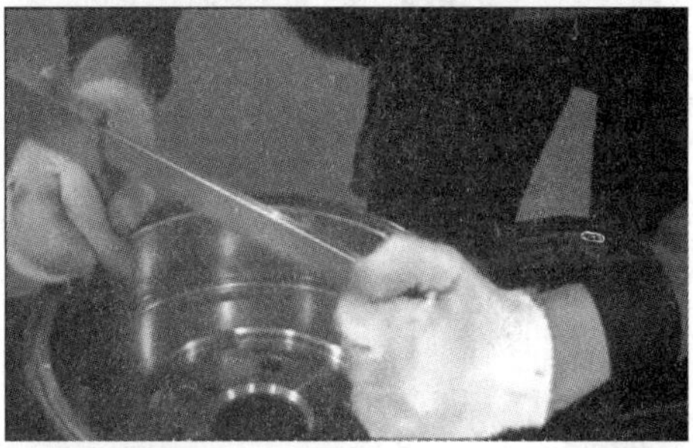
7）检查制动鼓表面磨损情况 检查制动鼓表面是否有异常磨损、沟槽等情况，并利用工具测量沟槽深度，沟槽深度不得大于 1 mm	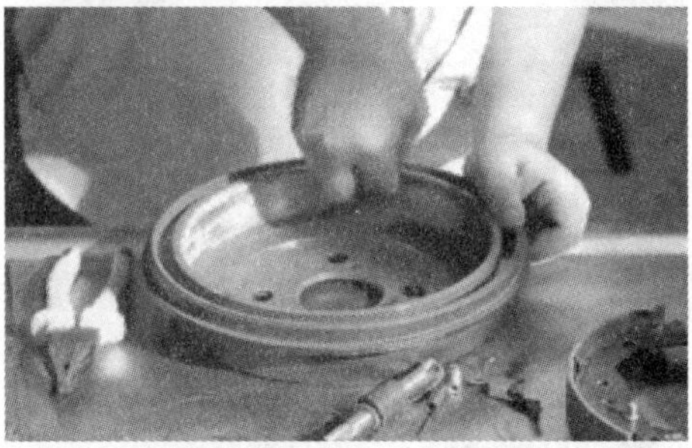
8）检查制动轮缸 检查活塞有无老化，螺栓有无卡死	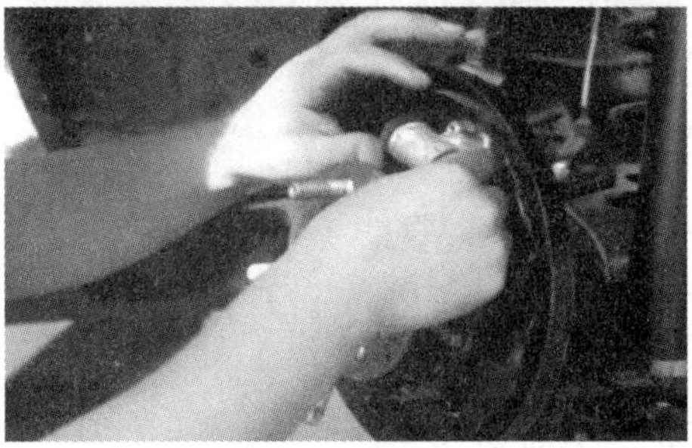

续表

操作方法	图示
9）调整鼓式制动器制动间隙 （1）制动间隙手动调整。用专用工具或平口螺丝刀拨动调整棘轮，向制动间隙变小的方向调整，当制动蹄片和制动鼓充分接触后，再退回棘轮 3～5 响，并确保制动鼓能自由转动	
（2）动间隙自动调整。松开驻车制动器，用力踩压制动踏板，当后制动器中没有“咔哒”声响时，制动间隙自动调整完毕	
3. 鼓式制动器的装复 （1）先装手刹拉线，然后将另外一个制动蹄装复回去，最后安装下面的复位弹簧	
（2）将制动蹄整体装复后，安装两侧固定销	
（3）安装制动鼓及轮胎	

任务 5　冷却液的检查与更换

一、冷却管路的检查

冷却管路的检查见表 4-12。

表 4-12　冷却管路的检查

操作方法	图示
1. 外观检查 检查冷却系统管路是否破损和变形	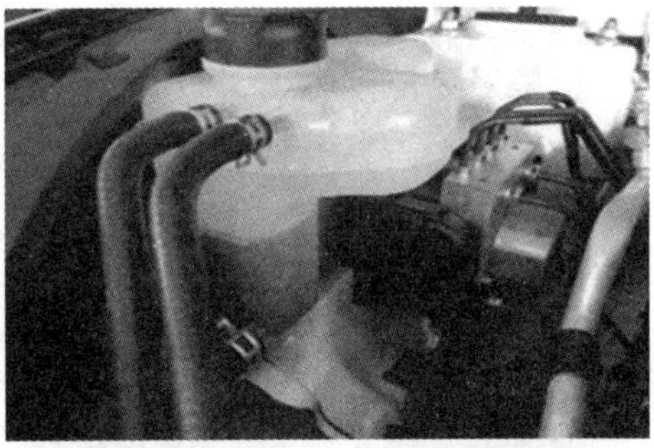
2. 连接状况检查 （1）检查冷却系统管路连接卡箍是否松动，连接是否可靠	
（2）在发动机运转状态下，检查连接处是否存在明显漏水现象	
3. 密封性检查 等到发动机冷却后，小心拆卸散热器盖并用发动机冷却液注满散热器，然后将散热器测试器安装在散热器盖上。在散热器上使用压力测试器，确定压力为 93. 16～122. 58 kPa	

二、冷却风扇的检查

发动机熄火后，散热器中冷却液的温度为 88～93 ℃，电子风扇的运转是正常的。若温度低于 88 ℃，风扇仍转动，则是不正常的。若温度高于 93 ℃，风扇仍不转动，也是不正常的。冷却风扇的检查如图 4-15 所示。

三、冷却液的检查

待发动机冷却后，检查储液罐中的冷却液是否处于规定的范围内，如图 4-16 所示。

散热器冷却液的检查应在发动机冷却状态下进行。如果发动机处于高温状态，冷却液将会处于高液位，与实际情况不符。冷却液缺失，冷却系统的散热能力下降，容易导致发动机过热。

图 4-15 检查冷却风扇

图 4-16 检查冷却液

四、冷却液的更换

冷却液使用时间长了，添加剂的成分及性能已发生很大的变化，应及时更换。如不更换，将会对发动机水套内部及其他部件产生严重的腐蚀。

冷却液的更换见表 4-13。

表 4-13 冷却液的更换

操作方法	图示
1. 准备工作 （1）安装方向盘套、座椅套和脚垫	

续表

操作方法	图示
（2）打开发动机舱盖，铺设翼子板布和前格栅布	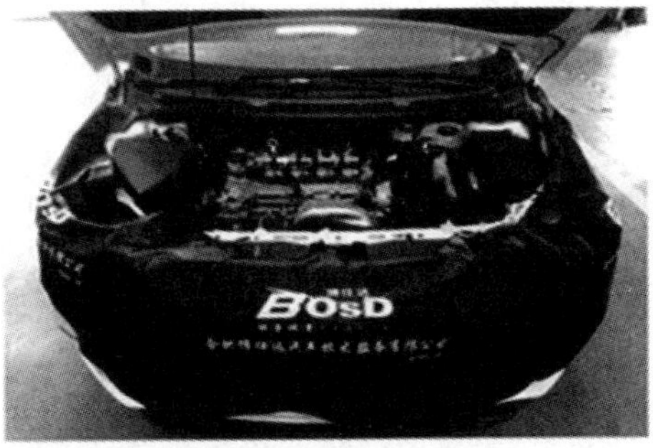
（3）打开膨胀水箱加注盖。发动机冷却液一般从膨胀水箱处加注或补充，等发动机冷却后打开膨胀水箱加注盖。 注意：当发动机散热系统处于高温高压状态时，禁止打开膨胀水箱加注盖；如果在发动机高温情况下打开膨胀水箱加注盖，应在盖上放几块毛巾后，缓慢拧松散热器盖，待压力完全释放后，取下散热器盖	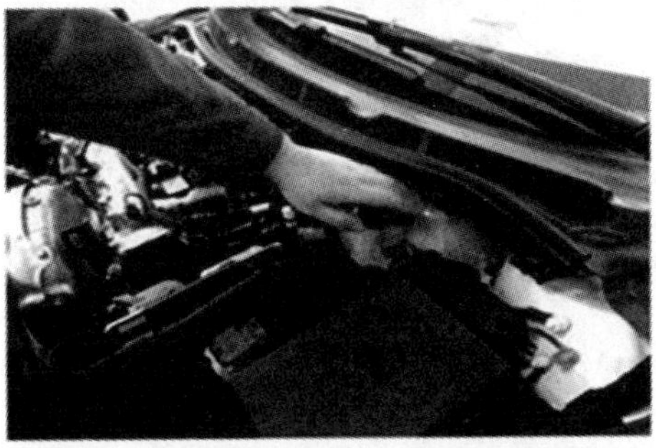
（4）举升车辆，拆除发动机舱底部导流板	
2. 排放冷却液 1）将排放软管安装到散热器喷嘴上 打开放水开关或松开散热器的下水管，放出冷却液。等冷却液流净后，应启动发动机怠速运转 10～20 s，排空管道、水泵内残余的冷却液。排放冷却液时注意使用容器收集废旧冷却液	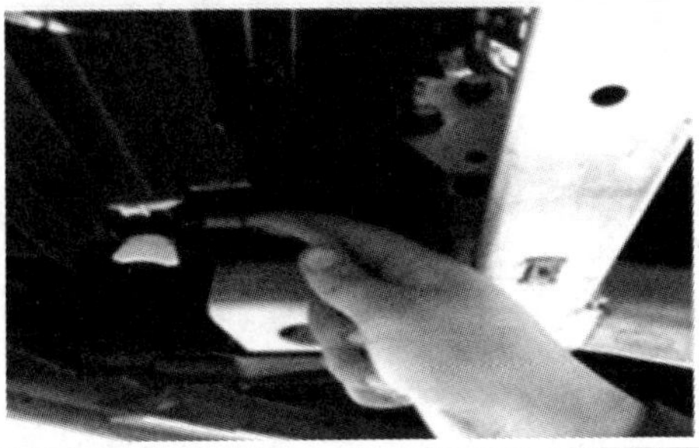

续表

操作方法	图示
2）清洗 向膨胀水箱中入纯净水，待排水口流出冷却水时关闭开关，启动发动机怠速运转，并继续补充纯净水至水位不再下降为止	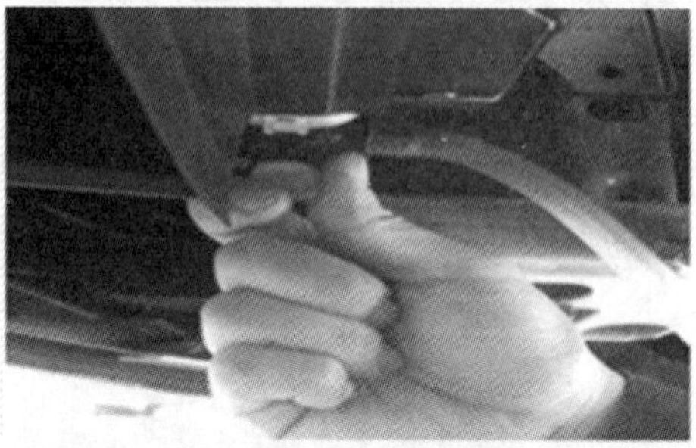
3）排空冷却水 发动机怠速运转 10 min 后，按上述方法排空发动机内的冷却水	
3. 加注冷却液 （1）从膨胀水箱加注口加入新的冷却液，当看到排放口有纯色冷却液流出且不夹杂气泡时，关闭冷却液排放开关	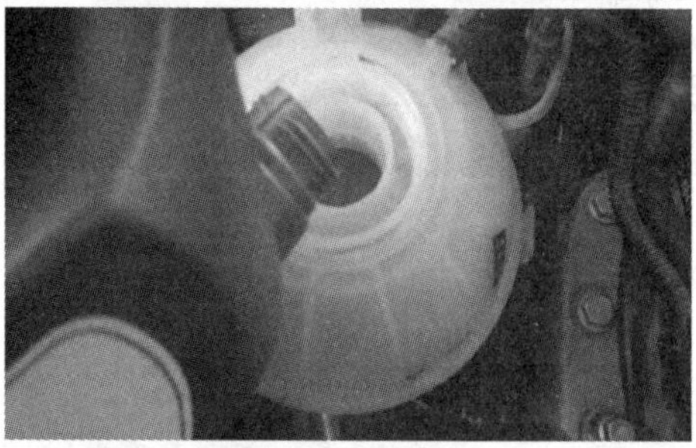
（2）降下车辆	
（3）观察储液罐并加满冷却液	

续表

操作方法	图示
（4）拧紧膨胀水箱加注口盖，启动发动机，待发动机怠速运转 3～5 min 后，停机观察冷却液液位。如果冷却液液位低于储液罐“MIN”线，继续补充冷却液至“MAX”线	
（5）重新启动发动机运行 5～10 min，观察发动机仪表盘上冷却液指示灯是否熄灭。如果熄灭，则表示冷却系统工作正常，冷却液更换结束。如果冷却液指示灯不熄灭，则检查节温器工作是否正常，直至冷却系统工作正常	

任务 6　变速器油的检查与更换

一、自动变速器油（ATF）的检查与更换

（一）ATF 的检查

对自动变速器进行维护时，对 ATF 的检查是极其重要的。ATF 的检查主要包括油质检查、油量检查和漏油检查。此处主要介绍油质检查和油量检查。

1. 油质检查

油质检查主要是检查油液的颜色、气味，并观察油液中是否有杂质，确认 ATF 是否过热变质。

正常的 ATF 呈红色，清澈半透明，且无异味。如果使用不当，容易导致油液变质，因此必须加强对油液品质（即油质）的检查。可在专修厂家使用专用检测仪器对油液品质进行检查。如无专用检测仪器，可从外观上进行判断，如观察油液颜色（油液呈暗褐色或黑色，说明自动变速器液油温过高；油液呈牛奶色或有乳状泡沫，表明油液中含水），观察油液中是否有黑色颗粒和金属屑。除此之外，还可以用手指捻一捻油液，感觉一下黏度，用鼻子闻一闻有无特殊的气味。若发现油液变质，应及时更换新油。

2. 油量检查

自动变速器中油面的高低对变速器的性能影响很大。若油面过高，旋转机件剧烈旋转时会搅动油液并产生气泡，气泡混入ATF内会降低液压回路的油压，影响控制阀的正常工作，同时会引起离合器、制动器打滑，加剧磨损。若油面过低，油泵吸入空气或油液中混入空气，同样会导致前述问题。另外，油面过低，还会使润滑冷却条件变差，加速ATF的氧化变质。一般加入自动变速器中的油量，应保证在液力变矩器及各操纵油缸充满以后，变速器中油面高度低于行星齿轮等旋转件的最低点而高于阀体与变速器壳体的接合面。

在自动变速器中，ATF液面的高低与油液的温度和变速器的工作状况有关。温度升高，油面也升高，当自动变速器正常运转时，ATF充注在变矩器和各油缸油道内，液面下降，熄火后，油面会升高。因此，油面高度的检查应在规定的条件下进行。不同厂家生产的车辆ATF的具体检查方法各不相同，应按车辆维修保养手册进行。

下面以丰田卡罗拉为例进行说明。

首先，驾驶车辆，使发动机和自动变速器处于正常工作温度下，油液温度为70～80 ℃。接下来，按下列步骤进行操作。

（1）将车辆停放在水平地面上，驻车。

（2）在发动机怠速运转且踩下制动踏板的情况下，将换挡杆从P挡换到每一个挡位，各停顿3～5 s，然后回到P挡。

（3）拉出机油标尺，擦干净。

（4）将机油标尺推回油管中。

（5）再次拉出机油标尺，检查液位是否在“HOT”范围内，如果液位低于“HOT”范围，则加注新油并重新检查液位；如果液位超过“HOT”范围，则排放一次，添加适量的新油并重新检查液位。

（二）ATF的更换

目前为止，市场上有两种更换ATF的方法。

第一种方法，利用重力换油法换油。该方法成本最低、操作简便，但换油率只有40%。具体的更换方法见表4-14。

表4-14　利用重力换油法换油

操作方法	图示
1. 换油准备 （1）将车辆驶入举升机内，调整举升机举升臂托举位置，使举升臂垫块对正车辆底板上的支撑点位置	

续表

操作方法	图示
（2）发动机熄火，拉起手刹，锁死车轮	
（3）打开发动机舱盖，铺设翼子板布和前格栅布	
（4）将举升机支撑臂推入车辆底部承重位置并调整高度，将车辆举升至合适位置	
2. 排放 ATF （1）拆下放油螺栓，将变速器油排入废油回收装置	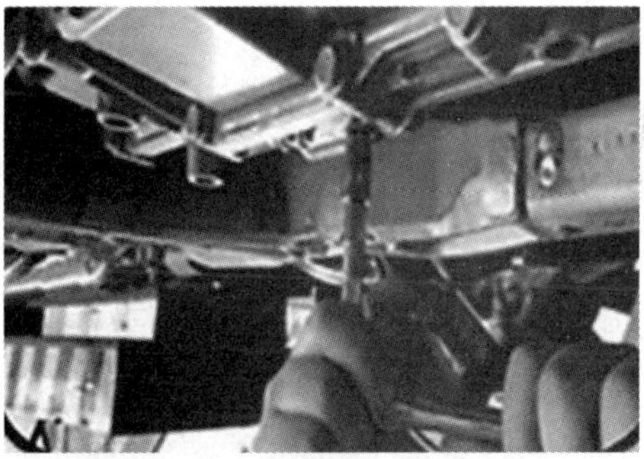
（2）检查收集的变速器油是否有杂质	

续表

操作方法	图示
（3）安装放油螺栓并用 12 N • m 的力矩紧固	
3. 加注自动变速器油 （1）操作举升机降下车辆	
（2）拆下变速器通风软管和加注口盖	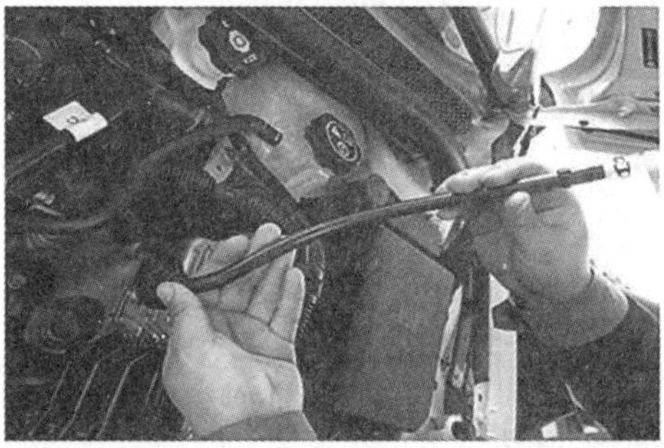
（3）查阅车辆维修保养手册并加注适量的新变速器油	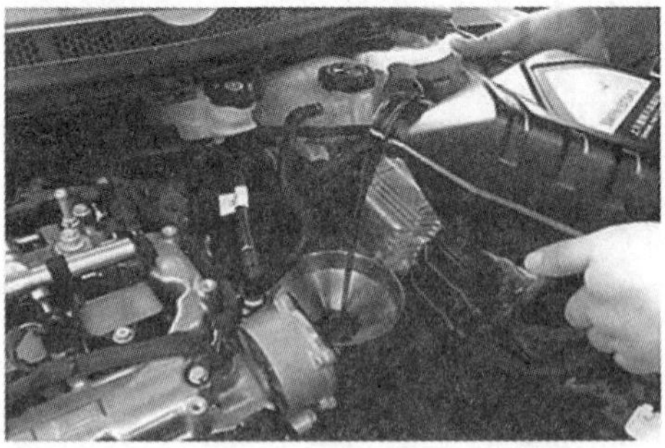

续表

操作方法	图示
（4）安装加注口盖和通风软管	
4. 检查油位 （1）启动发动机，踩下制动踏板并将变速杆挂到每个挡位各停顿 3 s，然后挂回 P 挡	
（2）怠速运转发动机至少 3 min，使油液泡沫消散、油位稳定，松开制动踏板	
（3）保持发动机运行，通过故障诊断仪观察自动变速器油温	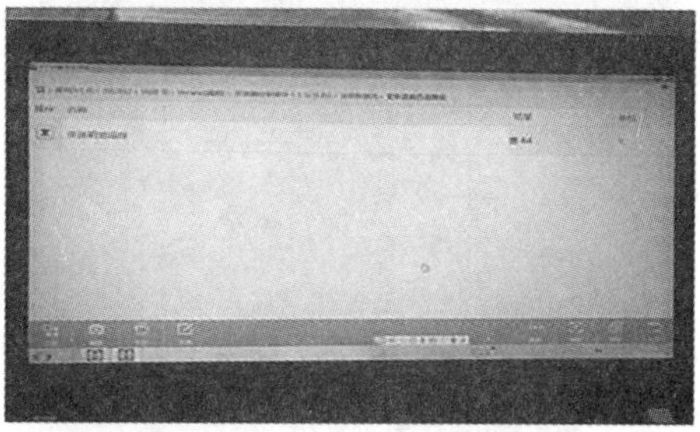
（4）举升车辆，拆下油位螺塞，将废旧油液排放至油液回收装置	

续表

操作方法	图示
（5）降下车辆，拆下变速器通风软管和加注口盖	
（6）使车辆怠速运行，通过油液加注口加注油液，直至油从油位孔塞中流出，即油液从油位孔塞中每秒滴出一次	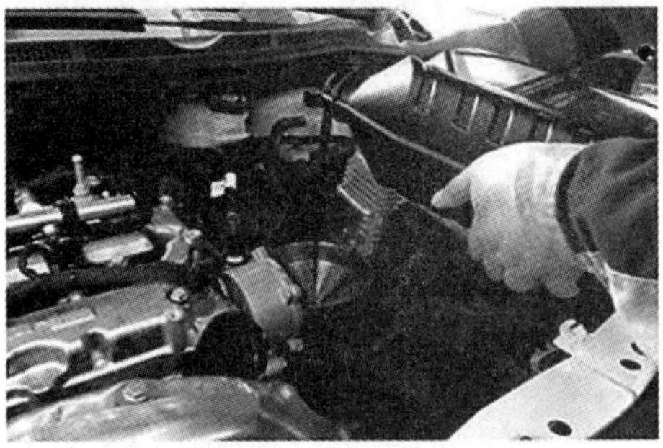
（7）安装变速器加注口盖和通风软管	
（8）举升车辆。安装油位螺塞并用 12 N · m 的力矩拧紧	

续表

操作方法	图示
（9）降下车辆，发动机熄火	
5. 车辆恢复及 5S （1）拆除车外翼子板布、前格栅布并叠好归位。 （2）关闭发动机舱盖，升起车窗玻璃，拔下车辆钥匙，关门，锁门，收车轮挡块、举升机垫块并归位。 （3）将扭力扳手归零、工具清洁归位。 （4）做好车辆、地面清洁	

第二种方法，利用循环换油机进行换油，换油率高达 90%以上，但设备昂贵，因此市场普及率不高。具体的更换方法见表 4-15。

表 4-15　利用循环换油机换油

操作方法	图示
（1）拆除下护板，拧松自动变速器放油螺栓，放出变速器油底壳中变速器油	
（2）拆卸自动变速器油底壳	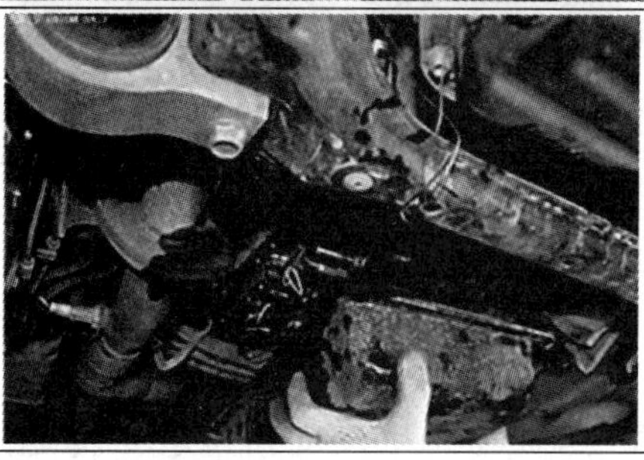

续表

操作方法	图示
（3）拆卸并更换新的自动变速器油滤芯	
（4）清洗油底壳。油底壳内表面沉淀有大量油泥，油底壳中磁铁上吸附有大量的铁屑。使用化油器清洗剂彻底清除油底壳中的油泥	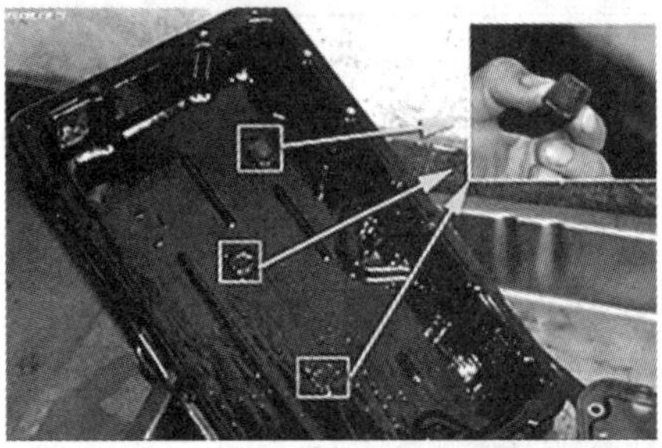
（5）安装油底壳，打开自动变速器放油螺栓和变速器油加注螺栓，并把自动变速器循环换油机主油缸和出油管同时连接在自动变速器上	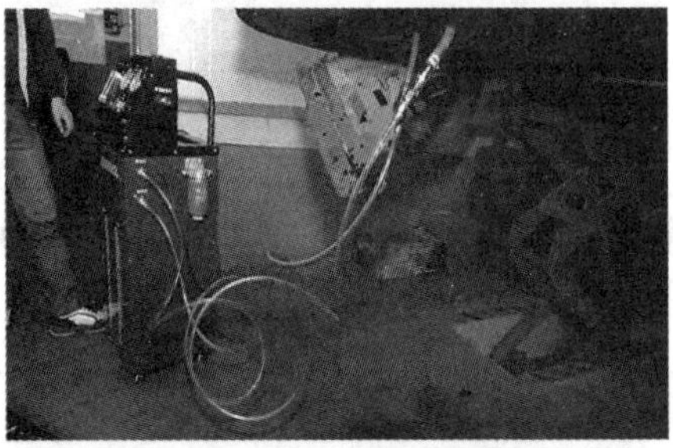
（6）启动自动变速器循环机换油，同时启动车辆并切换各个挡位。在循环换油机更换过程中，通过视窗观察新旧油的交替，旧油窗口的颜色从深黑色逐渐变成红色，直至新旧油颜色一致	

二、手动变速器油的检查与更换

（一）手动变速器油的特性

手动变速器油与 ATF 都属于齿轮油，其作用也是相同的。按照美国石油学会(API)的标准，手动变速器油可分为 GL-1、GL-2、GL-3、GL-4、GL-5 等质量级别（图 4-17）。GL 后的数值越大，级别就越高，能保证齿轮在更苛刻的条件工作。

（二）手动变速器油的更换周期

一般来说，汽车维修厂推荐的手动变速器更换周期为 30 000～48 000 km。但随着变速器技术日益成熟，手动变速器的可靠性越来越高，故障率越来越低，所以其更换周期可以延长至 60 000～80 000 km 或更长的距离。

图 4-17　手动变速器油

（三）手动变速器油失效对变速器的影响

（1）起步无力，油耗增加。

（2）行驶过程中轻微打滑。

（3）换挡时出现轻微顿挫感。

（四）油位检查

油位的检查见表 4-16。

表 4-16　油位的检查

操作方法	图示
（1）进行检查时，应确保车辆停放在水平路面上	
（2）打开变速器油加注口	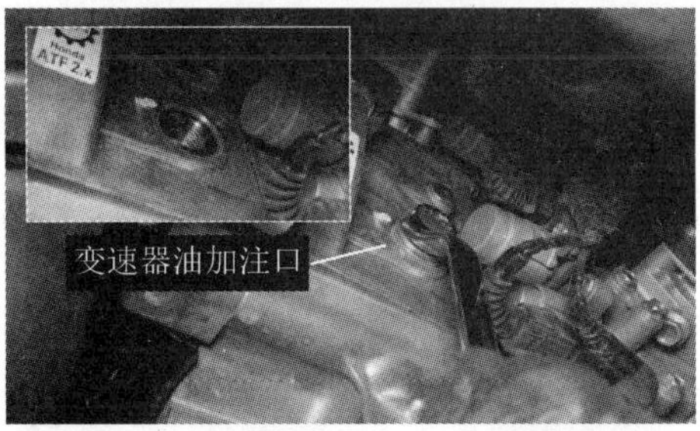
（3）如果卸下油位螺塞时，油从油位孔流出或油位已达油位孔，说明油量充足	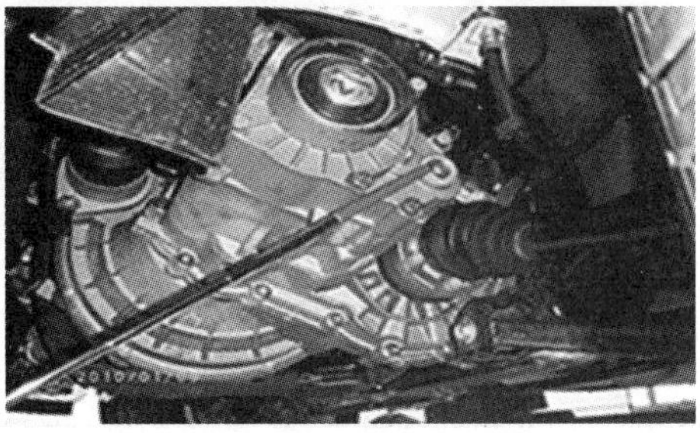

操作方法	图示
（4）通过注油孔、油位螺塞孔能检查油位。将手指伸入变速器油加注口检查变速器油量，如果发现油量不足，应用规定油加注，让油位升至油位孔	

（五）变速器渗漏的检查

变速器渗漏的检查见表 4-17。

表 4-17　变速器渗漏的检查

操作方法	图示
（1）检查变速器油排放塞和加注塞位置，是否有漏油，如有，应维修漏油处	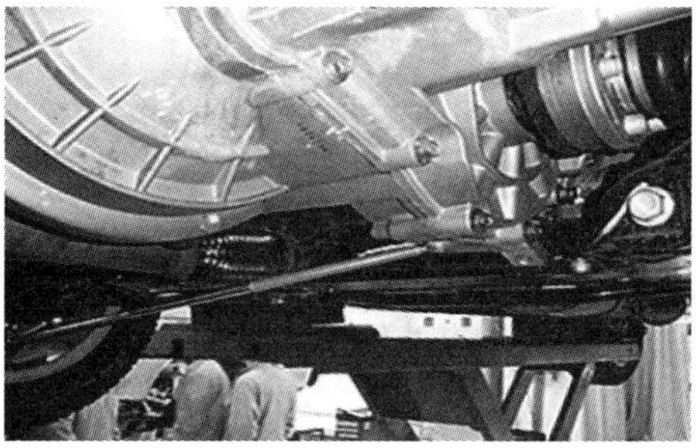
（2）检查变速器半轴油封处是否漏油，如有应维修漏油处	
（3）检查变速器壳体是否有漏油，如有，应维修漏油处	

（六）手动变速器油的更换

手动变速器油的更换见表 4-18。

表 4-18　手动变速器油的更换

操作方法	图示
（1）将车辆安全停放在举升机位置，安装转向盘套、座椅套和脚垫	
（2）打开发动机舱盖，铺设翼子板布和前格栅布	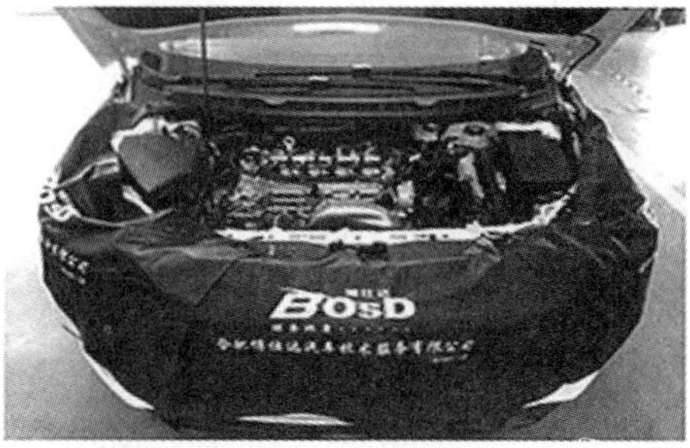
（3）安装举升机垫块，并将车辆举升至合适位置	
（4）排放手动变速器油。 ①清洁放油螺栓周边，拆下放油螺栓（在变速器底部）和加油螺栓（在变速器的中部或上部）	

续表

操作方法	图示
②通过软管将旧变速器油自然排入废油回收装置	
③降下车辆，启动发动机怠速运转 30 s，让变速器油尽可能流干净	
④举升车辆，安装新的放油螺栓并用 50 N·m 的力矩拧紧	
（5）加注手动变速器油。 ①操作举升机降下车辆	
②通过软管插入变速器加油口，加注新的变速器油，一般为 4 L	

续表

操作方法	图示
③安装新的加油螺栓并用 30 N·m 的力矩拧紧	
（6）车辆恢复及 5S： ①拆除车外翼子板布、前格栅布并叠好归位； ②对抹布、手套进行回收处理； ③关闭发动机舱盖，升起车窗玻璃，拔下车辆钥匙，关门，锁门，收车轮挡块、举升机垫块并归位； ④将扭力扳手归零、工具清洁归位； ⑤做好车辆、地面清洁	

课程思政

作为中国最早进入汽车工业并获得迅速发展的民营企业，吉利控股集团（简称吉利）已成为国内轿车制造业“3+6”格局的重要成员，并正以“中国自主品牌”的资格和自主创新的姿态，引人注目地登上国际汽车工业舞台，成为中国轿车走向世界当之无愧的代言人。

1997 年，作为吉利创始人的李书福（现为吉利控股集团董事长）走进临海市城东一片荒草没膝的田野，开始了他的造车之梦。次年 8 月，当第一辆吉利轿车在欢庆的鞭炮声中从流水线上开出时，人们在高悬的大红横幅上读出了这样的字句：“造老百姓买得起的好车！”

吉利逐步掌握轿车核心部件研发技术，实现了中国第一台自动变速器的设计制造，电子智能助力转向系统的设计生产，世界领先、国内领先的大升功率发动机的设计制造和整车设计、匹配、试验、验证技术的全面应用。

如今，吉利已经形成豪情、美日、优利欧、SRV、美人豹、华普、自由舰、吉利金刚、远景等九大系列 30 多个品种的产品谱，拥有 1.0 L 到 1.8 L 的 8 大系列发动机和 JLS160、Z110 等八大系列变速器。

任务 7　燃油滤清器的检查与更换

一、认识发动机燃油供给系统

（一）燃油供给系统的作用

汽油发动机燃油供给系统的作用是储存并滤清汽油，根据发动机工况的要求向发动机供给清洁的、具有适当压力并精确计量的汽油。

（二）燃油供给系统的组成

汽油发动机燃油供给系统由油箱、燃油泵、油位传感器、燃油蒸气回收罐、燃油压力调节器、油管、喷油嘴、燃油滤清器等组成，如图 4-18 所示。

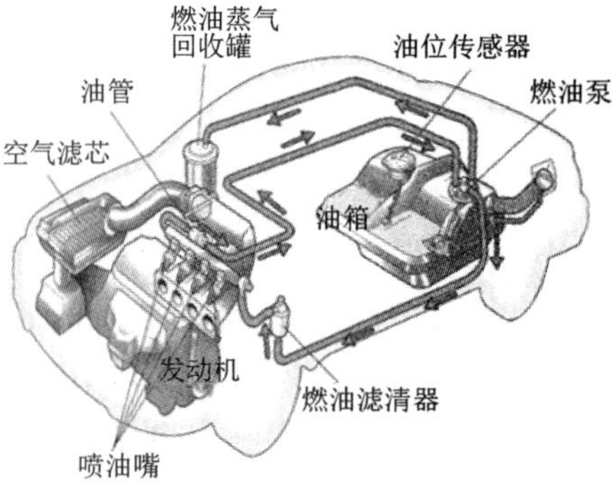

图 4-18　燃油供给系统的组成

（三）燃油供给系统的工作过程

电动汽油泵将汽油从汽油箱中吸出并加压后，经燃油滤清器、燃油分配管输送到各喷油器，在 ECU 的控制下向各进气管中喷射，多余的汽油经燃油压力调节器流回油箱。

二、认识燃油滤清器

（一）燃油滤清器的作用

燃油滤清器的作用是滤除汽油中的水分和杂质，防止燃油系统堵塞，减小机械磨损，确保发动机稳定运行，提高可靠性。

（二）燃油滤清器的结构

燃油滤清器由外壳和滤芯组成，滤芯采用滤纸叠成菊花形和盘簧形结构，如图 4-19 所示。

燃油从进油口进入燃油滤清器，经过壳体内的滤芯过滤后，清洁的燃油从出油口流出。安装时注意燃油滤清器壳体上的箭头标记为燃油流动的方向。

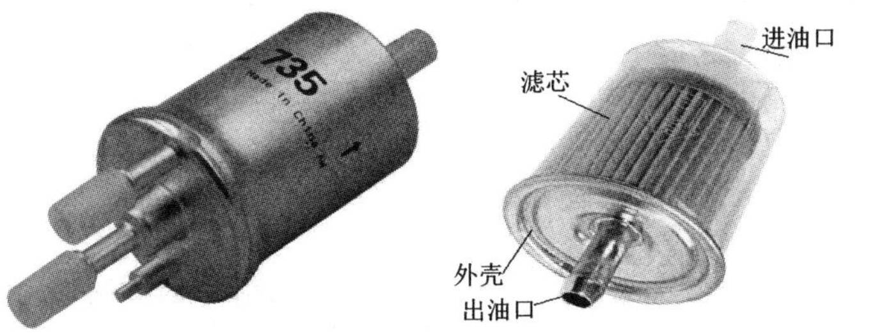

图 4-19　燃油滤清器的结构

（三）燃油滤清器的分类

燃油滤清器按安装位置分为内置式和外置式。

1）内置式燃油滤清器

采用无回油管系统的燃油供给系统，将燃油滤清器、燃油压力调节器与燃油泵一体装入燃油箱内，故称为内置式燃油滤清器，如图 4-20 所示。

2）外置式燃油滤清器

外置式燃油滤清器一般在车辆底盘油管连接处，如图 4-21 所示。

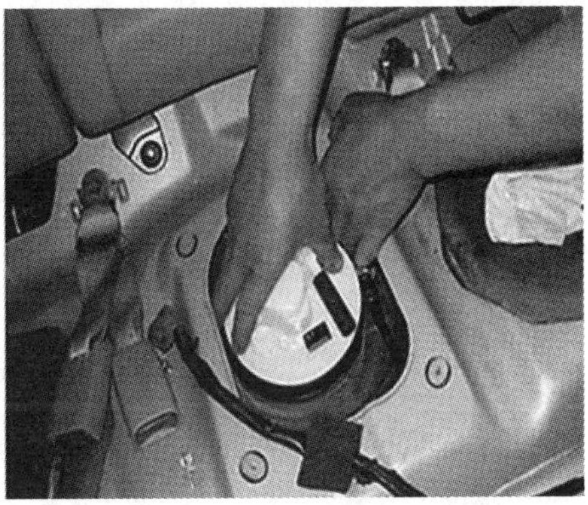
图 4-20　内置式燃油滤清器

图 4-21　外置式燃油滤清器

（四）燃油滤清器失效对发动机的影响

燃油滤清器长时间不更换，会变得过脏或堵塞，从而导致供油压力和供油不足，影响发动机的动力性，严重时表现为：

（1）启动困难，动力不足，起步速度比较慢；

（2）无法完全过滤燃油的杂质，导致发动机运行时产生大量积炭，同时会出现爆震现象；

（3）在正常行驶过程中，有时会突然熄火，存在一定的安全问题。

（五）燃油滤清器的更换周期

应根据车辆行驶里程、使用的燃油质量情况及时更换燃油滤清器，以确保发动机稳定行驶，提高可靠性。不同车型燃油滤清器的更换周期不同，应根据车辆使用手册上的更换周期进行更换。内置式燃油滤清器，建议在 100 000～150 000 km 更换。外置式燃油滤清器，建议一年或 30 000 km 更换。如果燃油杂质含量较高时，更换周期应相应缩短。具体更换周期可以参考车辆使用手册。

三、外置式燃油滤清器的更换

外置式燃油滤清器的更换见表 4-19。

表 4-19　外置式燃油滤清器的更换

操作方法	图示
（1）安装车轮挡块。车轮挡块安装在非驱动轮上，要贴紧车轮	
（2）安装排烟套	
（3）安装车内方向盘套、座椅套、脚垫	
（4）打开发动机舱盖，安装翼子板布和前格栅布	

续表

操作方法	图示
（5）燃油系统泄压。拔掉油泵保险，启动发动机，直至发动机自动熄火，二次启动发动机，验证燃油系统无燃油	
（6）断开蓄电池负极电缆	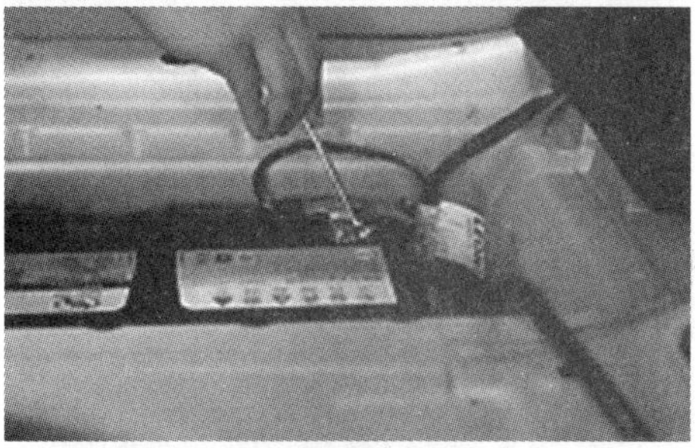
（7）将车辆举升至合适的位置	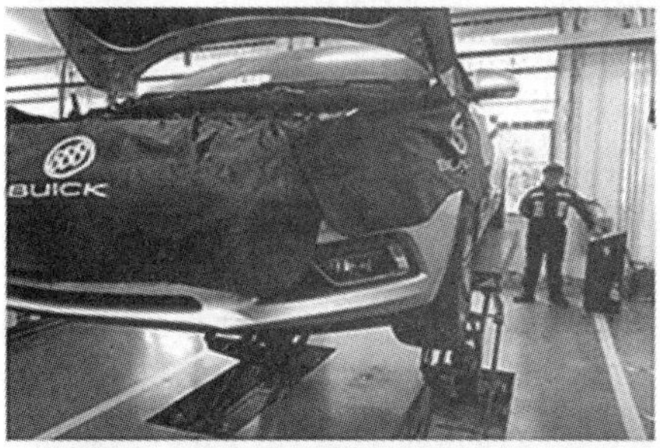
（8）拆下燃油管路，移除塑料挡圈快速插头	
（9）从燃油滤清器上拆下燃油供油管	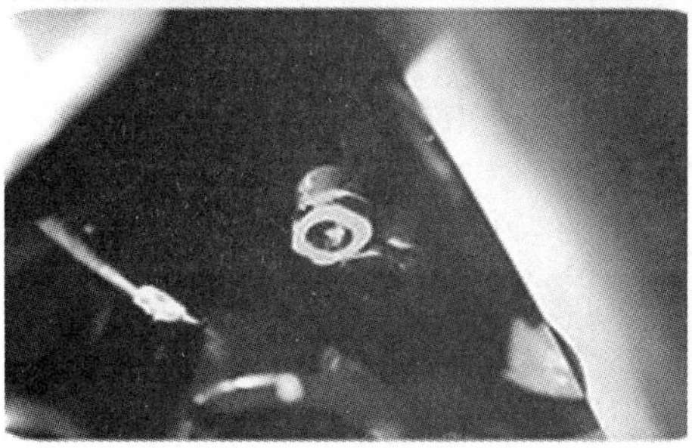

续表

操作方法	图示
（10）使用 CH-807 螺塞堵住供油管	
（11）转动燃油滤清器，直到卡夹从边缘完全松开	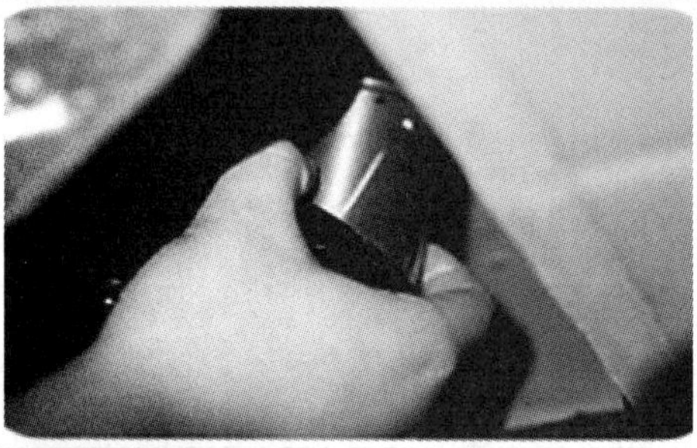
（12）倾斜燃油滤清器并从活性炭罐上将其取下	
（13）安装新的燃油滤清器。对比新旧燃油滤清器型号、大小是否一样。检查燃油滤清器是否有破损，查看外壳上箭头，确认安装方向	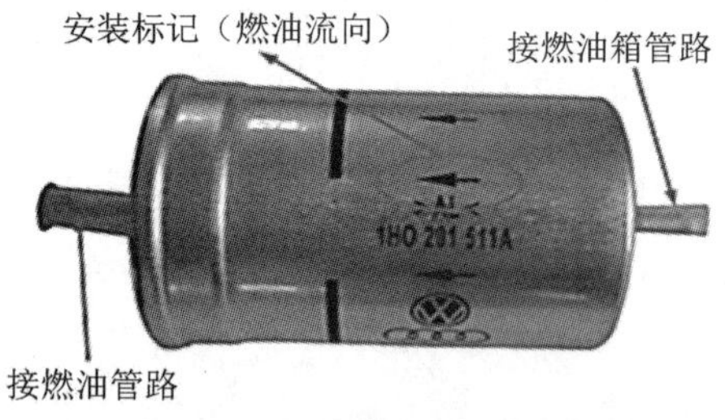
（14）将新的燃油滤清器放置在活性炭罐边的卡夹所需的位置上	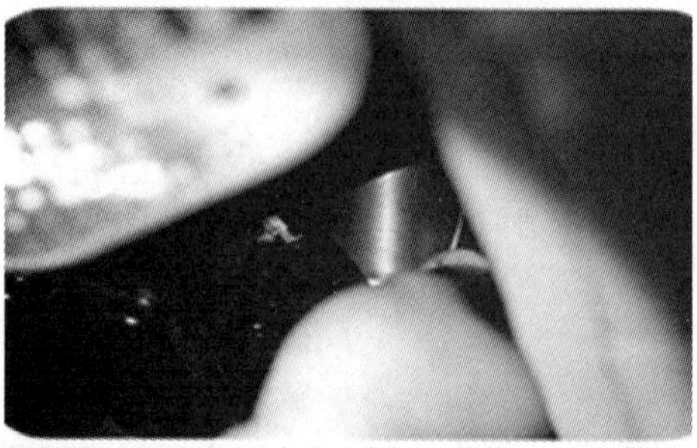

续表

操作方法	图示
（15）先倾斜再旋转燃油滤清器，直到卡夹位于边缘上	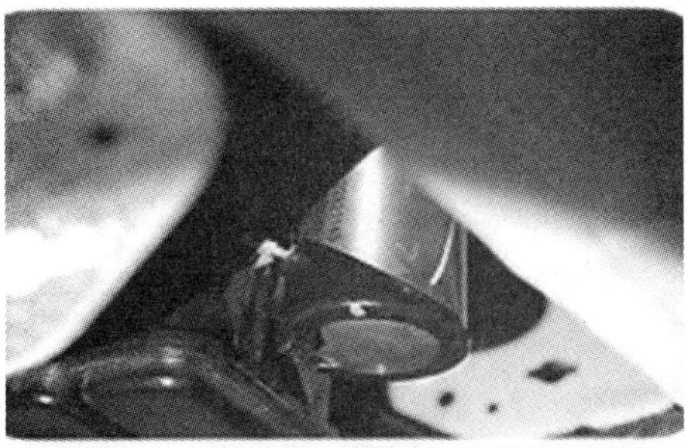
（16）从油管上拆下 CH-807 螺塞	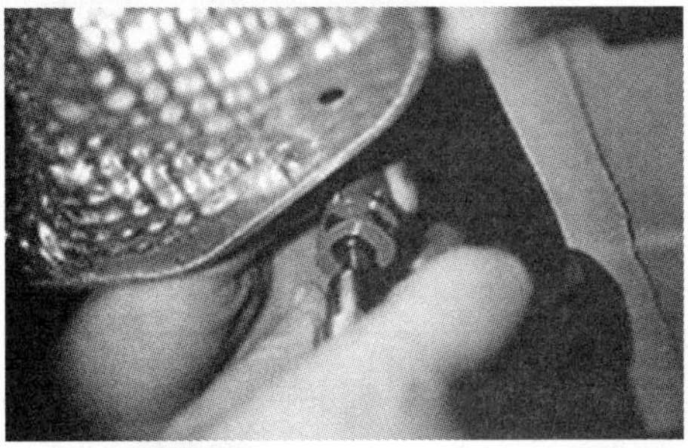
（17）连接燃油供油管及燃油供油中间管至燃油滤清器的油管	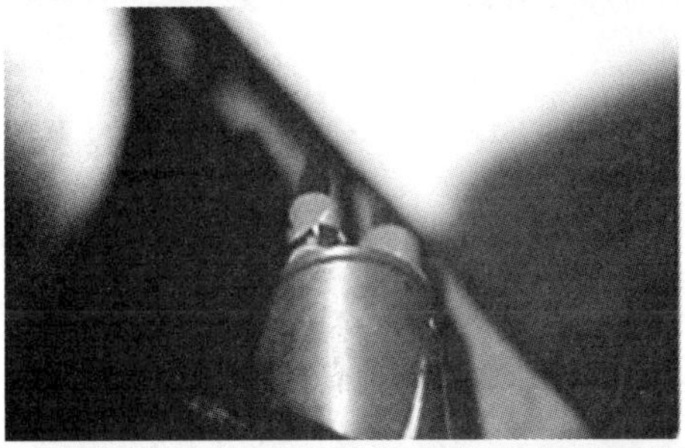
（18）降下车辆，并连接蓄电池负极	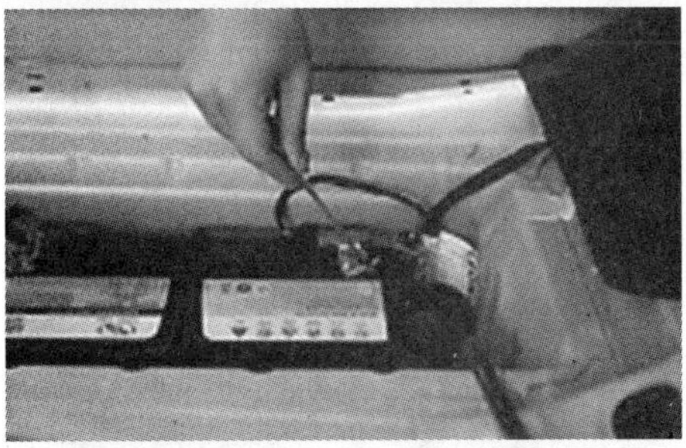
（19）检查燃油滤清器工作情况。打开点火开关，待燃油泵停止工作后，启动发动机，确认发动机燃油系统工作是否正常	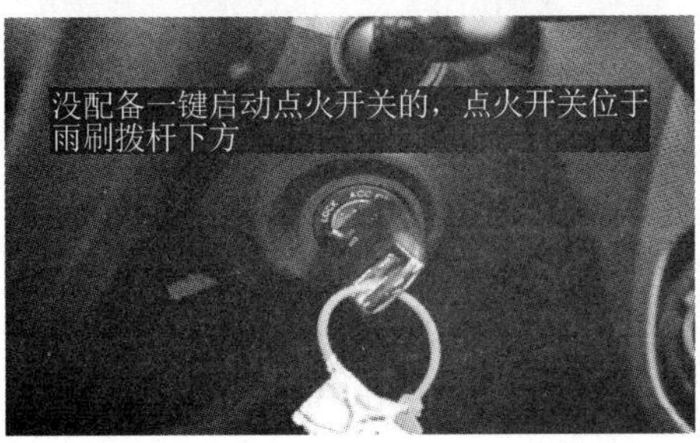

续表

操作方法	图示
（20）车辆恢复及5S： ①拆除车外翼子板布、前格栅布并叠好归位； ②关闭发动机舱盖，升起车窗玻璃，拔下车辆钥匙，关门，锁门，收车轮挡块并归位； ③对旧燃油滤清器进行环保处理； ④将工具清洁归位； ⑤做好车辆、地面清洁	

四、内置式燃油滤清器的更换

内置式燃油滤清器的更换见表4-20。

表4-20　内置式燃油滤清器的更换

操作方法	图示
（1）拆掉后排座椅，撬开油箱顶盖，拔掉上面的电线，拆下机油管和燃油管	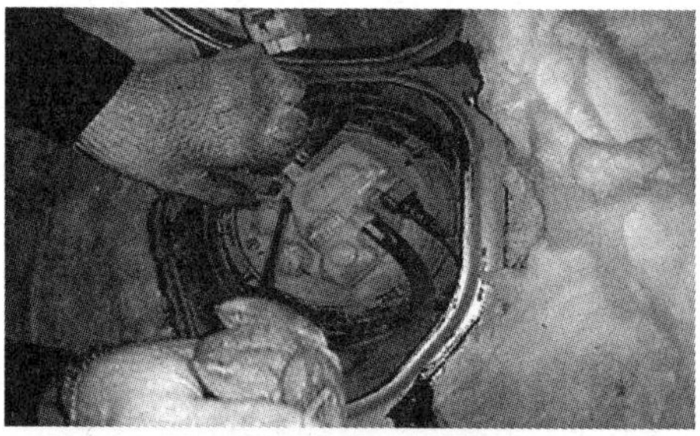
（2）燃油系统卸压。拔下电动燃油泵熔丝，启动发动机，在发动机自然停止后，将点火开关置于“OFF”位置；再次启动发动机，确认发动机不启动；拆下燃油箱盖并释放燃油箱中的压力	
（3）从蓄电池负极端子断开电缆	

续表

操作方法	图示
（4）断开电动燃油泵插头、燃油箱主管和燃油蒸发管总成	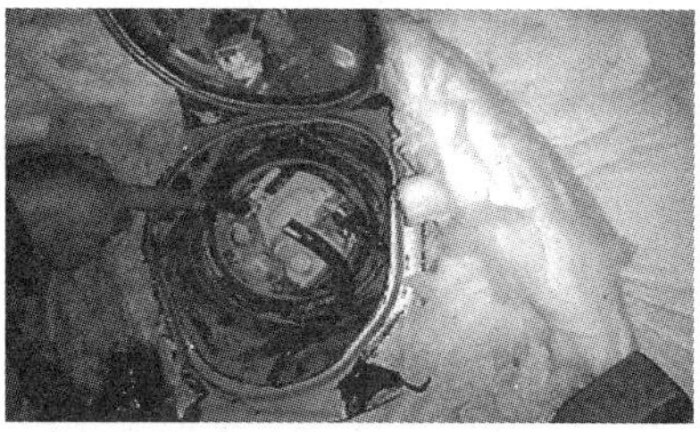
（5）拆卸电动燃油泵挡圈。 ①用 6 mm 六角套筒扳手将专用维修工具（SST）安装到电动燃油泵挡圈上，将 SST 槽口插入电动燃油泵挡圈肋片	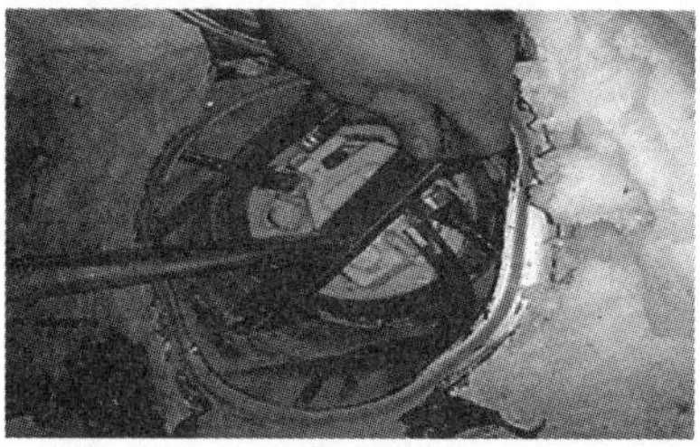
②使用 SST 松开电动燃油泵挡圈，用手固定燃油吸油管总成，以拆下电动燃油泵挡圈	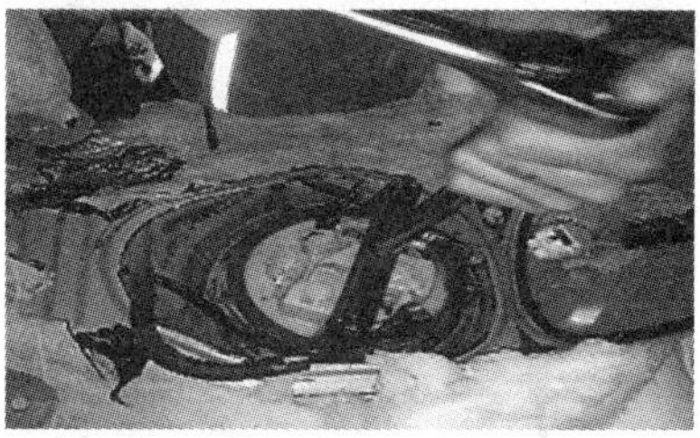
（6）拆卸燃油表传感器总成。断开燃油表传感器总成插接器，从线束上拆下线束保护装置，断开三个线束卡夹，松开锁止，并滑动燃油表传感器总成将其拆下	
（7）拆卸燃油滤清器。断开电动燃油泵线束插接器，断开两个线束卡夹，断开电动燃油泵滤清器软管和线束，取下燃油滤清器	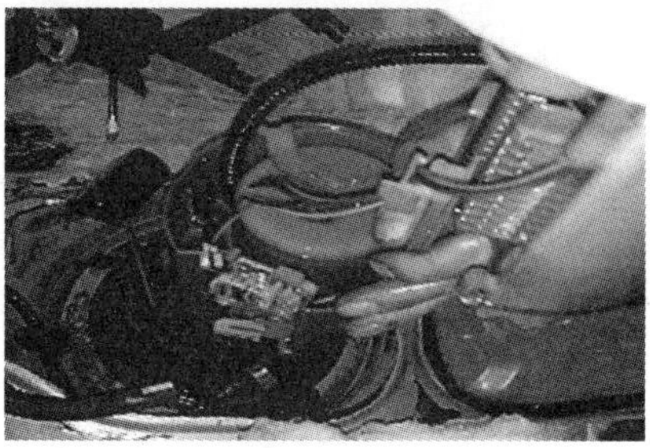

续表

操作方法	图示
（8）安装新的滤清器，按相反的顺序进行装配	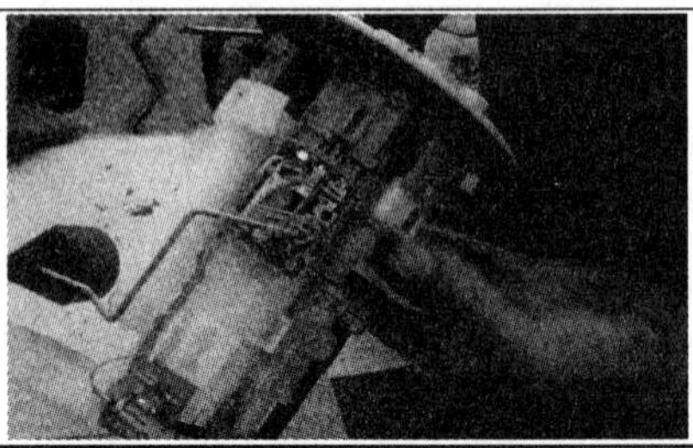

注意：

（1）按要求更换所有的O形圈，O形圈在装配前要涂抹汽油；

（2）不要拆解电动燃油泵和燃油滤清器，因为它们是不可重复使用的零件；

（3）注意做好后座区的防护，不要让燃油溅出。

课程思政

制造业是国民经济的主体，是立国之本、兴国之器、强国之基。自18世纪中叶开启工业文明以来，世界强国的兴衰史和中华民族的奋斗史一再证明，没有强大的制造业，就没有国家和民族的强盛。打造具有国际竞争力的制造业，是我国提升综合国力、保障国家安全、建设世界强国的必由之路。

《中国制造2025》由百余名院士专家着手制定，为中国制造业未来10年设计顶层规划和路线图，通过努力实现中国制造向中国创造、中国速度向中国质量、中国产品向中国品牌三大转变，推动中国到2025年基本实现工业化，迈入制造强国行列。

任务8　节气门的清洗与初始化

一、认识发动机进气系统

1. 进气系统的作用

为发动机输送清洁、干燥、充足而稳定的空气，避免空气中杂质及大颗粒粉尘进入发动机燃烧室造成发动机异常磨损，同时测量和控制进入发动机气缸的空气量，使它们在系统中与喷油器喷出的汽油形成空燃比符合要求的可燃混合气，在有限的气缸容积中尽可能多和均匀地供气，如图4-22所示。

2. 进气系统的组成

进气系统由空气滤清器、空气流量传感器、进气管、曲轴箱强制通风管（PCV 管）、节气门怠速开度控制传感器、怠速控制阀、进气歧管、进气总管等组成，如图 4-23 所示。

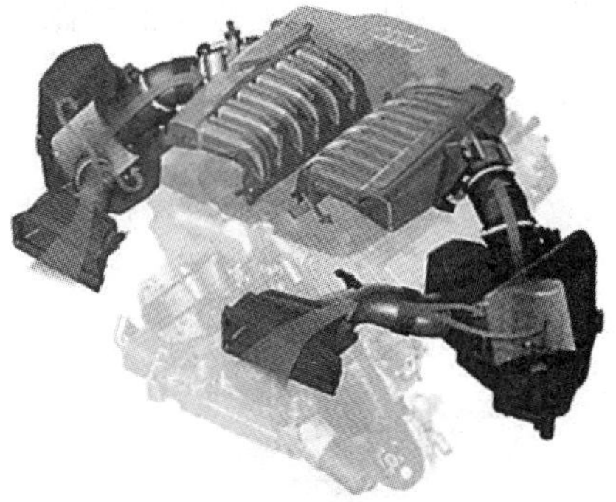

图 4-22　发动机进气系统

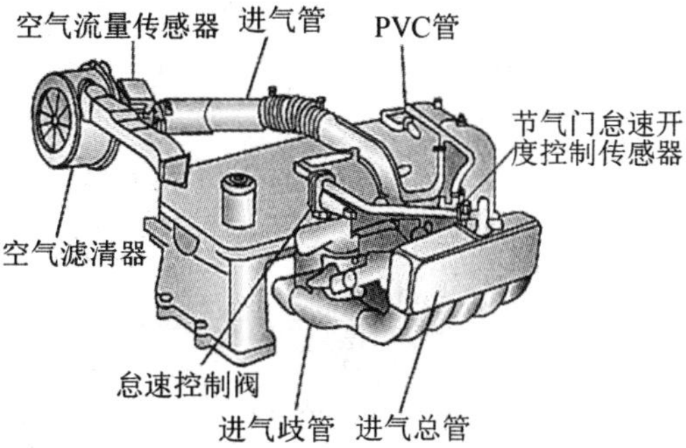

图 4-23　进气系统的组成

3. 进气系统的工作过程

发动机工作时，驾驶员通过加速踏板操纵节气门的开度改变进气量，控制发动机的运转。进入发动机的空气经空气滤清器滤去尘埃等杂质后，流经空气流量计，沿节气门通道进入动力腔，再经进气歧管分配到各个气缸中；发动机冷车怠速运转时，部分空气经附加空气阀或怠速控制阀绕过节气门进入气缸。

二、认识节气门

1.节气门的作用

节气门是控制空气进入发动机的一道可控阀门，通过改变节气门的大小改变进气通道截面积的大小，从而控制发动机的进气量，并通过节气门位置传感器检测发动机的负荷。节气门的外形如图 4-24 所示。

2. 节气门的位置

节气门在进气口的后方，如图 4-25 所示。它上接空气滤清器，下接发动机缸体，被称为汽车发动机的“咽喉”。

图 4-24　节气门的外形

图 4-25　节气门的位置

3. 分类

节气门有传统拉线式节气门和电子节气门两种。

1）传统拉线式节气门

传统发动机节气门操纵机构是通过拉索（软钢丝）或者拉杆，一端连接油门踏板，另一端连接节气门联动板而工作，如图 4-26 所示。

2）电子节气门

如图 4-27 所示，电子节气门主要通过节气门位置传感器根据发动机所需能量控制节气门的开启角度，从而调节进气量的大小。

图 4-26　传统拉线式节气门

图 4-27　电子节气门

4. 节气门总成的组成

节气门总成主要由节气门、节气门体、节气门位置传感器、驱动电机等组成，如图 4-28 所示。

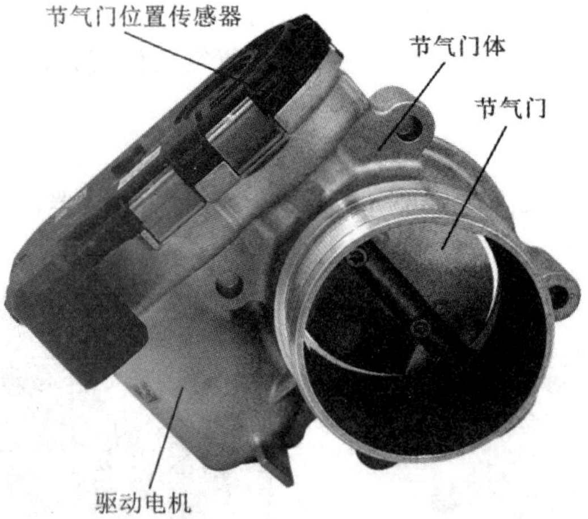

图 4-28　节气门总成的结构

三、清洗节气门

节气门的清洗见表 4-21。

表 4–21　节气门的清洗

操作方法	图示
1. 车辆准备 （1）安装车轮挡块	
（2）安装尾气收集器	
（3）铺设车内“三件套”	
（4）安装翼子板布、前格栅布	
2. 拆卸空气滤清器壳体及进气总管 （1）旋松进气管卡箍，取下空气滤清器壳体，使用一字形螺丝刀旋松螺栓	

续表

操作方法	图示
（2）断开蓄电池负极电缆，拔下进气传感器	
（3）拆卸三段曲轴箱通风管	
（4）取下进气总管	
3. 拆卸节气门 （1）拆卸节气门电气插接器。拔下节气门电气插接器保险，按压卡扣取下节气门电气插接器	
（2）拆卸节气门固定螺杆，用 10 号套筒扳手按对角线分 2～3 次拆下 4 个节气门体固定螺杆，取下节气门	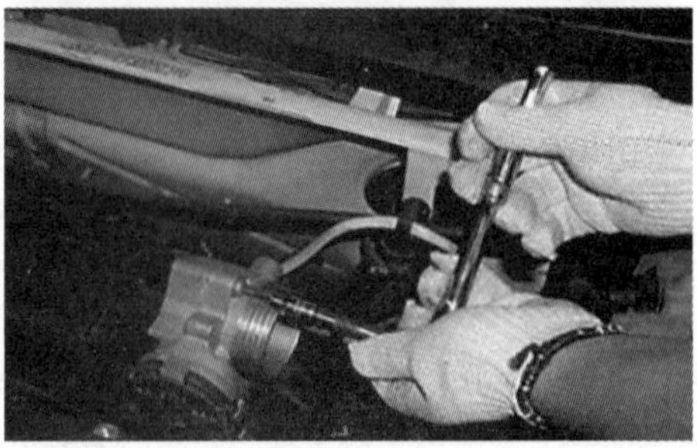

续表

操作方法	图示
4. 清洗节气门 使用毛巾清洁机油加注口盖表面，防止在拆卸的过程中灰尘进入发动机气缸。 注意避免在发动机上清洗节气门，不要用抹布擦干	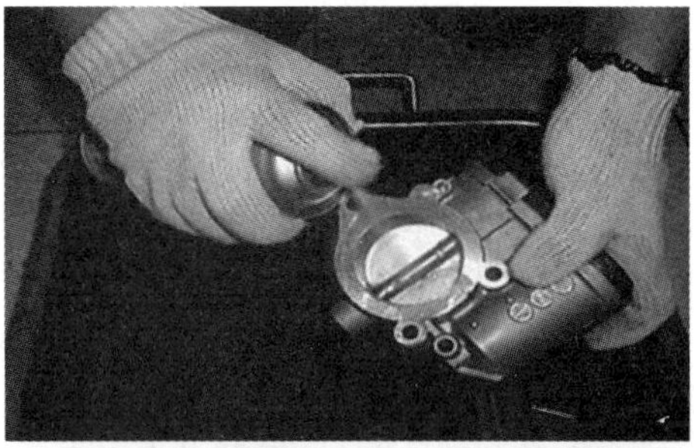
5. 节气门的安装 （1）紧固节气门固定螺栓，按对角线分 2～3 次紧固节气门体固定螺栓，最后紧固到规定力矩	
（2）安装节气门电气连接线，并锁止熔丝	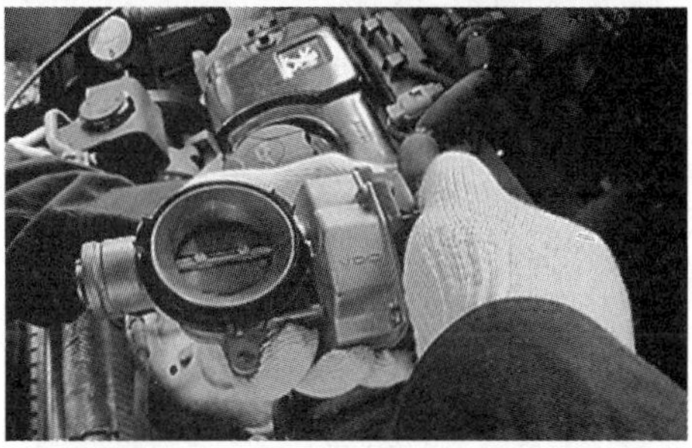
（3）安装进气总管	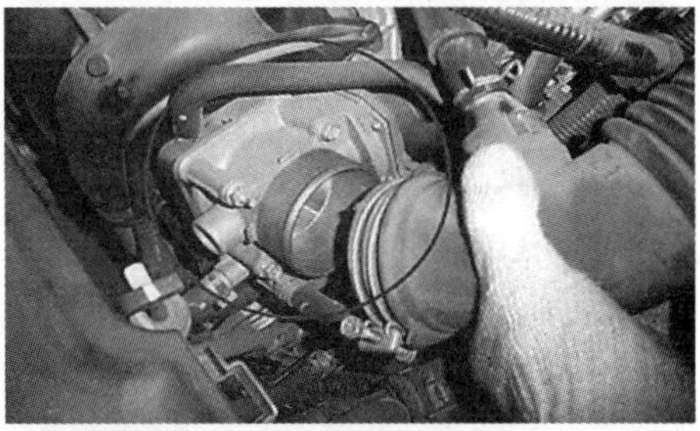
（4）重新安装空气滤清器总成，连接空气滤清器和进气总管并紧固	

续表

操作方法	图示
6. 节气门的初始化 1）手动初始化 部分车辆采用的是拉线式节气门，在更换节气门后，可以手动初始化，把点火开关的钥匙连续开关几次，车载电脑就会把原节气门的记忆删除，储存新节气门的数据，启动车辆，车辆运转正常，就完成初始化	
2）断电初始化 在更换节气门后，可以把电瓶负极断开，等待 1 min 后再装上，在这个过程中车载电脑会清除原有的记忆，恢复到出厂设置，启动车辆，车辆运转正常，说明初始化成功。这个方法只适合低档车，高档车不能使用这个方法	
3）诊断仪器匹配 在更换节气门后，可以用汽车专用诊断仪来进行初始化，选择动作测试，点击自适应值复零，这样连续做几次，启动车辆，车辆运转正常，说明初始化成功	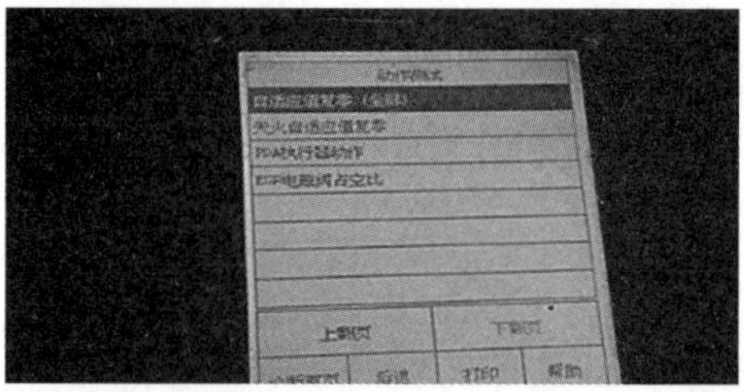
4）用旧节气门位置传感器匹配 更换新节气门后，出现怠速不稳、怠速过高的故障，可以把新装上的节气门位置传感器插头拔掉，插在旧节气门位置传感器上，这时启动车辆，待车辆运转正常后，关闭发动机，把线束重新插在新节气门上即可	
5）电子节气门手动初始化 电子节气门初始化方法与拉线式节气门不同，节气门更换好后，打开点火开关，可以听到节气门电机动作的响声，等待 1 min 左右，再次听到节气门电机动作的响声，这时可以直接启动车辆，车辆动转正常，说明初始化成功	

续表

操作方法	图示
7. 车辆恢复及 5S （1）拆除车外翼子板布、前格栅布并叠好归位； （2）对车内“三件套”进行环保处理； （3）对抹布、手套进行回收处理； （4）关闭发动机舱盖，升起车窗玻璃，拔下车辆钥匙，关门，锁门，收车轮挡块并归位； （5）将扭力扳手归零、工具清洁归位； （6）做好车辆、地面清洁	

《汽车维护与保养》任务单

姓名：________________学号：________________班级：________________

<table>
<tr><td>学习项目</td><td colspan="2">项目四　汽车 80 000 km 维护与保养</td></tr>
<tr><td>学习任务</td><td colspan="2">任务 1　汽车制动系统的检查与维护</td></tr>
<tr><td>学习目的</td><td colspan="2">（1）熟悉制动块的功能及用途。
（2）能正确识别失效制动块。
（3）熟练完成制动块的检查与更换</td></tr>
<tr><td>注意事项</td><td colspan="2">（1）进入场地要穿着工作服，工作服要扎紧袖口，扣好扣子。
（2）要穿着具有承压能力的工作鞋，以防工件砸伤脚趾。
（3）要熟知车辆及设备性能、操作工艺要求，正确使用，安全操作。
（4）要严格遵守安全操作规程，学生进行汽车电路的检查操作前要征得实训老师同意方可操作，电路检查前要确认车辆是否熄火，要有安全警示人员，确保操作安全</td></tr>
<tr><td>制动块的用途</td><td colspan="2">……………………
……………………
……………………</td></tr>
<tr><td rowspan="2">行车制动系统的组成</td><td>实物构造图</td><td>结构名称</td></tr>
<tr><td>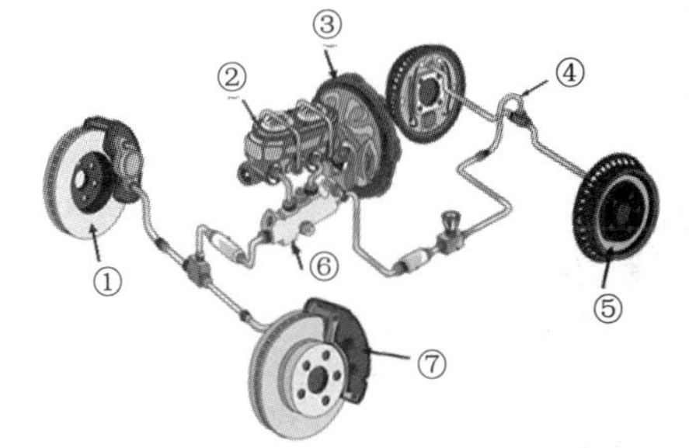
</td><td>①是……………………
②是……………………
③是……………………
④是……………………
⑤是……………………
⑥是……………………
⑦是……………………</td></tr>
<tr><td>制动液</td><td>
</td><td>制动液的作用：
……………………
……………………
……………………
制动液的性能要求：
……………………
……………………</td></tr>
</table>

续表

制动块性能对比	制动块类型	优缺点
	石棉制动块	
	半金属制动块	
	NAO 制动块	
	陶瓷制动块	
	碳纤维制动块	
制动液的检查	步 骤	要 求
	（1）制动液液量的检查	
	（2）制动液性能的检查	
	（3）制动液泄漏的检查	

项目	图示	操作步骤
制动液的补充		

续表

<table>
<tr><th>项目</th><th>图示</th><th>操作步骤</th></tr>
<tr><td rowspan="3">制动液的补充</td><td></td><td></td></tr>
<tr><td></td><td></td></tr>
<tr><td>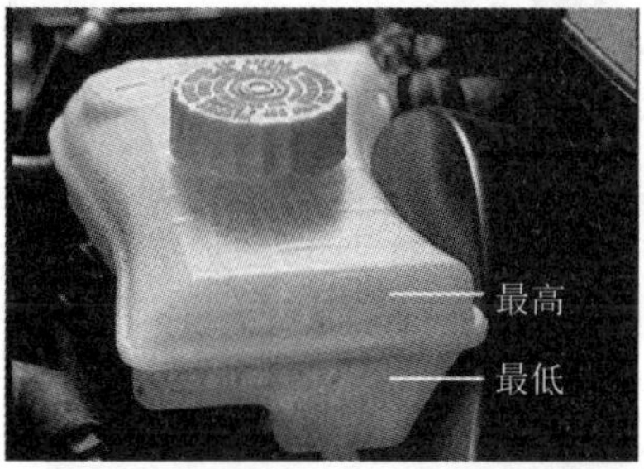
</td><td></td></tr>
<tr><td rowspan="2">制动液的更换</td><td></td><td></td></tr>
<tr><td>
</td><td></td></tr>
</table>

续表

项目	图示	操作步骤
制动液的更换		

	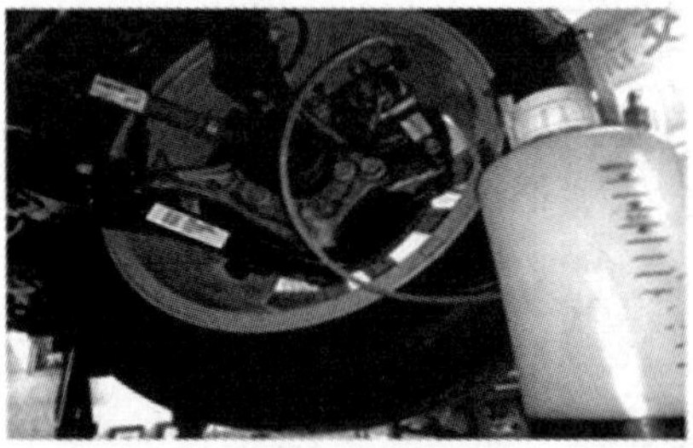	
	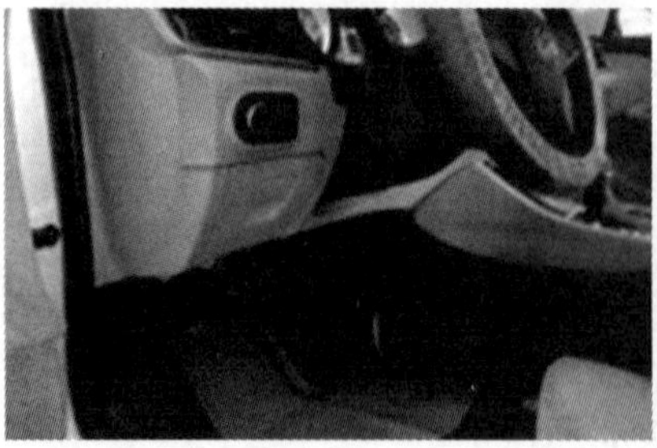	

续表

项目	图示	操作步骤
制动液的更换		

	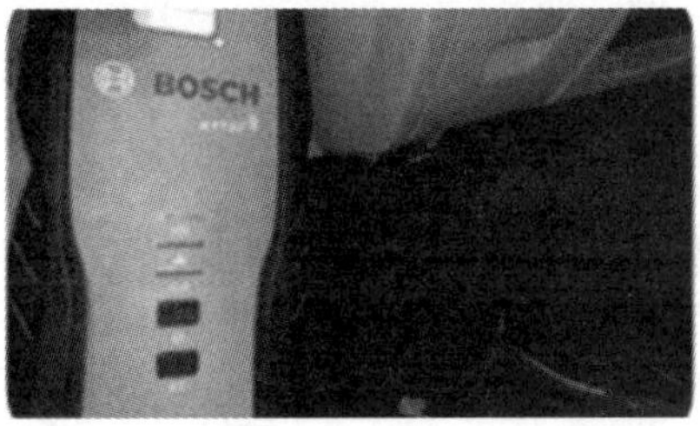	
	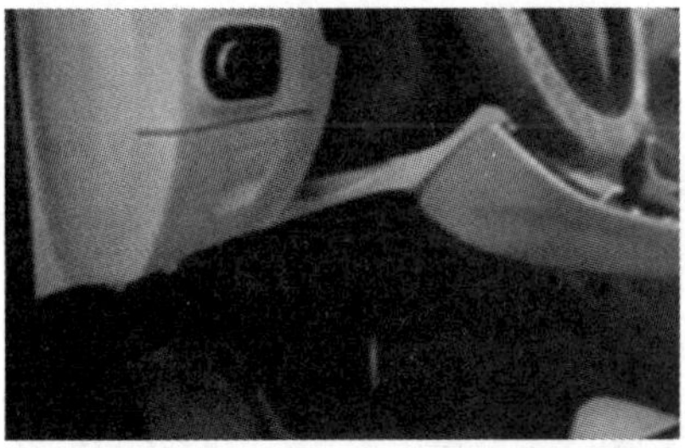	
	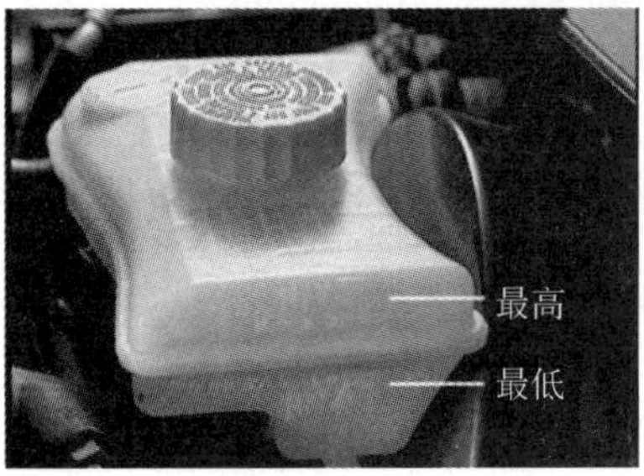	

续表

项目	图示	操作步骤
制动块的检查		
	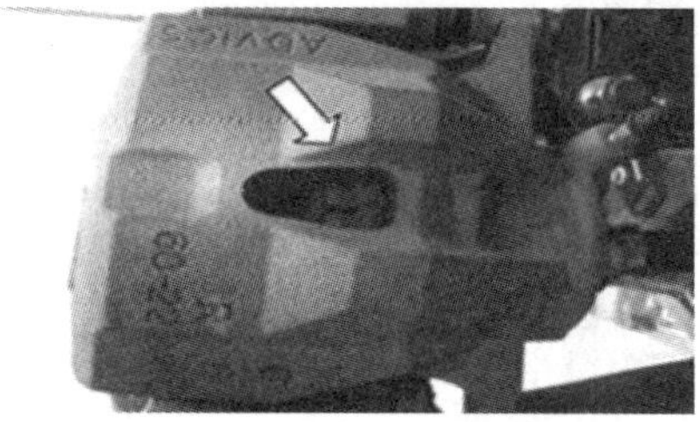	
	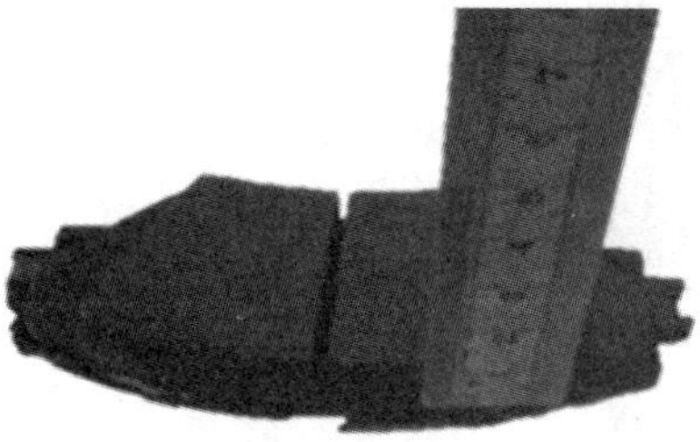	
	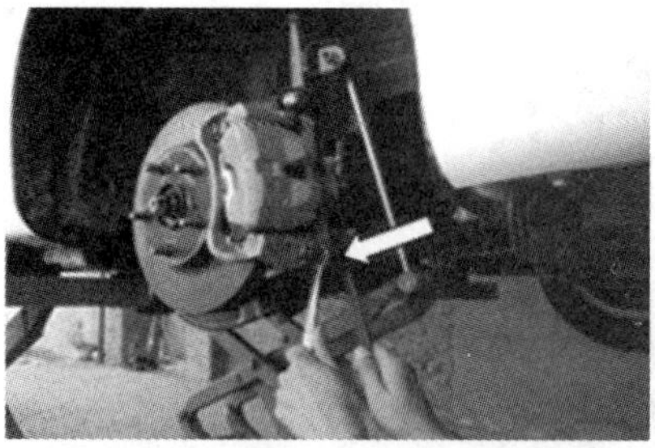	
	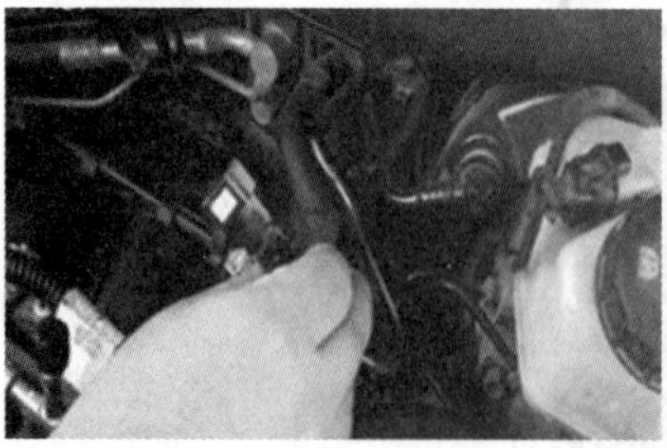	

续表

<table>
<tr><th>项目</th><th>图示</th><th>操作步骤</th></tr>
<tr><td>制动块的检查</td><td></td><td>……………………
……………………
……………………
……………………
……………………</td></tr>
<tr><td rowspan="4">制动块的更换</td><td></td><td>……………………
……………………
……………………
……………………
……………………</td></tr>
<tr><td>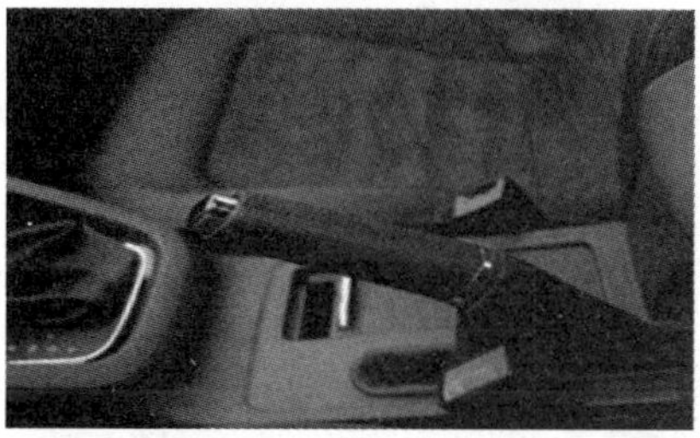</td><td>……………………
……………………
……………………
……………………
……………………</td></tr>
<tr><td></td><td>……………………
……………………
……………………
……………………
……………………
……………………</td></tr>
<tr><td>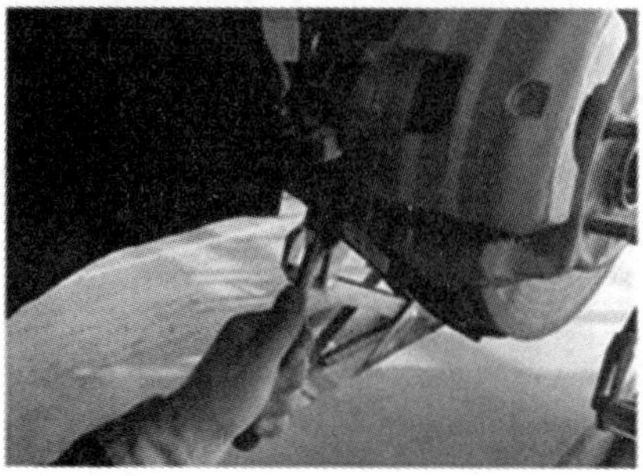</td><td>……………………
……………………
……………………
……………………
……………………
……………………</td></tr>
</table>

续表

项目	图示	操作步骤
制动块的更换	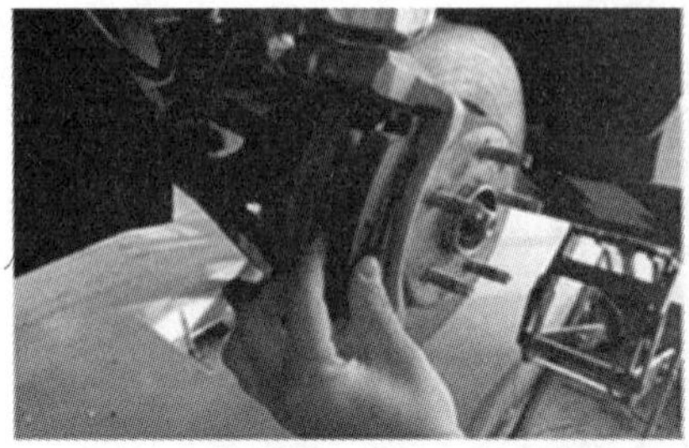	
	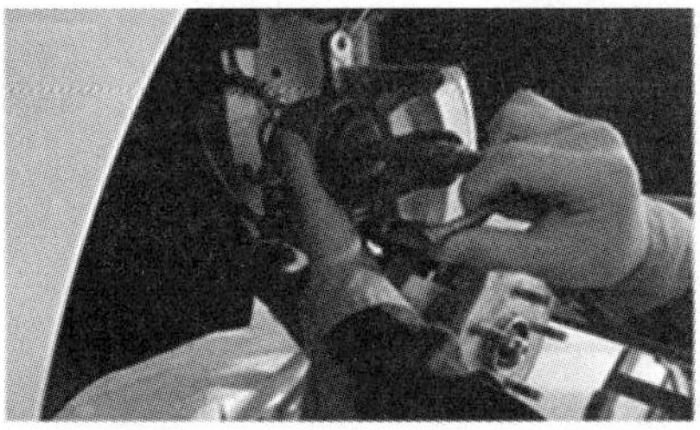	
	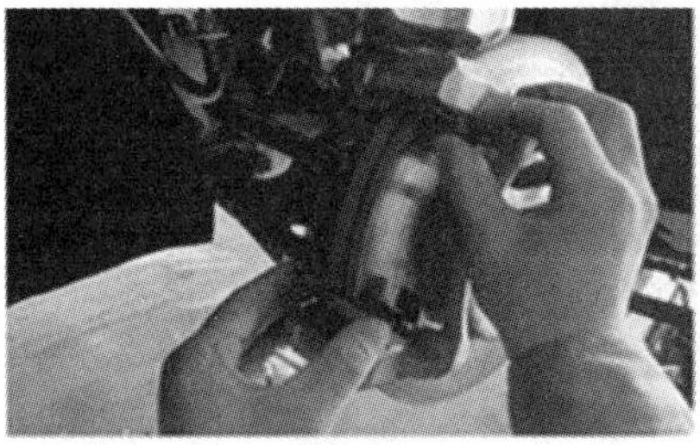	

	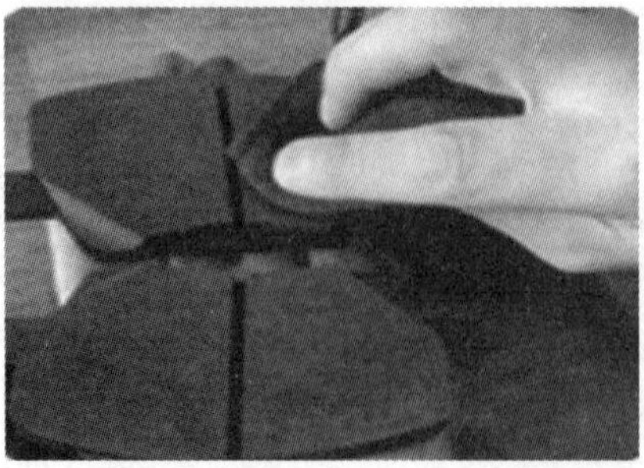	

续表

项目	图示	操作过程
制动块的更换		

	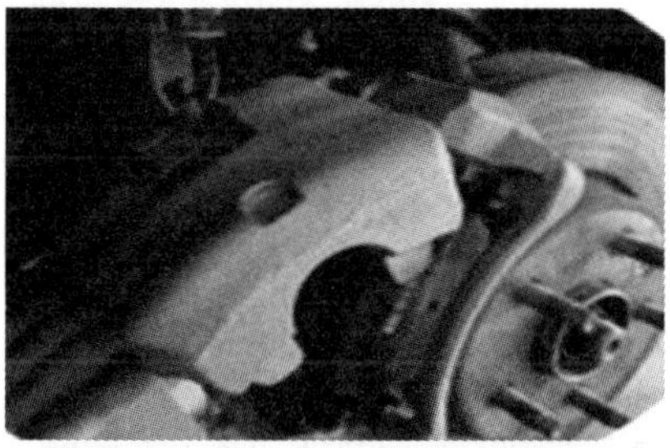	

续表

项目	图示	操作过程
制动块的更换		

______年______月______日　　　　　　　　　　　　　得分：____________

《汽车维护与保养》任务单

姓名：______________学号：______________班级：________________

<table>
<tr><td>学习项目</td><td colspan="2">项目四　汽车 80 000 km 维护与保养</td></tr>
<tr><td>学习任务</td><td colspan="2">任务 2　冷却系统的检查与更换</td></tr>
<tr><td>学习目的</td><td colspan="2">（1）熟悉冷却液的功能及型号。
（2）能正确识别失效冷却液。
（3）熟练完成冷却液的检查与更换</td></tr>
<tr><td>注意事项</td><td colspan="2">（1）进入场地要穿着工作服，工作服要扎紧袖口，扣好扣子。
（2）要穿着具有承压能力的工作鞋，以防工件砸伤脚趾。
（3）要熟知车辆及设备性能、操作工艺要求，正确使用，安全操作。
（4）要严格遵守安全操作规程，学生进行汽车电路的检查操作前要征得实训老师同意方可操作，车辆检查前要确认车辆是否熄火，要有安全警示人员，确保操作安全</td></tr>
<tr><td rowspan="2">冷却系统的结构组成</td><td>实物构造图</td><td>结构名称</td></tr>
<tr><td>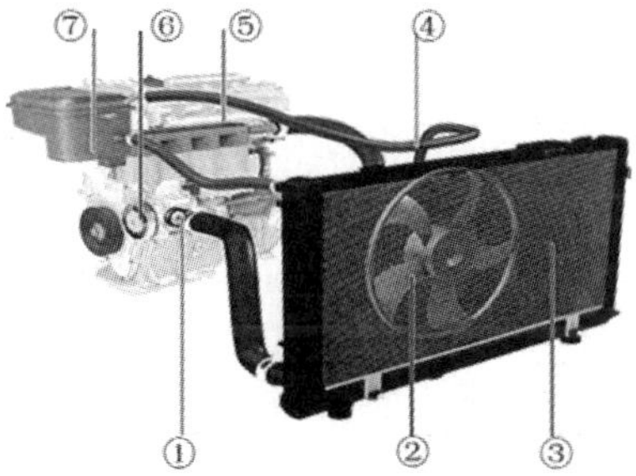</td><td>①……………………
②……………………
③……………………
④……………………
⑤……………………
⑥……………………
⑦……………………</td></tr>
<tr><td>冷却液</td><td></td><td>（1）冷却液对发动机的影响：
……………………
……………………
（2）冷却液的作用：
……………………
……………………
（3）冷却液的类型：
……………………
……………………
（4）冷却液的颜色：
……………………</td></tr>
</table>

续表

项目	图示	操作步骤
冷却管路检查	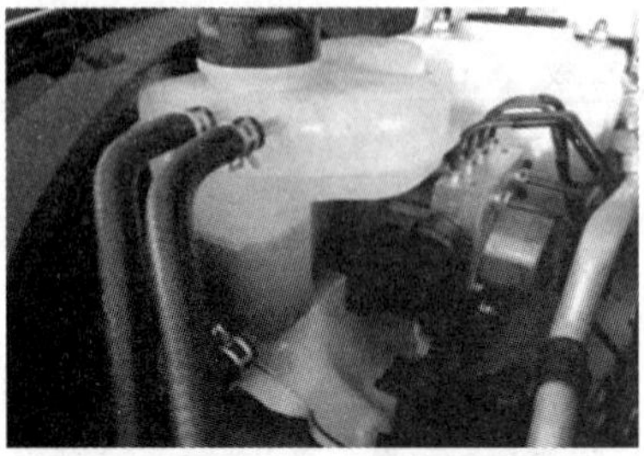	
	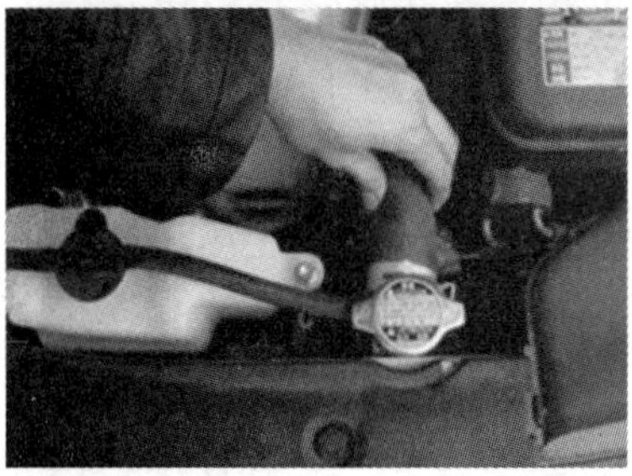	

	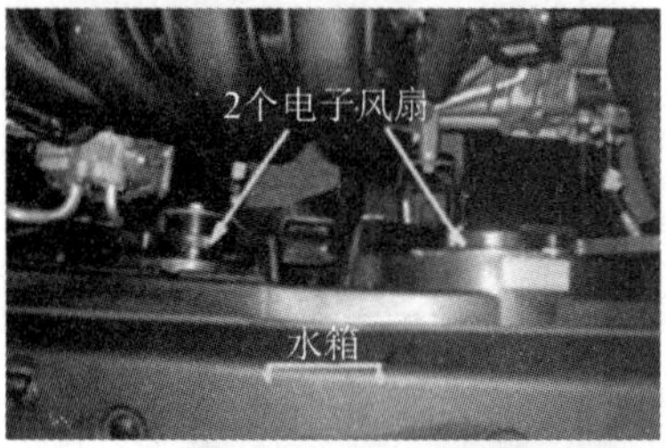	
冷却液的检查		

续表

项目	图示	操作步骤
冷却液的更换		

	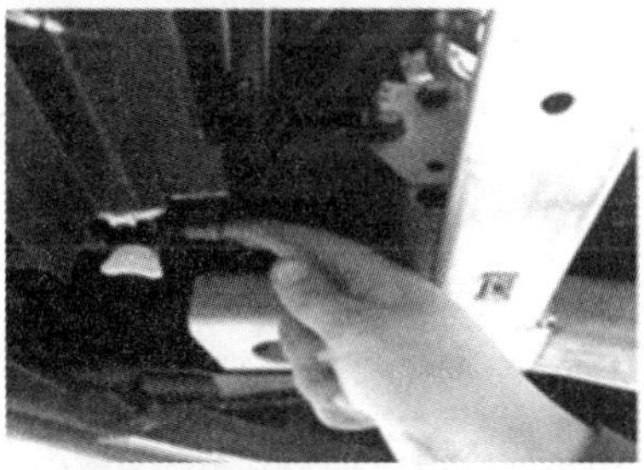	
	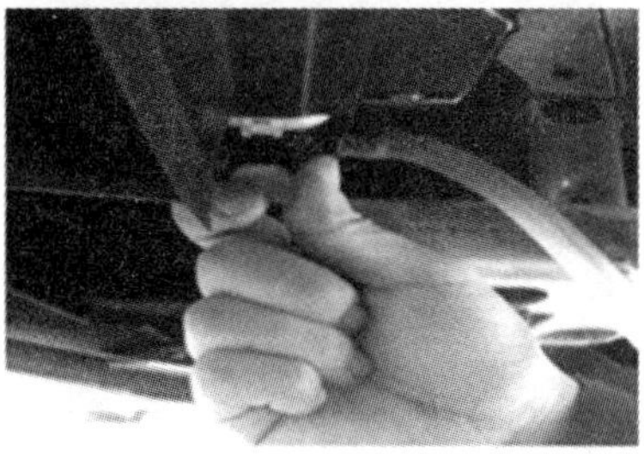	

续表

项目	图示	操作步骤
冷却液的更换	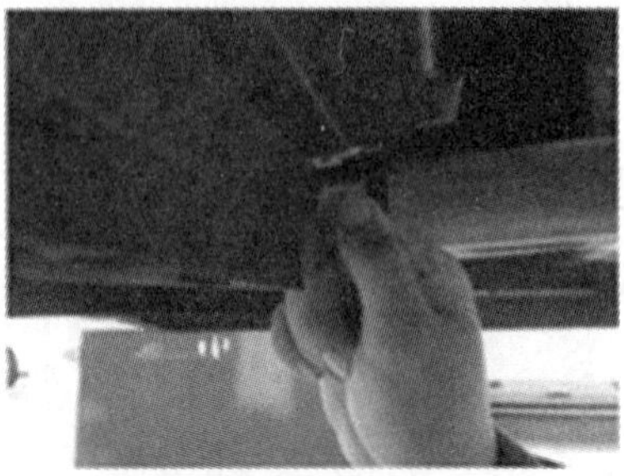	

	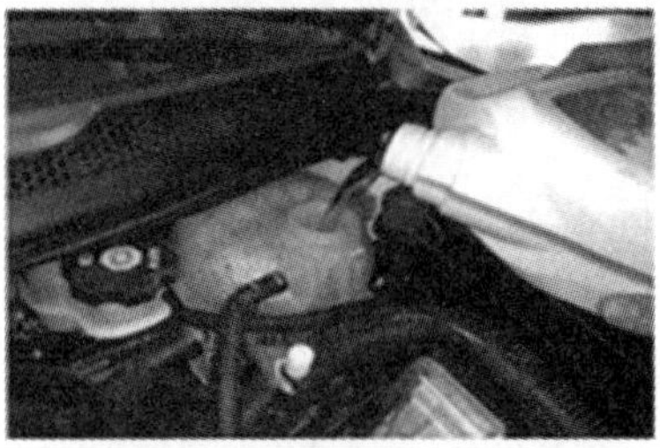	

______年______月______日　　　　得分：__________

《汽车维护与保养》任务单

姓名：________________学号：________________班级：________________

<table>
<tr><td>学习项目</td><td colspan="2">项目四　汽车 80 000 km 维护与保养</td></tr>
<tr><td>学习任务</td><td colspan="2">任务 3　变速器油的检查与维护</td></tr>
<tr><td>学习目的</td><td colspan="2">（1）熟悉变速器油的功能及用途。
（2）能正确识别失效变速器油。
（3）熟练完成变速器油的检查与更换</td></tr>
<tr><td>注意事项</td><td colspan="2">（1）进入场地要穿着工作服，工作服要扎紧袖口，扣好扣子。
（2）要穿着具有承压能力的工作鞋，以防工件砸伤脚趾。
（3）要熟知车辆及设备性能、操作工艺要求，正确使用，安全操作。
（4）要严格遵守安全操作规程，学生进行汽车电路的检查操作前要征得实训老师同意方可操作，车辆检查前要确认车辆是否熄火，要有安全警示人员，确保操作安全</td></tr>
<tr><td>自动变速器油的作用</td><td colspan="2"></td></tr>
<tr><td>自动变速器油的特性</td><td colspan="2"></td></tr>
<tr><td>自动变速器油的类型</td><td colspan="2"></td></tr>
<tr><td rowspan="2">自动变速器油的更换</td><td>图示</td><td>操作步骤</td></tr>
<tr><td></td><td></td></tr>
</table>

续表

	图示	操作步骤
自动变速器油的更换		

	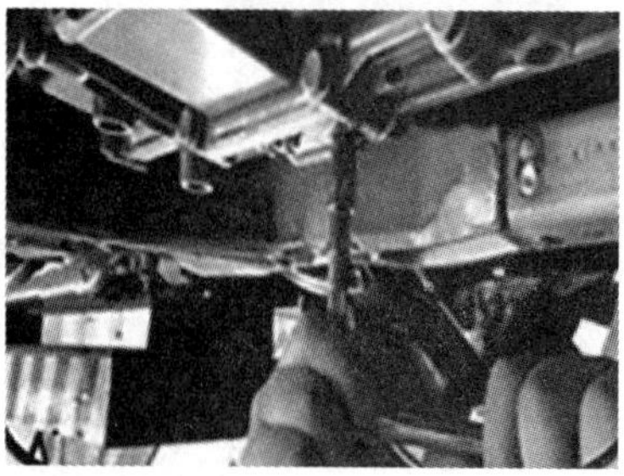	

续表

<table>
<tr><th></th><th>图示</th><th>操作步骤</th></tr>
<tr><td rowspan="5">自动变速器油的更换</td><td>
</td><td></td></tr>
<tr><td>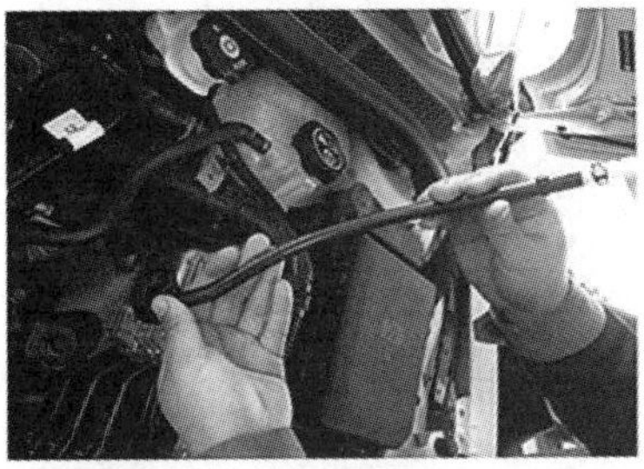</td><td></td></tr>
<tr><td></td><td></td></tr>
<tr><td></td><td></td></tr>
<tr><td></td><td></td></tr>
</table>

续表

<table>
<tr><th></th><th>图示</th><th>操作步骤</th></tr>
<tr><td rowspan="5">自动变速器油的更换</td><td></td><td></td></tr>
<tr><td>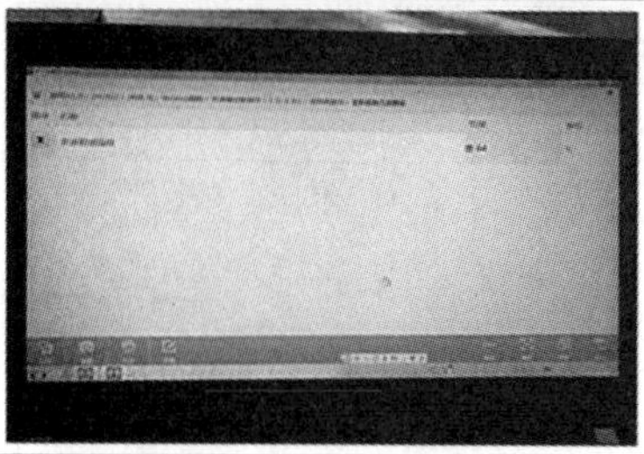</td><td></td></tr>
<tr><td></td><td></td></tr>
<tr><td></td><td></td></tr>
<tr><td></td><td></td></tr>
</table>

续表

	图示	操作步骤
自动变速器油的更换	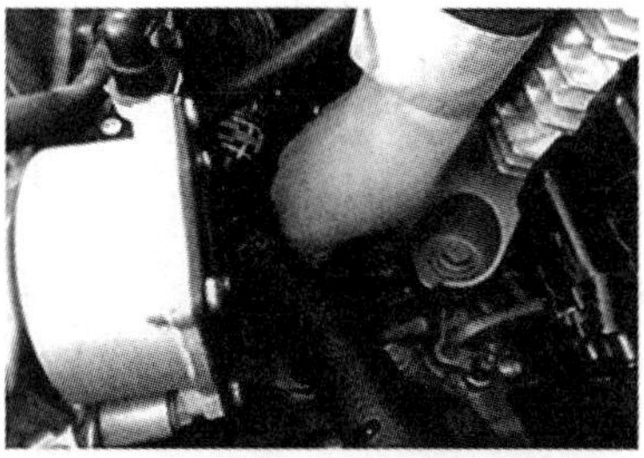	

______年______月______日　　　　得分：____________

《汽车维护与保养》任务单

姓名：______________学号：______________班级：________________

<table>
<tr><td>学习项目</td><td colspan="2">项目四　汽车 80000 km 维护与保养</td></tr>
<tr><td>学习任务</td><td colspan="2">任务 4　燃油滤清器的检查与维护</td></tr>
<tr><td>学习目的</td><td colspan="2">（1）熟悉燃油滤清器的功能及用途。
（2）能正确识别失效燃油滤清器。
（3）熟练完成燃油滤清器的检查与更换</td></tr>
<tr><td>注意事项</td><td colspan="2">（1）进入场地要穿着工作服，工作服要扎紧袖口，扣好扣子。
（2）要穿着具有承压能力的工作鞋，以防工件砸伤脚趾。
（3 要熟知车辆及设备性能、操作工艺要求，正确使用，安全操作。
（4）要严格遵守安全操作规程，学生进行汽车电路的检查操作前要征得实训老师同意方可操作，车辆检查前要确认车辆是否熄火，要有安全警示人员，确保操作安全</td></tr>
<tr><td>燃油滤清器的用途</td><td colspan="2">…………………………………………
…………………………………………</td></tr>
<tr><td rowspan="2">燃油滤清器的组成</td><td>实物构造图</td><td>结构名称</td></tr>
<tr><td>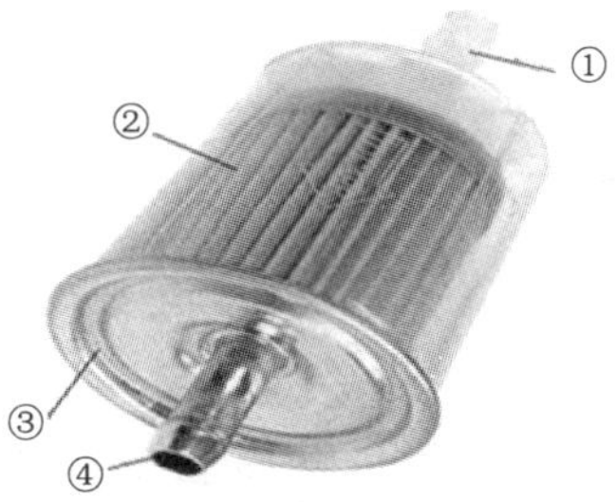</td><td>①是……………………
②是……………………
③是……………………
④是……………………</td></tr>
<tr><td rowspan="3">外置式燃油滤清器的更换</td><td>图示</td><td>操作步骤</td></tr>
<tr><td></td><td>…………………………………………
…………………………………………
…………………………………………
…………………………………………</td></tr>
<tr><td>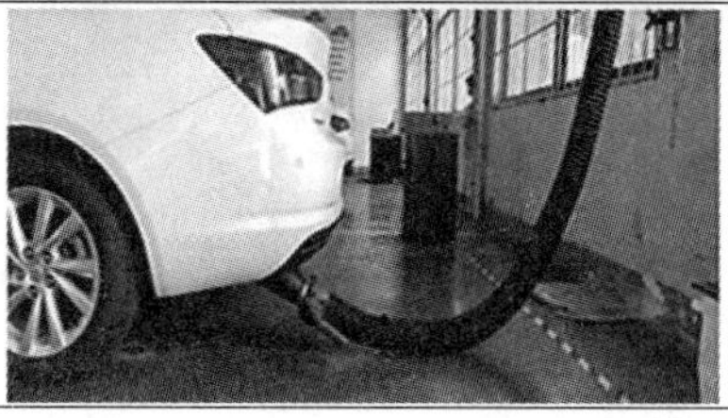</td><td>…………………………………………
…………………………………………
…………………………………………
…………………………………………</td></tr>
</table>

续表

<table>
<tr><th></th><th>图示</th><th>操作步骤</th></tr>
<tr><td rowspan="5">外置式燃油滤清器的更换</td><td></td><td></td></tr>
<tr><td></td><td></td></tr>
<tr><td></td><td></td></tr>
<tr><td>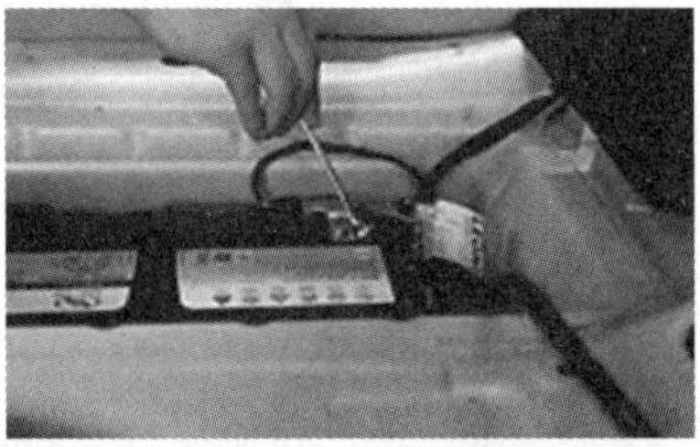</td><td></td></tr>
<tr><td>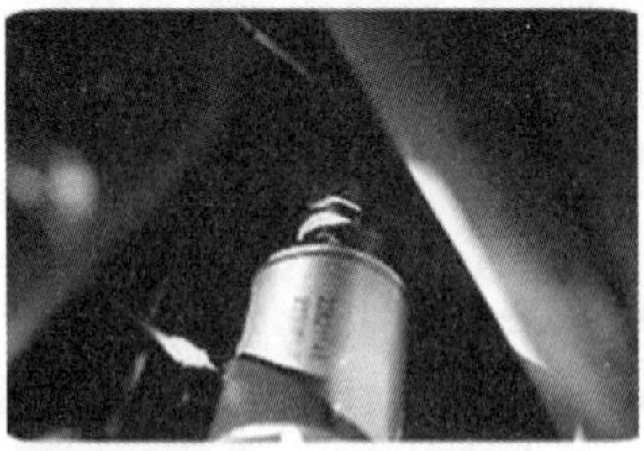</td><td></td></tr>
</table>

续表

	图示	操作步骤
外置式燃油滤清器的更换	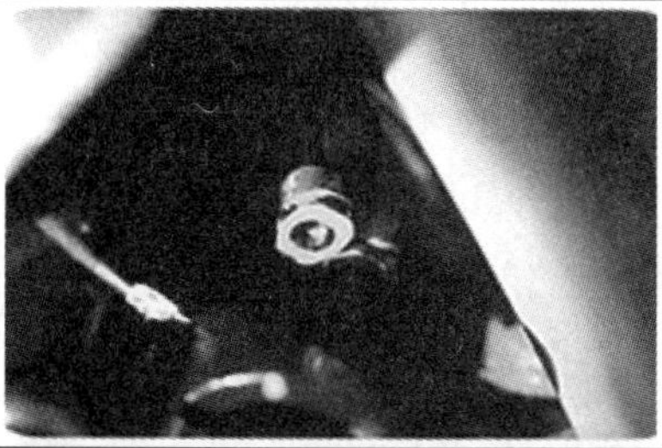	

	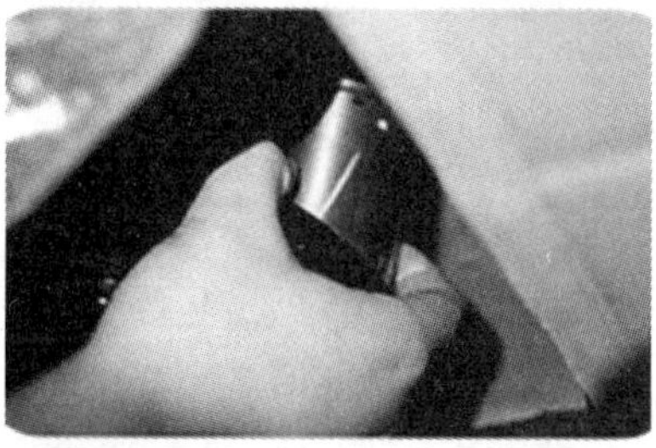	

	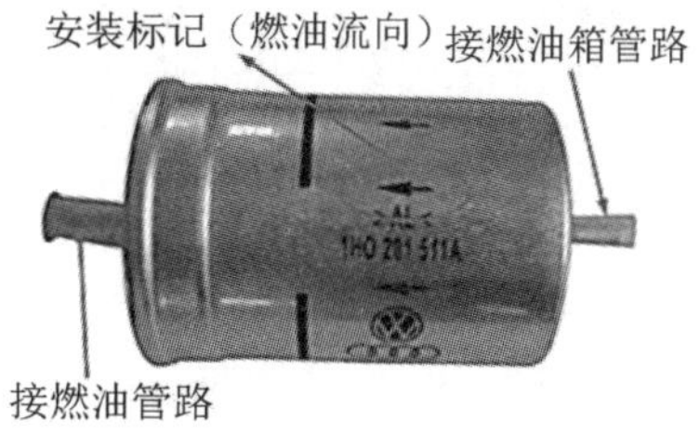	

续表

<table>
<tr><th></th><th>图示</th><th>操作步骤</th></tr>
<tr><td rowspan="5">外置式燃油滤清器的更换</td><td>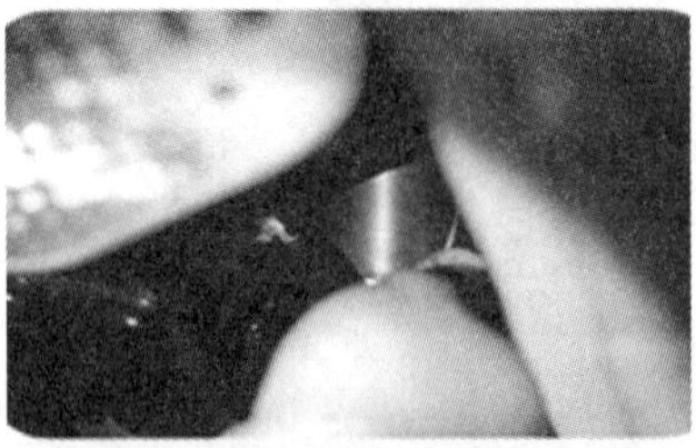</td><td></td></tr>
<tr><td>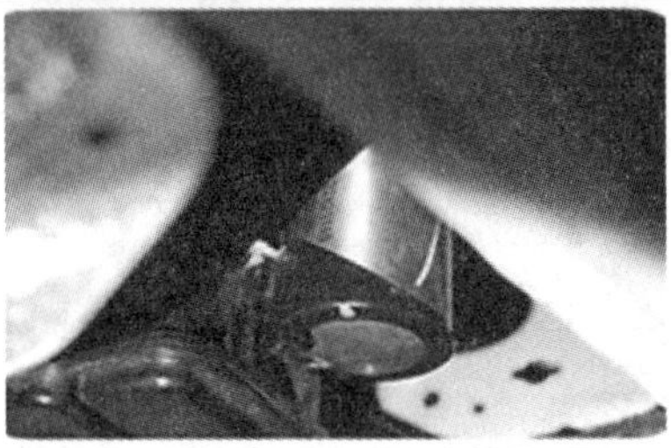</td><td></td></tr>
<tr><td>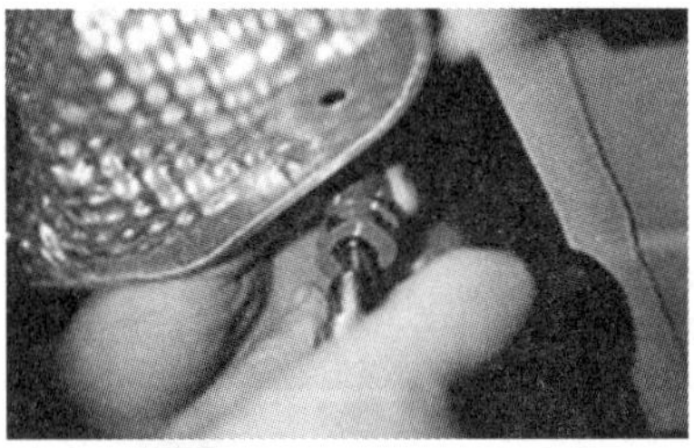</td><td></td></tr>
<tr><td>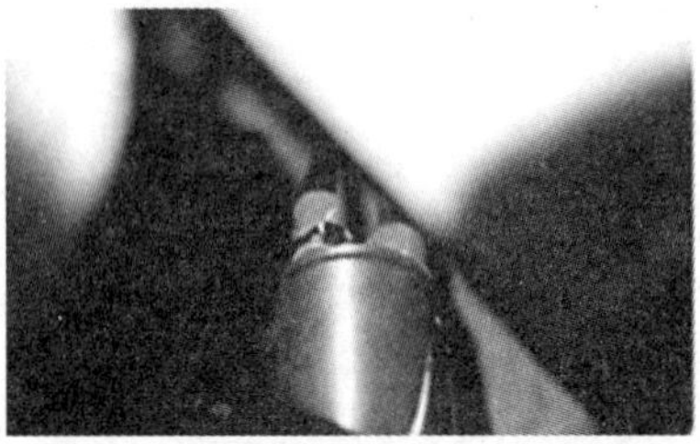</td><td></td></tr>
<tr><td>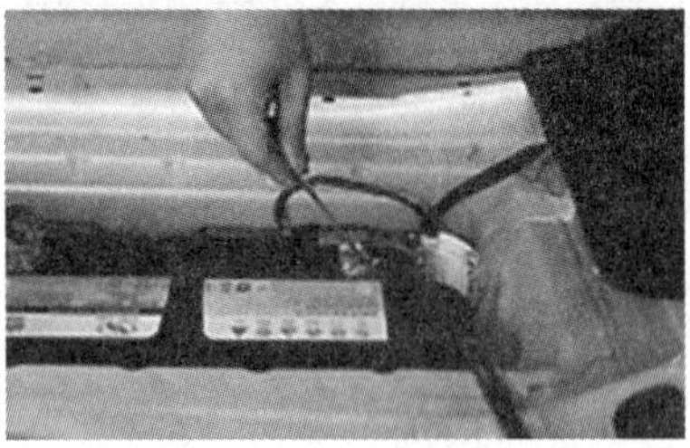</td><td></td></tr>
</table>

续表

	图示	操作步骤
内置式燃油滤清器的更换	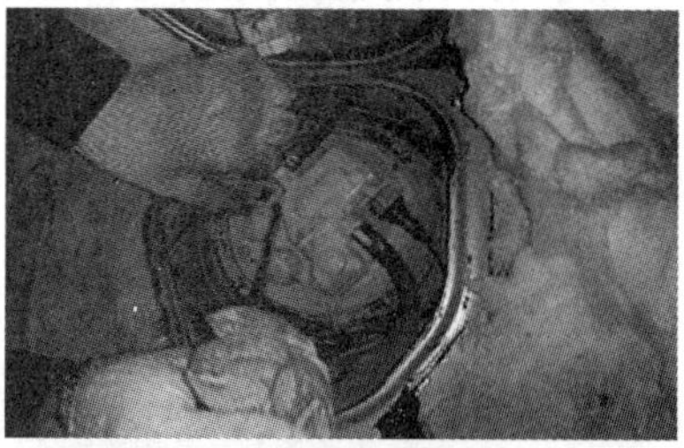	
	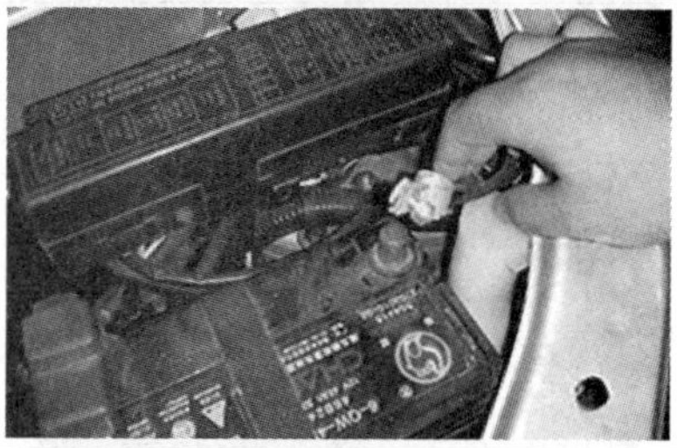	
	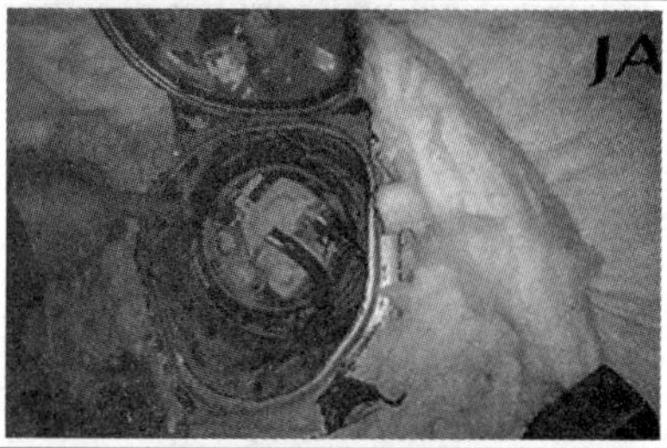	
	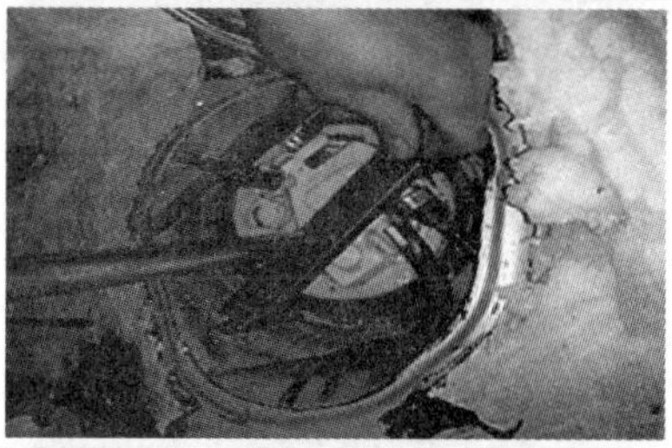	
	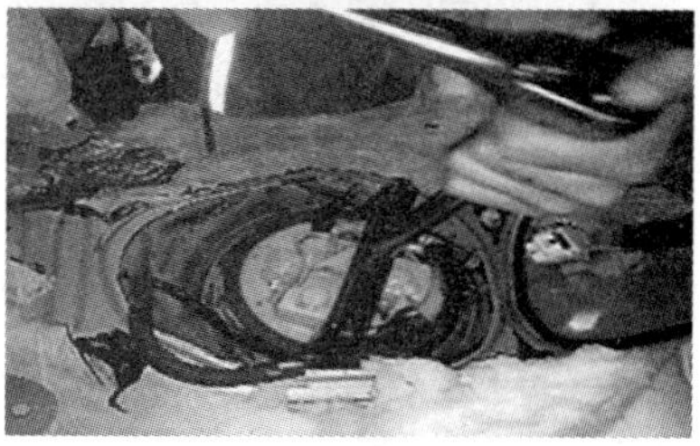	

续表

<table>
<tr><td rowspan="3">内置式燃油滤清器的更换</td><td>图示</td><td>操作步骤</td></tr>
<tr><td></td><td></td></tr>
<tr><td>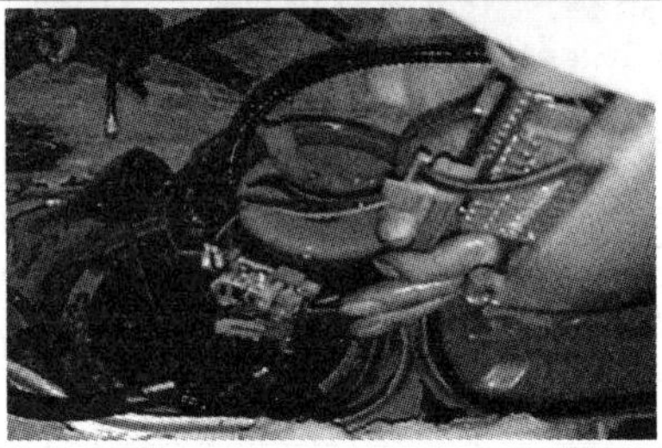</td><td></td></tr>
</table>

______年______月______日　　　　　　　　　　得分：____________

《汽车维护与保养》任务单

姓名：______________学号：______________班级：________________

<table>
<tr><td>学习项目</td><td colspan="2">项目四　汽车 80 000 km 维护与保养</td></tr>
<tr><td>学习任务</td><td colspan="2">任务 5　节气门的清洗与归零</td></tr>
<tr><td>学习目的</td><td colspan="2">（1）熟悉节气门的功能及用途。
（2）能准确描述节气门失效对发动机的影响。
（3）熟练完成节气门的清洗与归零</td></tr>
<tr><td>注意事项</td><td colspan="2">（1）进入场地要穿着工作服，工作服要扎紧袖口，扣好扣子。
（2）要穿着具有承压能力的工作鞋，以防工件砸伤脚趾。
（3）要熟知车辆及设备性能、操作工艺要求，正确使用，安全操作。
（4）要严格遵守安全操作规程，学生进行汽车电路的检查操作前要征得实训老师同意方可操作，车辆检查前要确认车辆是否熄火，要有安全警示人员，确保操作安全</td></tr>
<tr><td rowspan="2">节气门</td><td>实物图片</td><td>功能</td></tr>
<tr><td></td><td>节气门的作用：

节气门的位置：

节气门的类型：

------------------------------</td></tr>
<tr><td rowspan="2">节气门的清洁</td><td>图示</td><td>操作步骤</td></tr>
<tr><td></td><td>------------------------------
----

------------------------------</td></tr>
</table>

续表

<table>
<tr><th rowspan="7">节气门的清洁</th><th>图示</th><th>操作步骤</th></tr>
<tr><td>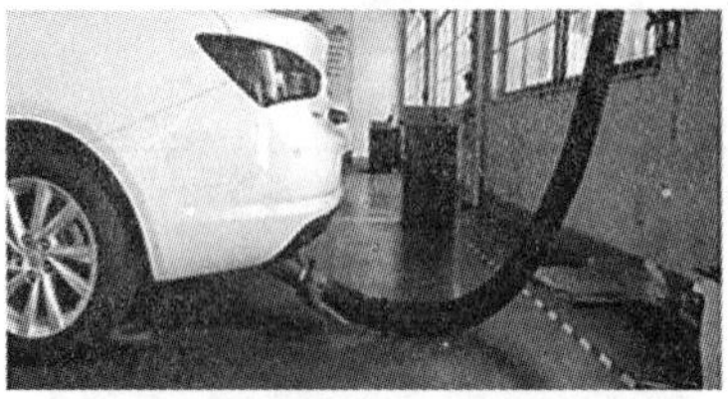</td><td></td></tr>
<tr><td></td><td></td></tr>
<tr><td></td><td></td></tr>
<tr><td></td><td></td></tr>
<tr><td>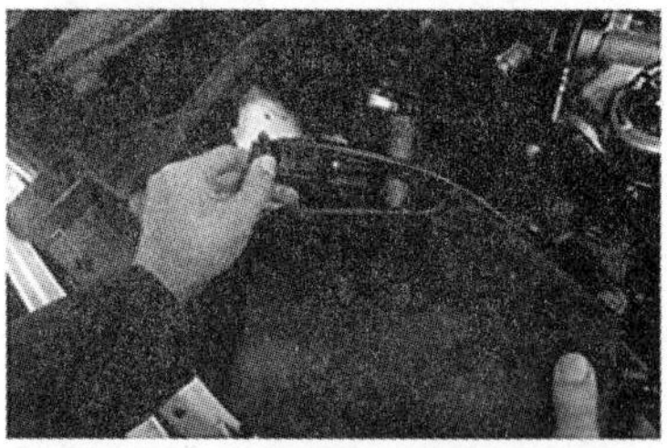</td><td></td></tr>
<tr><td>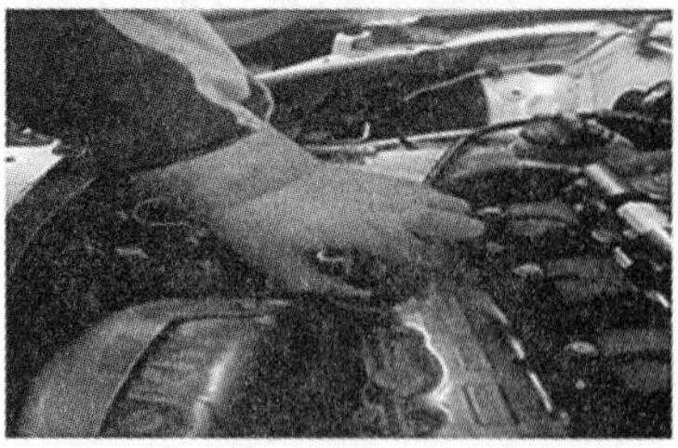</td><td></td></tr>
</table>

续表

	图示	操作步骤
节气门的清洁	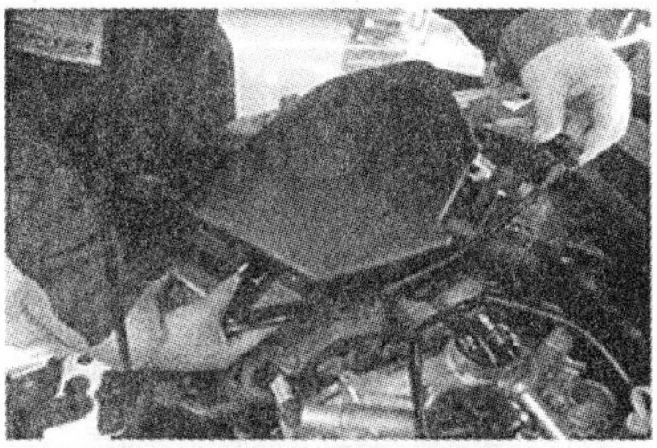	

	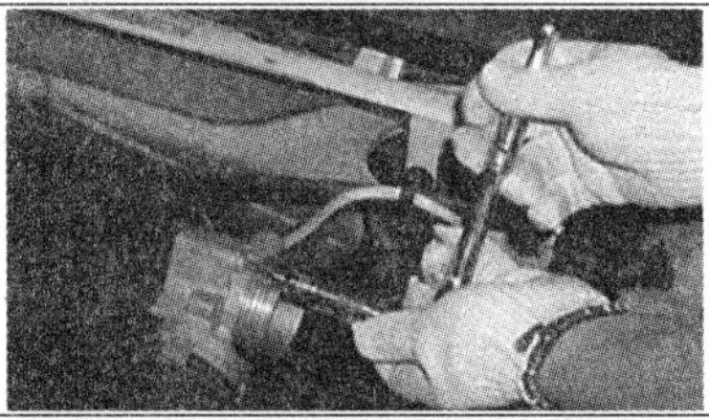	
	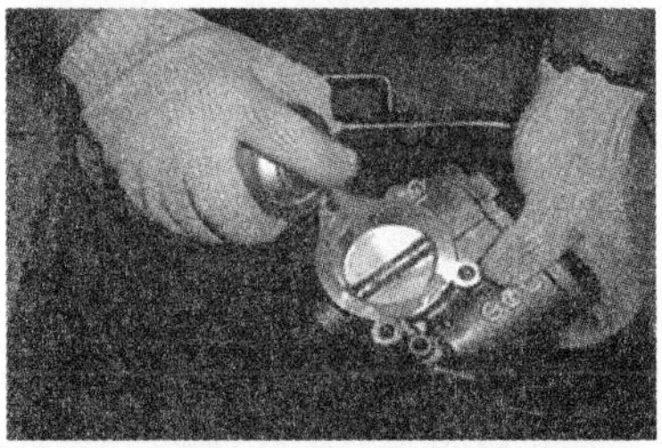	

续表

<table>
<tr><td rowspan="7">节气门的清洁</td><th>图示</th><th>操作步骤</th></tr>
<tr><td></td><td></td></tr>
<tr><td>
</td><td></td></tr>
<tr><td></td><td></td></tr>
<tr><td></td><td></td></tr>
<tr><td></td><td></td></tr>
<tr><td></td><td></td></tr>
</table>

______年______月______日　　　　得分：__________

项目五　汽车 100 000 km 维护与保养

知识目标

（1）学生能知道汽车 100 000 km 维护与保养的项目内容。

（2）学生能准确描述喷油器清洗机、充电机、蓄电池检测仪等设备的功能和用途。

（3）学生能准确描述喷油器的作用、类型及相关性能。

（4）学生能正确选择火花塞的型号。

（5）学生能准确描述蓄电池的性能。

（6）学生能准确描述离合器失效对汽车性能的影响。

（7）学生能知道喷油器、火花塞、蓄电池、传动带失效对汽车性能的影响。

技能目标

（1）学生能熟练完成喷油器的清洗。

（2）学生能熟练完成喷油器的检查与更换。

（3）学生能熟练完成火花塞的检查与更换。

（4）学生能熟练完成蓄电池性能检测、蓄电池充电及蓄电池的更换。

（5）学生能熟练完成离合器的检查与更换。

学习准备

（1）车辆维修保养手册。

（2）车身安全防护用品。

（4）喷油器清洗机、蓄电池检测仪、充电机等设备。

（5）喷油器、火花塞、蓄电池、传动带、离合器摩擦片等。

在本阶段，主要对车辆进行表 5-1 所示项目的检查与维护。

表 5-1 汽车 100 000 km 维护与保养项目

序号	检查项目		维护项目		更换项目	
1	玻璃水	☆	空气滤清器	☆	机油滤清器	☆
2	油底壳有无渗漏	☆	空调滤芯	☆	发动机润滑油	☆
3	管路有无渗漏	☆	轮胎换位	☆	空气滤清器	☆
4	蓄电池电压	★	车轮的平衡	☆	喷油器	★
5	灯光	☆	动力转向助力液量	☆	火花塞	★
6	手刹	☆	离合器摩擦片	★	蓄电池	★
7	底盘受力及支撑部位	☆	火花塞	☆	离合器摩擦片	★
8	轮胎磨损情况	☆	燃油供给系统清洗	☆	正时皮带	★
9	车辆故障码读取	☆	三元催化器的清洗	☆	制动块	☆
10	蓄电池	★			冷却液	☆
11	制动液	☆			变速器油	☆
12	冷却液	☆			汽油滤清器	☆
13	变速器油量	☆			继电器	☆
14	制动块	☆			雨刮片	☆
15	制动盘	☆			钥匙电池	☆
16	变速器有无渗漏	☆			制冷剂	☆
17						

注：☆为已经掌握的内容；★为本项目要学习和掌握的内容。

实践操作

任务 1 汽车 100 000 km 维护与保养常用设备的使用

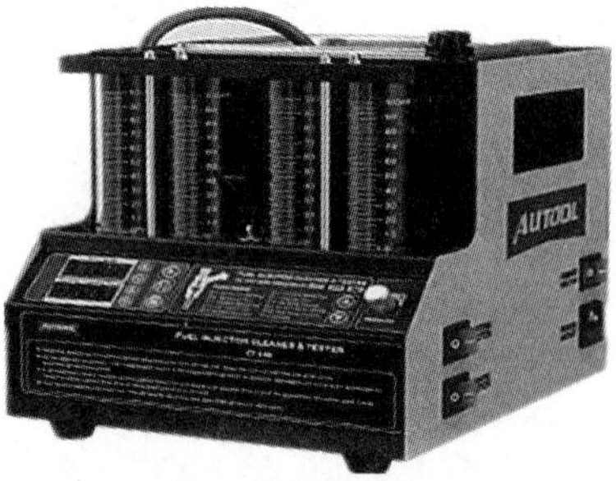

图 5-1 喷油器清洗机

一、喷油器清洗机的使用

（一）概述

喷油器清洗机是采用超声波清洗技术与微电脑油压闭环控制清洗检测技术的一种机电一体化产品，如图 5-1 所示，具体的规格参数如表 5-2 所示。该产品可以模拟发动机的各种工况，对各种汽车的喷油器进行清洗、检测，同时可以对汽车喷油器及供油系统进行免拆清洗。该设备是汽车修理、养护行业，汽车研究及教学培训部门的必备和首选设备。

表 5-2　喷油器清洗机规格参数

适用电源	110 V/220 V	工作时间	0～20 min
频率	（50±0.5）Hz	清洗频率	40 kHz
相对湿度	＜85%	气缸容积	180 mL
环境温度	0～40 ℃	系统压力	0～0. 6 MPa
磁场强度	＜400 A/m	超声波清洗功率	70 W
油箱容量	1 300 mL	主机尺寸	292 mm×260 mm×273 mm
转速范围	0～7 500 r/min	包装尺寸	340 mm×295 mm×360 mm

（二）喷油器清洗机的功能

（1）检测喷油器的滴漏情况。

（2）检测喷油器的喷油量。

（3）检测喷油器的喷射工况。

（4）检测喷油器的喷射喷油均匀度。

（5）检测喷油器的开启压力和关闭压力。

（6）检测喷油器的喷油雾化状态。

（7）对堵塞喷油器进行超声波清洗。

（三）喷油器清洗机的结构

喷油器清洗机主要由操作面板、压力表、超声波清洗槽、电源开关、油分离器、玻璃管、液位开关等组成，如图 5-2 所示。

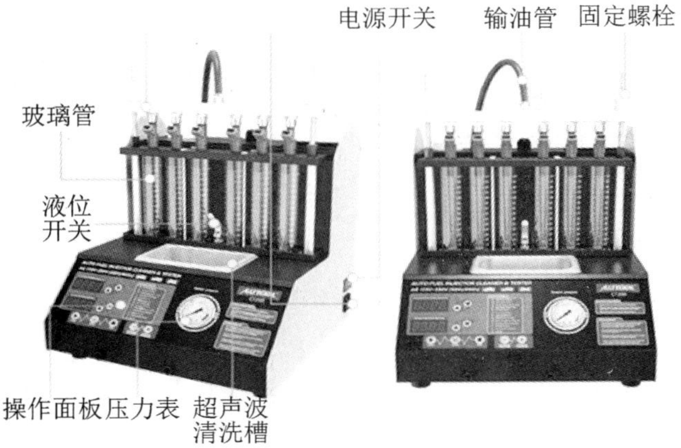

图 5-2　喷油器清洗机的结构

（四）发动机喷油器的清洗

发动机喷油器的清洗见表 5-3。

表 5-3　发动机喷油器的清洗

操作方法	图示
（1）将喷油器连接脉冲信号线放入超声波清洁槽，然后倒入清洗液	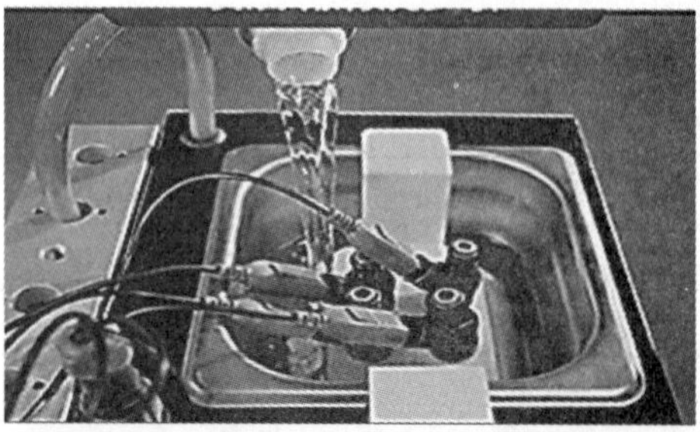
（2）选择超声波清洗功能开始清洗工作，打开清洗液加热开关提高清洗效果	

（五）喷油器的测试

喷油器的测试见表 5-4。

表 5-4　喷油器的测试

操作方法	图示
（1）倒入测试液，连接喷油器与油分离器，然后用螺栓将其固定到主机上	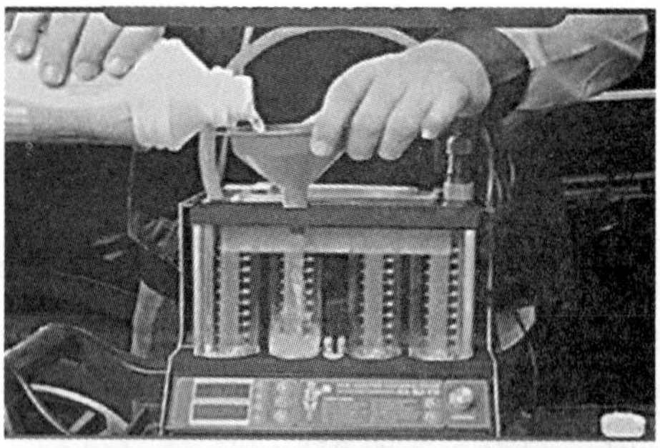
（2）选择相应的功能，对喷油器的密封性、雾化性、喷射量等进行测试	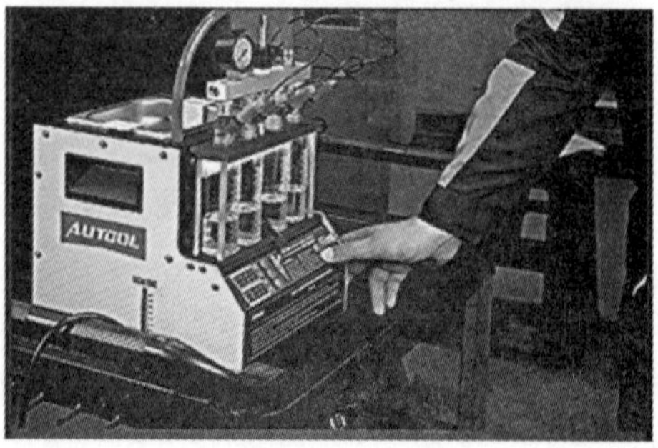

二、充电机的使用

（一）充电机的功能

充电机可对 12 V、100 A • h 以下电池进行充电、放电、快速充电、活化，实现均充/浮充、恒流/恒压自动转换。设定循环充/放电次数，可对蓄电池进行活化，激活电池极板失效的活性物质，延长电池的使用寿命。

（二）充电机的结构

1. 常规充电机

常规充电机由整机提手、电压选择旋钮、电流选择旋钮、电压表、电流表、电瓶夹子及电源指示灯等组成，如图 5-3 所示。

2. 快速充电机

快速充电机由外壳、电瓶接线以及操作面板组成，其中操作面板由电源开关、电压选择旋钮、电流选择旋钮、电压表、电流表、电源指示灯等组成，如图 5-4 所示。

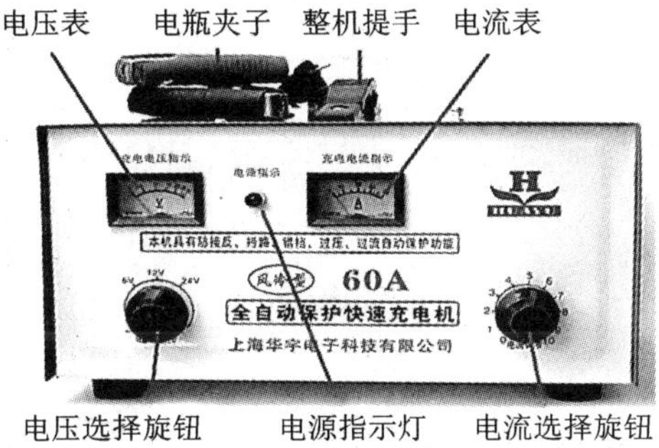

图 5-3　常规充电机

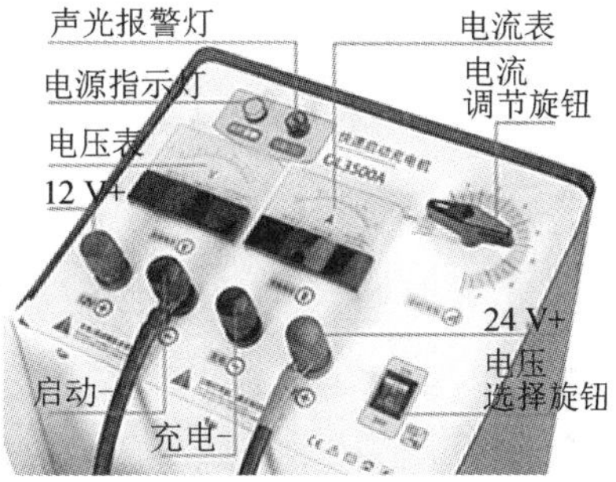

图 5-4　快速充电机

（四）充电作业

1. 常规充电

常规充电见表 5-5。

表 5-5　常规充电

操作方法	图示
（1）在连接蓄电池与充电机之前，应将蓄电池极桩和表面清理干净，将液面高度调整到正常水平	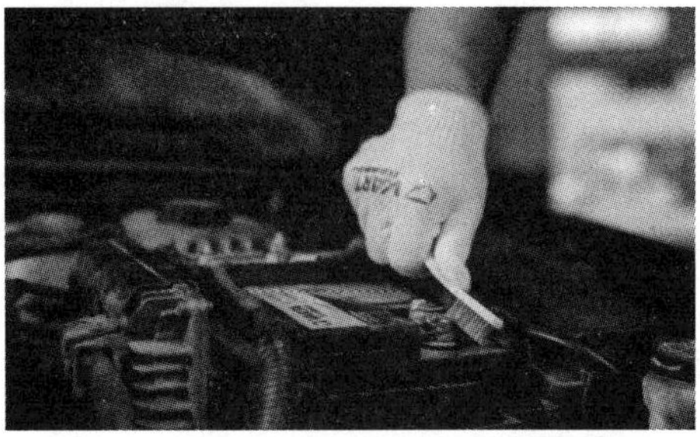

续表

操作方法	图示
（2）正确连接充电机和蓄电池。 注意：红色卡钳连接正极，黑色卡钳连接负极	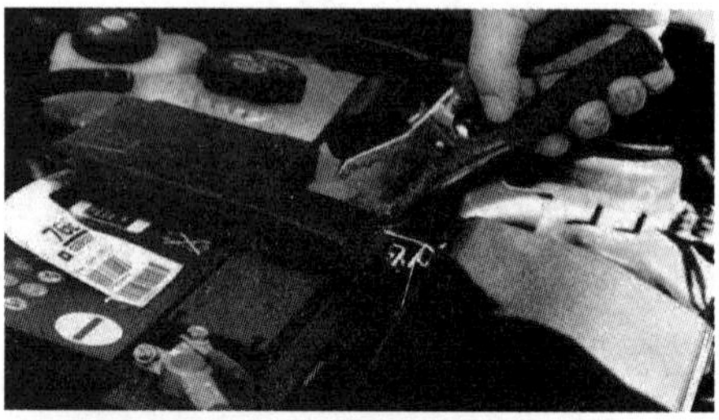
（3）将充电机上的电压选择旋钮调至最小位置	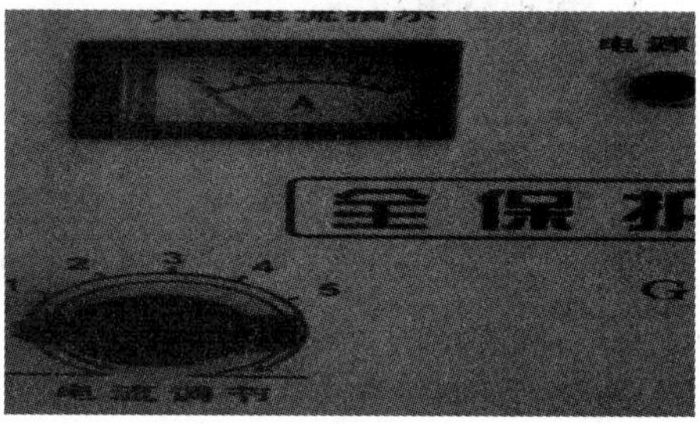
（4）打开交流电源开关	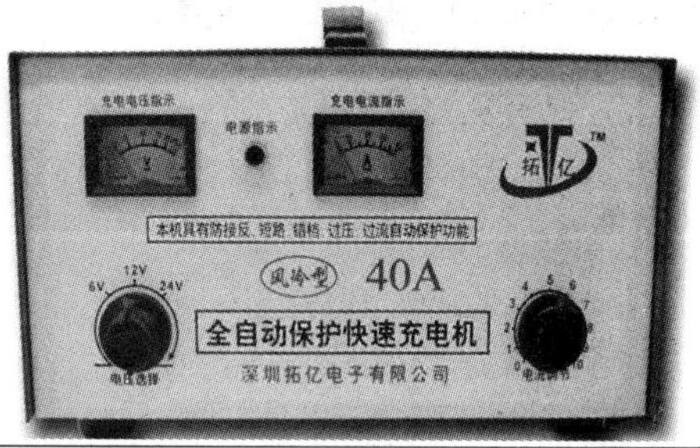
（5）打开充电机上的电源开关，调节电压选择旋钮，观察电流表读数，直到电流表读数指示出所确定的电流值为止（按照充电规范，确定充电电流大小）	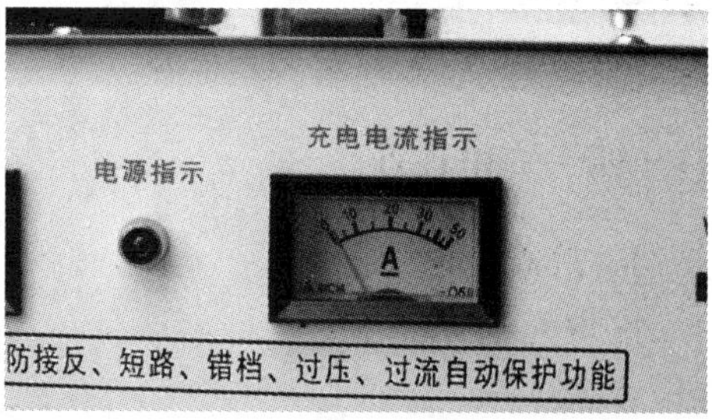
（6）充电结束后，取下线束，关闭电源开关	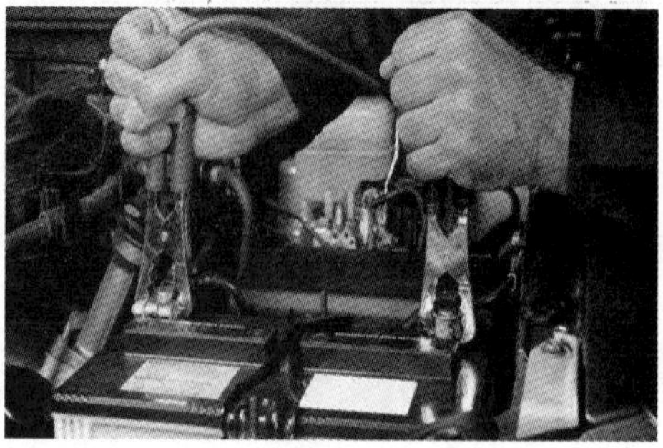

2. 快速充电

快速充电见表 5-6。

表 5-6　快速充电

操作方法	图示
（1）将蓄电池极柱表面清洁后，将充电机充电卡钳连接在蓄电池上。 注意：红色卡钳连接正极，黑色卡钳连接负极	
（2）打开充电机电源开关，调节充电挡位，开始充电	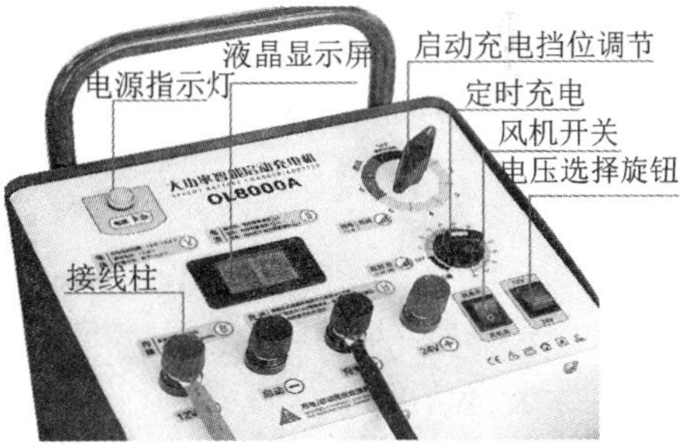
（3）充电过程中观察充电机上的液晶显示屏，注意充电电压、充电功率、充电进度等情况	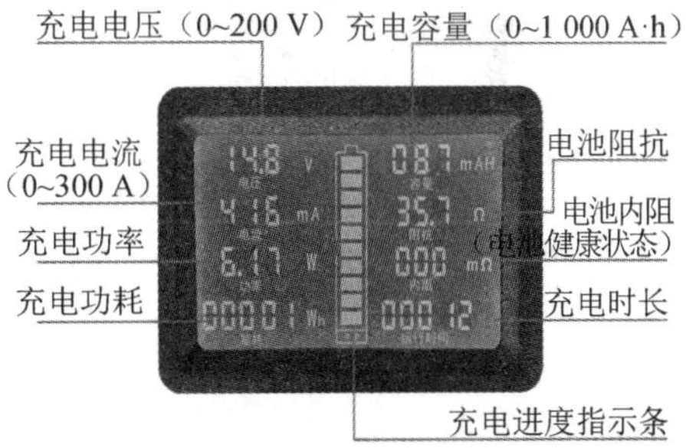
（4）充电结束后，取下充电线，关闭充电机电源开关	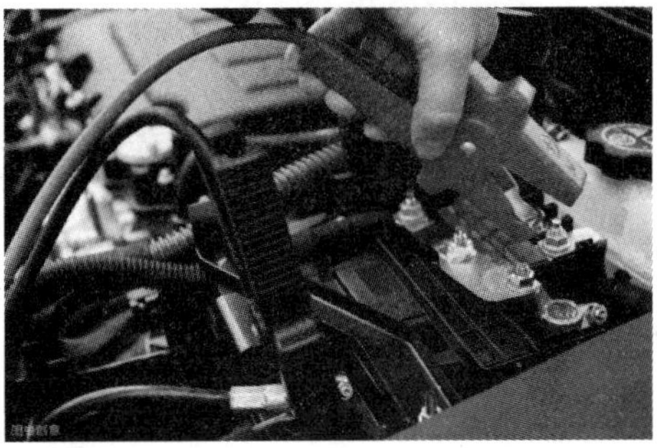

充电作业的注意事项如下。

（1）严格遵守各种充电方法的操作规范。

（2）初充电作业应连续进行，不可长时间间断。

（3）就车充电时，一定要将蓄电池搭铁接线柱断开，否则充电机的高电压可能会将电控系统的电控元件损坏。

（4）如果蓄电池长时间未在行车中使用，如库存车蓄电池等，必须以小电流进行充电。

（5）对过度放电的蓄电池（空载电压为 11.6 V 或更低）进行充电时，不可采用快速充电方法充电，这种蓄电池充电时间至少应为 24 h。

三、蓄电池检测仪的使用

（一）概述

蓄电池检测仪又称蓄电池测试仪，是检测汽车蓄电池工作能力的专业设备，如图 5-5 所示。

（二）蓄电池检测仪的结构

蓄电池检测仪由显示器，功能按键及正负极夹子组成，如图 5-6 所示。

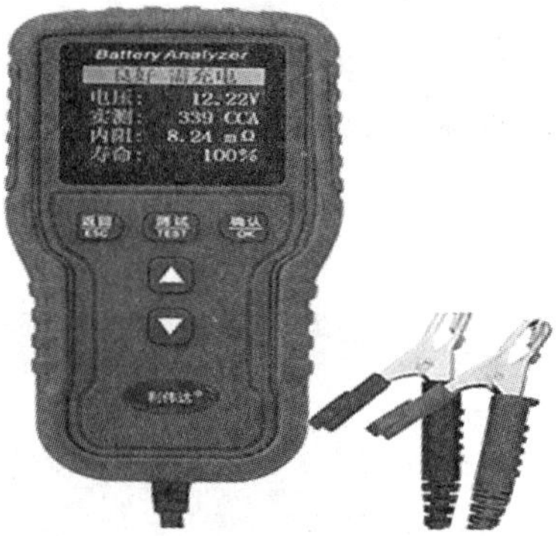

图 5-5　蓄电池检测仪

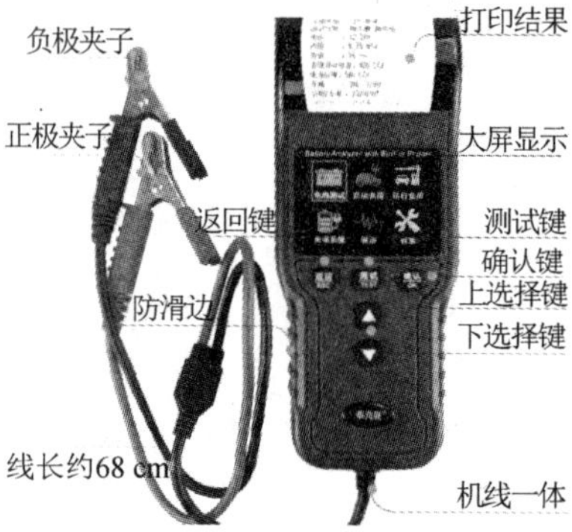

图 5-6　蓄电池检测仪结构

（三）功能测试

1. 启动能力的测试

测试前准备工作如下。

（1）如车子在发动中，需先熄火，将钥匙转至“OFF”位置。

（2）车辆行驶一阵子后，蓄电池电压会略高于正常值，开启大灯 2～3 min，待电压降回正常值再测量。

启动能力的测试见表 5-7。

表 5–7　启动能力的测试

<table>
<tr><th>操作方法</th><th>图示</th></tr>
<tr><td>（1）将检测仪的红色夹子（正极）夹在蓄电池的正极上，黑色夹子（负极）夹在蓄电池的负极上，选择电池对应的规格 12 V</td><td>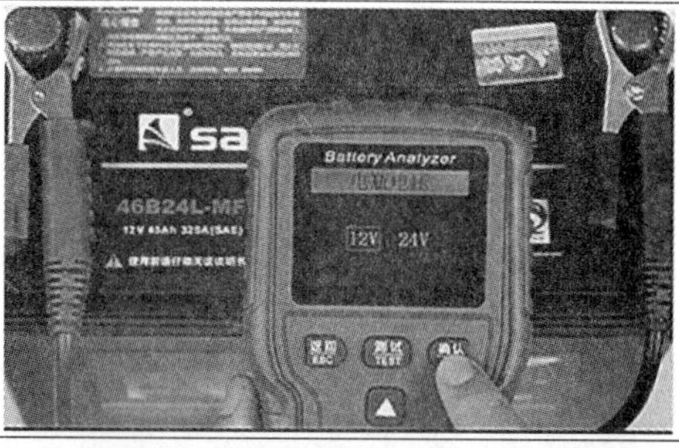
</td></tr>
<tr><td>（2）在测试项目中选择启动能力并按确认键</td><td>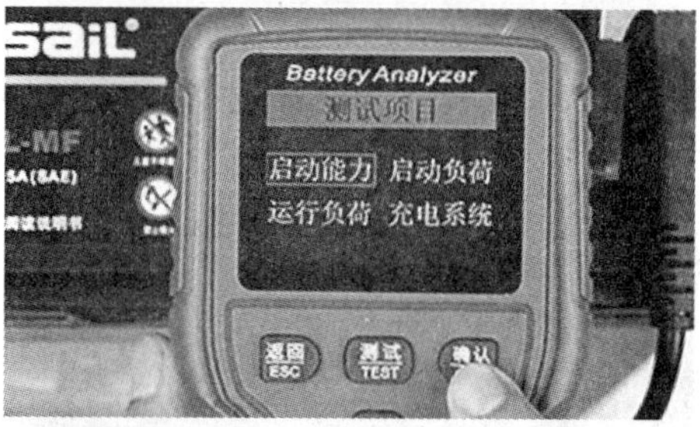
</td></tr>
<tr><td>（3）测试模式选择精确测量</td><td>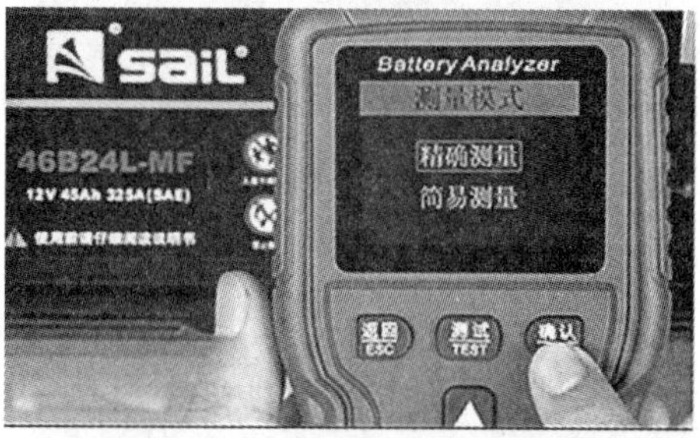
</td></tr>
<tr><td>（4）电瓶类型，根据汽车电池标准，选择 CCA</td><td>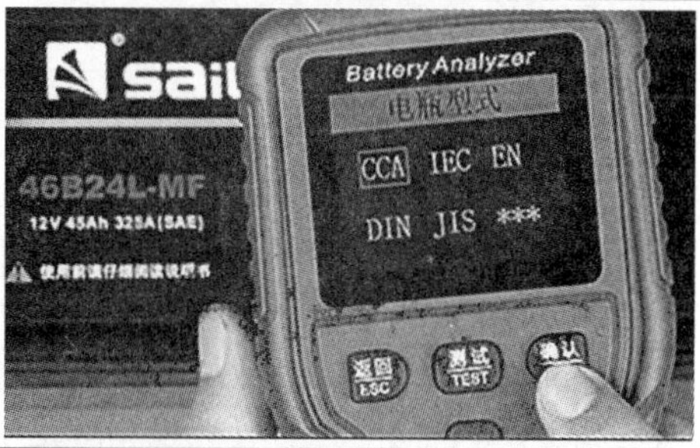
</td></tr>
<tr><td>（5）电瓶规格，此电池为 325A（SAE）（等于 325 CCA），输入 325 CCA 测量</td><td>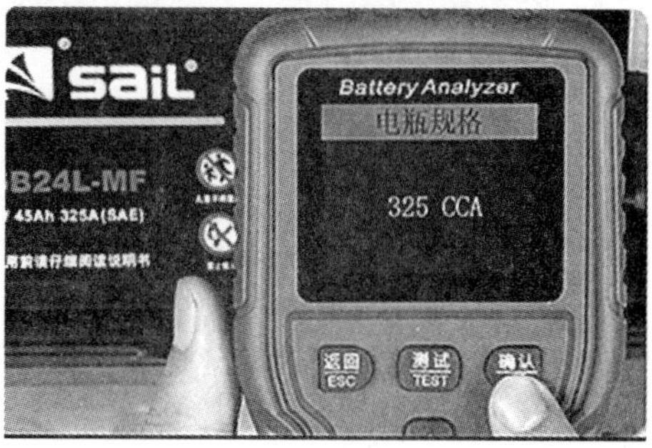
</td></tr>
</table>

续表

<table>
<tr><th>操作方法</th><th>图示</th></tr>
<tr><td>显示出蓄电池的检测结果。
结果分析：电池的 CCA 值越大，内阻一般越小，内阻越小表示蓄电池越好
<table>
<tr><th colspan="3">数据参考表（12 V 系统）</th></tr>
<tr><td>寿命</td><td>测试结果</td><td>备注</td></tr>
<tr><td>>80%</td><td>良好</td><td>电池状况良好</td></tr>
<tr><td>>60%</td><td>一般</td><td>电池状况尚可</td></tr>
<tr><td>>45%</td><td>需注意</td><td>电池寿命将近，需留意</td></tr>
<tr><td><45%</td><td>注意更换</td><td>电池寿命已尽，请参考更换</td></tr>
</table></td><td>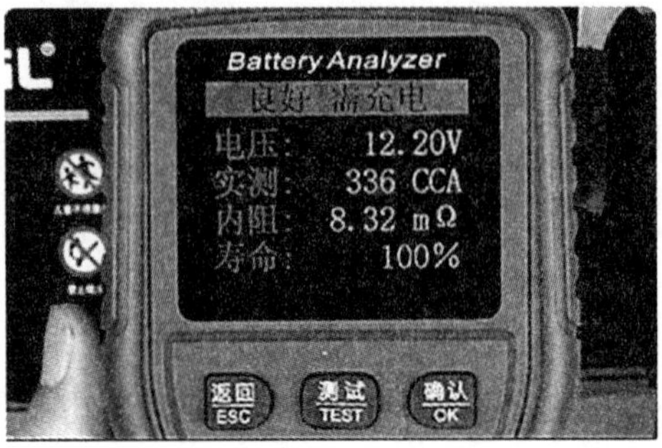
</td></tr>
</table>

图 5-7　启动负荷测试

2. 启动负荷测试

如图 5-7 所示，标准电压为 9.6 V，测试结果大于 9.6 V 表示启动系统正常；如测试结果低于 9.6 V，表示启动系统出现故障。具体的测试结果可参考表 5-8。

测试前准备工作：如车子在发动中，需先熄火，将钥匙转至“OFF”位置。

表 5-8　结果参考表（12 V 系统）

启动电表电压	电池放电性能	电池处置
10.7 V 以上	佳	不需要更换
10.2～10.7 V	普通	需观察
9.6～10.2 V	较差	近日需要更换
9.6 V 以下	极差	需立即更换

3. 运行负载系统测试

如图 5-8 所示，如果电压读数小于 12.8 V（对于 LWD-580 A/590 A 24 V 系统，读数小于 25.6 V），需检查发电机皮带是否磨损不堪，使用电线是否短路。

测试前准备工作：如车子在熄火状态中，需先启动发动机。

4. 充电系统测试

如图 5-9 所示，如果电压读数大于 15.0 V（对于 LWD-580 A/590A 24V 系统，读数大于 30.00 V），需检查调压器。如果电压读数小于 13.3 V（对于 LWD-580A/590A 24V 系统，读数小于 26.6 V），需请检查连接点、电线和发电机，具体的测试结果可参考表 5-9。

测试前准备工作：如车子在熄火状态中，需先启动发动机。

图 5-8　运行负载测试

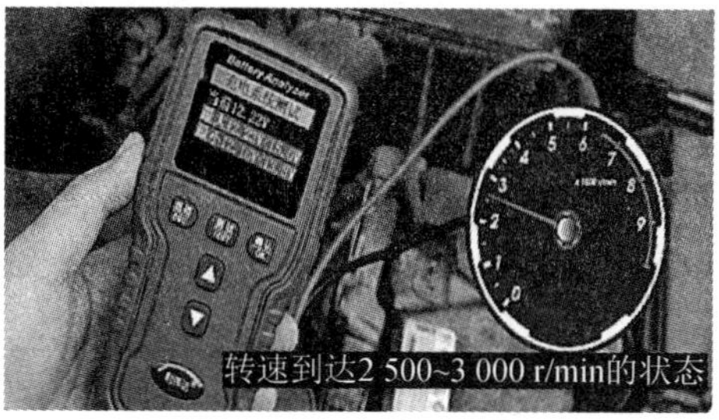

图 5-9　充电系统测试

表 5-9　结果参考表（12 V 系统）

状况	电池电压	发动机性能
没开大灯及冷气（需踩油门检测）	13. 5 V 以上	正常
	13. 2～13. 5 V	普通
	13～13. 2 V	需注意
	13 V 以下	需立即进厂检测
开大灯及冷气（需踩油门检测）	13. 4～14. 6 V	正常
	13. 2～13. 4 V	普通，需注意
	13. 2 V	需立即进厂检测

任务 2　喷油器的检查与清洗

一、认识发动机燃油喷射系统

燃油喷射系统在发动机启动后，利用喷油器将燃料雾化后直接喷入气缸或进气道内，使其与空气快速混合，充分蒸发，以便燃烧完全。

1. 汽油发动机燃油喷射系统的组成

汽车发动机燃油喷射系统主要由燃油箱、电动燃油泵、燃油压力调节器、进油管、燃油分配轨、喷油器、燃油管等组成，如图 5-10 所示。

2. 汽油发动机燃油喷射系统的工作过程

燃油泵将燃油从油箱中吸出，经燃油滤清器滤除杂质后进入燃油分配管，将燃油压力提高后，经高压油管输送至喷油器，当电脑给喷油器通电时，喷油器阀门打开，喷油器以雾状将燃油喷入燃烧室，形成混合气并燃烧做功后，经排气装置将废气排入大气。

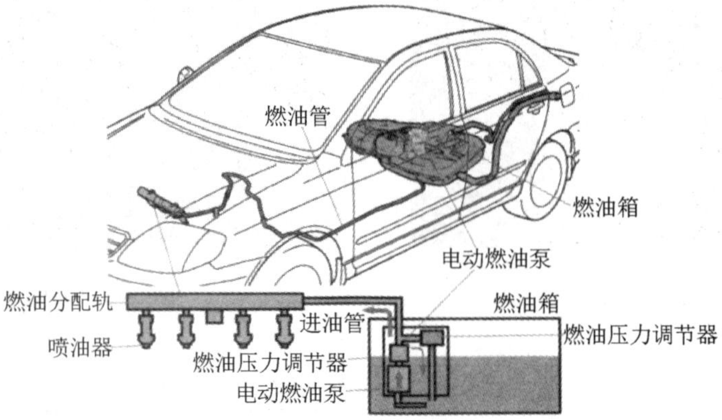

图 5-10 汽油发动机燃油喷射系统的组成

二、认识喷油器

1. 喷油器的作用

喷油器用来雾化燃油，受发动机 ECU 的控制来实现精确的燃油喷射。

2. 喷油器的工作位置

如图 5-11 所示，汽油发动机的喷油器尾部与燃油分配管相连接，头部安装在发动机进气管内，缸内直喷发动机的喷油器直接安装在气缸盖上。

图 5-11 喷油器的安装位置

3. 喷油器的工作特性

喷油器的工作特性包括雾化粒度、油雾分布、油束方向、射程和扩散锥角等方面，这些特性应符合发动机燃烧系统的要求，以形成良好的混合气并燃烧完全，获得较高的功率和热效率，如图 5-12 所示。

4. 喷油器的工作原理

喷油器通过密封圈安装在发动机进气歧管或进气道附近的缸盖上。如图 5-13 所示，ECU 发出的喷油脉冲信号进入电磁线圈，在电磁线圈产生磁场，磁场作用在针阀上，针阀克服弹簧力而升起，汽油通过进气管进入喷油器从喷口喷出，向进气歧管或气缸内喷射燃油。当 ECU 关闭喷油器时，停止喷射。在喷油器的结构和喷油压力一定时，喷油器的喷油量取决于针阀的开启时间，即电磁线圈的通电时间。

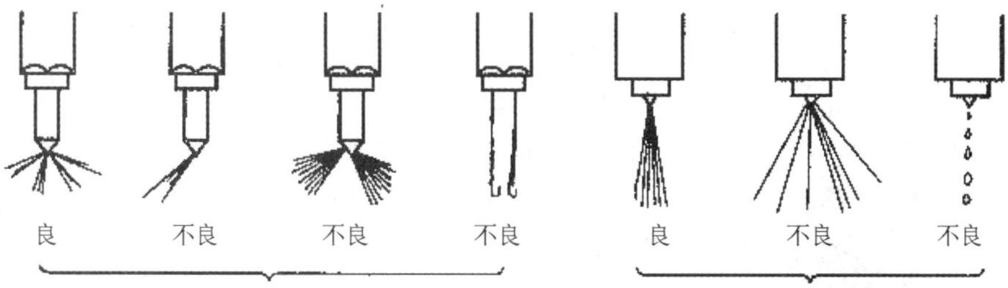

图 5-12　喷油器的工作特性

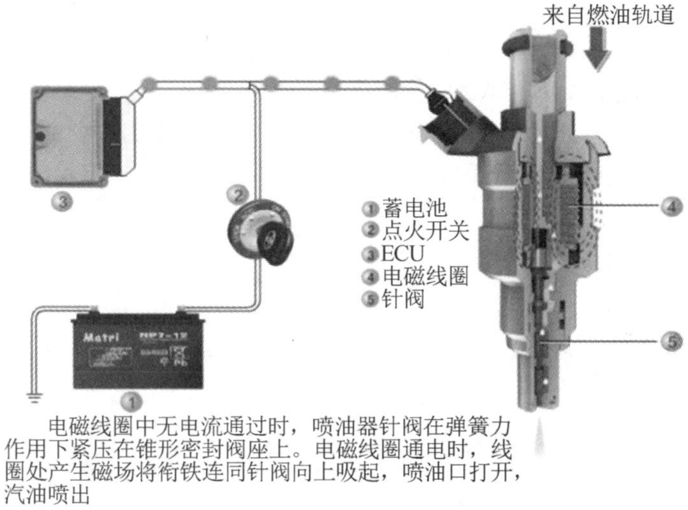

图 5-13　喷油器的工作原理

5. 喷油器的故障形式

车辆运行 10 000 km 左右后，喷油器的喷油性能逐渐下降，主要表现为喷油雾化不良、喷油器漏油、喷油器不喷油等。

1）喷油雾化不良

其原因是喷油器受到发动机运转时高温的影响，以及汽油中所含的树脂、树胶烯烃等物质会逐渐附着在喷油器末端细小的喷孔上造成喷油器堵塞，影响了汽油的正常通过和雾化。

2）喷油器漏油

喷油器正常工作情况下，其喷雾形状为圆锥形，如图 5-14 所示。如果因积炭堵塞，其喷油嘴就会出现滴油的现象，如图 5-15 所示。

图 5-14　喷油器良好

图 5-15　喷油器堵塞

3）喷油器不喷油

汽油燃烧不充分，导致所含的胶质附着在喷油器头部，极易使喷油器针阀锈蚀，甚至卡滞，造成喷油器漏油或不喷油，如图 5-16 所示。

图 5-16 喷油器头部油污

喷油器电磁线圈老化或短路、断路，喷油器控制电路接触不良、断路及电脑内部故障也会造成喷油器不喷油。

喷油器的使用寿命较长，一般不容易损坏，当出现上述故障时，通过清洗喷油器就可恢复其喷油性能。

（六）喷油器堵塞导致的故障

（1）发动机不能启动。

（2）发动机启动困难。

（3）发动机动力下降，加速迟缓。

（4）发动机怠速不稳。

（5）发动机容易熄火。

（6）发动机排气冒黑烟。

三、喷油器的检查

喷油器的检查见表 5-10。

表 5-10 喷油器的检查

操作方法	图示
1. 前期准备工作 （1）打开发动机引擎盖	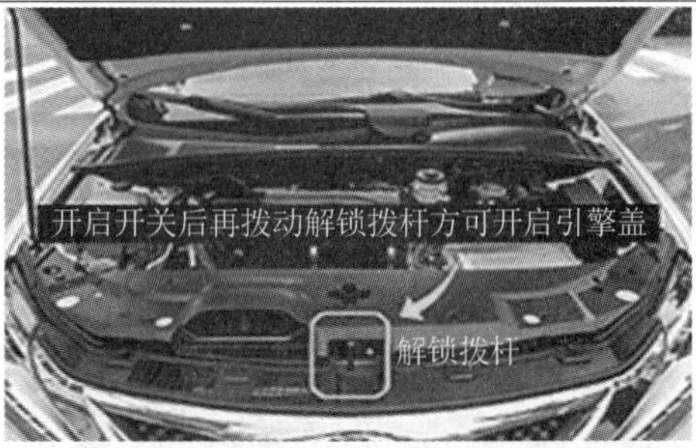
（2）铺设车内“三件套”	

续表

操作方法	图示
2. 泄压 （1）拆掉发动机护罩	
（2）用化油器清洗剂清洗燃油分配管、供油管接头处、喷油器周围油泥，并用干净抹布擦拭干净	
（3）拔下燃油泵继电器，启动发动机，直至发动机熄火	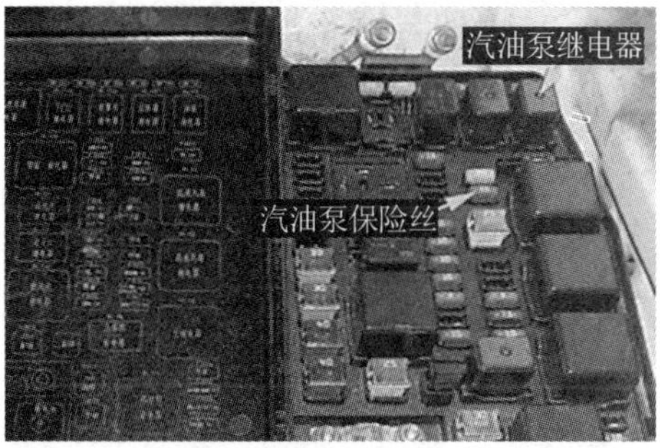
3. 拆卸喷油器 （1）用扳手拆下供油管至燃油分配管接头，用密封袋将油管接头两端裹缠密封，防止灰尘进入管道	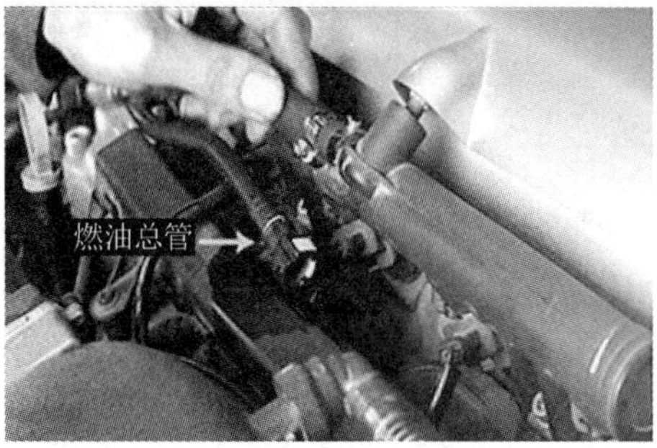

续表

操作方法	图示
（2）拔下四个喷油嘴的供电插头（按下接口上的卡子，就可以拔下，注意不可用蛮力），同时拔下节气门和怠速马达的电插头	
（3）燃油分配管上有两个螺丝固定，用扳手拧开燃油分配管上的紧固螺栓	
（4）用手抓住燃油分配管两端，左右轻微摇晃，并向上用力，将燃油分配管与发动机分离	
（5）用尖嘴钳拉出卡扣，拔下喷油嘴，并观察喷油器喷口状况	

续表

操作方法	图示
4. 安装喷油器 （1）安装喷油器时可在上、下两个密封圈上涂抹少量的机油，装入喷油器后安装固定卡	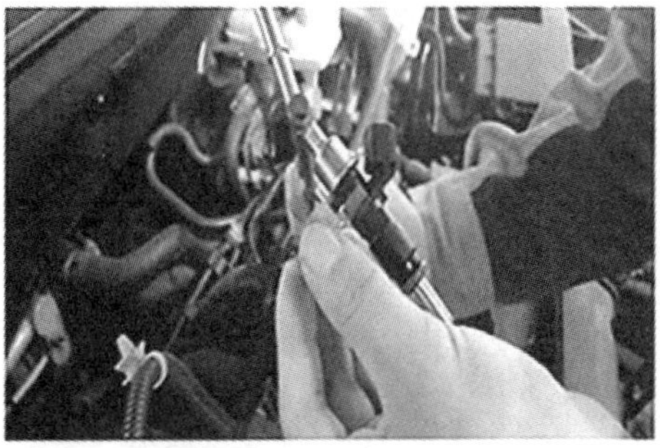
（2）安装燃油分配管及固定螺栓。安装燃油分配管后，使用扭力扳手紧固螺栓，螺栓紧固力矩为 10 N·m	
（3）安装喷油器连接线	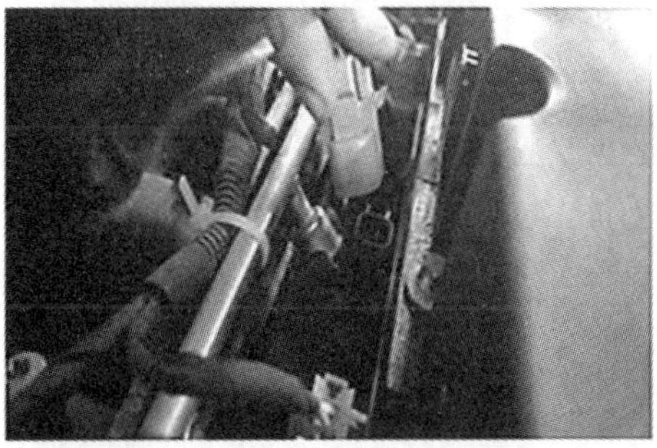
（4）安装燃油分配管输油管	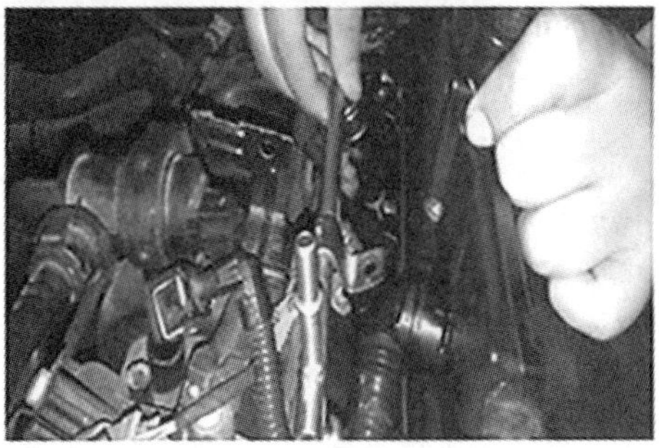

续表

操作方法	图示
（5）安装继电器及熔丝	
（6）启动发动机，观察喷油器的安装情况	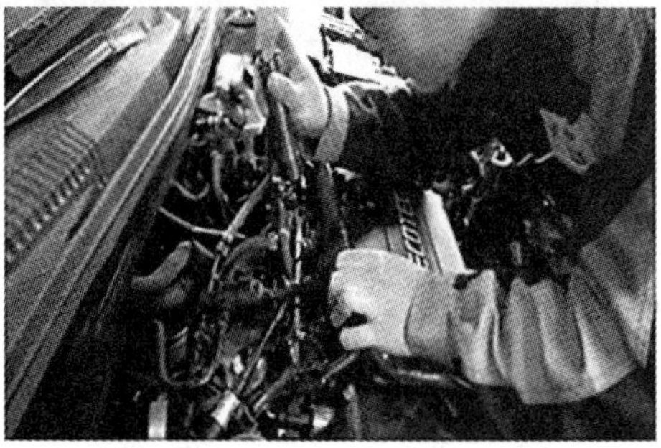
5. 车辆恢复及 5S （1）对抹布、手套进行回收处理。 （2）收举升机垫块，将扭力扳手归零、工具清洁归位。 （3）做好车辆、地面清洁	

四、喷油器的清洗（超声波清洗）

喷油器的清洗见表 5-11。

表 5-11 喷油器的清洗

操作方法	图示
1. 喷油器清洗 （1）放置清洗托架	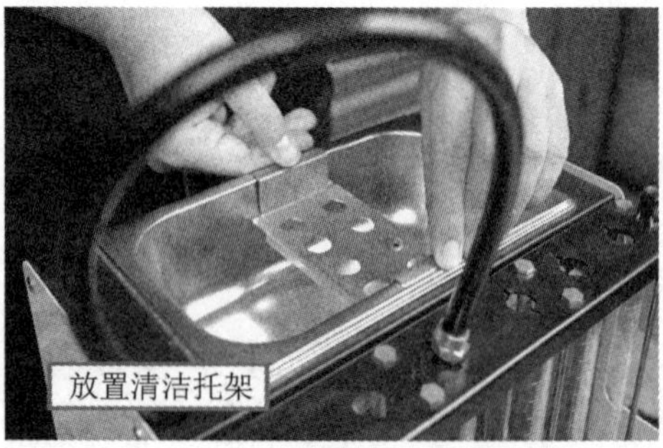

续表

操作方法	图示
（2）连接脉冲信号线	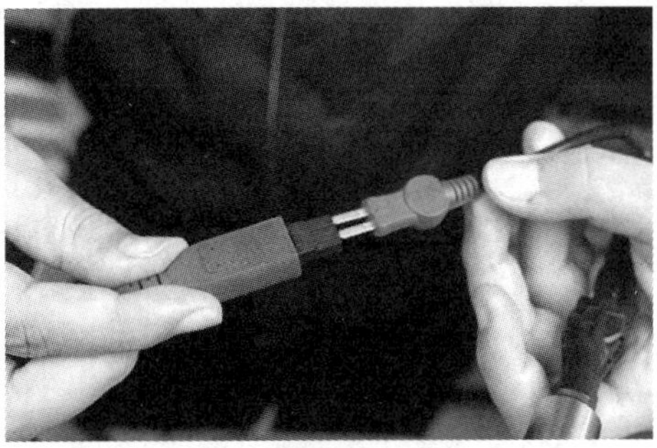
（3）放置喷油嘴	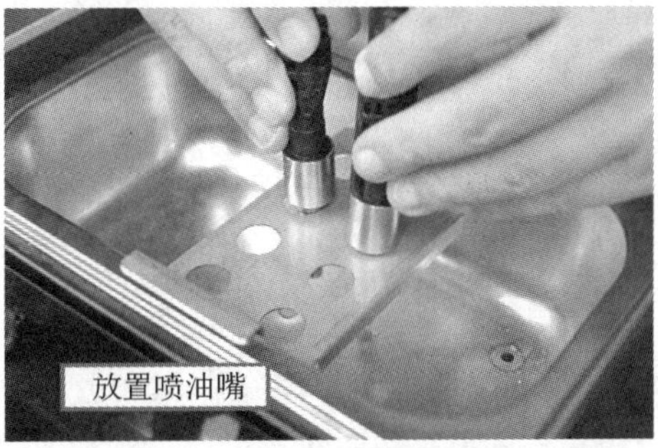
（4）倒入喷油嘴清洗剂	
（5）打开电源开关	

续表

操作方法	图示
（6）屏幕显示冲洗电压及时间	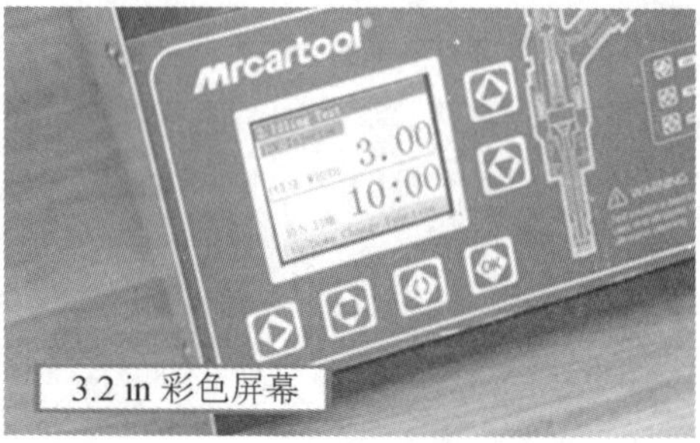
（7）选择喷油器电压	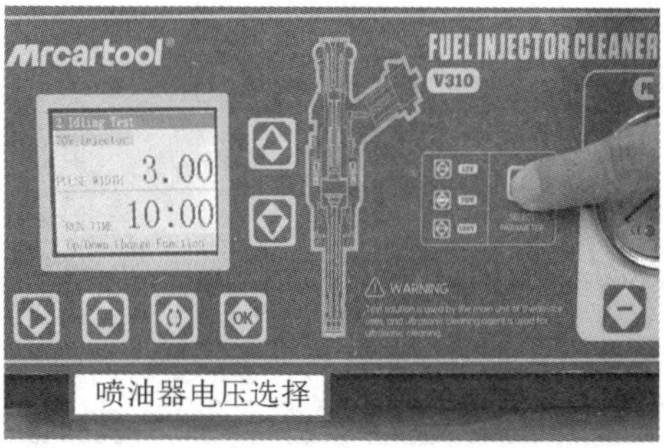
（8）设置冲洗时间	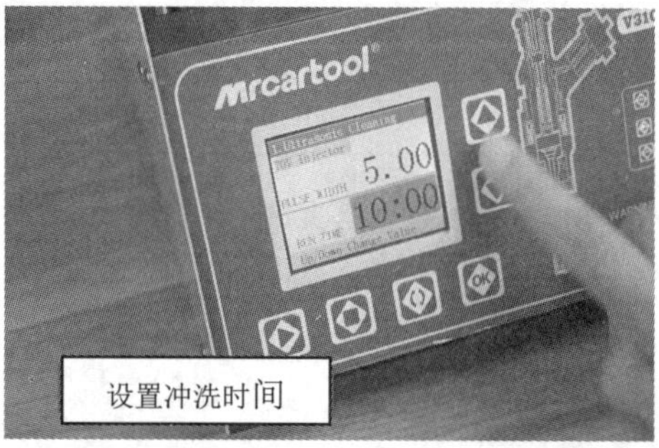
（9）开始冲洗	

续表

操作方法	图示
（10）打开回收开关，进行清洗剂的回收	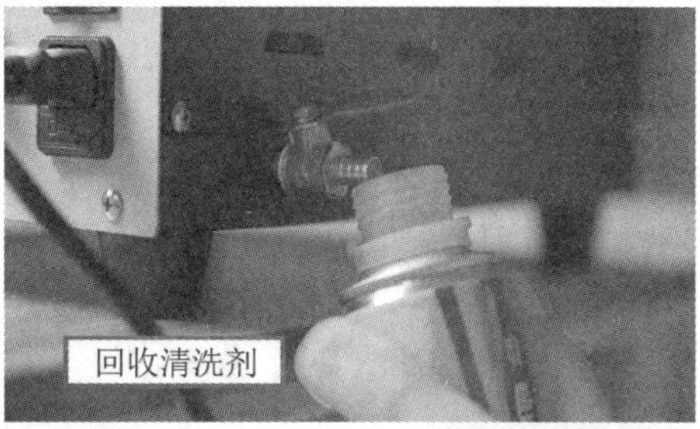
2. 喷油器压力测试 （1）在测试机上倒入喷油器压力测试液	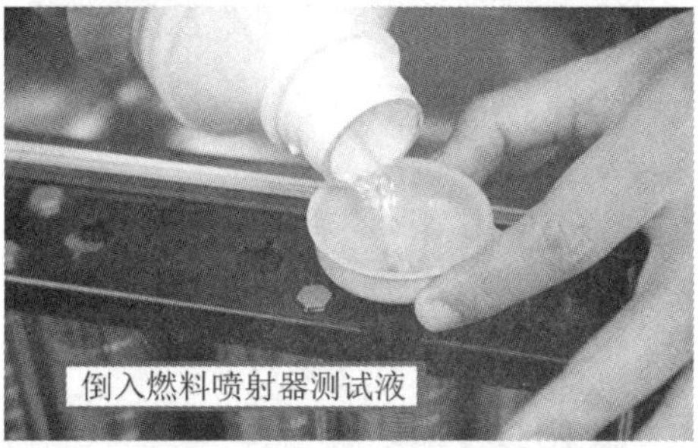
（2）通过测试液可视窗口，观察测试液液面高度	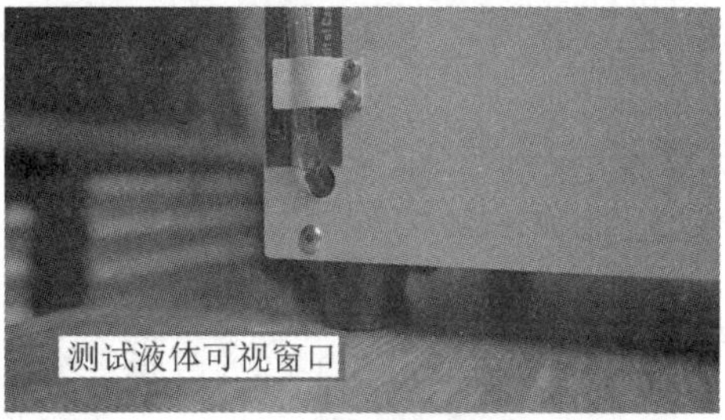
（3）安装堵头	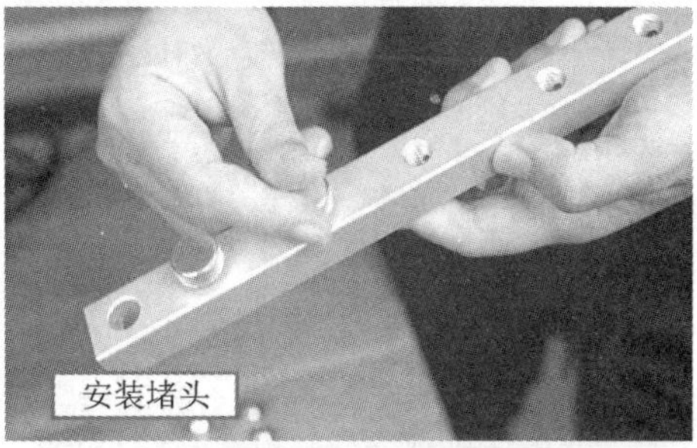
（4）安装适配器	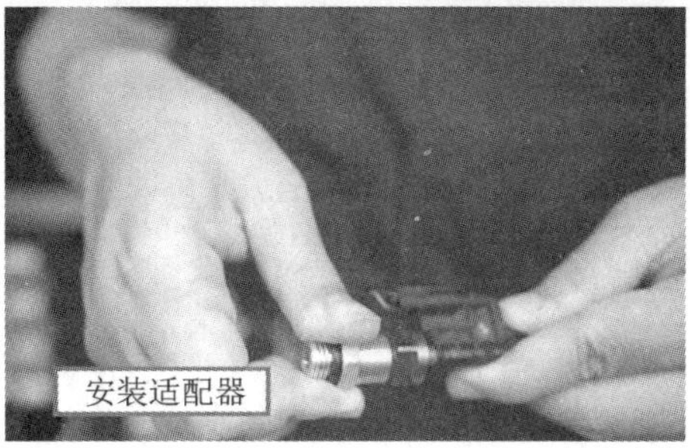

续表

操作方法	图示
（5）连接到油分离器上	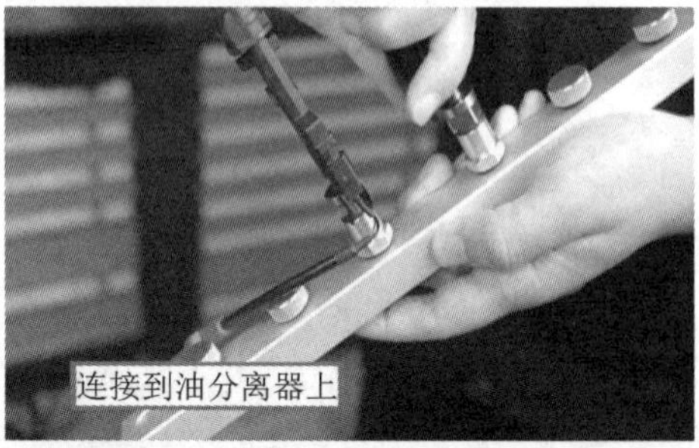
（6）安装固定螺栓	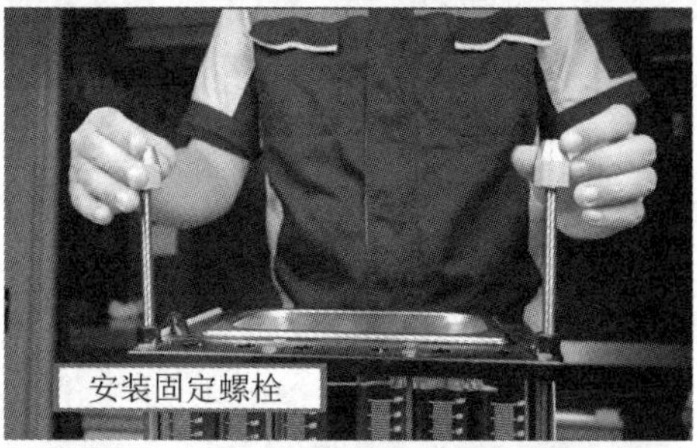
（7）安装喷油器支架	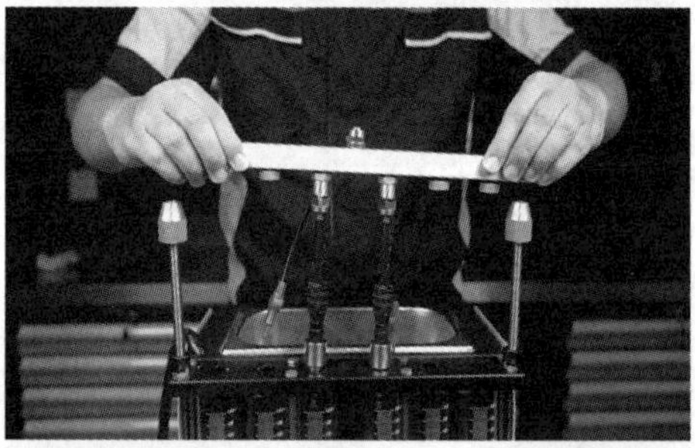
（8）连接出油口	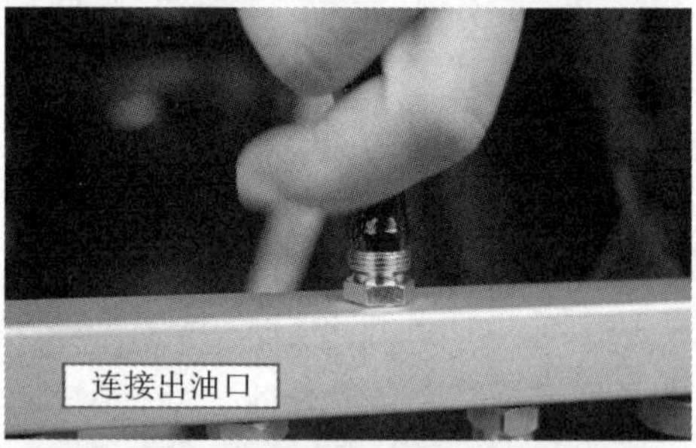
（9）连接脉冲线	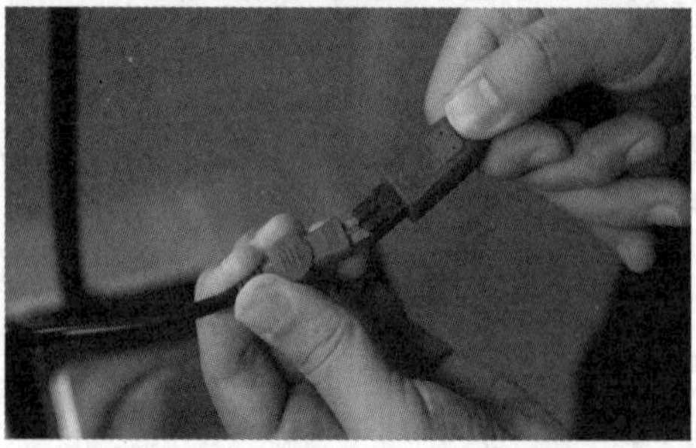

续表

操作方法	图示
（10）调节脉冲时间及电压	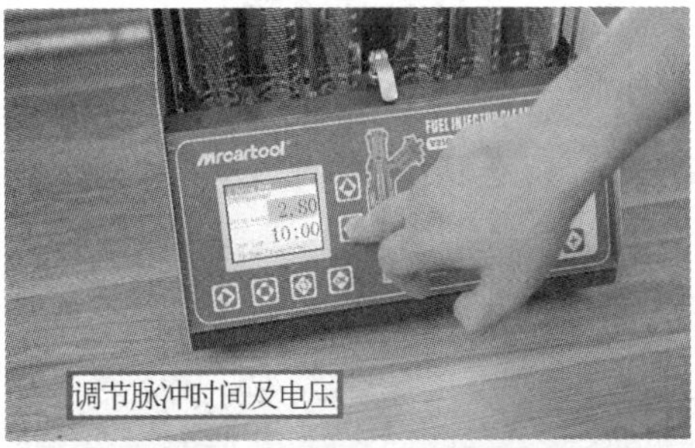
（11）开始测试压力	
（12）显示测试压力值	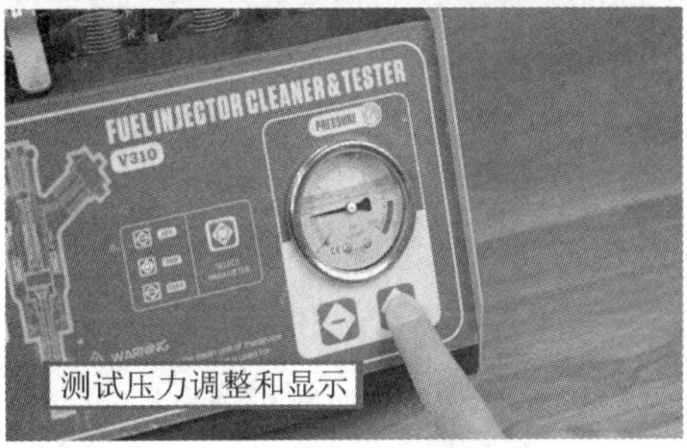

任务 3　火花塞的检查与更换

一、认识发动机点火系统

汽油发动机工作时，混合气的燃烧是通过火花塞点火来实现的。点火系统的作用就是根据发动机的工作状态，按照发动机的工作顺序，在合适的时刻供给火花塞以足够能量的高压电，使其电极间瞬间短路放电产生火花，确保能点燃混合气，气体燃烧膨胀做功。

1. 点火系统的组成

点火系统由电源（蓄电池或发电机）、点火开关、点火线圈、发动机电子控制单元（ECU）、凸轮轴位置传感器、曲轴位置传感器等组成，如图 5-17 所示。

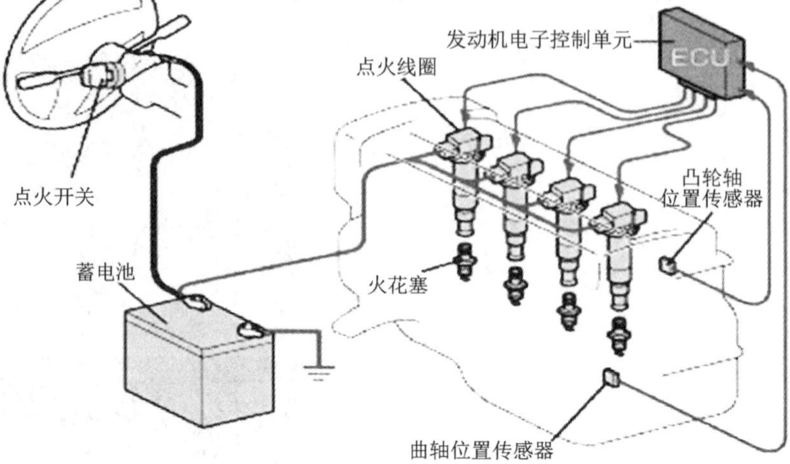

图 5-17 点火系统的组成

2. 点火系统的工作过程

发动机工作时，发动机 ECU 根据曲轴位置传感器和凸轮轴位置传感器的信号，确定最佳点火提前角和通电时间，控制点火线圈初级电路的断开，电流在点火线圈中的次级电路产生，并通过高压缸线直接送至工作气缸的火花塞，如图 5-18 所示。

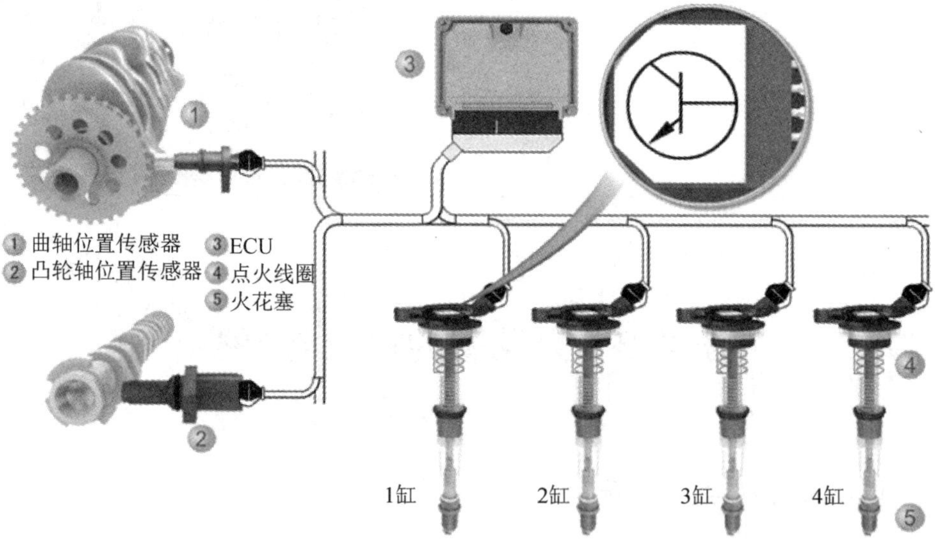

图 5-18 点火系统的工作过程

二、认识火花塞

（一）火花塞的作用

火花塞是汽油机点火系统的重要元件，是产生电火花的装置，当高压电传导至火花塞时，它便短路放电产生电火花来点燃气缸内的可燃混合气。

（二）火花塞的安装位置

火花塞的位置在高压点火线圈下部，发动机气缸的顶部，如图 5-19 所示。

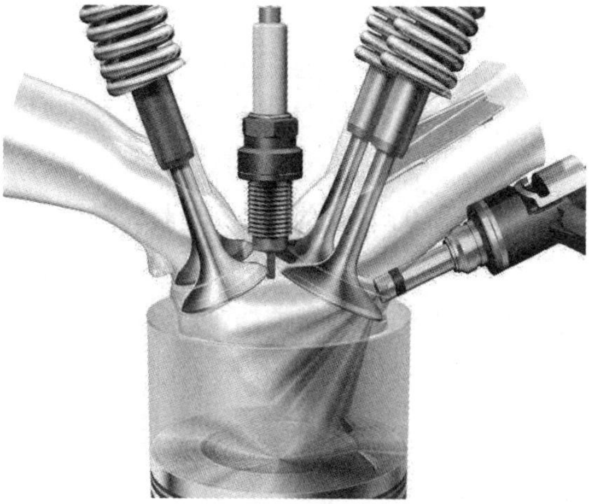

图 5-19　火花塞的安装位置

（三）火花塞的类型

火花塞从不同的角度分类有不同的名称，在火花塞的使用中，通常有以下几种类型。

1. 按火花塞电极的材料分类

1）镍合金火花塞

如图 5-20 所示，镍合金火花塞中心电极是镍合金材质，侧电极是镍铜材质。金属镍由于价格便宜被广泛用于普通火花塞。但因镍材质较软并且导电性不好，火花塞在每一次点火时都需要高压线圈释放出巨大的电压，才足以让两个电极之间产生火花，所以镍合金火花塞的耐用性较差。

通常，镍铜火花塞的更换周期只有 20 000 km，并且基本都是由于中心电极损耗造成更换的。

2）单铂金火花塞

如图 5-21 所示，单铂金火花塞中心电极喷镀了一层铂金材料，侧电极是镍铜材质。中心电极直径一般在 0.6～1.0 mm。由于铂金火花塞的中心电极较细，根据尖端放电的原理，电极尖更容易集积较多的电能，电火花更容易跳过两极之间的间隙。这表明在冷机至正常工作转速运转时，单铂金火花塞有着良好的点火性能，使用寿命比镍合金的火花塞长得多，能更持久稳定地工作。其更换周期一般为 40 000 km。

图 5-20　镍基合金火花塞

图 5-21　单铂金火花塞

3）双铂金火花塞

如图 5-22 所示，双铂金火花塞中心电极和侧电极表面均喷镀了铂金材料。双铂金火花塞的寿命较单铂金火花塞更长，耐久性好，火花稳定，适合更恶劣的工况。一般更换周期可达 60 000 km 以上。

4）单铱金火花塞

如图 5-23 所示，单铱金火花塞中心电极使用铱金，侧电极是镍铜材质。中心电极直径一般在 0.4～0.6 mm，由于铱金中心电极更细，抗污能力较差，所以更换周期只有 40 000 km。

图 5-22　双铂金火花塞

图 5-23　单铱金火花塞

5）双铱金火花塞

如图 5-24 所示，双铱金火花塞中心电极使用铱金，侧电极也是铂金材质，只是侧电极上不是铂金点，而是比中心电极稍微粗点的铱金针状电极，故双铱金火花塞又叫双针铱金火花塞。更换周期一般为 100 000 km。

6）铱铂金火花塞

如图 5-25 所示，铱铂金火花塞中心电极使用铱金，侧电极是铂金材质。点火性能和省油效果方面，铱铂金火花塞好于双铂金火花塞，但因为铱铂是贵金属，价格比较昂贵。一般更换周期为 80 000 km。

7）钌金火花塞

钌金火花塞如图 5-26 所示。钌金是一种属于铂族元素的贵金属，具有超高的熔点和沸点、高强度、高耐腐蚀性和高热稳定性，可以提高发动机的可靠性。因此使用钌金制作火花塞中心电极时，火花塞能拥有更长的寿命。目前只有 NGK 和博世在生产这种十分少见的火花塞。钌金火花塞的使用里程可以达到 150 000 km。

图 5-24　双铱金火花塞

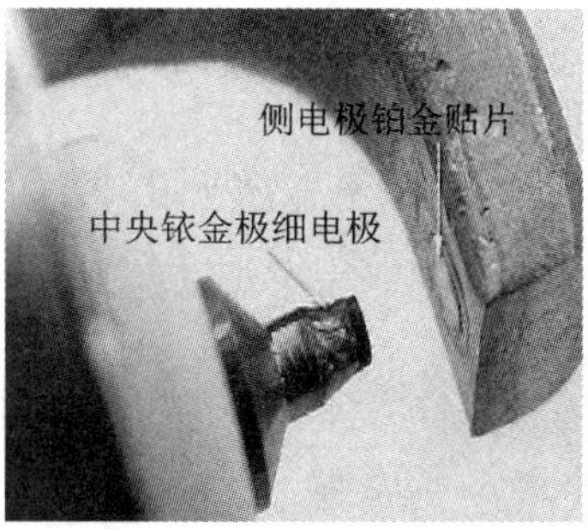

图 5-25　铱铂金火花塞

图 5-26　钌金火花塞

2. 根据火花塞的热特性分类

所谓热特性，是指火花塞瓷绝缘裙部的炙热端将热传导至发动机冷却系统的能力，是在特定条件下的一种热值。根据火花塞的热特性，火花塞可分为热型火花塞和冷型火花塞。

瓷绝缘裙部较长、传热途径较远，导热较慢的火花塞为热型火花塞。

瓷绝缘裙部较短、传热途径较近、导热较快的火花塞为冷性火花塞。

3. 按照火花塞的结构特点分类

火花塞按照结构特点可以分为标准型（即普通型）、短座型、半导体型、测温型、电阻型、防干扰型、多极型、空气滑动型、屏蔽型、电极缩入型、防水型、绝缘体突出型、细电极型、沿面跳火型和锥座型等。

（四）火花塞的结构及型号识读

本书以 NGK 铱铂金火花塞为例。

1. 火花塞的结构

NGK 铱铂金火花塞由终端螺丝帽 沟状波纹绝缘体、主体金属部件、中心外侧电极、嵌入铜芯、密封垫圈等组成，如图 5-27 所示。

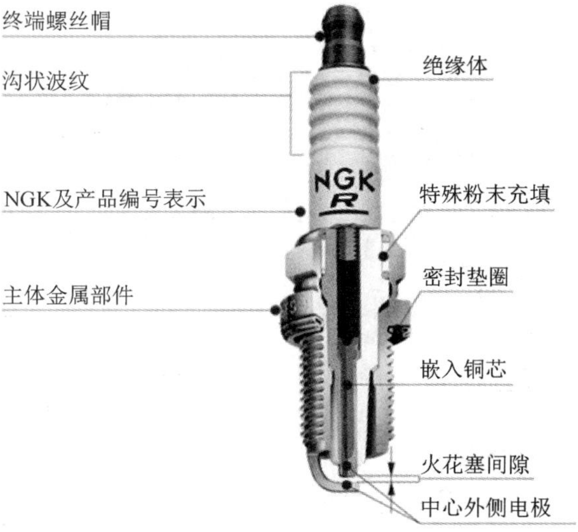

图 5-27　火花塞的结构

2. 火花塞型号识读

NGK 火花塞型号的读取，需要借助 NGK 官方的型号编码规则表。NGK 有传统型号编码规则表和新型号编码规则表，大多数传统型号火花塞和镍合金火花塞通过传统型号编码规则表读取，大部分最新型号火花塞和贵金属火花塞通过新型号编码规则表读取。以普通火花塞 BPR5ES-11、PFR5A-11 为例，其识读方法见图 5-28。

B	P	R	5	E	S	-11
安装螺纹尺寸 （六角对边尺寸） A——18mm (20.8mm) B——14mm (20.8mm) C——10mm (16.0mm) D——12mm (18.0mm) E——8mm (13.0mm) BC——14mm (16.0mm) BK——14mm (16.0mm) DC——12mm (16.0mm)	P 绝缘体突出型 M 小型火花塞 （CMR6H的安装高度比CR6HS短） U 沿面、半沿面及辅助型火花塞 (BUHW、BUR6ET等)	R 电阻 Z 卷线型电阻	（热值） 2 易热型 4 5 6 7 8 9 10 冷却型	（螺纹长度） E——19.0mm H——12.7mm L——11.2mm EH—19.0mm半螺丝 M（轻量型） BM——9.5mm BPM-A——9.5mm F（圆锥型） A-F——10.9mm B-F——11.2mm B-EF——17.5mm BM-F——7.8mm	B——一体型端子(CR8EB) CM——安装高度较短 CS——倾斜外侧电极 D——大发车专用(BCPR6ED) G、GV—赛车用火花塞 IX——铱合金IX火花塞 IX-P—铱合金MAX火花塞 J——两极突出型（大发车专用） K——外侧两极 LPG—LPG专用 N——外侧电极特殊型 P——白金火花塞 Q——外侧四极 (BKR6EQUP:BMW) (BKR5EQUPA:日产) (BUR9EQP:马自达) QP——外侧四极 中心电极为白金 S——标准型 T——外侧三极 U——半沿面火花塞 Y——V字型切口中心电极 YA——耐污损型(BR9EYA)	（火花间隙） 未标注：标准型 -9：0.9mm -10：1.0mm -11：1.1mm -13：1.3mm -14：1.4mm -15：1.5mm -L：中间热价
BK—是按照国际规格(ISO)尺寸制造的产品。从火花塞密封垫圈到终端螺丝帽的长度比日本规格(JIS)的BCP型短2.5mm						

（此表为普通火花塞编号的读取方法）

P	F	R	5	A	-11
I 铱合金火花塞 L 长螺纹火花塞 P 白金火花塞 Z 突出型火花塞	安装螺纹尺寸 （六角对边尺寸） F——Φ14×19mm (16.0mm) G——Φ14×19mm (20.8mm) J——Φ12×19mm (18.0mm) K——Φ12×19mm (16.0mm) M——Φ10×19mm (16.0mm) T——圆锥型 Φ14×17.5mm (16.0mm) 除PTR-A：Φ14×25mm U——圆锥型 BP-FS：Φ14×11.2mm (16.0mm) Y——圆锥型 B-FS：Φ14×11.2mm (16.0mm)	R 电阻型 火花塞	（热值） 4 易热型 5 6 7 8 9 冷却型	A / B / C （附加记号） I 单面铱合金 火花塞 (KR7AI) P 单面白金 火花塞 (FR6BP-11)	（火花间隙） 未标注：标准型 -9：0.9mm -10：1.0mm -11：1.1mm

图 5-28　火花塞型号识读

（五）火花塞的选用要求

（1）混合气燃烧时，火花塞裙部受到的爆发压力高达 58.8～68.6 N/cm²，因此主要组成零件必须具备足够高的力学强度。

（2）火花塞必须具备耐压 20 000 V 以上的绝缘强度。

（3）火花塞应能承受温度在 50～2 200 ℃范围内变化气体的反复冲击而不变形，不发生局部过热。

（4）火花塞的材料必须具备抵抗燃烧过程中产生的各种有害气体腐蚀的能力。

（5）火花塞应具有合理的安装位置和良好的密封性。

（6）火花塞应具有尽可能低的击穿电压，这不仅可以提高点火系的工作可靠性，而且可以减轻高电压电路的负担，延长火花塞的使用寿命。

三、火花塞的失效形式

（一）火花塞烧蚀

正常的火花塞如图 5-29 所示。火花塞顶端有疤痕或被破坏，电极出现熔化、烧蚀现象时，都表明火花塞已经毁坏，应该更换火花塞。在更换过程中可以观察火花塞烧蚀的症状以及颜色的变化。

（1）电极熔化且绝缘体呈白色，如图 5-30 所示。这种现象表明燃烧室内温度过高。这可能是燃烧室内积炭过多，造成气门间隙过小，引发排气门过热或是冷却装置工作不良造成的。在火花塞未按规定力矩拧紧时也会造成电极熔化，绝缘体呈现白色的现象。

图 5-29　正常火花塞

图 5-30　火花塞电极融化

（2）电极变圆且绝缘体结有疤痕，如图 5-31 所示。这种现象表明发动机早燃，可能是点火时间过早或者汽油辛烷值过低，火花塞热值过高等造成的。

（3）绝缘体顶端碎裂，如图 5-32 所示。一般来说，爆震燃烧是绝缘体破裂的主要原因。而点火时间过早、汽油辛烷值低、燃烧室内温度过高，都可能导致发动机爆震燃烧。

图 5-31　电极变圆

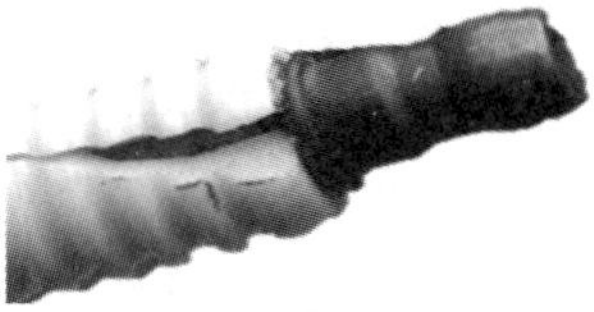

图 5-32　绝缘体顶端破碎

（4）绝缘体顶端有灰黑色条纹。这种条纹的出现表明火花塞已经漏气，应及时更换新件。

（二）火花塞上有沉积物

火花塞绝缘体的顶端和电极间有时会粘上沉积物。不要小看这种沉积物，情况严重时，它可能造成发动机不能正常工作。在清洁火花塞后，车辆暂时可以得到正常运转，但不久后又会出现类似情况。事实上，火花塞出现沉积物只是一个表面现象，这有可能是车辆别的机械部件出现问题的信号。

图 5-33 火花塞上有油性沉积物

（1）火花塞上有油性沉积物，如图 5-33 所示。当火花塞上出现油性沉积物时，就表明润滑油已进入燃烧室内。如果只是个别火花塞上有油性沉积物，则可能是气门杆油封损坏造成的。但如果是各个缸体的火花塞都粘有这种沉积物，则表明气缸出现窜油。一般来说，在空气滤清器和通风装置堵塞的情况下，气缸极易出现窜油的现象。

（2）火花塞上有黑色沉积物。火花塞电极和内部有黑色沉积物，通常表明气缸内混合气体过浓。车主可以提高发动机运转速度，并持续几分钟，借以烧掉留在电极上面的一层黑色煤烟层。

四、火花塞失效对发动机工作的影响

（1）加速无力。

（2）车辆抖动。

（3）启动困难。

（4）排放不达标。

五、火花塞的检查与更换

定期对火花塞进行维护与保养不但能确保火花塞正常工作，还能减少油耗，表 5-12 是火花塞的维护与保养步骤。

表 5-12 火花塞的维护与保养

操作方法	图示
1. 火花塞的拆卸 （1）清理点火线圈及附近的灰尘和油污	

续表

操作方法	图示
（2）拔下点火线圈的线束插头	
（3）用套筒拧下点火线圈的固定螺栓	
（4）拔出点火线圈	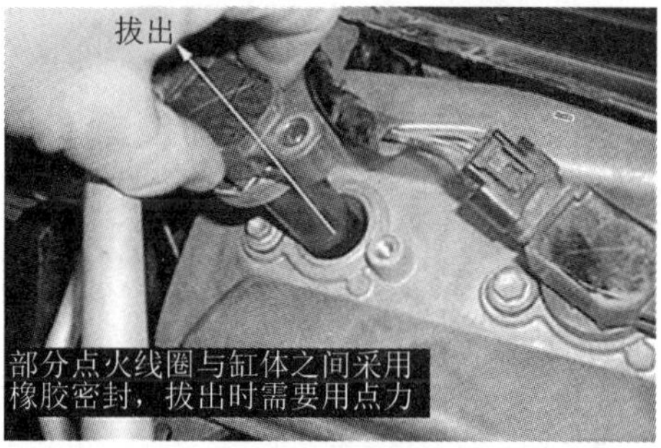
（5）用套筒把火花塞拧松，并用点火线圈将火花塞取出	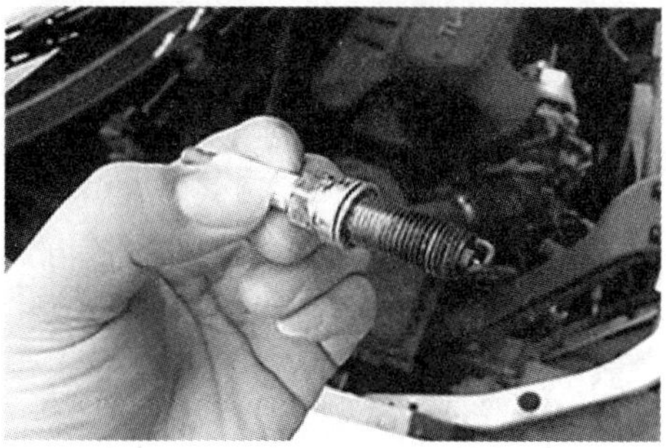

续表

操作方法	图示
2. 火花塞的检查 检查火花塞电极是否有烧蚀、积炭和油污；检查火花塞绝缘体是否损坏；检查连接螺纹是否有损坏；用塞尺测量火花塞间隙，标准值为 0.6～1.3 mm	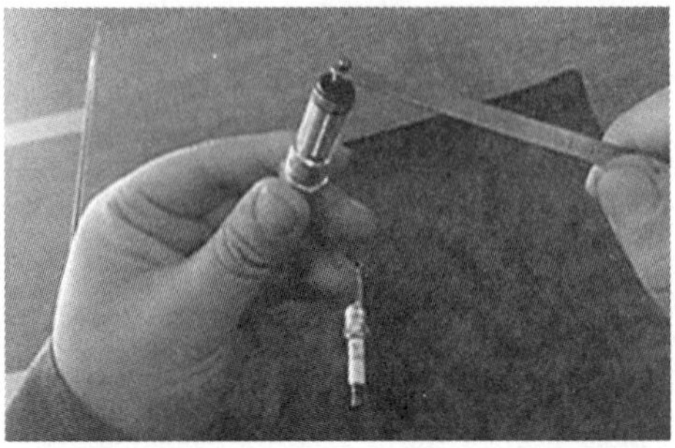
3. 火花塞的安装 （1）安装火花塞时，先将火花塞放到套筒里，然后使用扭力扳手紧固火花塞，一般拧紧力矩为 20 N·m	
（2）重新安装点火线圈及电气连接线	

任务 4　蓄电池的检查与更换

一、认识汽车的电源系统

电源系统的作用就是向汽车用电设备提供低压直流电，以保证汽车在行驶中和停车时的用电。

电源系统主要由蓄电池、启动机、启动继电器等组成，如图 5-34 所示。

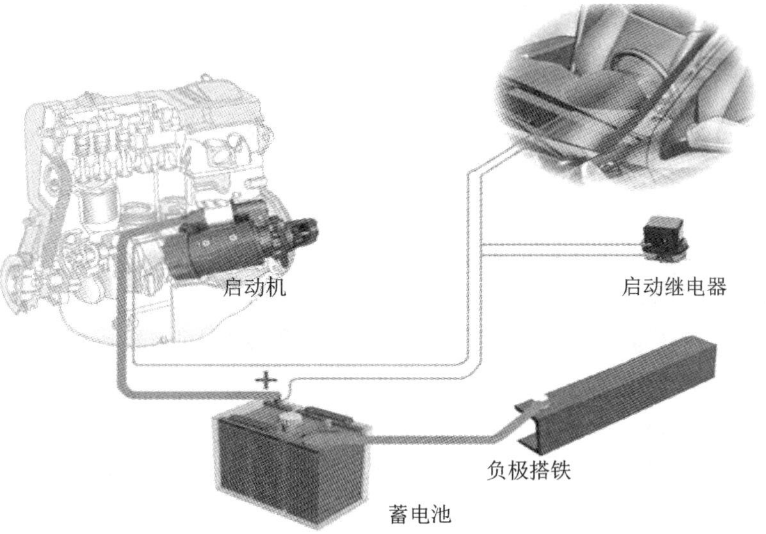

图 5-34　汽车电源系统

二、认识蓄电池

蓄电池（俗称电瓶）是一种可逆的低压直流电源，也是一种储存电能的装置。一旦连接外部负载或接通充电电路，蓄电池便开始了能量转换过程，既能将化学能转换成电能提供给外电路，也能将电能转化成化学能储存起来。

图 5-35　铅酸蓄电池

蓄电池的种类很多，目前乘用车广泛采用启动性能好的铅酸蓄电池，如图 5-35 所示。法国人普兰特于 1859 年发明铅酸蓄电池，迄今铅酸蓄电池在理论研究方面，在产品种类、产品电气性能等方面都有很大进步。无论是在交通、通信、电力、军事领域还是在航海、航空等领域，铅酸蓄电池都起到了不可缺少的重要作用。

根据铅酸蓄电池的作用，可将其分为三种类型，即启动式铅酸蓄电池、牵引式铅酸蓄电池、固定式铅酸蓄电池，其性能特点也有所区别，如表 5-13 所示。

表 5-13　三种铅酸蓄电池的对比

类型	常用容量/（A•h）	正极板	负极板	特点
启动式铅酸蓄电池	5～200	涂膏式	涂膏式	比功率高、比能量高
牵引式铅酸蓄电池	40～1 200	管状	涂膏式	可深度充放电
固定式铅酸蓄电池	40～5 000	板状	涂膏式	比能量较低、自放电率小

启动式铅酸蓄电池由于不能深度充放电，不能用作电动汽车的主电源，一般仅作为低压辅助电源使用；固定式铅酸蓄电池虽然容量可以做到很大，但是比能量较低，体积和质量很大，不适合车用，一般仅用作不间断电源，放在位置相对固定的场合；牵引式铅酸蓄

电池容量相对较大，可深度充放电，比能量较高，可用作电动汽车主电源。

随着铅酸蓄电池技术的不断发展，目前牵引式铅酸蓄电池已有很多种类型，如开口式铅酸蓄电池、阀控式密封铅酸蓄电池、胶体蓄电池、双极性密封铅酸蓄电池、水平式密封铅酸蓄电池、卷绕式圆柱形铅酸蓄电池、超级蓄电池等。

（一）蓄电池的作用

（1）启动发动机时，给启动机提供强大的启动电流（10 A 左右），同时给点火系统、电子燃油喷射系统、仪表系统等用电设备供电。

（2）当发电机过载时，可以协助发电机给用电设备供电。

（3）当发动机怠速运转时，给用电设备供电。

（4）作为一个大容量电容器，可以保护汽车的用电器。

（5）当发电机端电压高于蓄电池的电动势时，将一部分电能转变为化学能储存起来，也就是充电过程。

（二）蓄电池的安装位置

蓄电池的安装位置一般在发动机舱或后备箱内，如图 5-36 所示。

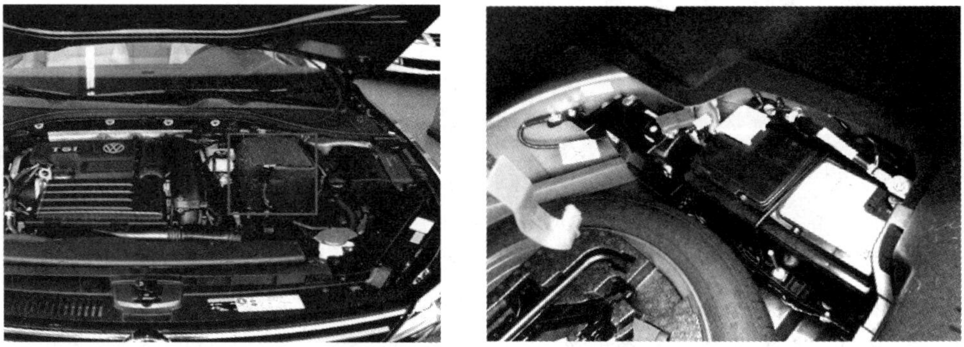

图 5-36 蓄电池的安装位置

（三）蓄电池仪表指示灯

蓄电池仪表指示灯如图 5-37 所示。

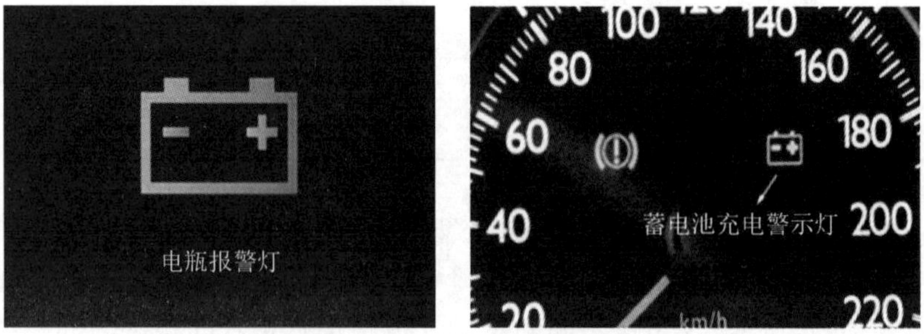

图 5-37 蓄电池仪表指示灯

（四）蓄电池的参数认知

按照行业标准 JB/T 2599—1993 的规定，蓄电池产品型号分为三部分，排列形式是“□-□□-□□”，如图 5-38 所示，表示的含义如表 5-14 所示。

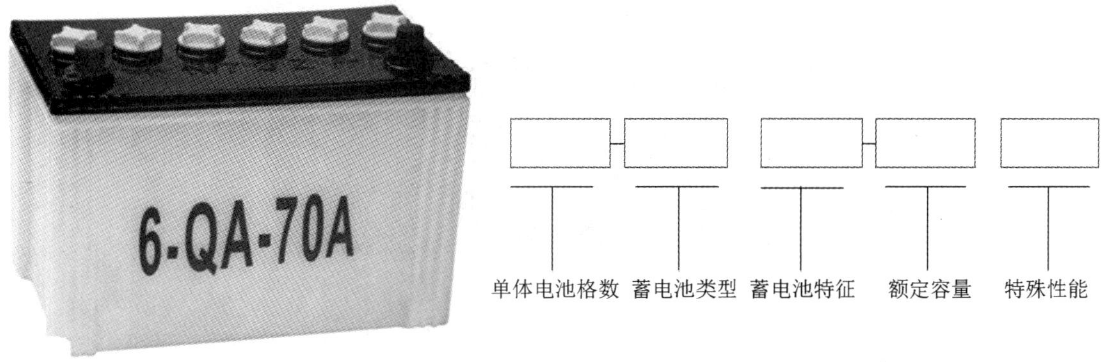

图 5-38　蓄电池参数

表 5-14　蓄电池参数含义

第一部分	第二部分		第三部分	
单体电池格数	蓄电池类型	蓄电池特征	额定容量	特殊性能
用阿拉伯数字表示： 3—表示 3 个单格，额定电压 6 V； 6—表示 6 个单格，额定电压为 12 V	Q—启动用蓄电池； N—内燃机车用电池； M—摩托车用电池	A—干荷电铅蓄电池； H—湿荷电铅蓄电池； W—免维护铅蓄电池； B—薄型极板； S—少维护铅蓄电池； J—胶体式铅蓄电池； 无字母—普通铅蓄电池	角标 a 表示第一次改进，b 表示为第二次改进，依此类推	G—高启动率； D—低温性能好； S—塑料槽蓄电池

例如：6-QA-70A，各部分参数含义如下。

“6”：用阿拉伯数字表示串联的单格电池数。

“Q”：表示启动用蓄电池。

“A”：用汉语拼音字母表示蓄电池的特征，A 为干荷式蓄电池。

“70”：表示额定容量为 70 A·h。

“A”：表示蓄电池的特殊性能。

（五）蓄电池的铭牌

蓄电池的铭牌如图 5-39 所示。铭牌上包含了大量蓄电池的信息，正确读取电池的铭牌对于汽车检修有重要的意义。下面以 VARTA（瓦尔塔）蓄电池为例，讲解蓄电池铭牌的识读。

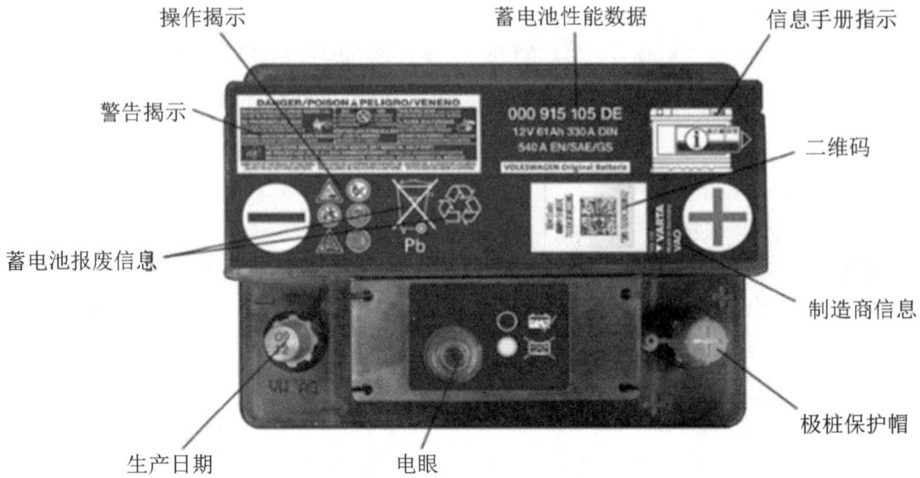

图 5-39　蓄电池的铭牌

1）蓄电池性能数据

蓄电池性能数据见表 5-15。

2）信息手册指示

蓄电池前面贴有一塑料袋，袋中装有该蓄电池的信息手册。信息手册上包含蓄电池的各种信息，如安全信息、尺寸信息、操作提示等相关信息。

表 5-15　蓄电池性能数据

符号	含义
000 915 105 DE	原厂备件编码
12 V	蓄电池额定电压
61 Ah	蓄电池额定容量
330A DIN	DIN（德国标准化协会）制定的低温（-18 ℃）试验电流
540 A EN/SAE/GS	EN（欧洲标准）/SAE（美国汽车工程师学会）/GS（海湾标准）制定的低温（-18 ℃）试验电流

3）二维码

如图 5-40 所示，用蓄电池测试仪扫描二维码可快速识别蓄电池，同时可以获取备件编码、生产日期、制造商代码、蓄电池性能数据等。

图 5-40　蓄电池二维码

4）制造商信息

蓄电池的制造商信息如图 5-41 和表 5-16 所示。

图 5-41　蓄电池制造商信息

表 5-16　蓄电池制造商信息

符号	含义
VATRA	蓄电池品牌
Made in Germany	生产国家（德国）
VAO	生产厂代码

5）极桩保护帽

新蓄电池正负极桩装有保护帽。正极桩为红色，负极桩为蓝色。

6）电眼

供用户大致判断蓄电池工作状态。

7）生产日期

蓄电池的生产日期标注方式有两种：一是采用从上部敲击嵌入负极方式写入，如图 5-42（a）所示，表示该蓄电池为 2012 年第 9 周生产；二是通过标签写入，如图 5-42（b）A 处所标识的日期。

8）蓄电池报废信息

此处标明蓄电池废弃处理和回收的法律规定。

（a）　（b）

图 5-42　蓄电池生产日期标注

（a）敲击嵌入负极方式写入　（b）标签写入

9）警告提示

此处为相关市场的警告提示。

10）操作提示

此处为对蓄电池操作时的安全提示。

（六）蓄电池的基本结构

普通铅酸蓄电池由 6 个单格电池组成，每个单格电池电压约为 2 V。每个单格电池顶部都设有一个加液孔，可以加注电解液或检测电解液密度。孔盖上设有通气孔，便于排出蓄电池内部气体，切不可堵塞，否则会造成外壳胀裂，甚至发生爆炸事故。

铅酸蓄电池主要由正负极板、间隔、汇流导体、壳体、极柱、蓄电池盖等部分组成，如图 5-43 所示。其中，电解液由相对密度为 1.84 g/cm^3 的纯硫酸与蒸馏水按一定比例配制而成，一般密度为 1.24～1.30 g/cm^3。

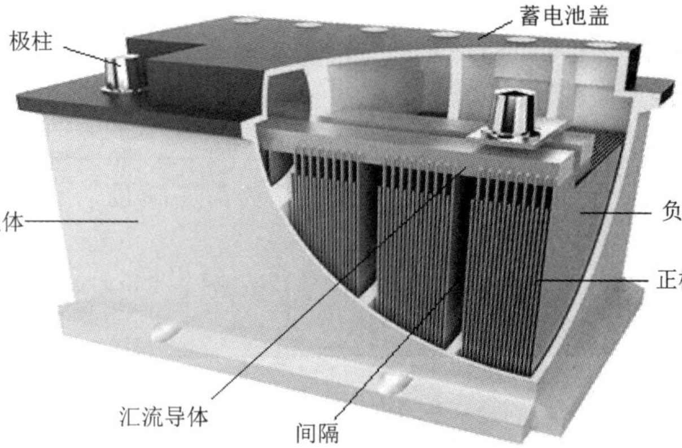

图 5-43 铅酸蓄电池的结构

注意：不允许用工业硫酸和自来水、井水、河水等配制电解液。这是由于自来水含有的杂质多，易引起蓄电池自放电，从而影响蓄电池寿命。

（七）蓄电池的容量

蓄电池的容量表示蓄电池的供电能力。一个完全充足电的蓄电池，在允许放电的范围内所输出的电量称为蓄电池的容量。蓄电池的容量用额定容量、储备容量和冷启动电流（启动容量）表示。

1. 额定容量 C_{20}

额定容量是判断蓄电池性能的重要指标，根据《启动用铅酸蓄电池第 1 部分：技术条件和实验方法》（GB/T 5008.1—2013），将充足电的蓄电池在电解液初始温度为（25±5）℃时，连续放电 20 h，至其终止电压为 1.75 V（整个蓄电池终止电压为（10.5±0.5）V 时，蓄电池所输出的电量，称为额定容量，单位为 A·h。

如蓄电池上的标识为 6-QA-60，则表示充足电的新蓄电池在电解液初始温度为 25 ℃时，以 3 A 的放电电流连续放电 20 h，至蓄电池终止电压为 10.5 V 时，所输出的电量。额定容量 C_{20}= 3 A×20 h = 60 A·h。

2. 储备容量 RC

储备容量表示汽车在充电系统不工作的情况下，仅靠蓄电池提供点火和最低限度的电路负载用电所能运行的大约时间。根据 GB/T 5008.1—2013，蓄电池在（25±5）℃的条件下，以 25 A 的额定电流连续放电到规定的单格终止电压 1.75 V（整个蓄电池终止电压为（10.5±0.5）V）时，持续放电的时间，称为蓄电池的储备容量，单位为 min。

如蓄电池上标明 RC 为 110 min，则表示蓄电池在发电机无法充电的情况下，可以让车行驶 110 min。

3. 冷启动电流 CCA

众所周知，蓄电池在冬季时启动性能会下降，这是因为蓄电池的启动性能对气温很敏感。而冷启动电流反映了蓄电池在低温状态下的启动能力。冷启动电流表示充足电的蓄电池在-17.8 ℃（0 ℉）条件下，在 30 s 内端电压下降到 7.2 V 时，蓄电池所能供给的最大电流，单位为 A。

如蓄电池上标识为 500CCA，则表示蓄电池以 500 A 电流连续放电 30 s 后，测得蓄电池的电压至少为 7.2 V。

注：免维护蓄电池在汽车上的寿命一般为 3～5 年，当蓄电池的容量下降到标称容量的 80%～90% 时，可能会因为气温较低或机油黏度过大导致车辆无法启动。

（八）蓄电池亏电

（1）蓄电池亏电是指以下状态：

①启动机不转，即使转动，其力量也很弱，无法启动发动机；

②前照灯比正常状态暗；

③报警声弱或者不响；

④启动机发出“咔嚓咔嚓”的声音，并且不转动。

（2）蓄电池亏电的原因有两个方面。

①自放电。在外部电路没有关闭的情况下，蓄电池内部放电。蓄电池受热和脏污会加剧自放电，自放电还会导致气体逸出，使得电解液减少。每天车辆自放电可消耗 1%的电量。

②不存电。硫化、循环放电、过度放电等会导致蓄电池不存电。

（九）蓄电池使用注意事项

（1）大电流放电时间不宜过长。每次启动时间应小于 5 s，相邻两次启动应间隔 15 s 以上。避免启动时使用雨刮器、后窗除霜加热器及长时间开前照灯等。

（2）尽量避免蓄电池过放电和长期在亏电状态下工作，亏电蓄电池应及时取下进行充电，放完电的蓄电池应在 24 h 之内进行充电。

（3）冬季使用蓄电池，要特别注意保持足电状态，以免电解液密度降低而结冰。在保证不结冰的前提下，尽可能采用密度偏低的电解液。如果液面过低，需添加蒸馏水，且只能在充电前进行，尽可能使水和电解液混合。冷启动前，注意预热发动机。

（4）蓄电池的储存应满足以下条件：室温 5～40 ℃，干燥、通风良好；避免叠放或受冲击；避免阳光直射，距离热源 2 m 以上。

（5）日常维护时，检查蓄电池外壳与极柱是否有裂纹和电解液泄漏；检查蓄电池本身安装是否牢固，防止振动损坏；检查极柱接线是否牢固，防止电量损失或产生火花；保持加液孔盖上通气孔的畅通，定期疏通。经常检查并调整电解液的液面高度（高于极板 10～15 mm），不足时应补充蒸馏水。

（6）保持蓄电池外表面的清洁、干燥，及时清除极柱和电缆卡子上的氧化物，并确认蓄电池极柱上的电缆连接是否牢固、蓄电池在托架上的安装是否牢固。清洗时要将蓄电池从车上拆下，先刮除腐蚀物，再用苏打水清洗，然后用清水冲洗并用纸巾擦干。电缆卡子在清洗后还应涂上凡士林或润滑脂以防止腐蚀。

三、蓄电池的拆装

蓄电池的拆装见表 5-17。

表 5-17　蓄电池的拆装

操作方法	图示
1. 蓄电池的拆卸 1）熄火 将点火开关置于断开（OFF）位置	
2）找到蓄电池 一般车辆蓄电池安装在发动机舱内，但有些车（如雪佛兰科鲁兹）的蓄电池安装在后备箱内	
3）辨识蓄电池的接线柱 正确辨识蓄电池的正、负极柱，蓄电池的正极旁边有一个加号“+”，而负极旁边则有一个负号“-”	

续表

操作方法	图示
4）断开蓄电池的电缆线 先用扳手（通常使用 8 cm 或 10 cm 扳手）将蓄电池的负极电缆夹松开并取出连线，再将蓄电池的正极电缆夹松开并取出连线； 特别注意：切不可先拆正极再拆负极	
5）拆下固定夹板 拆下蓄电池固定夹板的固定螺栓，取下固定夹板	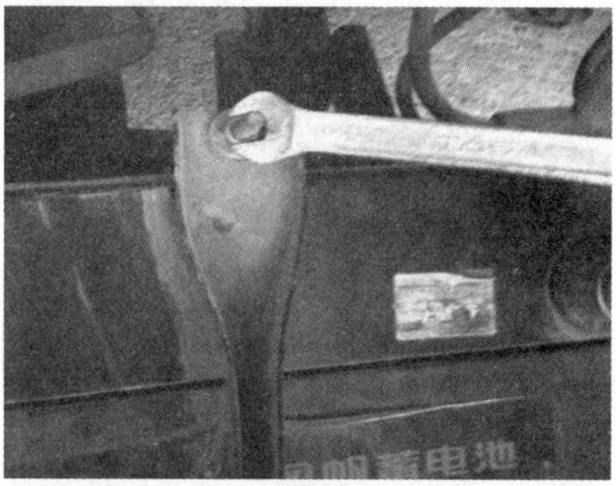
6）取下蓄电池 取下蓄电池时应小心轻放，尽量用蓄电池提把提取	
2. 蓄电池的安装 （1）检查蓄电池型号、规格是否符合该车型汽车使用	

续表

操作方法	图示
（2）按照蓄电池正、负极柱和正、负极电缆端子的相对位置，将蓄电池安放到固定架上	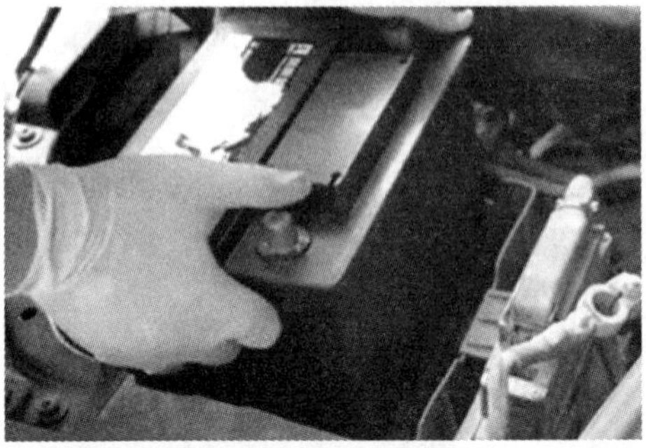
（3）用细砂纸或专用清洁器清洁蓄电池的接线柱及连接接线柱的夹头，在螺栓、螺母的螺纹上涂凡士林或润滑脂，以防氧化生锈	
（4）在正、负极接线柱及其电缆端子上涂抹一层润滑脂，以防极柱和端子氧化腐蚀	
（5）安装固定夹板，拧紧夹板固定螺栓	

注意：

（1）在发动机运转情况下，严禁拆卸蓄电池；

（2）拆卸蓄电池时应使用专用的工具，尽量不要用手直接触摸有酸液的部位；

（3）操作时应戴胶皮手套，防止意外发生；

（4）操作时应戴护目镜。

四、蓄电池的检查与养护

蓄电池的检查与养护见表 5-18。

表 5-18　蓄电池的检查与养护

操作方法	图示
1. 蓄电池外观检查 1）蓄电池壳体检查 用苏打水清洁蓄电池壳体，并检查蓄电池外壳是否有变形、损坏、开裂及电解液渗漏等现象	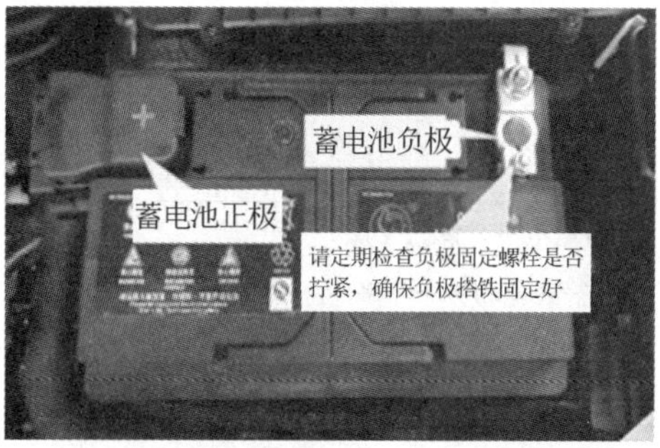
2）蓄电池极柱检查 检查蓄电池端子导线与极柱之间连接是否松动。所有活接头必须保持接触良好，防止产生火花，引起蓄电池爆炸。 检查蓄电池极柱是否存在腐蚀，若存在腐蚀，必须刮净，并涂凡士林，以防再受锈蚀	
3）蓄电池支架检查 检查蓄电池安装是否牢靠，其支架固定螺栓是否松动，避免因行车振动而导致壳体损坏	
2. 蓄电池电解液液面高度的检查 1）玻璃管检查法 先用拇指适当压下橡皮囊后，再将密度计的橡皮吸管插入电解液中，然后缓慢放松拇指，使电解液吸入玻璃管中，吸入玻璃管中，电解液的多少以使浮子浮起为准	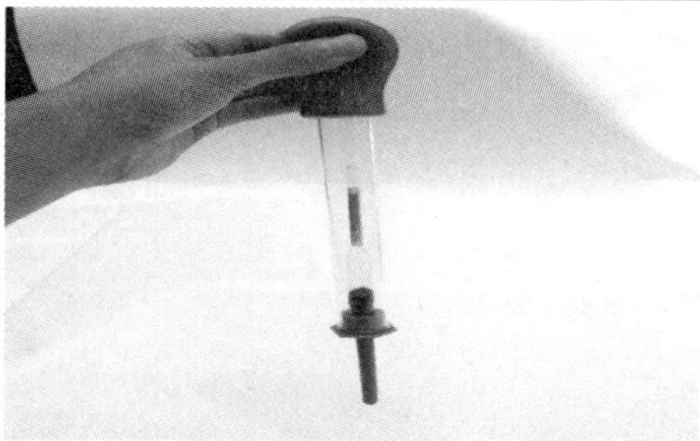

续表

<table>
<tr><th>操作方法</th><th>图示</th></tr>
<tr><td>2）液面高度指示线法
观察蓄电池电解液液面，如果低于“min”线就需要添加电解液</td><td>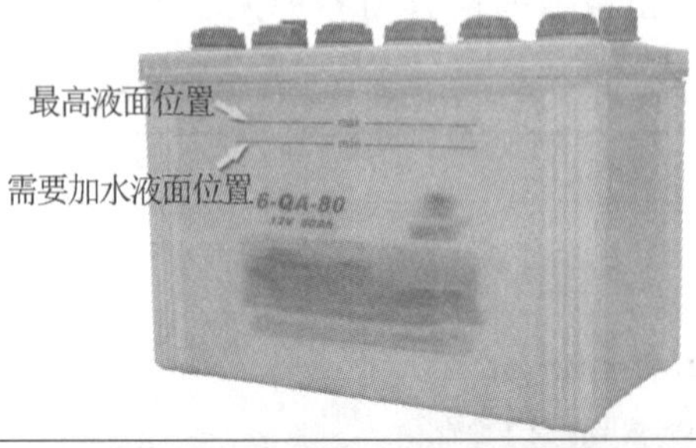
</td></tr>
<tr><td>3. 蓄电池电荷情况检查
（1）静止电动势（开路电压）测量。
把数字式万用表跨接在蓄电池两极，跨接时注意极性，测量开路电压的读数要精确到 0.1 V。
对于额定电压为 12 V 的蓄电池，若测得电压小于 12 V，说明蓄电池过量放电；若测得电压为 12.2～12.4 V，说明蓄电池部分放电；若测得电压高于 12.5 V，说明蓄电池存电充足</td><td>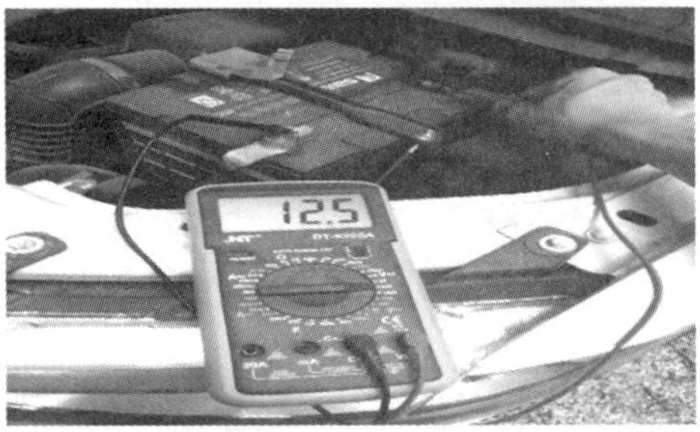
</td></tr>
<tr><td>（2）启动电压测量</td><td>
</td></tr>
<tr><td>4. 蓄电池电解液密度检查
（1）吸取电解液</td><td>
</td></tr>
<tr><td>（2）读取电解液密度值</td><td>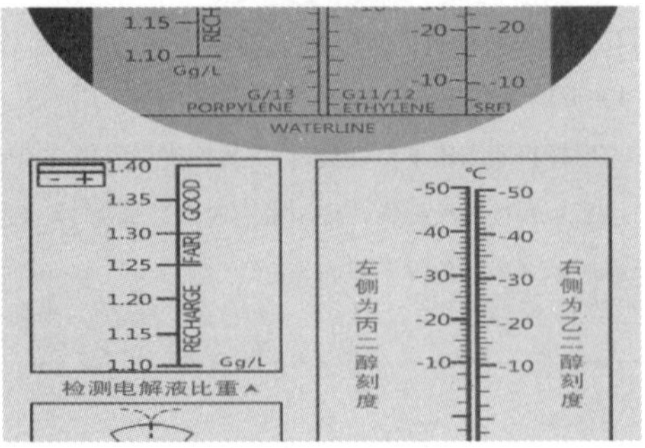
</td></tr>
</table>

续表

操作方法	图示
（3）电解液密度换算。 （4）蓄电池放电程度估算。根据实际经验，电解液密度每减小 0.01 g/cm³，相当于蓄电池放电 6%，因此从测得的电解液密度可以粗略地估算出蓄电池的放电程度	
5. 蓄电池外部电路的漏电检测 1）试灯法 断开所有电气开关，脱开负极电缆，在蓄电池负极电缆和蓄电池负接线柱之间连接试灯，如果灯亮，说明存在恒定的漏电，需逐个拔下各电路保险丝；如果切断某一电路时，试灯灭了，说明该条电路漏电	
2）万用表法 把万用表接在蓄电池负极和搭铁线之间，选择合适量程，通过测量电流判断漏电情况	
6. 蓄电池接线柱的检测 检测时，把电压表负极表笔接到电缆卡子上，正极表笔接到蓄电池正接线柱上，启动发动机（注意不能使发动机发动），并观察电压表读数，这时电压表读数不得大于 0.5 V，否则说明电缆连接处有高电阻，这时应清洁电缆卡子和蓄电池接线柱。若电缆卡子与蓄电池接线柱松动，应予以紧固	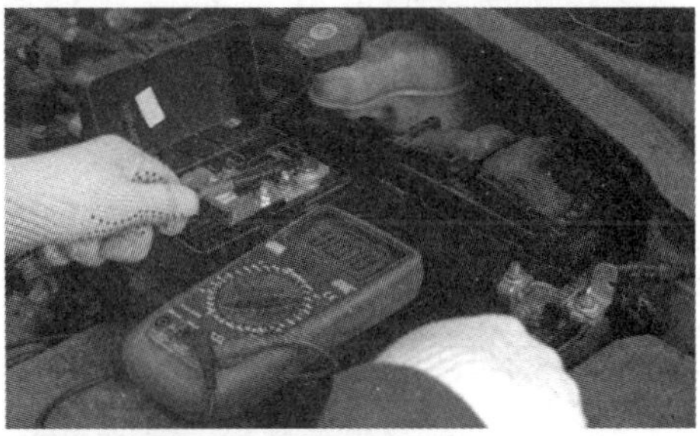
7. 免维护蓄电池的检查 免维护蓄电池的内部设有内装式密度计，即技术状态指示器（也称电眼），根据指示器的颜色可判定蓄电池的放电程度。不同的蓄电池电眼识读方法略有不同，每个免维护蓄电池的表面都贴有电眼识读方法，可根据蓄电池上的标识读取状态	

续表

操作方法	图示
绿色表示充足电；颜色变黑或为深绿色时，表示电解液密度偏低，蓄电池存电不足，应予以充电；当显示白色或无色透明时，表示电解液液面过低，必须更换蓄电池；浅黄色表示电解液不足	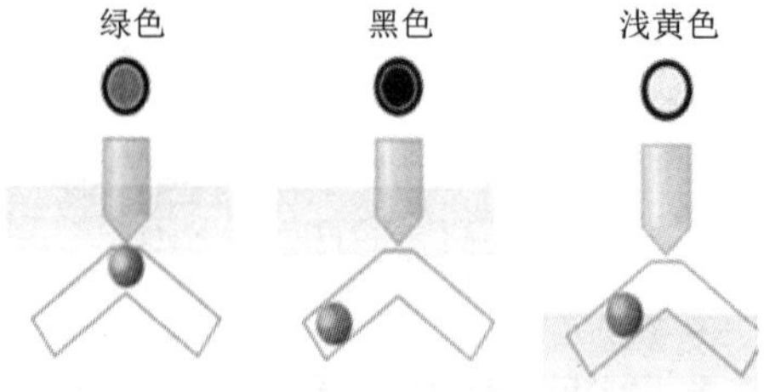
8. 蓄电池的清洁 由于汽车的工作环境恶劣，蓄电池上部不可避免地会积存灰尘和污垢，严重时会导致正、负极短路，出现自放电现象；接线处脏污、腐蚀等也会造成接触不良，导致蓄电池不能正常充放电。因此，每隔 3 个月应对蓄电池外部进行一次清洗	

五、汽车搭电救援

蓄电池在冬季的性能会出现大幅的下降。车龄长的车在冬季放很容易出现亏电的情况，当然正常的车辆如果长时间停放，电瓶也是会没电的，而这个时候就需要搭电救援。专业人员需要掌握车辆搭电救援的方法。

（一）车辆搭电救援

车辆搭电救援见表 5-19。

表 5-19 车辆搭电救援

操作方法	图示
（1）准备工具：蓄电池电量正常的车辆（救援车）、搭电线	

续表

操作方法	图示
（2）搭电顺序（连接电瓶时车辆要熄火）：将搭电线红色夹子（正极）连接到被救车电瓶正极接线柱，另一头（也是红色夹子）连接到施救车电瓶正极接线柱；搭电线的黑色夹子头（负极）连到施救车电瓶负极，另一头连接被救车的负极	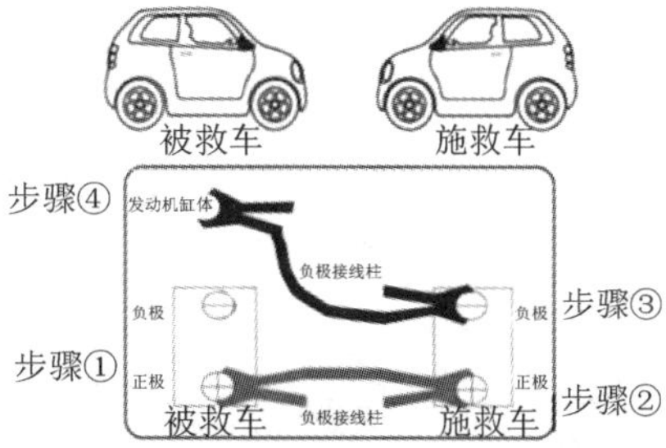
（3）将搭电线的红色夹子（正极）连接在被救车电池的正极	
（4）将搭电线的红色夹子（正极）连接在施救车蓄电池的正极	
（5）将搭电线的黑色夹子（负极）连接在施救车蓄电池的负极	
（6）将搭电线的黑色夹子（负极）连接在被救车蓄电池的负极	

续表

操作方法	图示
（7）进入被救车内，进行启动	

（二）应急启动电源搭电救援

应急启动电源搭电救援见表 5-20。

表 5-20　应急启动电源搭电救援

操作方法	图示
1）工具准备 准备汽车应急启动电源（纽曼 V8 精英版）。 该启动电源具备短路保护、反接保护、过充保护、过流保护等功能	
2）打开启动模式 按住“FUNC”键不放，再将开关键推至“ON”位置，屏幕显示“START”模式	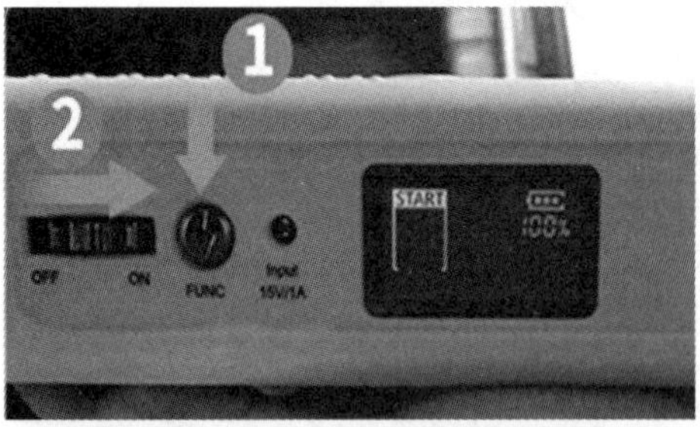
3）连接蓄电池线夹 将线夹插入启动电源，务必插到底	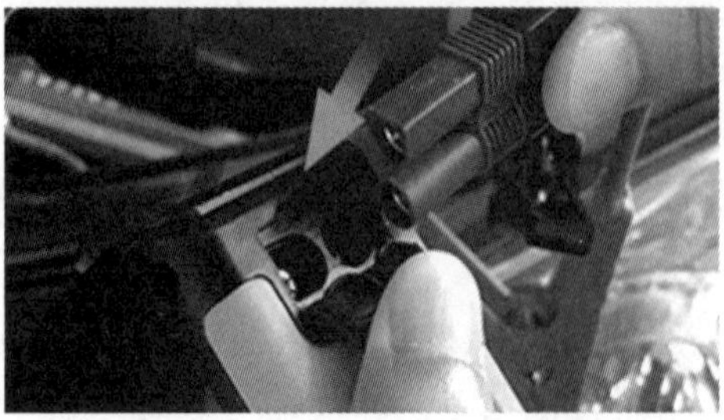

续表

操作方法	图示
4）连接蓄电池线夹 将应急启动电源红色夹子（正极）连接在被救车蓄电池正极，黑色夹子（负极）连接在被救车蓄电池负极	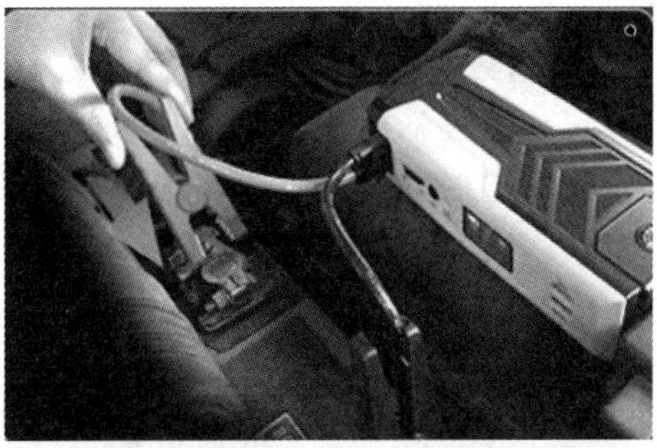
5）启动车辆 进入车内进行被救车的启动，取下线夹完成启动	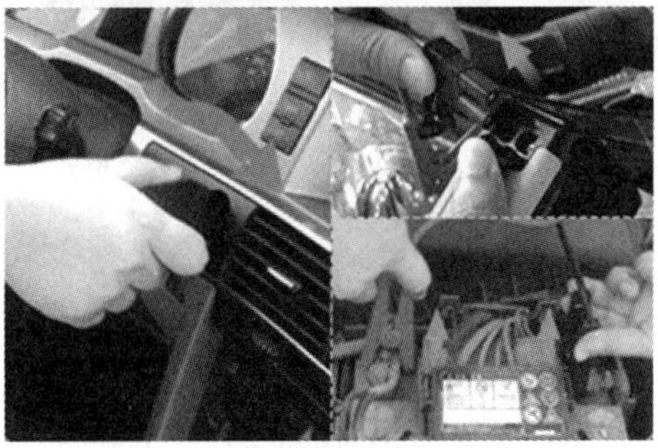

任务 5　离合器的检查与维护

一、认识汽车传动系统

汽车发动机所发出的动力靠传动系传递到驱动车轮，如图 5-44 所示。

传动系统具有减速、变速、倒车、中断动力、轮间差速和轴间差速等功能，与发动机配合工作，能保证汽车在各种工况条件下的正常行驶，并具有良好的动力性和经济性。

图 5-44　汽车传动系统

二、认识离合器

1. 离合器的作用

在汽车行驶过程中，驾驶员可根据需要踩下或松开离合器踏板，使发动机与变速器暂时分离和逐渐接合，以切断或传递发动机向变速器输入的动力。

2. 离合器的结构

如图 5-45 所示，离合器由膜片弹簧、压盘、飞轮、飞轮齿圈、摩擦片及减震弹簧等部分组成。

3. 离合器的位置

离合器位于发动机和变速器之间的飞轮壳内，如图 5-46 所示，用螺钉将离合器总成固定在飞轮的后平面上，离合器的输出轴就是变速器的输入轴。

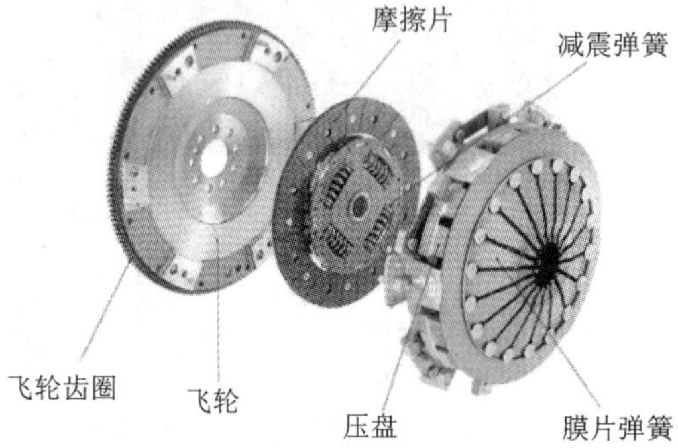

图 5-45 离合器的结构

图 5-46 离合器的位置

三、离合器的检查与维护

1. 离合器自由行程的检查

离合器自由行程的检查见表 5-21。

表 5-21 离合器自由行程的检查

操作方法	图示
（1）用直尺在驾驶室地板上检测，保持直尺的倾斜度与踏板踩下时的弧线相切	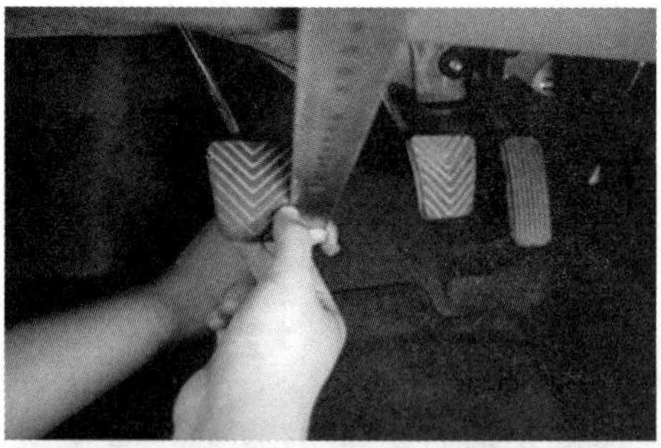
（2）测出踏板完全放松时的高度，检查是否在标准值范围内，否则应予调整	

续表

操作方法	图示
（3）用手轻推离合器踏板，感觉到阻力增大（分离轴承与分离杠杆刚刚接触）时，停止下压离合器踏板，测出踏板与驾驶室地板之间的高度	
（4）踏板完全放松时的高度值与该高度值之差，即为离合器踏板的自由行程	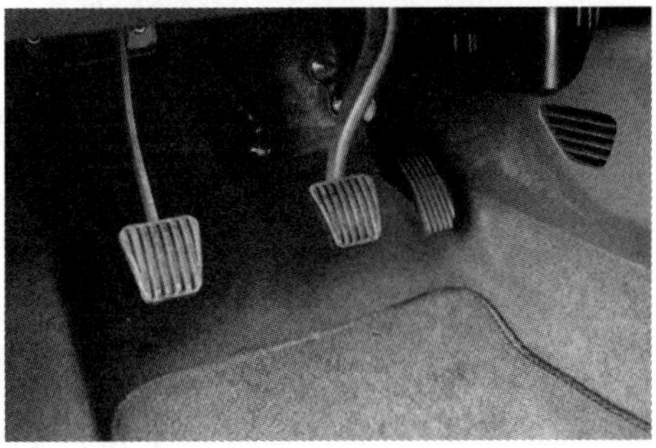

知识点：离合器踏板自由行程。

（1）离合器踏板自由行程（20～30 mm）反映分离轴承与分离杠杆之间的间隙（2～3 mm）。

（2）自由行程过大，会引起离合器分离不彻底，变速器挂挡打齿；自由行程过小，会引起离合器打滑。

（3）将离合器踏板踩到底然后松开，踏板操作应轻便、无阻滞、回位良好。

（4）离合器踏板无过高或过低现象。

2. 离合器踏板自由行程的调整

1）液压操纵式离合器踏板自由行程调整

（1）通过调整总泵主缸踏板的偏心实现。

（2）通过调整离合器分泵推杆长度实现。

2）拉线式离合器踏板自由行程的调整

（1）使用润滑油加注枪润滑离合器操纵拉线。

（2）旋松离合器拉线上的锁紧螺母，转动调整螺丝，改变离合器拉线长度，确保离合器踏板有适当的自由行程，将锁紧螺母锁好。

知识点：离合器踏板自由行程的调整是通过改变分离轴承与分离杠杆之间的间隙实现的。

任务 6 正时带的检查与更换

一、正时带的作用

正时带是用来驱动发动机的配气机构，如图 5-47 所示，使发动机的进、排气门在适当的时候开启或关闭，以保证发动机的气缸能够正常地吸气和排气。在有的车型中，正时带还负责驱动水泵。

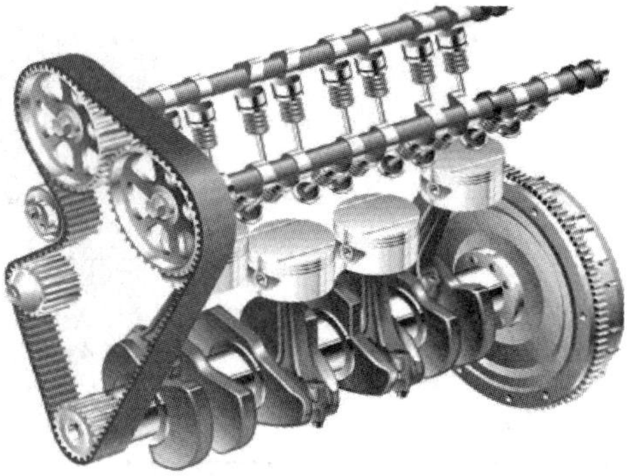

图 5-47 发动机配气机构

二、正时带的检查与更换

1. 正时带使用状况检查

正时带使用状况检查见表 5-22。

表 5-22 正时带使用状况检查

操作方法	图示
（1）拆下正时带护罩	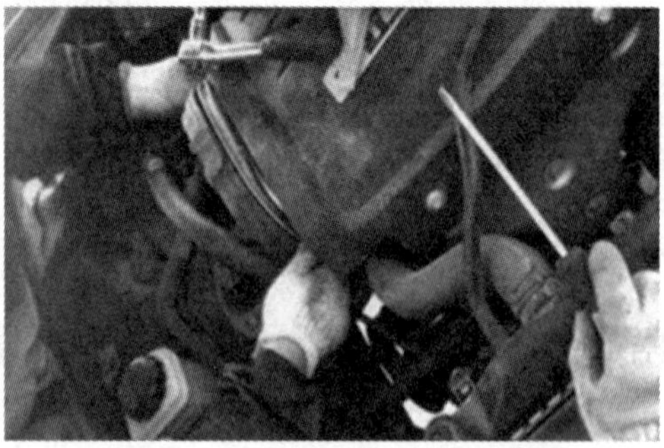

续表

（2）观察是否存在裂纹、掉齿、齿部脱开及齿侧面磨损等现象			
背面裂纹	掉齿或齿根断裂	齿部脱开或有裂纹	侧面磨损
		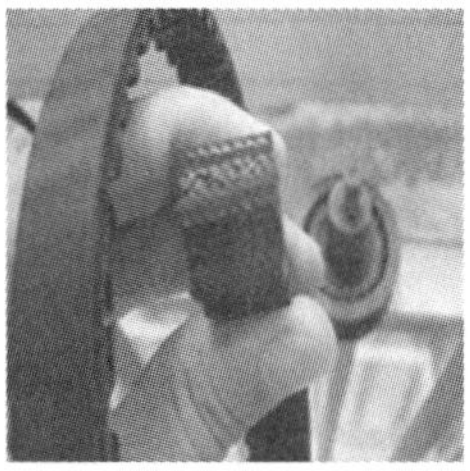	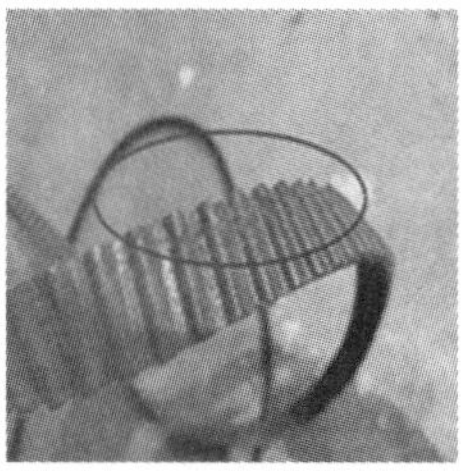

知识点：正时带的更换周期。

（1）一般建议 60 000～100 000 km 换一次。

（2）具体请参考车辆维修保养手册上的厂家建议，汽车品牌不同，各个厂家建议的公里数也不同，没有统一的规定。

2. 正时带预紧度检查与调整

正时带预紧度检查与调整见表 5-23。

表 5-23　正时带预紧度检查与调整

操作方法	图示
1）正时带预紧度检查 用拇指和食指捏住凸轮轴齿轮和中间齿轮之间的正时带位置，以刚好转动正时带 90°为宜	
2）正时带预紧度调整 通过预紧度调整装置调整正时带预紧度，当达到标准时，锁紧调整装置，将正时带护罩上好	

3. 正时带更换

正时带更换见表 5-24。

表 5-24　正时带更换

操作方法	图示
（1）拆下正时带护罩	
（2）转动发动机曲轴，使第一缸压缩上止点记号和凸轮轴记号都对正	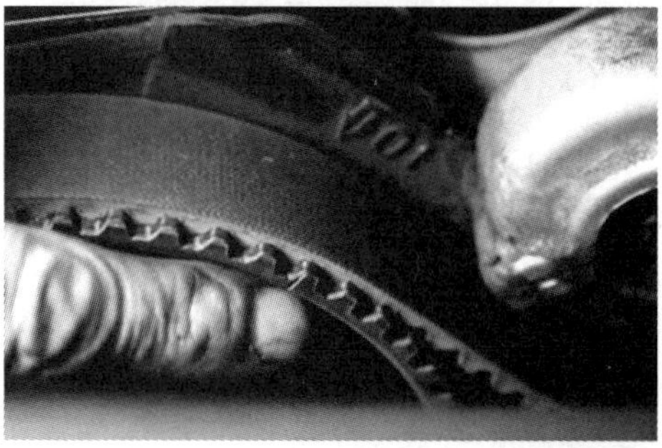
（3）松开正时带预紧度调整装置，取下旧的正时带	
（4）安装新正时带，按标准调整好正时带的预紧度	

续表

操作方法	图示
(5) 转动发动机曲轴至少 720°，确认第一缸压缩上止点记号和凸轮轴记号都对正，再次检查正时带预紧度	
(6) 确认正时带预紧度调整装置的安装情况，上好正时带护罩	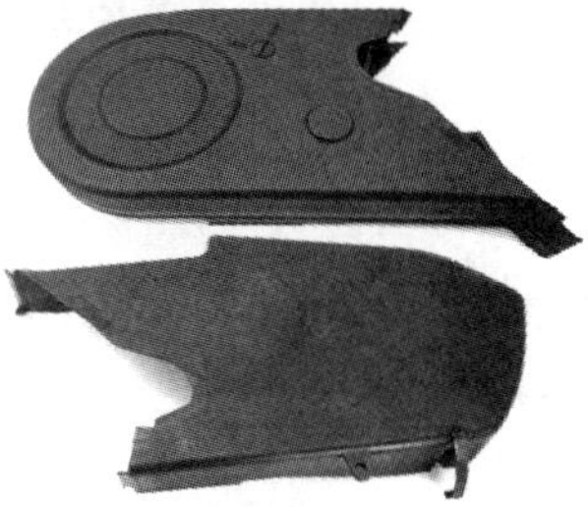

知识点：对于正时带预紧度自动调整式结构的发动机，曲轴顺时针转动时，该装置自动预紧正时带，而曲轴逆时针转动时预紧度调整装置不起作用。在维修作业时，若逆时针转动曲轴，会引起正时带变松，甚至发生跳齿，因此禁止逆时针转动曲轴。

三、正时链式传动机构检查及更换

正时链式传动机构检查及更换见表 5-25。

表 5-25　正时链式传动机构检查及更换

操作方法	图示
(1) 在正时链条上施加 150 N 左右的力，用游标卡尺测量 15 个节，测量 2 次取平均值，判断链条拉长是否超过极限值	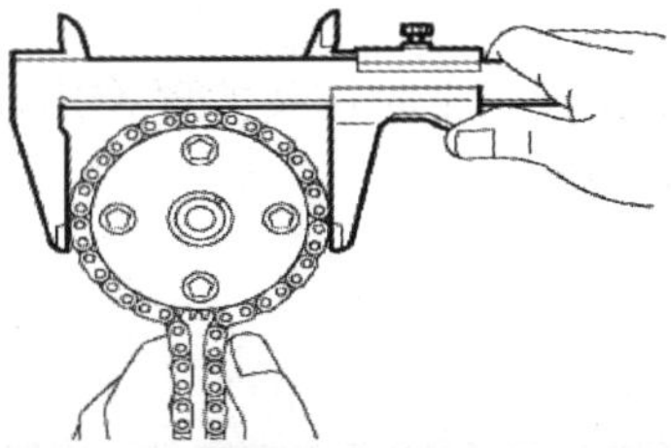
(2) 进气侧正时带轮、排气侧正时带轮和曲轴正时带轮带上链条后测量直径，判断链轮的使用状况	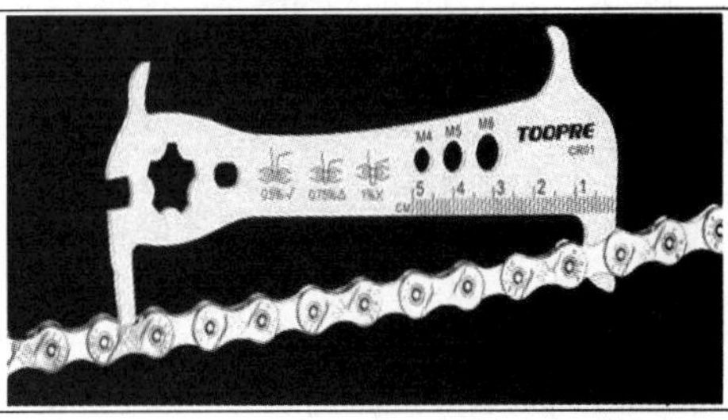

续表

操作方法	图示
（3）将链条按照正时记号与曲轴正时齿轮、凸轮轴正时齿轮对好，安装链条张紧装置并释放张紧力	
（4）确认链条张紧器状态，确保张紧器工作状况良好，将柱塞压入安装状态并锁止	
（5）转动曲轴 25～30 圈，使链条上的正时记号再次与曲轴正时齿轮，进、排气凸轮轴正时齿轮记号对正，确认发动机配气正时正确	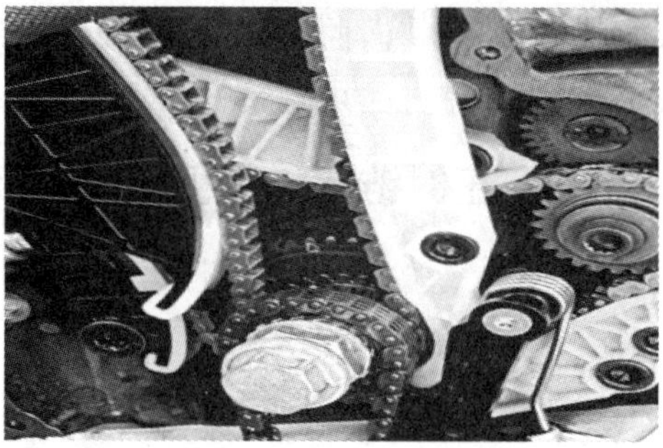

知识点：正时链条的更换周期一般为 180 000～200 000 km，具体车型以厂家规定的更换周期为准。

《汽车维护与保养》任务单

姓名：________________学号：________________班级：__________________

<table>
<tr><td>学习项目</td><td colspan="2">项目五　汽车 100 000 km 维护与保养</td></tr>
<tr><td>学习任务</td><td colspan="2">任务 1　汽车 100 000 km 维护与保养的设备使用</td></tr>
<tr><td>学习目的</td><td colspan="2">（1）熟悉喷油器清洗机的功能及用途。
（2）熟悉充电机的功能及用途。
（3）熟悉蓄电池检测仪的功能及用途。
（4）熟练完成喷油器的清洗。
（5）熟练完成蓄电池的检测</td></tr>
<tr><td>注意事项</td><td colspan="2">（1）进入场地要穿着工作服，工作服要扎紧袖口，扣好扣子。
（2）要穿着具有承压能力的工作鞋，以防工件砸伤脚趾。
（3）要熟知车辆及设备性能、操作工艺要求，正确使用，安全操作。
（4）要严格遵守安全操作规程，学生进行汽车电路的检查操作前要征得实训老师同意方可操作，检查前要检查车辆是否熄火，要有安全警示人员，确保操作安全</td></tr>
<tr><td rowspan="2">喷油器
清洗机</td><td>实物图片</td><td>功能</td></tr>
<tr><td>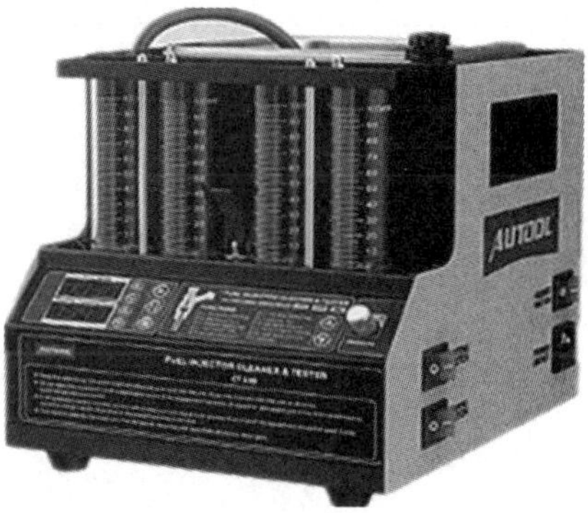</td><td></td></tr>
<tr><td rowspan="2">喷油器的
清洗</td><td>图示</td><td>操作步骤</td></tr>
<tr><td>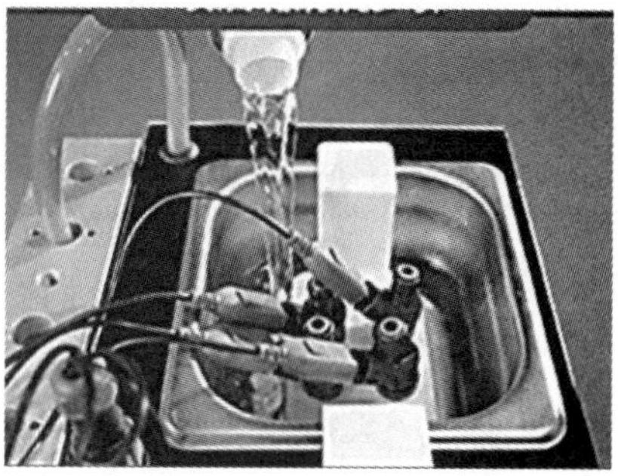</td><td></td></tr>
</table>

续表

<table>
<tr><td rowspan="4">喷油器的清洗</td><td>图示</td><td>操作步骤</td></tr>
<tr><td></td><td></td></tr>
<tr><td>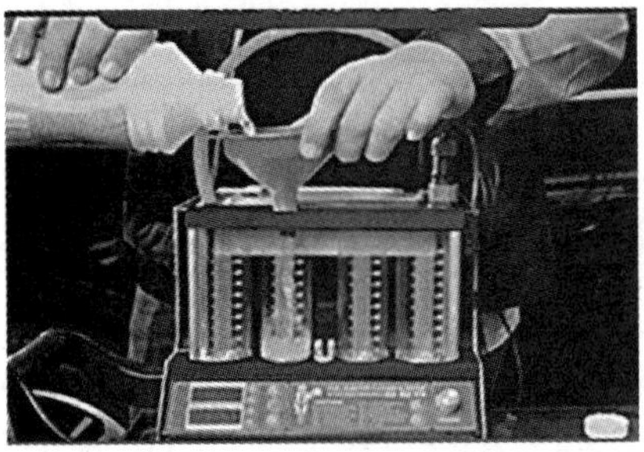</td><td></td></tr>
<tr><td>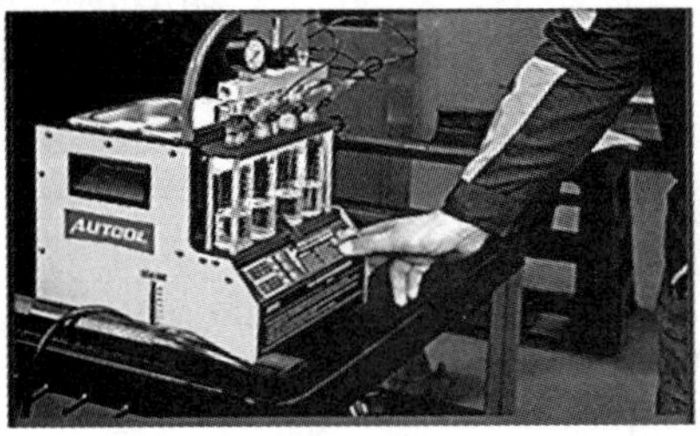</td><td></td></tr>
<tr><td rowspan="2">充电机</td><td>实物构造图</td><td>结构名称</td></tr>
<tr><td>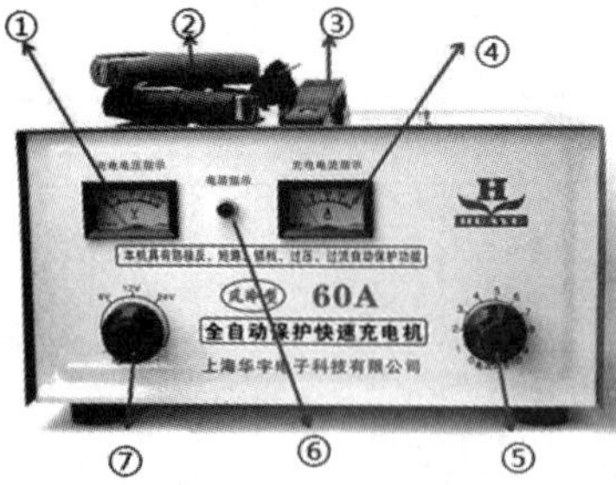</td><td>①
②
③
④
⑤
⑥
⑦</td></tr>
</table>

续表

	实物图片	功能
蓄电池检测仪	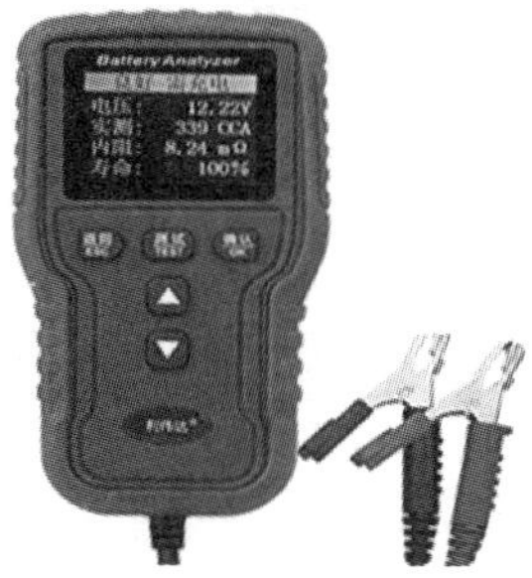	
	图示	操作步骤
蓄电池检测仪功能测试	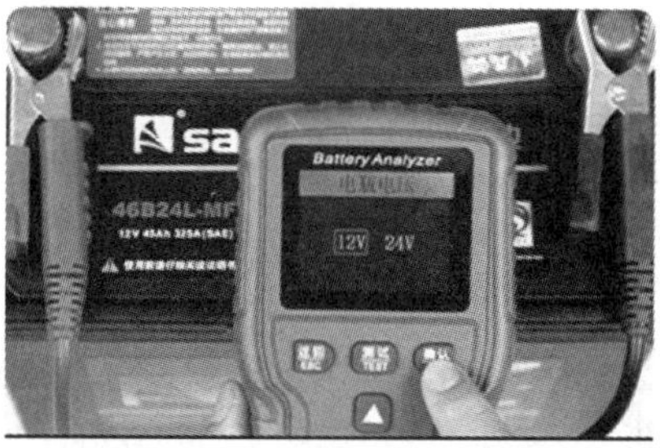	
	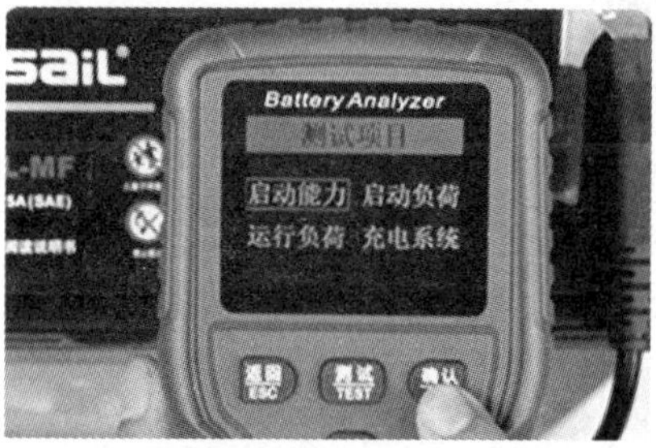	

续表

<table>
<tr><th></th><th>图示</th><th>操作步骤</th></tr>
<tr><td rowspan="3">蓄电池
检测仪
功能测试</td><td>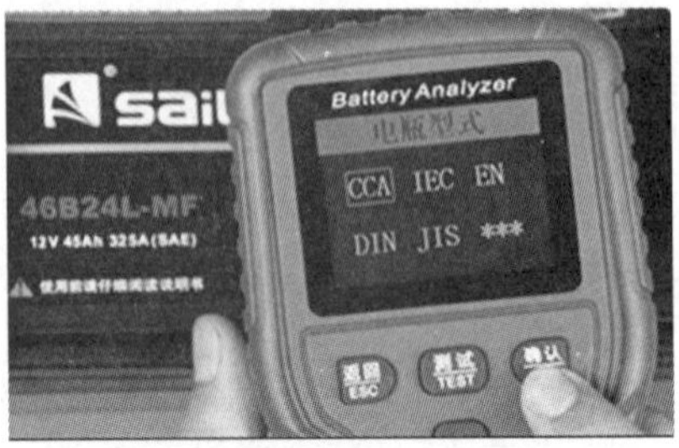
</td><td></td></tr>
<tr><td>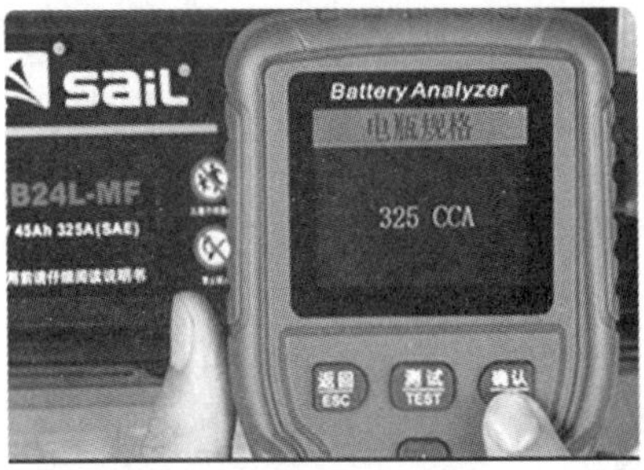
</td><td></td></tr>
<tr><td>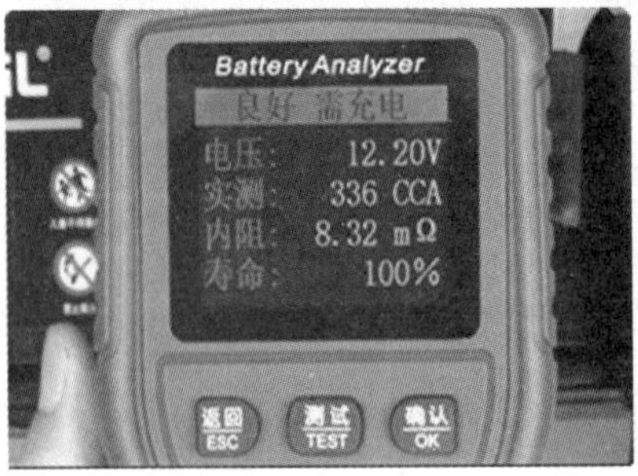
</td><td></td></tr>
</table>

______年______月______日　　　　得分：__________

《汽车维护与保养》任务单

姓名：______________学号：______________班级：________________

<table>
<tr><td>学习项目</td><td colspan="2">项目五　汽车 100 000 km 维护与保养</td></tr>
<tr><td>学习任务</td><td colspan="2">任务 2　喷油器的检查与维护</td></tr>
<tr><td>学习目的</td><td colspan="2">（1）熟悉喷油器的功能及用途。
（2）能正确识别失效喷油器。
（3）熟练完成喷油器的检查与更换</td></tr>
<tr><td>注意事项</td><td colspan="2">（1）进入场地要穿着工作服，工作服要扎紧袖口，扣好扣子。
（2）要穿着具有承压能力的工作鞋，以防工件砸伤脚趾。
（3）要熟知车辆及设备性能、操作工艺要求，正确使用，安全操作。
（4）要严格遵守安全操作规程，学生进行汽车电路的检查操作前要征得实训老师同意方可操作，检查前要检查车辆是否熄火，要有安全警示人员，确保操作安全</td></tr>
<tr><td rowspan="2">喷油器</td><td>实物图片</td><td>功能</td></tr>
<tr><td></td><td>作用：

位置：

工作特性：

------------------------------</td></tr>
<tr><td rowspan="2">喷油器的检查</td><td>图示</td><td>操作步骤</td></tr>
<tr><td>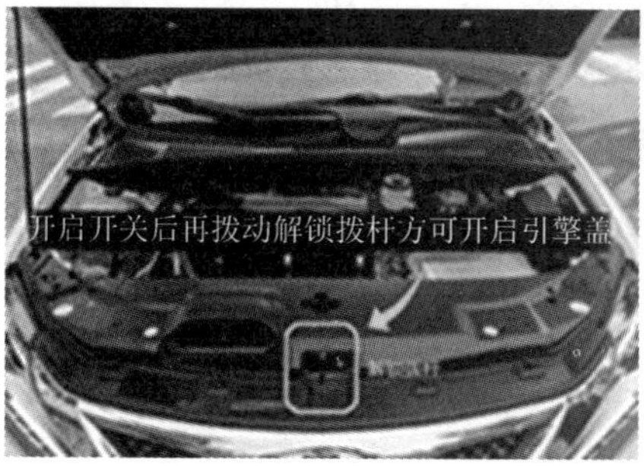</td><td>------------------------------
----

------------------------------</td></tr>
</table>

续表

	图示	操作步骤
喷油器的检查		

	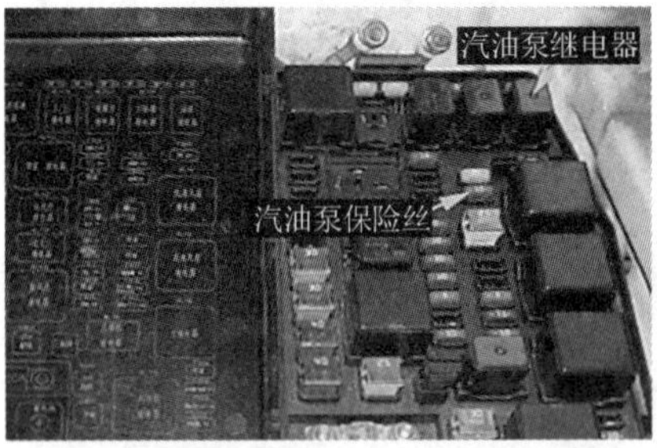	
	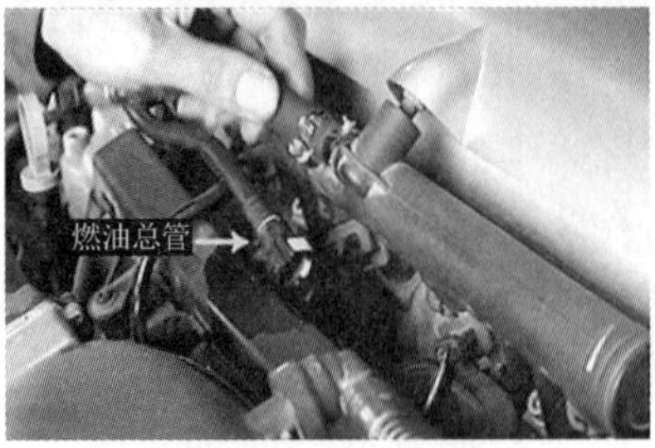	

续表

<table>
<tr><th></th><th>图示</th><th>操作步骤</th></tr>
<tr><td rowspan="5">喷油器的检查</td><td></td><td></td></tr>
<tr><td></td><td></td></tr>
<tr><td></td><td></td></tr>
<tr><td>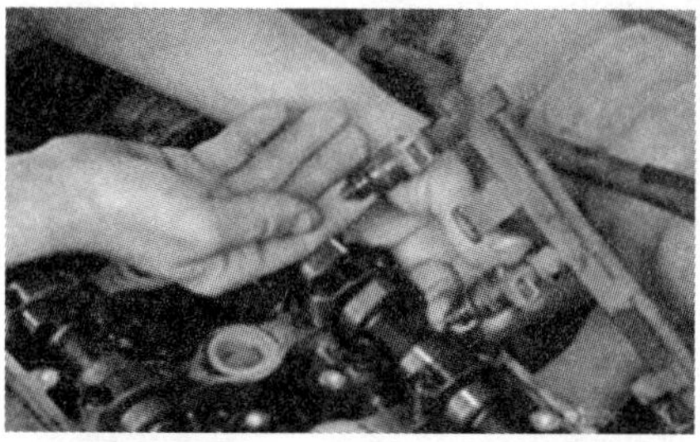</td><td></td></tr>
<tr><td>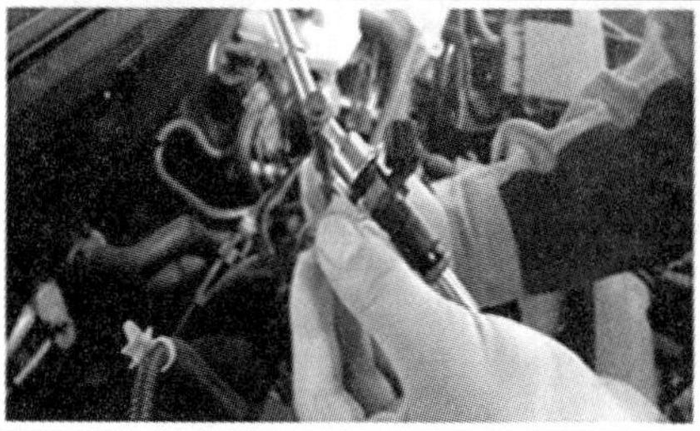</td><td></td></tr>
</table>

续表

	图示	操作步骤
喷油器的检查		

	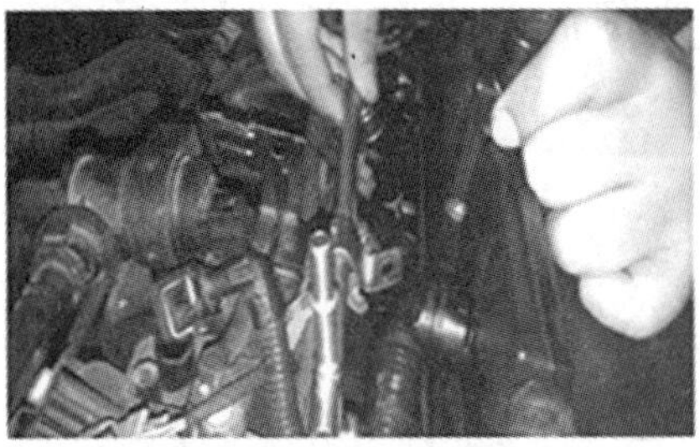	

续表

	图示	操作步骤
	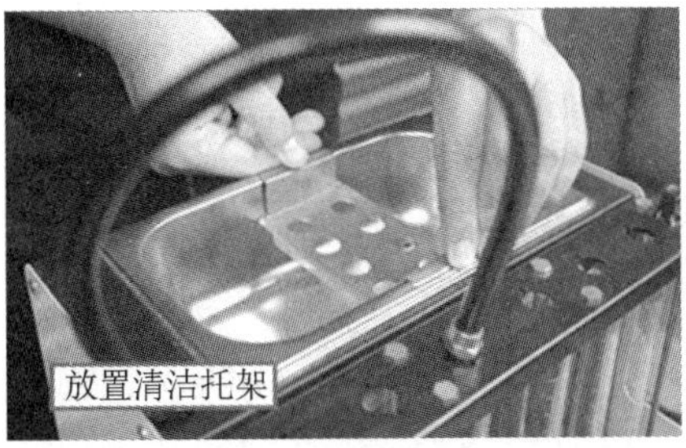	
	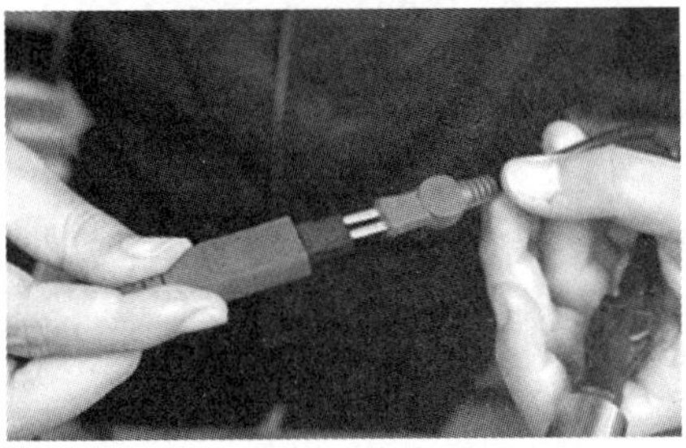	
喷油器的清洗	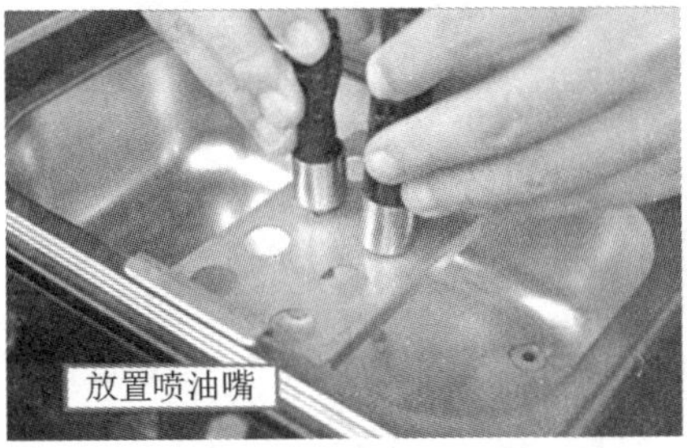	
	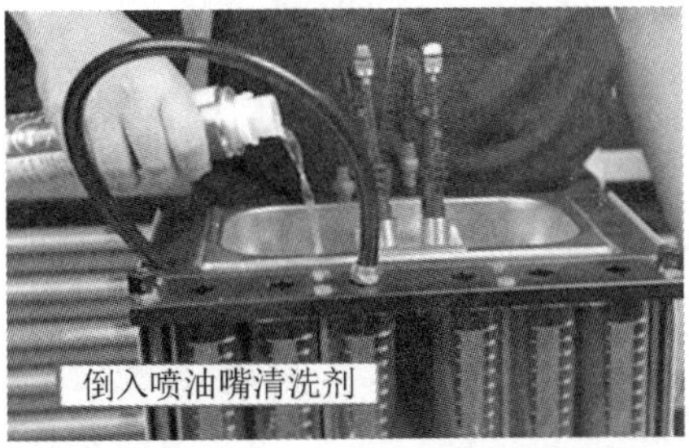	

续表

	图示	操作步骤
喷油器的清洗	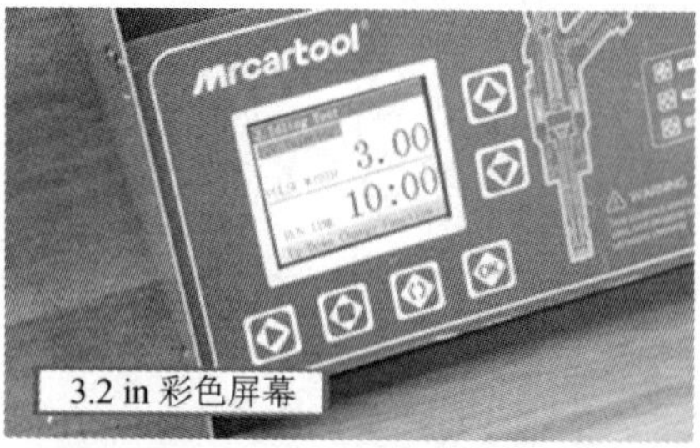	

	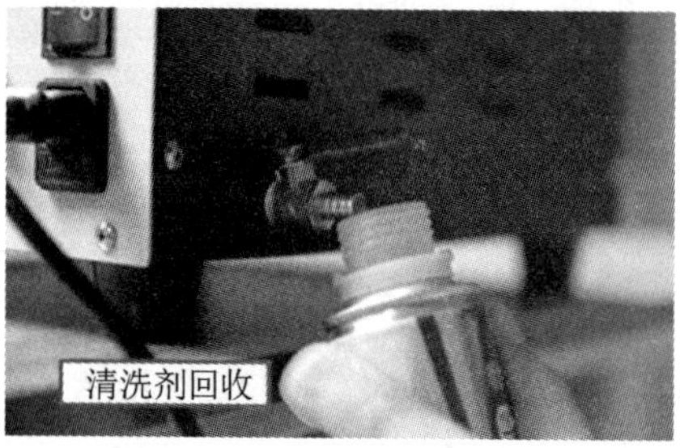	
实训总结		

______年______月______日　　　　得分：________

《汽车维护与保养》任务单

姓名：_______________学号：_______________班级：_______________

<table>
<tr><td>学习项目</td><td colspan="2">项目五　汽车 100 000 km 维护与保养</td></tr>
<tr><td>学习任务</td><td colspan="2">任务 3　火花塞的检查与维护</td></tr>
<tr><td>学习目的</td><td colspan="2">（1）熟悉火花塞的功能及用途。
（2）能正确识别失效火花塞。
（3）熟练完成火花塞的检查与更换</td></tr>
<tr><td>注意事项</td><td colspan="2">（1）进入场地要穿着工作服，工作服要扎紧袖口，扣好扣子。
（2）要穿着具有承压能力的工作鞋，以防工件砸伤脚趾。
（3）要熟知车辆及设备性能、操作工艺要求，正确使用，安全操作。
（4）要严格遵守安全操作规程，学生进行汽车电路的检查操作前要征得实训老师同意方可操作，检查前要检查车辆是否熄火，要有安全警示人员，确保操作安全</td></tr>
<tr><td>火花塞的用途</td><td colspan="2">……………………………………
……………………………………</td></tr>
<tr><td rowspan="2">火花塞的构造</td><td>实物构造图</td><td>结构名称</td></tr>
<tr><td>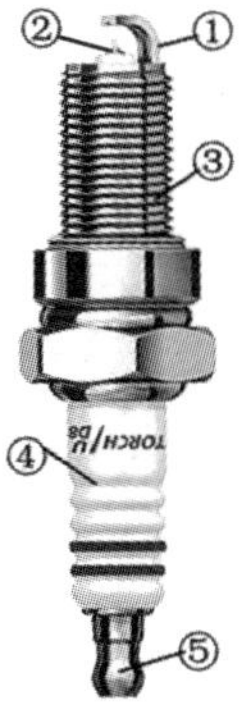
</td><td>①是______________________，
作用是______________________。
②是______________________，
作用是______________________。
③是______________________，
作用是______________________。
④是______________________，
作用是______________________。
⑤是______________________，
作用是______________________</td></tr>
<tr><td rowspan="8">火花塞的类型</td><td>名　称</td><td>优点、缺点</td></tr>
<tr><td>镍合金火花塞</td><td></td></tr>
<tr><td>单铂金火花塞</td><td></td></tr>
<tr><td>双铂金火花塞</td><td></td></tr>
<tr><td>单铱金火花塞</td><td></td></tr>
<tr><td>双铱金火花塞</td><td></td></tr>
<tr><td>铱铂金火花塞</td><td></td></tr>
<tr><td>钌金火花塞</td><td></td></tr>
</table>

续表

	图示	操作步骤
火花塞的更换		

	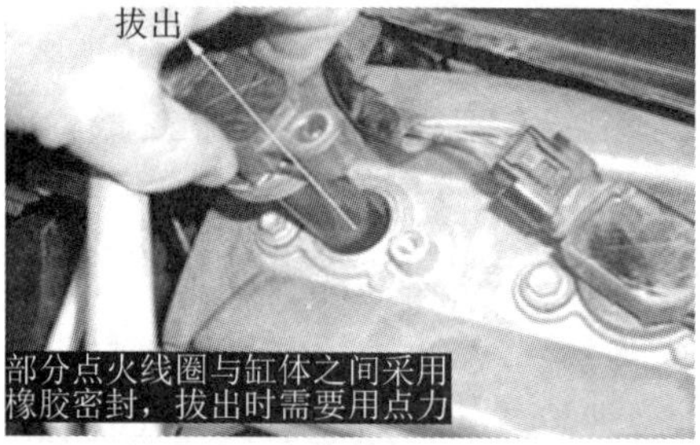	

续表

<table>
<tr><td rowspan="3">火花塞的更换</td><td>图示</td><td>操作步骤</td></tr>
<tr><td></td><td>……………………
……………………
……………………
……………………
……………………
……………………</td></tr>
<tr><td></td><td>……………………
……………………
……………………
……………………
……………………
……………………</td></tr>
</table>

________年______月______日　　　　　　　　得分：____________

《汽车维护与保养》任务单

姓名：________________学号：________________班级：________________

<table>
<tr><td>学习项目</td><td colspan="2">项目五　汽车 100 000 km 维护与保养</td></tr>
<tr><td>学习任务</td><td colspan="2">任务 4　蓄电池的检查与维护</td></tr>
<tr><td>学习目的</td><td colspan="2">（1）熟悉蓄电池的功能及用途。
（2）熟练完成蓄电池的充电。
（3）熟练完成蓄电池的检查与更换</td></tr>
<tr><td>注意事项</td><td colspan="2">（1）进入场地要穿着工作服，工作服要扎紧袖口，扣好扣子。
（2）要穿着具有承压能力的工作鞋，以防工件砸伤脚趾。
（3）要熟知车辆及设备性能、操作工艺要求，正确使用，安全操作。
（4）要严格遵守安全操作规程，学生进行汽车电路的检查操作前要征得实训老师同意方可操作，检查前要检查车辆是否熄火，要有安全警示人员，确保操作安全</td></tr>
<tr><td rowspan="2">蓄电池</td><td>实物图片</td><td>功能</td></tr>
<tr><td></td><td>------------------------------------
----

------------------------------------</td></tr>
<tr><td>蓄电池的参数</td><td colspan="2">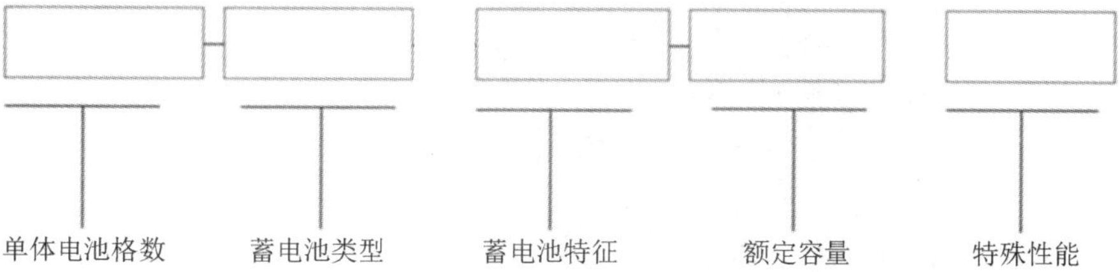
单体电池格数：------------------------------------
蓄电池类型：------------------------------------
蓄电池特征：------------------------------------
额定容量：------------------------------------</td></tr>
</table>

续表

	图示	操作步骤
车辆搭电救援		
	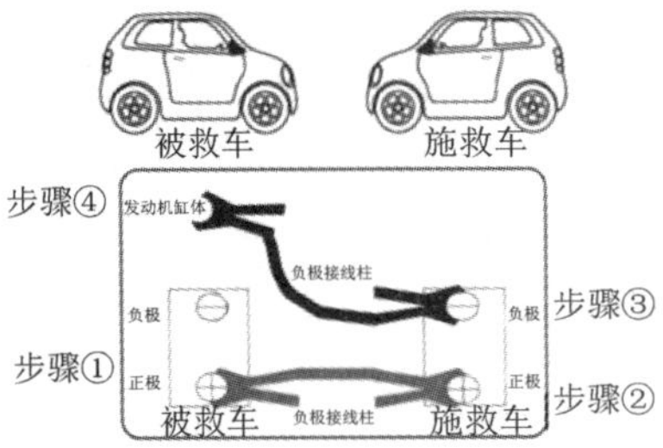	

续表

	图示	操作步骤
车辆搭电救援		
	图示	操作步骤
应急启动电源搭电救援		
	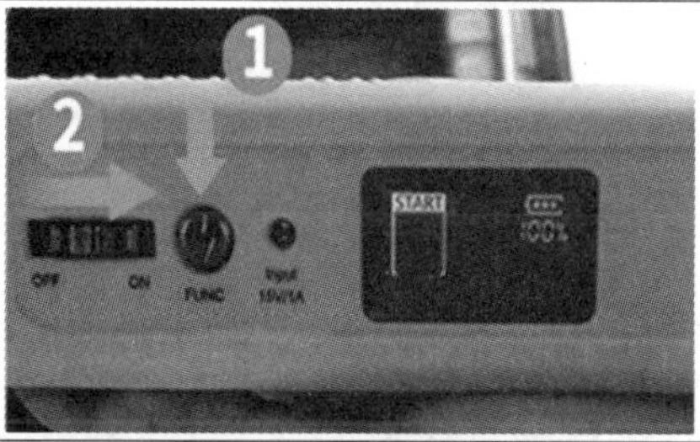	
	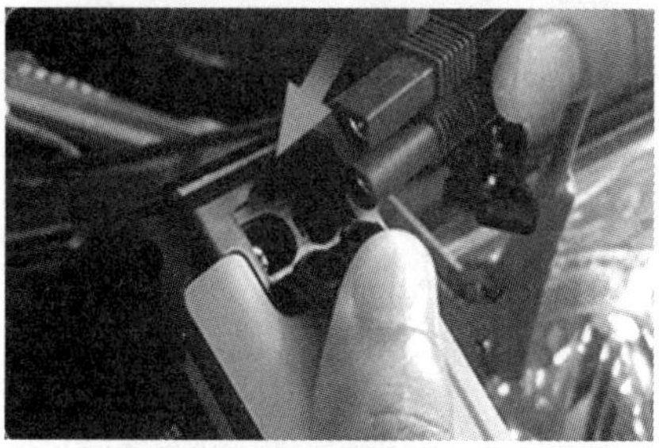	
	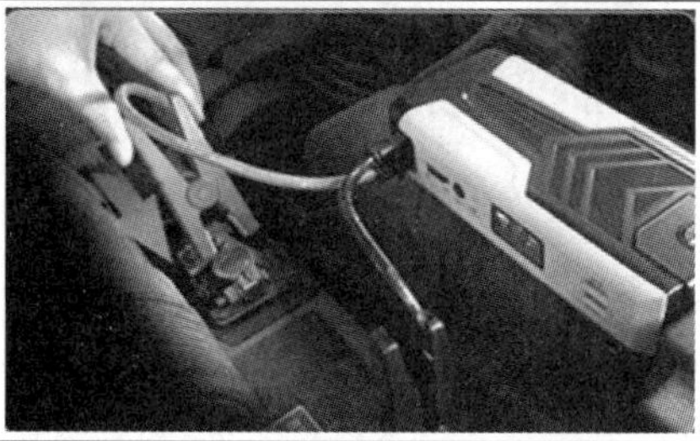	

续表

	图示	操作步骤
应急启动电源搭电救援	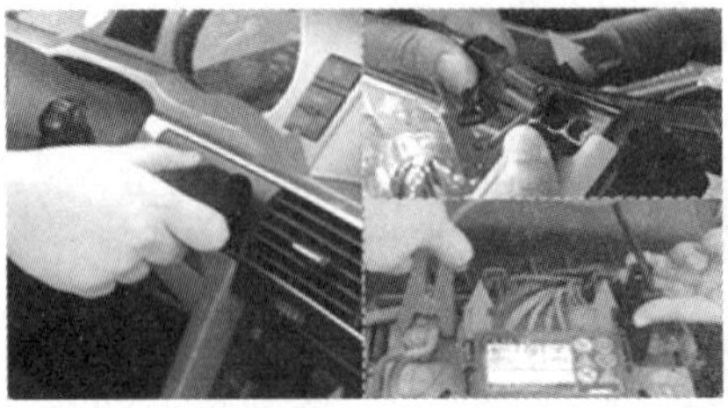	

____年____月____日　　得分：________